왜 핀란드 교육인가

김병찬

Why Finnish Education

박영story

머리말

인천 발 헬싱키 행 핀에어에 몸을 싣고 도망치듯 한국을 빠져 나간 것은 2010년 8월 2일이었습니다. 2010년 8월부터 2011년 7월까지 1년 동안 핀란드 헬싱키대학교에서 안식년을 보내기로 한 것입니다. 죄 지은 것도 없고 누가 쫓아내지도 않았지만 당시 제 마음의 상태는 도망자요, 도피자의 심정이었습니다.

저는 2002년 8월에 박사학위를 받고 본격적으로 한국에서 교육학 연구자의 길에 들어섰습니다. 하지만 교육학자로 살아오면서 마음 한 켠의 불편함을 떨쳐버리지 못하고 있었습니다. 이 불편함의 실체는 교육학자로서의 자괴감이며, 개인적 좌절감이었습니다. 교육학자들의 연구는 크게 두 방향이 있습니다. 하나는 교육현상을 탐구하는 연구이며, 다른 하나는 교육의 대안을 모색하는 연구입니다. 물론 두 가지는 연계되어 있어서 교육학자라면 어느 하나 빠짐없이 관심을 가지고 연구를 해야 하지만, 실제로는 교육학 하위 영역에 따라, 혹은 연구자의 관심에 따라 두 영역 중 어느 한 영역에 초점이 더 맞추어져 있습니다. 저는 개인적으로 교육행정 및 교사교육 분야 연구자로서 대안 탐색 쪽에 좀 더 관심을 가지고 있었습니다.

여기서부터 저의 고민이 시작되었습니다. 교육학자로서 좋은 교육을 탐구하여 실현하는 일에 기여하고 싶었는데, 시간이 지날수록 한국의 교육문제나 어려움은 더 커져만 갈 뿐 뚜렷한 대안이 보이지 않았습니다. 저는 저대로 연구를 거듭하고 있고, 저뿐만 아니라 많은 교육학자들이 노력을 기울이고 있음에도 불구하고, 우리의 교육 현실은 점점 더 난항을 겪고, 더 많은 문제들이 불거져 나오는 모양새이니, 교사나 학생들의 고통과 신음은 더 커져만 가는 것 같았습니다. 우리의 교육 현실과 제 연구가 겉돈다는 생각, 그것이 고민의 출발이었습니다. '나는 교육학자로서 무엇을 하고 있는가? 내가 교육학자로서 할 수 있는 것은 무엇인가?'라는 의구심에 대해 사실 대답할 거리가 없는 것은 아니었습니다. 내 전공 분야에서 교육 현상을 밝히고, 대안들을 제시하는 논문들도 지속적으로 발표하며, '이러한 연구들이 쌓여 언젠가는 교육 현실을 바꾸는 데 기여를 할 것이다'라는 생각 또한 가지고 있었습니다. 하지만 이 대답은 뭔가 자꾸 변명을 하는 것 같아 저에게는 만족스럽지 않았습니다. 제가 하고 있는 가장 중요한 일에 의미 부여가 제대로 되지 않은 것입니다. 안타깝게도 제가 한국교육 개선에 거의 기여를 하지 못하고 있다는 생각이 점차 굳어져 갔습니다.

한편 교육학자로서 학문의 길에 들어섰을 때, 한국의 교육학 연구 풍토는 저에게는 황량한 벌판이었습니다. 훌륭한 교육학자들이 든든한 버팀목으로 자리하고 계셨고, 좋은 교육학 책들도 속속 출간되고 있었음에도 불구하고, 저 개인에게 한국의 교육학 연구 풍토는 막연함 그 자체였습니다. 무엇을 연구해야 하는지, 어떻게 연구해야 하는지, 어느 길로 가야 하는지 등의 문제에 있어 어느 것 하나 확실하게 다가오지 않았습니다. 주변에 있는 교육학자들을 유심히 지켜보거나 교우해 보면, 모두들 바쁜 연구 활동의 모습만 보일 뿐, 도대체 어느 길에 들어서 있는지, 어느 길로 가고 있는지 가늠해 보기가 힘들었습니다. 저는 황량한 벌판에 주저앉아 있을 수만은 없었습니다. 닥치는 대로 발길을 내디디고 이리저리 헤매보았습니다. 그러나 안갯속에 던져진 채 길을 못 찾는 모습은 여전했습니다.

하지만 다시 마음을 다잡았습니다. '그래도 내가 교육학자로서 무엇인가 할 수 있는 것 아닌가? 그리고 무엇인가를 해야 하는 것 아닌가?' 생각해 보았습니다. 하지만 현실의 벽은 너무 높았습니다. 한국에서의 교육문제는 결국 대학입시 문제로 귀결이 되고, 입시 문제는 또한 우리사회의 뿌리 깊은 학벌주의와 연관되어 있었습니다. 교육문제는 단순히 교육문제로 그치는 것이 아니라 커다란 사회 문제였습니다. 제가 아무리 궁리를 해 보아도 어떻게 해볼 수 없는 문제였고, 한국 사회의 누구도 이 문제를 해결하지 못하고 있었습니다. 더욱이 이 문제는 더욱더 고착화되고 심화되어 가는 것 같았습니다. 다시 성찰해 보았습니다. '나는 무엇을 하는 사람이고, 무엇을 할 수 있는 사람인가? 근본적인 문제는 그대로 안고 있으면서, 때로는 절망하고 때로는 순진하게 이상만 외치는 교육학자는 아니었는가? 살아가기 위해 적당히 줄타기를 하는 사람은 아닌가?' 하는 생각이 들었습니다. 그러면서도 교육전문가랍시고 토론도 하고 특강도 하며, 국가의 교육정책 연구에도 참여하는 등 동분서주 살아왔습니다. 부족하고 불완전한 사람이 전문가 행세를 하며 돌아다니는 그 무모함과 용감함에 스스로 놀랐습니다. 시일이 지나면서 이러한 무모한 처세가 두려웠고 앞으로도 이런 식으로 계속 살아가야 한다는 것에 마음이 불편했습니다. 그렇다고 뚜렷한 대안이 있는 것도 아니었습니다. 복잡한 문제의식으로부터 잠시 피하고 싶었습니다. 그러다가 덜컥 찾아온 안식년. 저는 조금의 망설임도 없이 도망쳐 나왔습니다.

그렇게 핀란드에 가게 되었습니다. 2010년만 해도 이미 한국에 핀란드 교육에 대한 붐이 일어 책도 많이 나와 있는 상태였고 핀란드를 방문하는 한국 사람들도 꽤 많았습니다. 당시 제가 보기에도 핀란드는 좋은 교육을 가지고 있는 나라였고, 또 여러 국제비교 지표들이 객관적으로 그 성과를 말해주고 있었습니다. 그래서 한 번은 꼭 가보고 싶었던 나라였습니다. 하지만 인구가 우리나라의 1/10 정도 밖에 안 되고 역사와 문화가 전혀 다른 나라의 교육이 우리에게 얼마나 큰 시사점을 줄 수 있을까에 대해서는 늘 회의적이었습니다. 그런 이유로 핀란드 교육을 반드시 봐야겠다는 의지가 그리 크지는 않았습니다.

더 솔직하게 말하자면, 안식년을 핀란드에서 보내게 된 것은 상당한 우연이었습니다. 많은 교육학 교수들이 그러하듯이 저도 안식년을 미국에서 보내고 싶었습니다. 사실 미국 교육학은 우리나라 교육학의 뿌리이자 젖줄이라고 할 수 있습니다. 제가 연구하면서 참고했던 대부분의 책과 논문들, 우리가 사용하는 교재에 나와 있는 대부분의 이론들은 미국의 교육학 이론들을 바탕으로 하고 있습니다. 따라서 본능적으로 미국의 교육학에 대한 동경이 있었습니다. 시간만 나면 달려갈 준비를 하고 있었던 것이지요. 그런데 이러저러한 이유로 미국 대학으로 안식년을 가는 길이 막히거나 유예가 되었습니다. 그러다가 핀란드 헬싱키대학 교사교육학과의 학과장인 Jari Lavonen 교수에게 그 곳에서 안식년을 보내고 싶다는 메일을 보냈습니다. 큰 기대를 갖지 않았는데, 메일을 보낸 지 몇 시간 되지 않아 환영한다는 답 메일이 왔습니다. 결국 핀란드라는 국가와 헬싱키대학에 대한 사전 준비나 정보 없이 비행기에 오르게 된 것입니다.

그렇게 해서 가게 된 핀란드의 맑은 자연, 드넓은 숲과 호수는 제 몸과 마음을 정화시켜 주었고, 뿐만 아니라 교육학자로서의 저 자신과 한국교육에 대해 차분히 생각해볼 수 있는 기회도 허락해주었습니다. 실제로 한국과 핀란드는 교육의 역사와 배경이 많이 다르기 때문에 핀란드 교육을 한국에 적용시킨다는 것에 대해서는 처음부터 기대하지 않았고, 이 생각은 지금도 변함이 없습니다. 그런데 핀란드에서 너무나도 우연히 기대하지 않았던 작은 희망을 보았습니다. 그 희망을 나누는 것은 저에게 안식년이라는 기회를 주신 분들과 기관에 대한 작은 도리라고 생각했습니다(참고로, 핀란드에는 안식년이라는 제도가 없어서, 대부분의 핀란드 교수들은 안식년을 누리지 못하고 있습니다). 그리고 한국의 교육학자로서 한국에서의 교육담론 형성에 조금은 기여해야 한다는 일말의 의무감도 작용을 한 것 같습니다. 저에게 아직도 한국교육에 대한 교육학자로서의 알량한 소명의식과 미련이 조금은 남아 있나 봅니다.

핀란드 교육을 보면서 갖게 된 희망이란, '핀란드 교육은 우리가 따라가야 할 좋은 모델'이라는 면에서의 희망이 아닙니다. 우리도 핀란드처럼 좋은 교육을 할 수 있겠다는 '가능성'을 발견했다는 점에서의 희망입니다. 제가 살펴본 결과, 핀란드는—완전하지는 않지만—현존하는 국가가 현실적으로 만들 수 있는 교육 모델 중 가장 좋은 교육 모델을 만들어 운영하고 있는 나라 같았습니다.

하지만, 그렇다고 해서 핀란드가 거창한 어떤 교육비법을 가지고 있는 나라는 아니었습니다. 다만, 이들은 우리가 생각할 수 있는 방법들을 서로 힘을 모아 아주 조심스럽고 신중하게 실천을 했고, 그 성과를 거둔 것입니다. 오히려 핀란드가 특별한 교육비법을 가진 것이 아니기 때문에, 우리도 할 수 있겠다는 희망을 갖게 된 것인지 모르겠습니다. 이와 같이 핀란드 교육은 그동안 교육학자로서 무력감과 자괴감에 빠져 있던 제게 작은 희망을 갖게 해주었다는 점에서 저는 축복이라고 생각합니다.

이 책을 내면서 두 가지 이유 때문에 많이 망설였습니다. 첫 번째는 '핀란드에서 돌아온지 5년이나 지났는데, 지금에 와서 책을 세상에 내놓는 것이 무슨 의미가 있을까'라는 우려 때문이었고, 두 번째는 '그동안 핀란드 교육에 대해 언론에서도 많이 보도되었고 관련 책들도 여러 권 나와 있는데 종이쓰레기를 하나 더 만들 필요가 있겠나' 싶은 생각 때문이었습니다. 이 두 가지 이유는 지금도 유효한 것 같습니다. 그럼에도 불구하고, 집필을 결심하게 된 이유는 대부분의 보도와 책들이 핀란드 교육의 장점을 중심으로 핀란드 교육을 알리고 소개하는 데 초점이 맞추어져 있지, 핀란드 교육에 대한 종합적이고 깊이 있는 접근은 아니라는 판단 때문이었습니다. 그리고 한국에서 보이는 핀란드 교육에 대한 관심이 단순한 호기심 차원을 넘어서 핀란드 교육을 한국교육의 대안으로 생각하거나, 혹은 부분적으로라도 핀란드 교육을 한국교육에 적용하려는 여러 움직임들을 보면서, 핀란드 교육에 대한 피상적인 이해가 아니라 제대로 된 이해가 필요하다는 생각을 하게 되었습니다.

또한 이 책은 저의 작은 다짐이기도 합니다. 교육학자로 자괴감이 컸던 저에게 핀란드 교육은 작은 희망을 보여 주었다고 말씀드렸습니다. 핀란드 교육은 제게 '교육은 철저히 교육의 본질에 충실해야 하고, 국가나 개인이나 자신에게 적합한 자신의 방식으로 교육을 해 나가야 한다'는 평범한 진리를 확인시켜 주었습니다. 자신의 교육에 대해 더 깊이 더 철저히 탐구·분석하고 이해하는 것이 좋은 교육을 만들어 내기 위한 핵심 기반이라는 것을 핀란드 교육이 가르쳐

주었습니다. 이제는 방황을 접고 한국에서 한국 교육학자의 길에 다시 매진하려고 합니다. 차분히 한국교육을 바라보면서 제가 할 수 있는 분야를 찾아 그 분야를 핀란드 교육에 버금가게 만들어야겠다는 생각을 하게 되었습니다. 저에게 방황을 끝내고 새 출발을 하게 하는 작은 채근이 바로 이 책인 것입니다.

이 책은 재미있거나 쉽게 읽혀질 것 같지 않다는 점에서 문제가 있는 책이기도 합니다. 하지만 비록 재미가 없어도 생각할 거리를 제공해 주는 책 한두 권 정도는 필요하겠다는 생각에 용기를 내 보았습니다. 이 책은 크게 5부로 구성되어 있습니다. 1부는 핀란드는 어떤 나라인지에 대해 제 경험을 바탕으로 이야기 했고, 2부는 핀란드 교육의 모습에 대해 각 학교급별로 정리했습니다. 이러한 핀란드 교육에 대한 소개를 바탕으로 3부는 핀란드 교육의 성공 요인에 대해, 4부는 핀란드 교육이 갖는 한계에 대해 논의했습니다. 그리고 마지막 5부에서는 핀란드 교육이 주는 교훈에 대해 정리했습니다. 전체적으로 핀란드 교육에 대한 종합적인 이해를 바탕으로 핀란드 교육이 우리에게 주는 진정한 교육적 의미를 이야기하고 싶었습니다. 이 책은 왜 핀란드 교육을 봐야 하는지에 대한 저의 답이기도 합니다.

이 책은 많은 분들의 은혜와 도움의 결실입니다. 가장 먼저 저를 학문의 길로 인도해 주시고, 제자의 부족한 모습도 한결같은 사랑으로 감싸주시는 진동섭 선생님께 엎드려 이 책을 바칩니다. 이 책이 선생님께 작은 기쁨이라도 되었으면 좋겠습니다. 그리고 저를 초청해 주시고 1년 동안 헬싱키대학에 머물면서 편안하게 연구할 수 있도록 많은 배려와 지원을 해 주신 헬싱키대학 교사교육학과 학과장 Jari Lavonen 교수님께 깊이 감사드립니다. 그 분의 배려가 없었다면 아마 이 책은 세상에 나오지 못했을 것입니다. 또한 누구보다도 제가 핀란드에서 공식, 비공식적으로 만났던 수많은 학생, 학부모, 교사, 교장, 교육행정가, 연구원, 교수 등 모든 분들께－이름을 일일이 열거하지는 못하지만－진심으로 감사드립니다. 이 분들의 생생한 한마디 한마디가 이 책의 피와 살이 되었습니다. 그리고 1년 동안 함께 했던 핀란드 한인교회 식구들과 많은 도움을 주신 핀란드 교민들에게도 감사를 드립니다. 제가 모든 일을 함에 있어 늘 사랑의 안식처가 되어 주는 아내 임정임과 두 아들 동연, 홍연에게도 고마운 마음을 전합니다. 70세가 넘으셨음에도 불구하고 한결같이 농사를 지으시며 가장 아름다운 삶의 모범을 보여 주신 부모님, 김해규, 박옥순 님께도 감사를 드립니다. 마지막으로 이 모든 일들이 가능하도록 인도해 주신 하나님께 감사드립니다.

2017. 1.

경희대 서천골 연구실에서 김병찬

차 례

제1부
핀란드는 어떤 나라인가?

제2부
핀란드 교육은 어떤 모습인가?

제3부
핀란드 교육의 성공 요인은 무엇인가?

제4부
핀란드 교육의 한계는 무엇인가?

제5부
핀란드 교육이 주는 교훈은 무엇인가?

핀란드는 어떤 나라인가?

제1부

제1장

핀란드 사람들

필자는 핀란드 헬싱키대학교 교사교육학과에 방문연구자(visiting researcher) 자격으로 체류하면서 다양한 계층의 핀란드 사람들을 만날 수 있었다. 1년이라는 기간이 긴 기간은 아니지만 핀란드에서 4계절을 보낸 시간은 핀란드 사람들을 좀 더 가까이에서 볼 수 있는 좋은 시간이었다. 핀란드 사람들에 대한 인상은 크게 다섯 가지였다. 핀란드 사람들은 전통을 중시하고, 신뢰와 정직을 바탕으로 살아가며, 협동과 타협 정신이 강하고, 가족주의 의식보다는 자녀의 독립심을 강조하며, 국가를 철저히 믿고 따르는 사람들이었다.

1. 전통을 중시하는 사람들

핀란드 사람들에게서 받은 대표적 인상 중의 하나는 전통을 중시한다는 것이었다. 이들의 의식뿐만 아니라 생활과 문화 속에 전통이 깊게 자리잡고 있으며 오늘의 삶 속에서 살아 숨 쉬고 있었다.

(1) 아픈 과거도 소중한 전통

[사진 1-1] 헬싱키 시내에 있는 원로원 광장의 알렉산더대제 2세 동상과 White church

[사진 1−1]의 원로원 광장 중앙에 있는 것은 러시아의 알렉산더대제 2세의 동상이다. 이 동상은 헬싱키 시내의 대표적인 명소 중 하나인 원로원 광장 한가운데 서 있다. 이곳은 국가·사회적인 주요 행사 및 이들의 가장 큰 축제인 연말 성탄절 행사 그리고 각종 국가 인사 취임식, 가장행렬 등이 이루어지는 곳으로서 핀란드 국민들의 사랑을 받는 광장이다. 이 광장의 오른편에는 정부청사가 있고, 왼편에는 헬싱키대학교 본관이 있으며, 정면으로는 핀란드의 국교나 다름없는 루터교회의 대표 교회인 White church가 있다.

핀란드 중심부 한가운데 러시아 황제의 동상이 자리하고 있는데, 우리로 이야기하면 광화문 광장 중앙에 일본 천황의 동상이 서 있는 것과 마찬가지인 셈이다. 알렉산더대제 2세는 1802년 핀란드를 침공했던 러시아의 황제다. 러시아가 침공하여 자신들의 위용을 드러내기 위해 만들어 놓은 동상을 핀란드 사람들은 지금까지 그대로 보존하고 있는 것이다. 아픈 과거도 소중한 전통으로 생각하며 지켜가는 이들의 모습을 엿볼 수 있었다.

(2) 전통과 현대의 조화

필자는 1년 동안 헬싱키대학교 사범대학 건물에 연구실을 배정받아 생활했다. [사진 1−2]는 헬싱키대학 사범대학 건물 입구이고, [사진 1−3]은 건물 뒷편이다. 이 건물은 사진에서 보는 바와 같이 잘 어울리지 않는 두 개의 큰 건물이 이어져 있는데, 오른쪽에 있는 건물은 120년 전에 지어진 옛 건물이고, 왼쪽

[사진 1-2] 헬싱키대학교 사범대학 건물 입구

[사진 1-3] 헬싱키대학교 사범대학 건물 뒷편

[사진 1-4] 헬싱키시내에 있는 핀란드 교육부 건물

건물은 10년 전에 지은 현대식 건물이다. 구 건물을 사용하다가 장소가 비좁고 불편해 새 건물을 지어야 했는데, 기존 낡은 건물을 부수지 않고 그대로 사용하면서 옆에 바로 잇대어 새 건물을 지은 것이다. 그런데 두 건물은 별도의 독립된 건물들이 아니라 모든 층에서 서로 왕래가 가능한 구조다. 엘리베이터도 공유하면서 마치 하나의 건물처럼 사용하고 있다. 외양상으로는 잘 어울리지 않는 구 건물과 신 건물이 어색하게 붙어 있는 모습이지만, 내부적으로는 모든 왕래가 가능한 하나의 건물인 것이다. 이와 같이 핀란드에서는 낡은 건물, 오래된 건물이라고 해서 함부로 없애지 않고 보존하여 함께 사용하는 모습을 많이 볼 수 있다. 핀란드 교육부 역시 100년이 넘은 옛 건물에 위치해 있다([사진1－4]). 건축물뿐만 아니라 과거의 것을 오늘날 삶과 생활 속에서 보존하고 유지하며 살아가는 모습은 핀란드 곳곳에서 발견할 수 있었다.

한편, 필자는 헬싱키에 머무는 동안 헬싱키대학 아파트(guest－house)([사진 1－5])에서 생활했다. 이 아파트는 두 동으로 되어 있는데, 한 동은 단기간 머무는 사람을 위한 아파트이고, 다른 한 동은 장기간 머무는 사람을 위한 아파트이다. 필자는 월세로 1천 유로 정도를 내고, 아파트 1층에 있는 약 20평 정도 방에서 가족과 함께 생활했다. 이 아파트는 헬싱키대학에 장기간 방문하는 타 지역, 혹은 다른 나라에서 온 연구원이나 교수들이 주로 거주하는 곳이다. 필자는 이 아파트에서 여러 나라에서 온 많은 연구자나 교수들을 만날 수 있었다.

이 아파트는 약 100년 전에 지어진 건물임에도 약간의 내부 리모델링을 했다는 것을 제외하고 옛모습을 그대로 간직하고 있었다. 100년 전에 지어진 건물이라 고풍스러운 맛은 났지만, 약간 어두운 분위기가 있어 무서운 느낌마저 들었다. 귀신이 등장하는 오래된 서양 영화 속 건물 같은 느낌이랄까. 더군다나 문이 철창으로 되어 있는 엘리베이터는 더욱 으스스했다([사진 1－6]). 그러나 계속 살다보니 추운 겨울에도 방안이 따뜻했고 튼튼한 건물이 주는 안정감 때문인지 편안하게 지낼 수 있었다. 체류한 지 1년이 다 될 즈음에는 정이 많이 들어 떠나기가 아쉬울 정도였다. 헬싱키 시내에서는 오래된 건물일수록 가격이 더 비싸

[사진 1-5] 헬싱키대학교 아파트
(오른편 국기가 있는 건물)

[사진 1-6] 헬싱키대학교 아파트의
엘리베이터 출입문

다는 것을 나중에 알게 되었고, 부동산을 소개하는 안내문에 얼마나 오래된 집인지를 자랑스럽게 밝히는 것을 자주 볼 수 있었다. 오래된 것일수록 더 가치 있게 여기는 핀란드 사람들의 정신이 이들의 삶 속에 깊이 뿌리박혀 있음을 알 수 있었다.

(3) 생활 속에 살아 숨 쉬는 전통

필자는 2011년 2월, 헬싱키대학교 사범대학 교사교육학과 교직원 야유회에 참석을 했다. 학과장이었던 Jari Lavonen 교수가 방문연구자도 한 구성원이니 참석을 해 달라고 연락을 해 온 것이다. 야유회 장소는 핀란드가 아니라 이웃나라인 에스토니아 수도 탈린(Talin)이었다. 교수와 직원, 그리고 대학원생과 시간강사 등 참석 인원이 100여 명이나 되었다. 그런데 탈린은 헬싱키에서 배를 타고 2시간 정도 가야 하는 거리에 있다. 100여 명이 함께 배를 타고 가야 했기에 배의 한 층을 통째로 빌렸다. 배를 타고 가는 동안 그 층은 헬싱키대학교 교사교육학과 전용 공간이 된 것이다.

배를 타고 가는 두 시간 동안 다양한 행사가 이루어졌다. 정년퇴임하는 교수의 저서 헌정식과 특강이 있었고, 현재 학과 차원에서 진행되고 있는 프로젝트에 대한 안내도 있었다. 많은 행사 중 가장 인상 깊었던 것은 전 교직원이 함께 어우러져 이루어진 '노래 파티'였다. 이 노래 파티는 약 1시간 정도 이어졌는데, 나이 많은 교수부터 젊은 교수까지, 그리고 직원들까지 모두 편안하게 앉아 함께 노래를 부르는 것이었다. 야유회 준비진이 핀란드어 악보를 미리 준비해 와서 나눠주었고, 어떤 사람들은 이 악보를 보며, 또 어떤 사람들은 악보를 보지 않고 노래를 불렀다. 이 노래가 무슨 노래인지 궁금해 알고 있던 교수에게 물어보니 1940~1950년대의 핀란드 노래라고 한다. 1년에 한 번씩 학과 야유회를 갈 때마다 노래 파티를 하는데, 이처럼 전통 노래를 함께 부르며 즐거운 시간을 보낸다고 이야기를 해주었다. 그 설명을 듣고 노래 부르는 사람들을 다시 살펴보니, 매우 즐거운 표정으로 힘차게 노래를 부르고 있는 모습이 더욱 정겹게 다가왔다. 이와 같이 대학의 학과 야유회 모임에서 그들의 옛날 노래들을 함께 부르며 흥을 돋우는 이들의 모습을 보며 '전통이 이들의 삶 속에 살아 있구나' 하는 생각이 들었다.

같은 해 4월 1일에도 이색적인 모습을 보았다. 그날은 핀란드 사람들이 기념하는 큰 기념일 중의 하나인 '학생의 날'이었다. 헬싱키 시내 곳곳에서 교복을 입고 교복 모자를 쓰고 다니는 사람들을 많이 보게 되었는데, 이들은 학생이 아니라 모두 성인이었고 그 중에는 나이가 많이 들어 보이는 중년이나 노인도 많았다. 몇 사람을 만나 물어보니 모두 '학생의 날'을 기념하기 위해 학창시절에 입었던 교복을 꺼내 입고 나왔다는 것이다. 핀란드에서 학생의 날 행사는 70년이 넘은 행사인데, 거의 모든 시민이 함께 기념하고 즐기고 있었다. 어떤 기념일이 국가나 주관하는 사람들만의 행사가 아니라 모든 국민들이 함께 즐기는 축제의 모습을 보여 주었다. 전통이 과거 속에 묻히는 것이 아니라 오늘의 삶 속에 생생하게 살아 있는 것이 핀란드 사람들의 자연스러운 모습이었다.

2. 정직한 사람들

핀란드에서 생활하면서 핀란드 사람들이 정직하고 신뢰할 만하다는 인상을 많이 받았다. 대학에서 핀란드 사람을 만났을 때뿐만 아니라 여러 기관을 방문하거나 사적으로 핀란드 사람을 만날 때에도 이런 느낌은 한결같았다.

(1) 교사들의 정직

핀란드에서는 고등학교를 졸업하고 대학을 가기 위해서 크게 두 종류의 시험을 치러야 하는데, 하나는 한국의 수능에 해당하는 대학입학자격시험(Matriculation test)이고, 또 하나는 각 대학별로 치르는 본고사다. 대학입학자격시험은 핀란드 전국의 인문고등학교 졸업반 학생들이 모두 같은 날 함께 치르는 전국단위 시험으로 한국에서처럼 대학 입학에 영향을 미치는 중요한 시험이다. 그런데 특징적인 것은 핀란드 고등학생들은 이 대학입학자격시험을 보는데 장소를 이동하지 않고 본인의 학교, 본인이 배웠던 교실에서 시험을 치른다는 점이다. 그리고 또 한 가지 더 놀라운 것은 이 대학입학자격시험의 채점을 그 학생을 가르쳤던 교사들이 담당한다는 것이다. 더군다나 핀란드의 대학입학자격시험은 한국의 수능과 달리, 주관식 혹은 서술형 문제도 있다. 학생들의 대학입학에 중요한 영향을 미치는 시험에서, 주관식과 서술형 답안에 대한 채점을 그 학생을 가르쳤던 교사가 직접 하고 있는 것이다.

그런데 핀란드 사람들은 이를 너무 자연스럽게 받아들이고 있었다. 필자가 방문했던 야르벤빠(Jarvenpaa) 고등학교 영어교사인 Nimi Elina에게 "자기 학교 학생, 자기 제자가 좀 더 좋은 대학에 들어가게 하기 위해 점수를 조금이라도 더 후하게 줄 수 있지 않을까요?"라고 질문을 한 적이 있다. 그 교사는 "우리는 정확한 채점 기준을 가지고 평가를 합니다. 핀란드 교사들은 대부분 그 기준에 따라 정직하게 채점을 하고 있기 때문에 부당하게 점수를 올려 주지는 않습니다. 그리고 점수를 1점이라도 더 올려 주는 것이 꼭 제자를 위한 방법인지는 모르겠네요?"라고 반문을 하였다. 교사에 대한 믿음이 없으면 도저히 실행할 수 없는 방법으로 그들은 국가단위의 시험을 치러내고 있었다. 교사들은 정직했고, 사회와 국가는 그러한 교사들을 신뢰하고 있기 때문에 이러한 방식의 시험 운영이 가능하리라고 보여졌다. 교사의 사례를 단순한 일례로 들기는 했지만, 핀란드 사람들의 정직과 신뢰는 공무원, 기업인, 정치인 등 지도층뿐만 아니라 거의 모든 국민들의 삶의 자세였다.[1]

(2) 지하철의 무인 개찰구

[사진 1-7]은 당시 중학교 2학년인 필자의 아들이 헬싱키의 한 종합학교에 다니면서 매일같이 이용했던 지하철 매트로(Metro) 노선이다. 헬싱키는 핀란드의 수도이지만 인구 50만 정도의 작은 도시여서 지하철도 노선이 하나밖에 없

1 예를 들면, 헬싱키시 시장의 판공비도 모두 공개되고 있다. 헬싱키 시민들은 누구든지 헬싱키시 홈페이지(www.hel.fi/english)에서 시장의 판공비 사용내역을 확인할 수 있다.

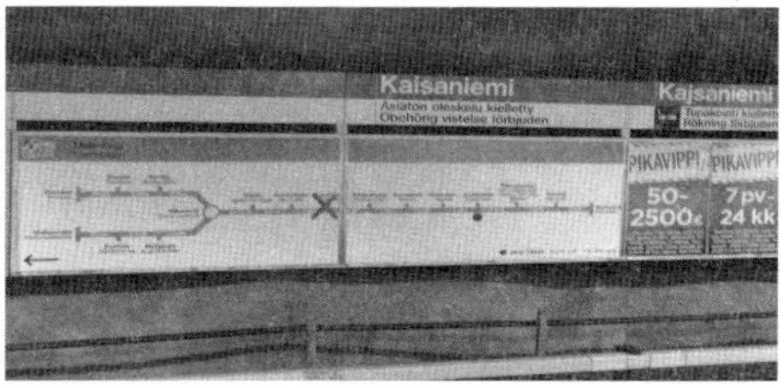

[사진 1-7] 핀란드 지하철 노선도

[사진 1-8] 핀란드 지하철역 출입구

으며, 30분 정도면 한쪽 끝에서 다른 쪽 끝에 도달한다. 그 사이에 역은 대략 13개 정도가 있다. 그리고 이 지하철을 타기 위해서는 별도로 교통카드 정기권을 구입하거나 2유로짜리 1회용 티켓을 구입해야 한다.

지하철 이용을 위한 정기권 교통카드를 구입하는 장소는 별도로 있으며, 1회용 티켓은 각 지하철 역에 설치되어 있는 자동판매기를 이용한다. 그런데 이 13개 역 어디에도 티켓을 판매하거나 검사를 하는 사람은 없었다. 그리고 티켓을 인식하는 인식기는 있으나, 사람이 지하철을 타기 위해 통과할 때, 가로막이 설치되어 있지 않아 누구든 마음만 먹으면 얼마든지 공짜로 지하철을 탈 수 있는 구조다([사진 1-8]). 필자 역시 티켓을 구입하지 않고 '그냥 타볼까' 하는 유혹을 받은 적이 없지 않았다.

그렇다고 검열 장치가 없는 것은 아니다. 가끔 지하철 내에 검사원이 들어와 검사를 한다. 무단으로 지하철을 탄 사람에 대해서는 40배의 과태료를 물린다. 그리고 보도되는 내용을 보면, 헬싱키시 당국에서는 무단으로 승차하는 외국인들 때문에 골칫거리이기는 하지만 대부분의 시민들이 잘 지키고 있기 때문에 큰 염려는 하지 않는다고 밝혔다. 지하철은 어느 나라에서든지 서민들이 가장 많이 이용하는 교통수단이다. 서민들이 많이 이용하는 지하철 운영에 있어 핀란드는 철저히 시민에 대한 신뢰를 바탕으로 하고 있으며, 시민들은 이에 정직으로 대응하고 있는 것이다.

(3) 정직한 납세

핀란드는 이미 알려진 대로 대표적인 복지 국가 중 하나인데, 주요 복지 재원이 바로 국민들의 세금이며 세금을 많이 내기 때문에 수준 높은 복지가 가능한 것이다. 핀란드 국민들이 세금을 많이 내는 것도 인상적이었지만, 더 인상적인 것은 세금을 그렇게 많이 내면서 탈세는 거의 없다는 점이다.

핀란드 국민 누구에게 물어봐도 '핀란드에서 탈세는 생각도 할 수 없으며, 모든 국민이 정직하게 세금을 낸다'는 동일한 답변을 했다. 핀란드에서도 다른 나라들과 비슷하게 소득이 많은 사람들은 세금을 많이 내고 소득이 적은 사람들은 세금을 적게 내는데, 특히 소득이 많은 사람들 대부분이 탈세를 하지 않고 정직하게 세금을 내고 있다고 한다. 더 나아가 핀란드에서는 각 지역 신문에서 해마다 그 지역에서 누가 세금을 많이 내는지에 대해 보도를 하는데, 세금을 많이 낸다는 것은 상당한 명예가 되어 당사자들은 이를 매우 자랑스러워한다. 그리고 이들 고액납세자들은 그 지역의 젊은이들이나 아이들에게 '자신들도 커서 세금을 많이 내는 사람이 되어야겠다'고 다짐하게 하는 롤 모델이 되고 있기도 하다. 핀란드는 원천적으로 탈세를 하지 못하도록 소득이나 재산을 투명하게 관리하는 시스템을 잘 갖추고 있는 면에서도 훌륭하지만, 그보다도 모든 국민들이 탈세를 하지 않고 정직하게 세금을 내고자 하는 의식을 가지고 있다는 점이 더 훌륭해 보였다.

이와 같이 핀란드 사람들의 정서와 문화 속에 신뢰와 정직의 정신이 뿌리 깊이 박혀 있는 모습을 다양한 곳에서 목격할 수 있었는데, 2015년 국제청렴도기구(Transparency International)에서 조사한 국가별 청렴도 조사에서 핀란드가 조사 대상 168개 국가 가운데 세계 2위인 것은 결코 우연이 아님을 알 수 있었다(Transparency International, 2016).

3. 협동하는 사람들

핀란드 사람들은 협동하고 타협하는 정신이 몸에 배인 사람들이다. 사소한 작은 모임에서부터 국가 차원의 모임에 이르기까지 이들은 협동하고 타협하는 것이 습관화되어 있는 듯했다. 이들에게 독단이나 독선의 모습은 찾아보기 어려웠으며 서로 양보하며 함께 만들어 가는 것이 이들의 삶의 방식이었다.

(1) 협력의 정치 지형

[사진 1-9] 핀란드 국회의사당

[사진 1−9]는 핀란드의 국회의사당 모습이다. 핀란드는 의원내각제와 대통령제를 병행한 정치체제를 가지고 있는 나라로 대통령이 있기는 하지만 실질적인 국정운영은 의회에서 선출된 내각에 의해 주도되고 있다. 즉 내각이 실질적인 권한을 가지고 있기 때문에 국회의원 선거에서 어느 당이 승리하느냐는 핀란드 정치 지형에 있어 매우 중요하다. 그런데 핀란드 국민은 역사적으로 결코 어느 한 당에 표를 몰아주지 않았고, 주요 정당에게 고르게 표를 분산시켜주는 다당제의 전통을 유지해 오고 있다.[2]

가장 최근인 2015년 4월에 치러진 국회의원 선거에서도 과반을 넘는 다수당이 없이 여러 정당들이 의석을 나눠 가졌으며, 3개의 정당이 연립정부를 구성하여 국정을 운영하고 있는데, 이는 이들의 오랜 정치 전통이기도 하다. 따라서 핀란드 국정 운영에 있어 어느 당이든 다른 당과의 협력은 필수적인데 이러한 전통은 중앙정치뿐만 아니라, 지방 정치 지형에도 동일하게 나타나고 있다. 즉

2 핀란드에서는 1917년 독립 이후 치러진 모든 국회의원 선거에서 단 한 번도 과반을 넘는 다수당이 출현한 적이 없다(Helsinki Sanomat, 2015.4.20.).

핀란드는 독특하게 중앙정치든 지역정치든 다당제가 전통적으로 견고하게 구축되어 타협과 협동은 이들에게 깊이 자리 잡힌 하나의 정치문화가 된 것이다. 정치에서 다당제가 잘 운영되지 못하면 혼란스러울 수 있는데, 핀란드는 이 다당제가 혼란의 장이 아니라, 협력의 기반이 되고 있는 것이다.

(2) 다양한 참여의 미덕

[사진 1－10]은 핀란드에서 실질적인 국가교육정책을 기획하고 만들어 내며 관장하는 부서인 국가교육위원회이다. 국가교육위원회에서 교육정책안을 만들어 국회에 넘기면, 국회에서 여러 정파들이 토의와 협의를 통해 심의·의결하여 교육정책으로 확정하고, 교육부가 실행한다. 이 국가교육위원회에서 교육정책을 만드는 과정에 있어서 확고한 원칙을 가지고 있다. 즉 어느 정책안이든지 반드시 모든 관련 주체들의 참여와 협의를 바탕으로 교육정책을 만든다는 것이다.

[사진 1-10] 핀란드 국가교육위원회 건물

예를 들어, 핀란드 국가교육위원회에서 '국가 교육의 질 평가방안 수립' 정책안을 만들고 있는 Timo Lankinen이라는 담당자를 만난 적이 있는데, 그 담당자는 이 정책안을 만들기 위해 정부기관, 대학, 교원노조, 각종 학교대표 등 약 200여 단체나 기관들이 참여하고 협의했다고 이야기를 해 주었다. 여러 주체들이 참여하고 의견을 모아야 하기 때문에 시간이 걸릴 수밖에 없는데, 이들은 이를 제대로 된 교육정책을 만들기 위해 당연히 지불해야 할 비용으로 생각한다. 위 정책안 같은 경우에도 최소 3~5년의 준비기간을 거쳐 정책으로 입안하겠다는 계획을 가지고 있었다. 핀란드에서는 관련 주체들이 모두 참여하여 실질적인 협의를 거치기 때문에 교육정책을 만드는 과정에서는 시간이 걸리지만, 교육정책이 결정되고 나면 매우 신속하고 과감하게 추진된다. 정책의 준비 및 입안 과정에 충분히 참여를 했기 때문에 정책이 시행되고 나서의 반대나 비협조는 거의 없다고 한다. 이와 같이 교육정책을 만드는 과정에서 관련 주체들의 참여와 협의를 바탕으로 해 나간다는 것이 이들의 확고한 철학이요, 정신이었다.

(3) 학교는 참여와 협력을 배우는 배움터

핀란드에서는 학교 역시 다양한 참여와 협력의 장이 되고 있다. 대학 운영 과정에서도 관련 주체들의 참여와 협력은 매우 중요한 토대가 된다. 핀란드의 거의 모든 대학에서는 의사결정 과정에 교수, 직원뿐만 아니라 학생도 동등한 자격으로 참여한다. 또한 국가사업으로 진행되는 대학의 연구나 교육활동에 대한 지원 사업 평가에도 학생 대표들이 정식 평가위원 자격으로 참여한다(Finnish Education Evaluation Center, 2016). 뿐만 아니라 대학의 교수임용 심사과정에도 학생 대표가 교수들과 동등한 심사위원의 자격으로 참여하여 심사를 한다. 헬싱키대학 교사교육학과 Jari Lavonen 교수의 말에 의하면 심사 과정에서 후보자들에 대한 교수 심사위원들의 평가가 비슷하게 나올 경우, 학생 대표의 의견이 결정적인 역할을 하기도 한다고 한다. 이와 같이 핀란드의 교육정책이나 교육기관 운영 과정에서 관련 주체들의 참여는 견고하게 제도화되어 있는데, 단지 구색을 맞추기 위한 참여가 아니라 실질적인 참여가 이루어지고 있었다. 대학뿐만 아니라 고등학교에서도 학생들의 참여를 보장하기 위하여 학생회를 법제화하였으며, 우리의 초등학교, 중학교에 해당하는 종합학교 역시 학생들의 참여를 제도화하였다. 즉 이들은 학생들을 학교 운영의 한 주체로서 당당하게 참여시키며 일찍부터 협의와 협력의 문화를 익혀가도록 하고 있다.

[사진 1-11] 헬싱키대학교 사범대학 교사교육학과 학과장인 Jari Lavonen 교수

[사진 1-12] 헬싱키대학교 학생위원회 본부가 있는 건물

(4) 넘치지 않는 합리적 참여

핀란드의 많은 학교에는 학교의 주요 의사결정기구인 교원, 학부모, 학생으로 구성되는 '학교위원회(School Board)'가 설치되어 있는데 이 학교위원회에는 학부모 대표들이 가장 많은 구성원으로 참여하고 있다. 학교 운영 과정의 중요한 주체로서 학부모들이 참여하고 있는 것이다. 하지만 학부모들의 참여 영역은 한정적이다. 학교 교육과정 운영이나 실질적인 교육활동은 교장 및 교사들이 주도하고 있었으며, 학부모들은 방과 후 활동이나 학교행사 등 학부모 참여가 필요한 영역에 주로 참여하고 있다. 즉 학부모들이 학교 운영 과정에 참여하지만, 교원들의 전문적인 영역까지 관여하지는 않는다. 다만, 학부모들은 언제든지 자신의 자녀가 다니는 학교의 학급에 들어가 수업을 참관할 수 있다. 이러한 학부모의 참여는 그 참여 주체의 성격에 맞는 참여, 그리고 전체와의 조화 및 발전을 고려한 참여라고 할 수 있다. 하지만 학부모들의 참여를 강제하지는 않으며, 따라서 학교운영위원회가 설치되어 있지 않은 학교도 적지 않게 있다. 핀란드에서는 정치 분야뿐만 아니라 사회 전반적으로 참여 및 협력 문화가 견고하게 구축되어 있었는데, 참여를 위한 참여, 형식적인 참여가 아니라 합리적이고 내실 있는 참여를 하고 있다는 점이 이들의 특징이다.

4. 자녀들의 독립을 중시하는 사람들

필자가 만난 핀란드 사람들은 가족주의, 혹은 가족이기주의와는 거리가 먼 사람들이었다. 특히 자녀의 진학 및 진로 선택 과정에서 가족의 명예나 부모의 뜻보다는 자녀 본인의 의지와 생각을 중시한다. 이들은 일찍부터 자녀들에게 독립심을 심어주며, 가정에서뿐만 아니라 사회적으로도 자녀들의 독립을 중시하는 문화를 가지고 있다.

(1) 이른 독립을 하는 자녀들

[사진 1-13] 카페에서 아르바이트를 하고 있는 헬싱키대학교 철학과 Pinja 학생

핀란드에서는 대체적으로, 부모도 자녀의 독립성을 존중해 줄 뿐만 아니라 자녀들 역시 부모에게 의존하려고 하지 않는다. 가정의 형편에 상관없이 거의 대부분의 가정에서 자녀들은 고등학교를 졸업하면서부터 거주 공간뿐만 아니라, 정서적·재정적으로도 독립을 한다.

[사진 1-13]은 헬싱키대학교 철학과 학생인 Pinja가 2011년 여름방학 2개월 동안 아르바이트를 했던 원로원 광장 앞의 엔젤카페(Angels Cafe)이다. Pinja 학생의 아버지는 대기업에 다니고 있으며, 어머니는 종합학교의 교사이다. 이 학생의 가정은 핀란드에서 중산층 이상의 가정에 속한다고 볼 수 있다. 집안의 경제적 형편이 어렵지 않기 때문에 방학 동안에 굳이 아르바이트를 할 필요는 없지만, 지금까지 모든 방학 동안에 아르바이트를 해왔다고 한다. 그리고 자신의 친구들도 거의 대부분 방학 때 아르바이트를 하거나 인턴을 하여 돈을 번다고 한다. 가정형편에 상관없이 스스로 일을 하거나 아르바이트를 하여 생활비를 충당하는 것이 이들의 문화인 것이다. 이와 같이 핀란드 젊은이들은 대부분 고등학교를 졸업하면서부터 부모에게 의존하려고 하지 않고 독립적으로 생활해 나가고자 하는 의식을 가지고 있다. 대학 진학시 학비는 국가에서 무상으로 지원해 주고, 생활비는 아르바이트 등을 통해 스스로 충당하는 것이 핀란드 대학생들의 전형적인 모습이다.

(2) 부유층 자녀도 예외 없는 독립

[사진 1-14]는 핀란드 일간신문인 '헬싱키 사노맷(Helsingin Sanomat)'의 프리랜서 기자로 일하는 Arno씨이다. Arno씨는 핀란드 명문인 헬싱키경제대학

[사진 1-14] 핀란드 일간신문인 헬싱키 사노맷 (Helsingin Sanomat)의 프리랜서 기자 Arno씨

을 졸업하고, 10년 전부터 신문기자로 일해오고 있다. Arno씨의 아버지와 할아버지가 모두 의사이고, 어머니는 상류층 집안 출신이라고 한다. 의사집안에서 가족들은 Arno씨에게 의사 직업을 갖도록 권할 수도 있었지만, 가족들은 전혀 강요하지 않았고, Arno씨는 본인의 선택에 따라 경제학을 전공하였다고 한다. 그리고 Arno씨의 부모는 재산이 많은 상류층이기 때문에 그를 지원해 줄 여력이 충분히 있음에도 불구하고, 특별한 이유가 없는 한 지원해 주지 않는다고 한다. 부모가 재산이 있음에도 자식들은 부모를 의존하지 않고, 부모 역시 아주 특별한 경우가 아닌 한 자식들에게 재정지원을 해주지 않는 문화를 가지고 있는 것이다. 부자 부모를 둔 Arno씨이지만 검소한 생활을 하고 있었는데, 작은 중고차(Mini cooper)를 구입하여 오랫동안 사용하고 있는 모습도 하나의 예이다.

(3) 대학 전공 선택은 자녀의 몫

[사진 1-15] Oulu대학에서 도시지리학을 전공하는 Pivii씨

이러한 독립 의식은 학생들의 대학 전공 선택 과정에서도 나타난다. 핀란드 대학생들의 경우, 대부분 부모의 결정이 아닌 학생 본인의 선택에 의해 전공 학과를 결정한다고 한다. 헬싱키대학 동아시아문화학과에 다니고 있는 Markku 학생의 경우, 본인의 부모님들은 경제·경영 분야를 전공하기를 원했는데, 본인의 결정에 의해 동아시아문화를 전공하게 되었다고 한다. 그리고 Oulu대학에서 도시지리학을 전공하는 Pivii씨의 경우, 가족들은 고등학교 때 성적이 상위권이

[사진 1-16] Ressu 종합학교의 Pia Grönholm 교사

었던 그녀에게 교사교육학과에 지원하기를 원하였지만, 자신은 도시지리학에 더 매력을 느껴 가족들의 권유와 상관없이 스스로 전공을 선택하였다고 한다. 이러한 현상은 헬싱키대학에서 만난 많은 학생들을 통해 확인할 수 있었는데, 대체적으로 학생들은 대학 입학 과정에서, 부모를 비롯한 집안에서의 권유보다는 본인의 선택에 의해 대학 및 전공을 결정한다. 이처럼 핀란드 사람들은 자녀들의 결정을 존중하며 자녀들을 일찍부터 독립시키는 문화를 가지고 있다.

이러한 현상은 단지 학생들의 대학진학 과정에서만 나타나는 것이 아니라 고등학교 진학 과정에서도 나타난다. 핀란드에서는 종합학교 9년 과정을 마치고 고등학교에 진학하는데, Ressu 종합학교 Pia Grönholm 교사의 말에 의하면, 핀란드에서 종합학교를 졸업하고 고등학교에 진학하는 과정에서도 물론 부모나 교사와 협의를 하지만, 대부분 학생 본인의 의사를 존중해 준다고 한다.

(4) 빈부격차 모습이 보이지 않는 대학생들

필자가 헬싱키대학에서 1년 동안 보아왔던 수많은 학생들의 모습에서는 빈부의 차이를 발견하기 어려웠다. 대부분의 학생들이 수수하고 검소한 모습이었다. 대체로 국가가 지원해 주는 생활비와 자신이 아르바이트를 해서 번 돈으로 생활하기에 이는 자연스러운 모습인 것 같았다. 부유한 집안 학생이든 가난한 집안 학생이든 대부분 부모로부터 독립하여 스스로 노력하여 경제 문제를 해결해 가는 이들에게는 너무 당연한 모습인 것이다. 문화가 이렇다보니 젊은 학생이 부모로부터 재정적 도움을 받아 호화롭게 생활하는 것은 오히려 질타의 대상이 되기도 한다(Sahlberg, 2011).

핀란드라고 해서 부의 대물림, 부의 편중 현상이 전혀 없는 것은 아니다

(Grubb et al., 2005). 하지만 핀란드 국민들은 대체적으로 자녀들이 고등학교를 졸업할 연령부터는 부모에게 의존하거나 가족을 의지하기보다는 개인적, 독립적 삶을 살아나가는 것을 자연스럽게 여기고 있었다. 특히 젊은이들이 대학 선택, 전공 선택, 진로 선택 등의 과정에서 부모의 영향을 받기보다는 스스로 결정하여 선택하는 독립적인 모습을 뚜렷하게 보여주었다.

5. 국가를 신뢰하는 사람들

핀란드 사람들이 보여준 또 하나의 특징적인 모습은 국가에 대한 신뢰였다. 핀란드 사람들은 국가가 하는 일에 대해서는 철저히 신뢰를 할 뿐만 아니라 국가에 대한 의무도 적극적으로 이행한다. 국가가 해 주는 것에 대해 믿고 신뢰하기 때문에 국가에 대해 고맙게 생각하고 국가를 위해 해야 할 의무도 다 하려고 하는 것이 이들의 정서이다.

(1) 증가하는 출산율

필자는 핀란드에 거주하면서 자동차를 구입하지 않고, 대중교통을 이용하였다. 그리고 헬싱키 시내뿐만 아니라 핀란드의 주요 도시를 방문하면서도 대중교통을 이용하였는데, 주요 대중교통 수단인 버스나 지하철 안에서 거의 매일 많은 유모차들을 볼 수 있었다. 유모차들을 자주 본다는 것은 어린 아이들을 자주 본다는 이야기인데, 실제 핀란드에는 신생아 출생률이 매우 높은 편이다. 2015년도 통계에 의하면, 신생아 출생률이 결혼 여성 1인당 1.75명으로 우리나라의 1.25명보다 높을 뿐만 아니라 OECD의 평균인 1.65명보다 높다

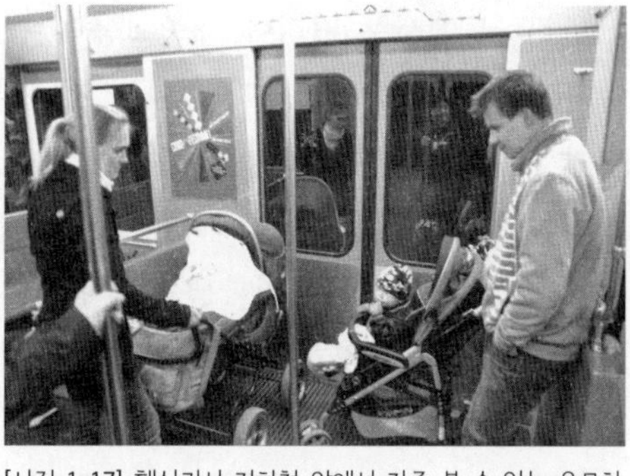
[사진 1-17] 헬싱키시 지하철 안에서 자주 볼 수 있는 유모차

[사진 1-18] 필자와 같은 연구실에 있었던 Kaisa Kuoppala (왼쪽)와 Paavo Peltonen 연구원

(CIA, 2015). 핀란드 정부에서도 2016년 현재 약 540만 명의 인구가 2030년까지 약 600만 명까지 증가할 것이라는 기대감을 가지고 있다(Finnish Ministry of Education and Culture, 2016).

한편, 필자와 같은 연구실에서 있었던 핀란드인 연구원인 Kaisa Kuoppala씨는 30대인데, 자녀가 5명이라고 하였다. 자녀를 많이 낳아 기르면 경제적으로 부담이 되지 않느냐는 질문에 거의 부담이 되지 않는다고 대답을 하였다. 왜냐하면 핀란드에서는 국가가 자녀 양육비 거의 대부분을 지원해 주고 있기 때문이다. 자녀를 양육하는 데 있어 시간적으로는 부담이 되지만 경제적으로는 큰 부담이 되지 않기 때문에 출산을 굳이 늦추거나 거부할 필요가 없다는 것이다. 그래서 이들은 대체로 아이를 본인들이 낳지만 키워주는 것은 국가라는 인식을 가지고 있다.

핀란드에서는 거리나 대중교통 이용 시에 유모차를 자주 볼 수 있을 뿐만 아니라, 어느 대학에서든지 대학생 자녀 유모차는 자주 볼 수 있다. 대체로 핀란드에서는 학생들이 고등학교를 졸업하고 곧바로 대학에 진학하기보다는 다른 경험들을 하고 나서 대학에 들어오기 때문에 대학생들의 연령층이 비교적 높은 편이다. 헬싱키대학교 입학생들의 평균 나이도 25세 정도라고 한다. 따라서 대학생들 중에는 결혼하여 아이를 낳아 기르는 부부도 많은데, 이들은 아이에게 모유를 먹이기 위해 학교에 데리고 오는 것이다. 수입이 없는 학생 부부임에도 불구하고, 자녀를 낳아 기르는 데 큰 어려움은 없다는 것이 이들의 공통적인 이야기이다. 학생 부부에게는 정부로부터 학생 지원금이 나오고 또 자녀가 있을 경우 아동보육수당이 나오기 때문에 정부 지원금으로 생활해 나가는 데 큰 어려움이 없다고 한다. 대학생 부부임에도 자녀를 낳아 기를 수 있는 든든한 기반이 바로 국가의 뒷받침인 것이다.

(2) 부모보다도 국가가 더 고마워

대부분의 핀란드 국민은 교육, 의료, 주택 등 기본생활을 하는 데 있어 국가의 복지 혜택을 받고 있다. 즉 기본생활에 대한 지원을 부모가 아닌 국가가 해 주는 것이다. 이처럼 국가의 혜택으로 기본생활을 해 나가기 때문에 국가에 대한 신뢰는 각별하다. 이런 이유 때문인지 핀란드 사람들은 "핀란드 젊은이들은 국가에 대해서는 고마워하지만 부모에 대해서는 별로 고마워하지 않는다"는 말을 농담처럼 하곤 한다.

핀란드에서 1년을 지낸 필자에게 비추어진 핀란드의 모습은 과거와 현재가 공존하며 전통이 살아 숨 쉬는 나라, 뿌리 깊은 정직과 신뢰 문화를 가지고 있는 나라, 중앙에서부터 작은 기관에 이르기까지 협력과 협동 체제가 갖추어져 있는 나라, 가족이기주의가 아닌 자녀의 독립성을 중시하는 나라, 국민들이 국가를 믿고 신뢰하는 나라였다.

제2장

핀란드라는 나라

인구 540만의 작은 나라인 핀란드는 북유럽에 위치한 숲과 호수의 나라이다. 전통적으로 임업과 농업을 주업으로 하는 가난한 나라였으며, 700년이 넘는 오랜 기간 동안 식민지를 겪었다. 1950년대 말까지 서구의 어느 나라보다 산업화가 덜 된 농업 국가였지만, 1960~1970년대 사이에 빠른 산업화 및 사회 구조 개혁을 통해 산업 복지국가를 이룬 나라이다. 1980년대 이후에는 ICT 산업을 중심으로 한 공업화에 박차를 가하여 공업이 주력 산업이 되었고, 2000년대 들어서 1인당 국민소득이 4만 달러가 넘는 선진국으로 도약하였다. 또한 최근에는 PISA 평가 결과를 토대로 대표적인 교육선진국으로 불리고 있다.

1. 핀란드 역사

핀란드는 1200년대부터 약 600여 년 동안 스웨덴의 지배를 받아오다가, 나폴레옹 전쟁 이후 1809년부터는 다시 러시아의 지배를 받기 시작해 이후 100여 년 동안 러시아의 식민지였다. 러시아 식민지 시대에도 사회체제나 법률체계는 지속적으로 스웨덴 방식을 따랐다. 핀란드는 러시아혁명 이후 러시아로부터 독립하여 1917년 12월 6일 독립국가가 되었다(European Commission, 2009: 7).

러시아로부터 독립한 이후, 핀란드는 유럽 근대 역사에서 가장 피를 많이

[사진 2-1] 헬싱키 항구

[사진 2-2] Tampere시에 있는 Nasijarvi 호수

흘린 전쟁으로 기록되는 내전을 겪었다. 정치적 혼란기 속에 좌파(Reds)와 우파(Whites)로 나뉘어 석 달 동안의 내전을 겪었는데, 이 전쟁으로 인해 당시 300만 명의 인구 중에서 4만여 명이 사망하였다. 이 전쟁은 아직까지 핀란드 국민들의 정서 속에 '집단적 트라우마(collective trauma)'로 남아 있다(Ylikangas, 1993: 521). 내전을 겪은 지 불과 20년 만에 러시아의 침공으로 겨울전쟁(Winter war, 1939~1940)이 일어났다. 이 전쟁으로 인해 나라 전체가 초토화되었지만 다행히 전쟁은 핀란드의 승리로 끝났다. 이 전쟁을 통해 핀란드 국민들은 단합의 필요성을 깊이 깨닫게 되었다. 핀란드의 독특한 사회적 합의 정신은 바로 역사적 경험을 통해 강대국 사이에서 어디에도 휩쓸리지 않고 단합해야 한다는 경계(境界)국가 의식, 그리고 단합을 통해 이끈 전쟁 승리의 경험 등이 바탕이 되어 형성된 것이다(Alapuro, 1988; Klinge, 1997).

핀란드는 오랜 농업 국가였고, 그 전통이 여전히 남아 있다. 핀란드의 산업화 및 도시화는 다른 유럽 국가들에 비해 상당히 느리게 진행이 되어 1945년 무렵까지만 해도 국민들의 70% 정도가 농촌지역에 거주하였고, 국민의 60%는 농업이나 임업에 종사하였다(Alapuro et al., 1987). 1960~1970년대에 들어서 급격한 산업화와 도시화가 이루어졌지만, 이들의 정서 속에는 여전히 농경사회의 의식이 남아 있었다. 이후, 짧은 기간 안에 근대화와 탈근대화까지 경험하면서, 핀란드는 과거와 현대 의식이 공존하는 독특한 문화를 만들어 냈다. 핀란드의 산업 복지국가 체제는 산업화와 농경문화, 개인주의와 공동체주의 등이 혼재되어 있는 독특한 역사적 산물이다(Simola, 2005: 458).

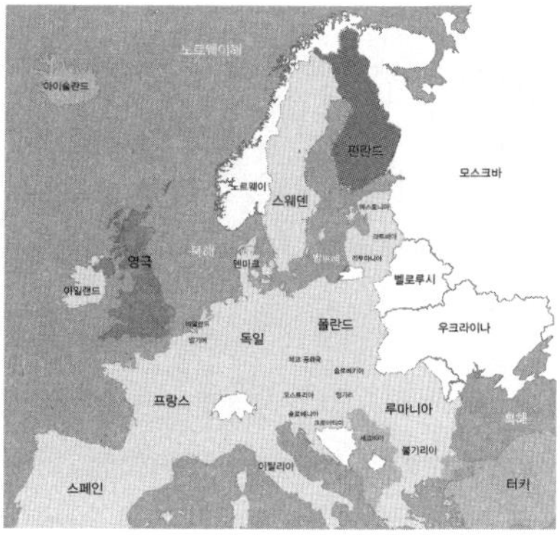

[그림 2-1] 유럽 및 핀란드 위치

핀란드는 지정학적 위치상 동양과 서양의 경계 국가로 자리매김하고 있다. 스웨덴과 독일을 비롯한 서구 문화의 영향과 러시아를 비롯한 동양 문화의 영향을 함께 받은 나라인 것이다. 따라서 핀란드의 거의 모든 분야에 서양적인 요소와 동양적인 요소가 함께 공존하고 있다. 핀란드의 사회민주주의는 다른 북유럽 국가들과 달리 동양적 권위주의와 전체주의적 특징을 가지고 있으며, 언어발생학적으로 보면 핀란드어는 한국어나 일본어 등과 같이 우랄알타이어 계통이기도 하다(Lakaniemi et al., 1995; Siikala, 2002). 핀란드는 1995년에 EU에 가입하였으며 비교적 활발하게 EU 활동에 참여하고 있다.

2. 입법 및 행정기관

핀란드는 의회공화국이고, 최고의 권한이 의회에 있다. 독립 이후 1919년에 핀란드 헌법을 제정하여 사용하여 오다가 80년 만인 2000년에 최초로 헌법을 개정하였다. 새 헌법에 의해 의회의 국가 최고기관으로서의 위치는 더욱 공고화되었다. 국민들은 4년마다 200명의 국회의원을 선출한다. 의회는 입법 기능 이외에도 국가예산을 결정하고 정부를 감시하며 행정부를 통제한다. 핀란드의 정치체제는 의회중심이라고 할 수 있는데, 대통령에 비해 의회나 내각의 역할과 비중이 더 크며, 내각의 수상은 의회에서 선출한다. 핀란드에서 일반 행정 권한은 내각에 있으며, 정부는 입법부에서 정한 기간 동안 행정의 책임을 지고 법령이나 규정을 만들 수 있다. 그리고 정부 활동은 의회의 신임을 받아야 한다.

1906년 최초의 단원제 의회가 수립된 이후 의회 체제는 변함이 없으며, 의회 수립 때부터 모든 국민이 동등하게 선거에 참여할 수 있게 하는 보통, 평등 선거권 및 여성 참정권[1]을 보장하였다. 1906년 단원제 의회에 진출했던 정당들은 현재까지 그 정당을 유지하고 있다(European Commission, 2009: 7−8).

가장 최근인 2015년 4월에 치러진 총선에서는 보수정당들이 보다 많은 의석을 차지하였다. 선거 이후 중도당, 진정한 핀란드인당, 국민연합당 등 3개 정파가 연합하여 연립정부를 구성하였으며, 수상은 중도당의 유하 시필래(Juha Sipilä)가 맡았다. 당시 선거 결과, 정당별 의석 분포를 보면 다음 <표 2−1>과 같다.

표 2-1 핀란드 의회 정당 및 의석 분포(2015년 4월 총선)

정당	의석
중도당(Finnish centre party)	49
진정한 핀란드인당(True Finns party)	38
국민연합당(National coalition party)	37
사회민주당(Finnish social democratic party)	34
녹색당(Green party of Finland)	15
좌파연합(Left alliance)	12
스웨덴인당(Swedish people's party)	9
기독민주당(Christian democrats)	5
알랜드섬 대표(Representative of the Aland islands)	1

자료: Helsinki Sanomat(2015.4.20)

핀란드에서 일반 행정 권한은 정부에 있다. 정부는 입법부에서 정한 기간 동안 행정 책임을 지며 법령이나 규정을 만들 수 있다. 국민들은 6년마다 직접 선거를 통해 대통령을 선출한다. 2012년 대통령 선거에서 국민연합당의 사울리 베이네뫼 니니스퇴(Sauli Vanamo Ninisto)가 당선되었는데, 보수당 후보로는 50년

1 영국의 경우 1918년에 여성 참정권을 부여하여 여성 참정권이 세계 최초로 부여된 나라로 알려져 있으나, 핀란드는 영국보다 훨씬 빠른 1906년에 여성 참정권이 부여된 나라이다(Sahlberg, 2011).

만에 처음 대통령이 되었다(Helsinki Sanomat, 2012.2.5). 핀란드에서 대통령은 독립된 기관이며 의회를 존중해야 한다. 대통령은 정부 법안을 의회에 제출하거나 법률안을 비준하는 역할을 하고 법령을 반포하며 국군최고통수권자이다. 의회에서 통과된 법률안을 대통령이 비준하지 않으면 보류된다. 핀란드 행정체계는 크게 세 단계로 이루어져 있는데, 중앙정부에 해당하는 중앙행정부서(central adminisrtation), 지역의 거점 행정기관 역할을 하는 거점 행정기관(intermediate level authorities), 그리고 거점 행정기관 관할 지방자치단체인 지방행정기관(local level administration) 등이다.

핀란드 중앙행정부서는 크게 행정부서와 행정기관으로 이루어져 있다. 행정부서는 장관이 책임을 지고 이끌어 가는 부서이고, 행정기관은 행정부서에 소속되어 그 역할을 수행하는 독립된 기관이다. 한 예로 핀란드 교육부는 행정부서이고 핀란드 국가교육위원회(Finnish National Board of Education)는 교육부에 속한 행정기관이다. 핀란드 국가교육위원회는 교육부에 소속되어 교육부 관할하에 운영되는 행정기관이지만, 교육부가 국가교육위원회의 의사결정에 간섭하지는 않는다. 따라서 행정기관들은 비교적 독립적으로 운영이 되며 기관 활동에 대해서 공적으로 책임을 진다.

거점 행정기관은 중앙행정부서의 관할하에 있고, 중앙에서 파견된 사람들이 근무를 하는데 독립적 지방자치기구는 아니다. 핀란드에서는 2010년에 행정기관 체제가 크게 바뀌었다. 핀란드에서 그동안 유지해 왔던 국가의 모든 거점 행정기관들을 없애고, 두 가지 형태의 거점 행정기관으로 재조직하였다. 하나는 '지방행정거점기관'인데 이 기관은 공공서비스, 법적 권리, 직업 안정 및 건강, 환경, 재난 및 구조, 경찰 등의 영역을 담당한다. 다른 하나는 '경제개발·교통·환경 거점 센터'로서 경제개발, 노동, 문화활동, 교통, 환경 및 자연자원 등의 영역을 담당한다. 교육영역은 두 기관이 모두 함께 담당하는 영역이다.

지방 행정기관은 지방자치단체(이하 '지자체')이다. 2016년 기준으로 핀란드 전국에 313개의 지자체가 있는데(Association of Finnish Local and Regional Authorities, 2016), 모든 핀란드 국민은 지자체에 속해 있다. 지자체 행정은 오랜 전통인 자치행정의 원리에 따라 이루어지고 있으며, 최근 들어 지자체의 자치 권한이 더욱 강화되고 있다. 자치행정의 구현을 위하여, 각 지역에서는 지자체 의회 의원을 주민들이 직접 선거를 통해 뽑는다. 지자체의회는 각 지역에서 가장 큰 권한을 가진 기관으로 각 지자체에서 행정업무는 지자체 행정위원회 및 담당기관에서 맡는다. 각 지역 당국에서는 정해진 법률에 따라 지역주민들에게 서비스를 제공해야 하는데, 지역 당국은 필요한 재원 마련을 위해 지역주민들에게 세금을 부과할 수 있다. 이와 같이 핀란드 각 지자체는 자체 조세부과권을 통해 재원을 확보하고, 아울러 중앙정부로부터도 지원을 받고 있다.

3. 핀란드 인구, 문화, 경제

핀란드에는 2016년 기준으로 338,000㎢ 정도의 면적에 약 540만 명의 인구가 살고 있다. 인구 밀도는 1㎢당 17명이며[2] 인구가 주로 남부 지역에 밀집되어 있다. 특히 수도인 헬싱키 인근에 전 국민의 1/5인 100만 명 정도가 모여 살고 있다. 핀란드 전체 인구의 84.3% 정도가 인구 10만 명 이상의 8개 도시지역에 밀집되어 있다(Finnish Government, 2016).

핀란드에서 전체 인구 중 노동인구 연령대의 비율은 현재의 66%에서 2040년에 57%로 줄어들 것으로 예상하고 있으며, 그 때에는 65세 이상의 노령 인구가 전체 국민의 1/4에 이를 것으로 보고 있다. 2007년을 기준으로 외국 국적을 가진 인구는 전체 인구의 2.7% 정도였는데, 그 비율은 점점 늘어나고 있다 (European Commission, 2009: 11).

핀란드는 두 개의 모국어를 가지고 있는 나라로서, 공식 언어는 핀란드어와 스웨덴어이다. 91.2% 정도의 국민이 핀란드어를 모국어로 사용하고 있고, 5.4% 정도가 스웨덴어를 모국어로 사용하고 있다. 비록 스웨덴어를 사용하는 인구가

2 한국의 경우는 1㎢당 518명이다(World bank, 2014).

소수이기는 하지만 스웨덴어는 핀란드어와 공식적으로 동등한 지위를 갖고 있다. 또한 핀란드 북부 Lapland 지역의 소수민족인 Saami족에게는 그들의 언어를 사용할 권한을 보장해 주고 있다(Finnish Government, 2016b).

핀란드는 종교의 자유를 보장하고 있는데, 종교 중에서도 루터교(Lutheran church)와 러시아정교(Orthodox church)는 핀란드 내에서 특별한 지위를 갖는다. 즉 그들은 세금 부가권을 가지고 있다. 2007년 기준으로 전 국민의 79.7%가 루터교에 등록되어 있고, 약 1% 정도가 러시아정교에 등록되어 있는 것으로 나타났다(European Commission, 2009: 10).

러시아로부터 독립한 이후 핀란드 경제는 지속적으로 성장해왔다. 1930년대와 제2차 세계대전 때 잠시 후퇴하기는 하였지만, 그 후 지속적인 성장세를 보였다. 1990년대 초 핀란드는 전후 최악의 경제 위기상황을 맞았으나, 1993년부터 다시 회복되었다. 하지만 여전히 경제적으로 어려운 상황에 처해 있으며, 2009년에는 7.5%의 GDP 후퇴를 기록하기도 하였다(European Commission, 2009: 11). 최근 들어 핀란드 대표적인 대기업 노키아의 몰락으로 핀란드 경제가 약화될 것으로 예상하였으나, 다양한 창업 및 중소기업의 활성화로 핀란드 경제가 건재하고 있는 것으로 평가되고 있다(박상인, 2016). 핀란드의 경제는 유럽 및 세계 경제와 밀접하게 연관되어 있기 때문에 향후에도 상당히 유동적일 것으로 예상된다. 2015년 기준으로 핀란드의 국민 1인당 GDP는 약 5만 1천 달러로 세계 14위 정도를 차지하고 있다(IMF, 2015).[3]

한편, <표 2-2>에 나타난 바와 같이 핀란드 국민들의 조세 부담률은 2014년 기준으로 GDP 대비 43.9%로 OECD 34개 국가 중에서 4위에 해당하는데, 이는 교육을 비롯한 사회복지 확충의 중요한 기반이 되고 있다. 하지만 교육을 위한 투자가 특별히 높은 것은 아니다. 2015년을 기준으로 핀란드의 GDP 대비 공교육비 비율은 6.1%인데, 한국 6.7%, 미국 6.4%, 영국 6.3% 등 주요 국가들보다 낮은 수준이고, OECD 국가들 평균 5.3%보다는 높은 수준이다(OECD,

3 한국의 경우 국민 1인당 GDP는 약 3만 달러로 세계 29위이다(IMF, 2015).

2015b). 이는 핀란드가 다른 나라보다 국가 전체적으로 교육에 더 많은 투자를 하는 나라이기보다는 교육 재원을 효율적으로 사용하는 나라임을 보여주고 있다.

표 2-2 OECD 국가별 조세부담률 (단위: %)

순위	국가	조세부담률	순위	국가	조세부담률
1	덴마크	50.3	6	오스트리아	43.0
2	프랑스	45.2	7	스웨덴	42.7
3	벨기에	44.7	8	노르웨이	39.1
4	핀란드	43.9	9	아이슬란드	38.7
5	이탈리아	43.6	33	한국	24.6

자료: OECD(2016)

제3장

핀란드의 교육

1. 핀란드 교육의 역사

핀란드는 경제 및 사회 변화와 마찬가지로 교육에 있어서도 매우 압축적이고 빠른 변화를 겪은 나라다. 핀란드는 유럽의 다른 나라보다 조금 늦은 1921년에 9년제 의무교육제도를 도입하였고, 1970년대에 이르러 초등학교와 중학교를 통합한 독특한 종합학교 제도를 마련하여 실행하였다. 이러한 변화들은 때로는 중앙집권적 방식으로 매우 빠르게 체계적으로 이루어졌다.

제2차 세계대전 이후 핀란드는 정치적, 경제적 불안정이 지속되었지만, 한편으로는 핀란드 국민들에게 평등 교육의 이념과 가치를 심어주는 시기이기도 하였다. 이 시기 핀란드의 경제 변화는 빠르게 진행되었고, 아울러 급속한 사회 변화도 동반되었다. 무엇보다도 교육체제의 변화가 눈에 띄게 나타났는데, 핀란드에서 교육체제의 변화는 결정적 시기에 매우 철저하게 이루어졌다는 점이 특징이다(Simola, 2005).

1950년대까지만 해도 핀란드는 평등한 교육체제를 가지고 있지 않았다. 도시지역에 있는 부유층 가정의 자녀들만이 문법학교나 중학교에 다닐 수 있었고, 이들을 제외한 대부분의 아이들은 6년 과정의 초등교육만 받고 더 이상 교육을 받지 못하는 상황이었다. 당시 11세 아동의 27% 정도만이 5년제 중학교 과정에 입학할 수 있었는데, 중학교 과정을 마친 학생들만이 3년제 고등학교 과정인 공·사립 문법학교에 들어갈 수 있었다. 문법학교를 졸업한 학생들은 대체로 대학에 진학하여 핀란드 상류 계층으로 자리를 잡아나갔다. 당시 핀란드에는 338개의 문법학교가 있었는데, 이 중 약 2/3에 해당하는 217개가 사립학교였다. 한편, 초등학교 6년을 마치고 2~3년 과정의 공민학교(civic schools)에 입학하는 또 다른 경로가 있었는데, 이 과정으로 진학하는 학생들은 대부분 핀란드의 중·하층민 자녀들이었다. 그리고 이들은 이후에 대부분 직업학교나 기술학교로 진학하였다 (European Commission, 2009).

1950년대에는 중요한 사회적 혁신이 일어났는데, 정부가 사립학교에 재정 지원을 해 주고 학교 운영을 관리·통제할 수 있는 법안이 만들어진 것이다. 교육에 대한 대중들의 증가하는 욕구에 대처하기 위하여 새로운 사립학교들이 만들어졌고, 사립학교들의 재정적 어려움을 국가가 해결해 준 것이다. 국가의 재정 지원이 늘면서 사립학교들은 점차 공립화되었다.

1960~1970년대에는 핀란드 역사상 가장 획기적인 교육개혁이 이루어졌는데, 이때의 교육개혁은 '서구 민주주의 사회의 일원이 되기 위하여, 그리고 전후의 세계 시장경제에 적응하기 위하여 모두 함께 가야 한다'는 국가 및 국민들의 총체적인 비전이 반영된 결과이다. 산업의 발달과 노동자 계층의 증대에 따라 노동자 계층의 목소리도 커지기 시작하였는데, 이들은 자신들의 자녀들을 위해 공교육이 좀 더 확대되기를 원했다. 1920년대에 처음 제기되었던, '누구든지 다닐 수 있고 차별 없이 함께 배울 수 있는 종합학교 모형'이 1950년대에 노동자 계층의 적극적인 요구에 의해 다시 살아나 정책 의제가 되었고, 1970년대 이르러 드디어 '종합학교(comprehensive school)'라는 구체적인 형태로 구현된 것이다 (Aho et al., 2006).

이 시기까지는 핀란드 교육이 다른 나라의 교육에 비해 우월하거나 특별하지는 않았다. 모든 젊은이들이 정규학교에 다닐 수 있도록 넓고 촘촘하게 학교 네트워크가 구축이 되어 있고, 누구든 원하는 사람은 중등교육과 고등교육을 받을 수 있었으며, 고등교육에 대한 수요가 증가하고 있는 상황이었다. 그리고 당시 핀란드 학생들의 성취도는 국제비교평가에서 읽기 과목을 제외하고는 중위권 정도 수준이었다(Shalberg, 2011: 2). 이러한 흐름 속에서 1990년대 초반에 이르러 핀란드 교육은 또 다른 전기를 맞이하게 되었다. 1990년대 초반 국가재정이 파탄 지경에 이를 정도까지 엄청난 경제 위기를 겪게 되자, 국가재정의 불균형을 해소하고 구소련 붕괴로 인해 무너져버린 수출망을 재구축하기 위하여 과감하고 즉각적인 조치들이 필요했다. 당시 핀란드 정책 담당자들은 자율과 선택을 기반으로 한 과감한 개혁 정책을 단행하였으며, 그 중 가장 큰 변화는 교육 거버넌스 체제의 변화였다. 이 시기에 중앙집권적 교육행정체제를 지자체 중심의 분권적 교육자치제로 변화시켜 교육의 실질적인 운영 권한을 지자체에 넘겨주었다. 이를 통해 핀란드에서는 광범위한 교육자치제가 구축되었고, 중앙정부에서는 재정을 지원해 주는 것 이외에는 특별한 간섭이나 통제를 하지 않았다. 이러한 역사적 변화 과정을 거쳐 오늘날 핀란드 교육자치제가 구축된 것이다. 즉 전통적으로 오랫동안 귀족교육과 서민교육을 분리하여 운영해 오던 핀란드에서 1970년대부터 1990년대까지 약 30여 년 동안, 국가의 사회, 경제적 변화를 바탕으로 평등교육 및 교육자치제의 기반을 닦으며 오늘에 이른 것이다.

2. 핀란드 교육의 성과

지구상에 수많은 나라 중 교육 분야에 있어서 역사와 전통을 자랑하는 독일, 영국, 미국, 프랑스 등의 많은 나라들이 있지만, 최근 들어서는 전 세계적으로 그 어느 나라보다 핀란드 교육이 주목을 받고 있다(Darling-Hammond, 2009; Hargreaves & Shirley, 2009). 핀란드는 국토 면적은 넓지만 인구가 적고 추운 날씨에 지하자원도 풍부하지 않은 척박한 풍토의 나라이며, 역사적으로도 식민지배, 내전, 외침 등을 겪은 나라임에도 불구하고 세계 최고의 교육 및 경제 강국으로 부상한 것이다.

핀란드 교육이 주목받기 시작한 것은 OECD에서 실시한 국제 학업성취도 비교평가인 PISA 테스트 결과가 보고되기 시작하면서부터이다(OECD, 2001; 2004).

그런데 핀란드는 단순히 PISA테스트 평가결과만 높은 것이 아니라, 대학 경쟁력, 교육제도 경쟁력, 학생 인성지수 등 거의 모든 교육 영역에서 세계 최고의 수준을 보여주고 있다. 교육 분야뿐만 아니라 경제 경쟁력, 국민행복도, 청렴도, 국가에 대한 신뢰도, 언론의 자유 등 국가 전반적인 분야에서 세계 최고 수준에 있는 나라이다. 이는 핀란드가 종합적으로 수준 높은 국가이며, 국민들의 삶의 질 또한 우수하다는 것을 보여주는 것이기도 하다(Darling−Hammond, 2009; Hargreaves et al., 2007). 구체적인 핀란드의 성과들을 살펴보면 다음 표와 같다.

표 3-1 핀란드의 성과

분야 / 순위	OECD(PISA)			IEA (교육성취도 평가기구)	IMD		Newsweek	Forbes	WEF (세계경제 포럼)	TI (국제 청렴도 기구)	OECD
	2015			2010	2015		2010	2010	2014	2016	2010
	읽기	과학	수학	청소년 시민성	교육제도 경쟁력	대학교육 경쟁력	Best country	국민행복도	글로벌국가경쟁력	청렴도	정부 신뢰도
1	캐나다	일본	일본	핀란드	스위스	스위스	핀란드	덴마크	스위스	덴마크	핀란드
2	핀란드	에스토니아	한국	덴마크	핀란드	캐나다	스위스	핀란드	싱가폴	핀란드	덴마크
3	아일랜드	핀란드	스위스	한국	싱가폴	싱가폴	스웨덴	노르웨이	미국	스웨덴	룩셈부르크
비고	한국 (5위)	한국 (5위)	핀란드 (7위)		한국 25위	핀란드 (5위) 한국 (38위)	한국 (38위)	한국 (56위)	핀란드 (4위) 한국 (26위)	한국 (37위)	한국 (32위)

출처: OECD(2016b), IEA(International Association for the Evaluation of Educational Achievement)(2010). IMD (International Institute for Management Development)(2015), Newsweek(2010.8.17), Forbes(2010.7.14), WEF(2014), TI(Transparency International)(2016), OECD(2014c).

우선, OECD 국가들 사이에 만 15세 학생들을 대상으로 하는 학업성취도 평가인 PISA테스트가 2000년부터 3년 단위로 시행이 되고 있는데 이 평가에서 핀란드는 지속적으로 최상위권을 유지하고 있으며 가장 최근의 평가(2015년)에서도 읽기(2위)와 과학(3위) 그리고 수학(7위) 등 모든 영역에서 상위권 수준을 보여주고 있다. 핀란드는 이와 같이 학생들의 학업성취도 수준이 세계 최고 수준일 뿐만 아니라 청소년들의 시민의식 또한 높은 것으로 나타나고 있다. 2010년 국제교육성취도평가기구(IEA)에서 주요 국가들을 대상으로 청소년들의 시민의식 조사를 실시하였는데, 핀란드 청소년들이 세계 1위인 것으로 나타났다. 즉 핀란드는 학생들의 학업성취도 수준이 높을 뿐만 아니라 학생들의 시민의식 또한 세계 최고 수준의 나라인 것이다. 한편, 핀란드는 초·중등교육만 우수한 나라가 아니라 대학교육 경쟁력도 세계 최고 수준이며, 교육제도 경쟁력 역시 세계 최고 수준으로(IMD, 2005) 전반적으로 우수한 교육을 실시하고 있는 나라임이 객관적으로 입증되고 있다.

이러한 우수한 교육이 뒷받침되고 있는 핀란드는 성인들의 삶에 있어서도 그 질이 매우 높은 것으로 나타나고 있다. Newsweek(2010)에서 세계 각국을 대상으로 교육, 건강, 삶의 질, 경제경쟁력, 정치적 환경 등 다섯 가지를 기준으로 우수한 국가(best country) 조사를 실시하였는데, 이 조사에도 핀란드는 스위스, 스웨덴 등을 제치고 세계 1위를 차지하였다. 또한 Forbes(2010)에서 세계 각국을 대상으로 한 국민행복도 조사 결과를 발표하였는데, 덴마크가 1위, 핀란드가 2위를 차지하였으며, 한국은 56위였다. 핀란드의 우수한 교육은 국민들의 삶의 질을 높이고 행복을 증진시키는 방향으로 이어지고 있음을 보여주고 있다.

또한 핀란드 국민들은 높은 수준의 삶의 질을 갖추고 있을 뿐만 아니라 청렴도 역시 세계 최고 수준임을 보여주고 있다. 국제청렴도기구(TI, 2016)에서 발표한 결과에 의하면 세계 국가들 중에서 청렴도가 가장 높은 나라는 덴마크이고 핀란드는 세계 2위인 것으로 나타났다. 이와 같이 핀란드는 국민들의 삶의 질도 높고 청렴도도 우수한 나라인 것이다. 이러한 기반은 국가경쟁력 향상으로 이어짐을 알 수 있는데, 세계경제포럼(WEF, 2014)에서 발표한 각 국가별 향후 지속가능한 성장을 위한 국가 차원의 생산성, 수용성 등을 평가하는 글로벌국가경쟁력 평가에서 핀란드는 세계 4위의 국가경쟁력을 갖추고 있는 것으로 나타났다. 그리고 이러한 질 높은 교육과 사회를 이끌어 가고 있는 국가(정부)에 대한 핀란드 국민들의 신뢰도는 2010년도에 OECD 국가들 중에서 1위를 차지하는 결과를 보여 주었다.

어느 나라에서든 국민들의 삶의 질과 의식 수준은 그 나라 교육의 질과 밀접하게 관련돼 있다(Gayer, 2003). 핀란드 사회가 전반적으로 그 수준이 높은 것은 우수한 핀란드 교육이 뒷받침되었기 때문이다(Valijarvi, 2007). 핀란드는 교육의 수준도 높고 국민 삶의 질도 우수한 가장 모범적인 교육을 운영해 가고 있는 나라라고 할 수 있다. 핀란드 교육은 이러한 측면에서 교육 성취도가 향상되지 않아 고민하고 있는 미국이나 독일, 또는 성취도는 높지만 전인교육이 실종되어 가고 있는 한국이나 일본 등과 같은 많은 나라들로부터 주목의 대상이 되고 있다.

특히 관심을 끄는 점은 핀란드는 우수한 교육을 통해 학업성취도 수준이 높을 뿐만 아니라 교육으로 인해 국민들이 행복해 하고 있다는 점이다(Newsweek, 2010.8.17). 핀란드는 PISA 평가에서 세계 최상위권을 유지하고 있는 대표적인 나라인데, 핀란드 국민들은 PISA 평가에서 우수한 결과가 나왔기 때문에 기뻐하는 것이 아니라, 국가가 베풀어 준 교육 자체에 행복해 하고 고마워한다(Aho et al., 2006; Pyhalto et al., 2012; Shalberg, 2011). 핀란드 국민들에게 교육은 자신들의 전 재산을 쏟아 붓고 매달려야 하는 대상도 아니고 무한경쟁의 과정도 아니다. 이들은 교육을 자신을 발전시켜 주는 것이고, 자신을 행복하게 해 주며, 자아를 실현시켜 주는 과정으로 여긴다. 따라서 핀란드 사람들에게 교육이란 부담스럽고 힘든 과정이 아니라 편안하고 즐거운 과정이다.

치열한 경쟁이 아니라 정상적이고 교육적인 방법으로 교육을 이끌어 나가도 교육이 성공할 수 있다는 것을 핀란드가 보여주고 있다. 이런 점에서 핀란드 교육은 분명 우리에게 시사를 줄 수 있다. 지금 하고 있는 방법 이외에는 도저히 다른 방법이 없을 것 같았던 암담한 현실에서 지금 우리가 하고 있는 방법 이외에 다른 방법으로도 성공할 수 있다는 것을 핀란드 교육이 보여주고 있기 때문이다. 하지만 핀란드 교육이 아무리 장점이 많다고 하더라도 한국과는 사회·문화적, 또는 역사적 배경이 다르기 때문에 핀란드 교육을 그대로 한국 교육에 적용할 수는 없다. 그럼에도 불구하고 핀란드 교육은 우리와 다른 교육도 성공할 수 있다는 것을 보여줌으로 인해, 그동안 너무 무뎌져 있던 우리의 교육적 상상력을 일깨울 수 있다는 점에서 의미가 있다고 본다.

제2부 핀란드 교육은 어떤 모습인가?

핀란드 교육의 구체적인 모습은 어떠한가? 한 국가 교육의 모습을 살펴보기 위한 접근 방법은 여러 가지가 있을 수 있는데, 여기서는 각 학교급별로 나누어 핀란드 교육의 모습을 살펴보고자 한다. 우선 핀란드 교육체제에 대해 설명하고, 핀란드의 유아교육, 종합학교, 고등학교, 대학교, 성인교육 등의 순으로 핀란드 교육을 살펴본다.

제4장

핀란드 교육체제

1. 복잡하지 않은 공교육 제도

핀란드의 공교육체제는 취학 전 교육단계, 초·중학교 교육단계, 고등학교 교육단계, 대학 교육단계 등 크게 네 단계로 이루어져 있다. 우선, 취학 전 교육단계는 5세 이하의 아동들을 대상으로 한 유아교육 과정과 6세 아동을 대상으로 한 예비학교(pre-primary school)교육 과정 둘로 이루어져 있다. 초·중학교 교육단계는 종합학교(comprehensive school)에서 맡고 있는데, 우리나라의 초등학교와 중학교를 통합한 학교 형태로 9년제 교육과정이며, 만 7세에 입학하여 15세까지 교육받는다. 고등학교 교육단계는 대학입학을 준비하는 인문고등학교와 직업교육을 실시하는 직업고등학교 둘로 나누어져 있고, 대학 교육단계에서는 학문 연구에 초점을 둔 일반대학(university)과 직업교육에 초점을 둔 응용과학대학(University of Applied Science)[1]으로 나뉜다. 핀란드는 이러한 공교육체제 이외에도 학령기를 지난 국민들, 즉 성인대상의 교육이 발달된 나라인데, 성인교육

1 핀란드에서는 전통적으로 고등교육 단계에서 직업교육에 목표를 둔 대학을 '폴리테크닉대학(polytechnics)'으로 지칭해 왔다. 그러다가 2015년에 명칭에 있어 획기적인 변화가 이루어졌는데, 폴리테크닉대학이라는 이름 대신에 '응용과학대학(university of applied science)'이라는 명칭으로 변경하였다(Finnish National Board of Education, 2016). 따라서 폴리테크닉대학과 응용과학대학은 핀란드에서 직업교육을 중심으로 하는 같은 종류의 대학을 지칭하는 용어이다.

은 어느 계층의 국민이나 모두 받을 수 있는 평생교육 과정이다.

핀란드의 공교육체제에서는 일정 교육단계를 이수한 학생들에게 다음 단계의 교육을 받을 수 있는 자격이 주어지는데, 각 단계의 교육의 질은 의회법(Act of Parliament)의 규정에 의해 관리되고 있으며 학생의 권리도 보장되고 있다(European commission, 2009). 핀란드의 공교육체제를 그림으로 나타내면 다음과 같다.

그림 4-1 핀란드 학제

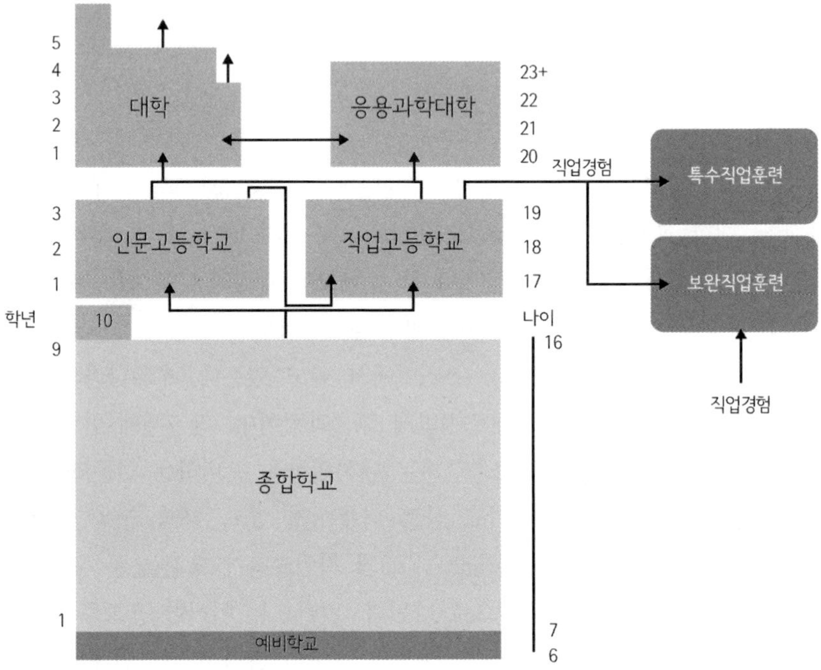

자료: Finnish National Board of Education(2016). p. 5

위 그림을 바탕으로 좀 더 자세하게 핀란드 교육체제를 설명하면 다음과 같다. 우선, 핀란드에서 취학 전 교육은 대체로 2~6세 아동을 대상으로 하는데, 2~5세 아동은 유치원에서, 6세 아동은 예비학교에서 가르친다. 학부모 및 아동의 유치원 교육 참여는 자율이지만, 각 지자체에서는 의무적으로 유치원과 예비학교 프로그램을 만들어 제공해야 한다.

의무교육 기간은 10년으로 6세부터 시작된다. 핀란드의 모든 아이들은 예비학교와 종합학교를 통해 이 과정을 이수한다. 핀란드 의무교육 과정에서는 인간다움을 향한 아이들의 성장을 촉진하고, 사회 구성원으로서의 책임의식을 기르며, 삶에 필요한 지식과 기술을 갖추도록 하는 데 목표를 두고 있다. 핀란드에서는 교육을 미래의 삶을 위해 스스로를 개발하고 발전시키는 데 필요한 지식과 기술을 획득하는 것뿐만 아니라 사회적 평등을 촉진하는 과정으로 보기 때문에 '충분한 평등교육'이 이루어지도록 하는 데 많은 관심을 기울이고 있다(Finnish National Board of Education, 2016). 핀란드에서 의무교육과정에 해당하는 연령의 아동을 둔 부모들은 반드시 이 규정을 따라야 한다. 다만, 심리학적, 의학적 검사를 통해 학교에서의 생활 및 학습 역량을 갖추었다고 인정받은 아이는 1년 먼저 의무교육기관에 입학할 수도 있다. 마찬가지로 유사한 검사를 통해, 사정이 있는 경우, 1년 늦게 의무교육기관에 들어가기도 한다. 핀란드에서는 의무교육이라고 해서, 꼭 학교에 다녀야만 하는 것은 아니다. 집에서 하는 홈스쿨링을 통해서도 의무교육 과정을 이수할 수 있으며, 이 경우 지자체에서는 학생의 학업 진행 상황에 대해 점검할 의무가 있다. 이와 같이 의무교육 대체 과정으로서의 홈스쿨링이 법적으로 허용되어 있기는 하지만, 실제적으로 홈스쿨링을 통해 의무교육을 이수하는 경우는 소수이다(European Commission, 2009: 22-23).

의무교육을 마친 학생들은 학업을 계속 할 수도 있고, 직업 세계에 들어갈 수도 있지만, 사회적 분위기상 직업 세계로 곧바로 들어가는 것을 권장하지는 않는다. 따라서 의무교육을 마친 학생들은 대부분 인문고등학교와 직업고등학교 중에서 본인이 선택한 학교에 진학을 한다. 인문고등학교 교육기간은 보통 3년인데, 타당한 이유가 있을 때에는 4년까지 연장할 수 있다. 인문고등학교를 마치면서 학생들은 대부분 대학교육을 위한 기본 자질을 평가하는 대학입학자격시험(Matriculation examination)을 치른다. 인문고등학교에서는 교육부에서 정한 기준을 토대로 자율적으로 학생을 선발한다. 핀란드 인문고등학교의 목적은 학생들이 교양과 인격, 기본의식을 갖춘 사회 구성원으로 성장할 수 있도록 돕는 것이며, 학생들의 다양한 개성과 흥미를 계발하고, 대학교육에 필요한 지식과 기술을 함양시켜주는 것이다. 또한 이 과정에서는 학생들에게 평생학습 및 미래의 자기개발을 위해 필요한 역량을 길러 주는 것 또한 중요한 목적으로 삼고 있다(Finnish National Board of Education, 2016).

의무교육을 마친 학생들이 진학하는 또 하나의 과정인 직업고등학교의 교육 연한은 3년이다. 직업고등학교의 교육은 학교교육과 현장교육으로 나누어지는데, 20학점(6개월) 이상을 자신의 전공과 관련된 직업 현장에서 이수해야 한다. 한편, 직업기술을 어디에서 배웠느냐에 상관없이 능력기반자격시험(competence-based qualifications)을 통해 직업교육 이수를 인정받기도 한다. 다른 성인교육 훈련과 마찬가지로, 능력기반자격시험은 별도의 법에 의해 운영된다. 직업고등학교의 목표는 학생들에게 직업 역량을 갖추는 데 필요한 지식과 기술을 길러주고, 미래의 삶과 발전을 위한 잠재 능력을 함양시켜주는 데 있다(European Commission, 2009: 29). 인문고등학교나 직업고등학교를 마친 학생들은 모두 대학에 지원할 수 있다.

핀란드의 대학교육은 크게 일반대학(University)과 응용과학대학(University of Applied Science)의 두 유형으로 나누어져 있다. 인문고등학교 출신 학생들은 대학입학자격시험을 통해 대학에서 공부할 수 있는 역량이 검증되고, 직업고등학교 학생들의 경우는 최소 3년간의 직업고등학교에서의 훈련 과정이 대학 진학의 요건이 된다. 응용과학대학에서 공부할 수 있는 역량은 고등학교 과정에서 길러지는데, 인문고등학교에서 받은 일반교육, 직업고등학교에서 직업교육 등이 그 바탕이 된다. 직업고등학교 학생들도 일반대학에 입학할 수 있으나 소수에 불과하며, 현재 일반대학에 입학하는 학생들의 대부분은 대학입학자격시험을 거친 인문고등학교 출신 학생들이다.

성인교육은 시민들에게 각종 교육의 기회를 제공하고 평생교육 차원에서 필요한 자질을 갖출 수 있도록 하기 위한 교육 과정이다. 성인은 자신이 원하는 경우, 젊은 학생들과 함께 일반교육기관에서 교육받을 수 있고, 성인교육을 위해 세워진 별도의 교육기관에서 교육받을 수도 있다. 일반대학이나 응용과학대학에서도 성인교육 프로그램을 제공하고 있으며, 강좌 선택 및 일체의 배움 과정은 성인 교육자 본인의 책임 하에 이루어진다(European Commission, 2009: 29－30).

2. 분권화된 교육행정 체제

핀란드의 교육행정은 전통적으로 강력한 중앙집권적 체제하에 이루어져 왔는데, 1980년대 학교법이 개정된 이후, 지자체 및 지역교육기관들의 의사결정 권한이 증대되었다(Sahlberg, 2011). 정부기관들에 의한 지방의 교육행정에 대한 통제도 급격하게 줄어들어, 지방의 교육 및 문화 행정은 이제 상급 기관의 통제를 거의 받지 않게 되었다. 지방의 교육 및 문화 행정 담당자에 대한 자격 요건도 각 지역에서 자체적으로 정할 수 있도록 하였으며, 교장 직위를 포함하여 의무적으로 두어야 하는 행정 직위들도 폐지할 수 있도록 하였다(Hargreaves et al., 2007). 아울러 핀란드의 지방행정 시스템에서는 일반행정과 교육행정이 통합되어 있어 교육을 위한 정부 교부금이 사회, 건강 등 다른 분야의 교부금과 통합 지원되고 있다. 핀란드에서 지자체 간의 통합도 가속화되고 있는데, 2007년 342개이던 지자체가 2016년 313개로 줄었으며, 향후에도 소규모 지자체들 간의 지속적인 통합이 이루어질 예정이다(Association of Finnish Local and Regional Authorities, 2016).

(1) 큰 그림을 그리는 중앙 교육행정 기관

핀란드 교육정책은 교육법에 기반을 두고 각종 계획 및 연구보고서, 정부예산 등을 토대로 수립된다. 교육분야 교육정책 수립 과정에서 토대가 되는 주요 보고서는 ‘교육 및 연구 개발 계획(Development plan for education and research)’이다. 이 보고서는 정부의 승인을 받은 보고서이며, 6년간의 국가 교육 개발 및 계획을 담고 있다. 현재의 보고서는 2013년에 승인받은 것이며, 2013~2018년도 개발 계획이다. 이 보고서에는 교육 및 연구 계획, 자원배분 계획, 각 단계 및 각 분야별 교육 계획 등이 담겨 있다(Finnish Ministry of Education and Culture, 2016).

교육정책 수행의 중앙단위 담당기관은 교육부(Finnish Ministry of Education and Culture)[2]와 국가교육위원회(National Board of Education)이다. 우선 교육부는 교육 분야의 최고 권위기관이며 핀란드의 모든 공교육에 대해 책임을 지는 기관이다. 교육부는 교육과 연구를 관할하는데 교육관련 법률 준비, 의사결정, 예산배분 등의 역할을 맡는다. 핀란드에서 초·중등교육은 지자체 소관인데, 고등교육인 일반대학과 응용과학대학은 교육부가 관할하고 있다. 아울러 교육부는 문화, 종교, 청소년, 스포츠 분야 등도 함께 관장한다. 교육부가 관할하고 있지 않은 외부의 주요 교육 분야는, 군사훈련(국방부), 경찰 및 소방·재난구조요원 훈련(내무부) 등이다. 교육부의 과업 수행을 지원해주는 전문가 단체들도 있는데, 대표적 기관으로는 성인교육위원회, 핀란드교육평가위원회, 국가교육훈련위원회, 국가스포츠위원회, 청소년복지자문위원회 등이 있다(European Commission, 2009: 23). 핀란드 교육부의 구조를 그림으로 나타내면 [그림 4-2]와 같다.

핀란드에서 중앙단위 교육정책 수행의 또 하나의 기구가 국가교육위원회인데, 이 국가교육위원회는 핀란드 교육정책 연구 및 개발과 관련하여 중요한 역할을 담당하며, 교육부와 긴밀한 연계 가운데 과업을 수행하고 있다. 국가교육위원회는 고등교육을 제외한 초·중등교육 및 성인교육 분야의 국가수준 교육정책 연구 및 개발기관이다. 국가교육위원회에서는 교육부와의 수행협약에 따라 초·중등교육 및 성인교육 분야의 교육목적, 교육내용, 교육방법 등을 연구·개발한다. 또한 국가교육위원회에서는 국가핵심교육과정(National core curricula) 및 각종 자격기준(requirements of qualifications)을 제정하며, 학습결과에 대한 평가도 수행한다. 또한 교육정책 수립과 관련하여 교육부를 돕는 역할을 담당한다. 국가교육위원회는 운영위원회에 의해서 운영이 되는데 운영위원회는 교육기관,

2 핀란드에서 '교육부'의 좀 더 정확한 명칭은 '교육문화부(Ministry of Education and Culture)'이다. 즉 핀란드에서는 교육부와 문화부를 통합한 정부기구를 갖추고 있다. 그런데 이 부서 내에서 교육관련 업무와 문화 관련 업무를 분리하여 관장하고 있다. 이러한 특성을 반영하여 본 서에서는 '교육부'라는 명칭을 사용한다. 따라서 본서에서 특별한 언급이 없는 한 '교육부'는 '교육문화부'를 가리키는 용어이다.

그림 4-2 핀란드 교육부 조직도

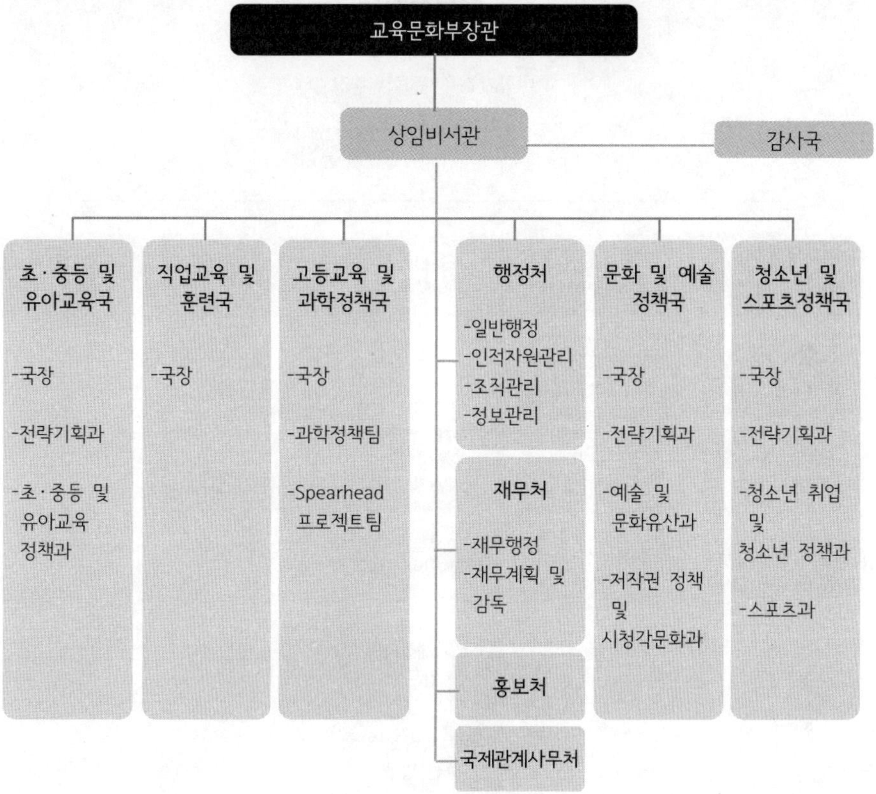

자료: 핀란드 교육부 홈페이지: http://www.minedu.fi/OPM/?lang=en(2016.7.15.)

자치단체, 교사단체, 사회기관 등을 대표하는 전문가들로 구성되어 있다. 국가교육위원회의 교육부와의 협약기간은 3년이며 매 해 운영 협의를 하고 있다(European Commission, 2009: 24). 핀란드 국가교육위원회 구조를 그림으로 나타내면 [그림 4-3]과 같다.

그림 4-3 핀란드 국가교육위원회 조직도

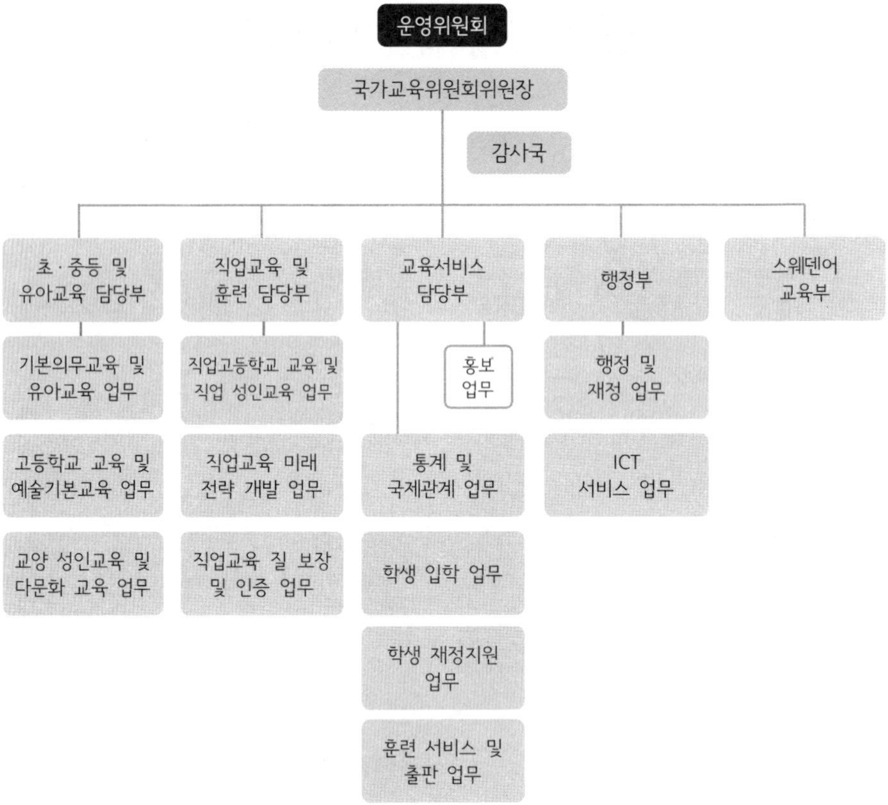

자료: 핀란드 국가교육위원회 홈페이지: http://www.oph.fi/english(2016.7.15.)

(2) 조정 역할의 지역거점행정기관

핀란드에는 중앙의 행정기관과 별도로 지역거점행정기관을 두고 있는데, 2016년 기준으로 전국에 6개의 지역거점행정기관(Regional state administrative agencies)이 있다. 이 기관에서는 이전의 국가지방사무소(state provincial offices), 직업 건강 및 안전 관리소(occupational health and safety districts), 환경관리소

(environmental permit agencies), 지역환경센터(regional environmental centres) 등에서 담당했던 업무들을 통합하여 관장하고 있다(Regional State Administrative Agencies, 2016).

또한 전국에는 15개의 '경제개발·교통·환경 센터(Centres for economic development, transport and environment)'가 있는데, 이 기관들 역시 이전의 여러 기관에서 담당했던 업무를 통합해서 담당하고 있으며, 지자체의 관련 부서들과 긴밀하게 협력하여 역할을 수행하고 있다. 이 기관들은 각 지역의 노동, 교육, 문화, 교통, 환경 등과 관련하여 다양한 활동을 조정·촉진하는 역할을 하고 있다. 이러한 지역거점행정기관의 설치 목적은 각 지자체 간의 균형 잡힌 개발 및 발전을 도모하는 데 있다(Centres for economic development, transport and environment, 2016).

(3) 실질적 교육운영 주체, 지방자치단체

핀란드에서 지방행정은 지자체가 맡고 있는데, 앞에서 언급한 바와 같이 핀란드에서는 일반행정과 교육행정이 통합되어 운영되고 있다. 지자체는 자치정부이며 세금 부과권을 가지고 있고 지자체의 운영과 행정은 지방정부법에 토대를 두고 이루어지고 있다. 핀란드에는 앞에서 언급한 대로 2016년을 기준으로 전체 313개의 지자체가 있는데, 이들 중 108개는 도시지역에 위치해 있다. 각 지자체에서 최고의사결정 권한은 지자체의회(municipal council)가 가지고 있는데, 지자체의회 의원은 보통선거를 통해 선출된다. 지자체 행정부는 지방정부법에 있는 행정 및 재정에 관한 규정을 토대로 지자체 의회에서 구성한다(Association of Finnish Local and Regional Authorities, 2016).

지자체의 교육서비스에 관한 행정도 지방정부법의 규정에 따라 이루어진다. 핀란드어와 스웨덴어를 함께 사용하는 지자체에서는 각 언어를 사용하는 행정기구를 분리하여 운영하기도 한다. 지자체는 해당 지역의 의무교육기관을 조직하여 운영할 책임이 있으며, 부분적으로 재정에 대한 책임도 져야 한다. 각 지자체는 지역의 아동을 위하여 의무교육을 제공해야 하는데, 특수아동을 포함하여 누구든지 능력에 따라 교육받을 수 있도록 할 책임이 있다. 핀란드에서 의무교육을 담당하는 모든 학교는 지자체에 의해 운영된다.

각 지자체는 지역의 아동을 위하여 교육서비스뿐만 아니라 사회복지서비스도 제공할 의무가 있다. 지자체는 통학거리가 먼 학생에게 통학서비스를 제공해주는 등 특정 복지를 필요로 하는 학생들에게 복지서비스를 제공해 주어야 한다. 학생을 위한 복지서비스에는 학교급식, 학생건강, 치아검진 등이 종합적으로 포함되며 이를 위해 사회복지사, 심리치료사, 학교의사 등 담당 전문가들을 배치하고 있다(European Commission, 2009: 26).

지자체에 의무교육기관이 아닌 인문고등학교나 직업고등학교를 운영할 법적 책임이 있는 것은 아니다(European Commission, 2009: 26). 다만, 지역의 고등학교 운영을 위하여 재정을 지원할 의무를 갖게 된다. 각 지역의 인문고등학교는 대체로 지자체 소속 기관이며, 직업고등학교는 지자체, 지자체연합, 국가 혹은 사설기관 등에 의해 운영된다. 최근 들어 국가가 운영하던 직업고등학교의 관할이 대부분 지자체 혹은 사설 운영 기관으로 전환되고 있는 추세이다.

제5장

유아교육: 유치원, 예비학교

핀란드 공교육 시스템에서의 첫 번째 단계는 유아교육 단계이다. 핀란드의 각 지자체는 취학 전 아동들을 교육시킬 의무가 있다. 핀란드에서 취학 전 교육 단계는 만 5세 이하 아이들을 대상으로 하는 유아교육과 만 6세 아이들을 대상으로 하는 예비학교 교육이 있다. 핀란드에서 유아교육은 원래 사회복지건강부에서 관할해 왔는데, 2013년부터 교육부로 이관되어 현재는 교육부가 담당하고 있다.

1. 유아교육

핀란드에서 유아교육이 의무교육은 아니지만 거의 모든 학부모들이 자신의 자녀를 다양한 형태의 유아교육기관에 보내고 있다. 핀란드의 유아교육 모델인 ECEC(early childhood education and care)는 '에듀케어(educare)'로 불린다. 왜냐하면 그 핵심적인 내용이 '돌봄'과 '교육'이기 때문이다(Finnish Ministry of Education and Culture, 2016). 핀란드에서는 유아교육의 모든 초점을 아이에게 두고 있으며 아이들을 기본적으로 독립적 학습자로 본다. ECEC는 부모, 아이, 교사가 함께 하는 공동체 프로그램으로 '아이들은 관계와 상호작용을 통해서 배운다'는 이념을 바탕으로 교육하고 있다. ECEC에서는 아동의 사회적 배경이나 환경에 따른 영향을 최소화하고자 하며, 아동의 잠재적 역량을 계발시키기 위하여 공평한 기회를 제공하고자 적극적인 노력을 기울이고 있다(Finnish Ministry of Education and Culture, 2016). 핀란드 유아교육(ECEC) 체제를 그림으로 나타내면 [그림 5-1]과 같다.

그림 5-1 핀란드 유아교육(ECEC) 체제

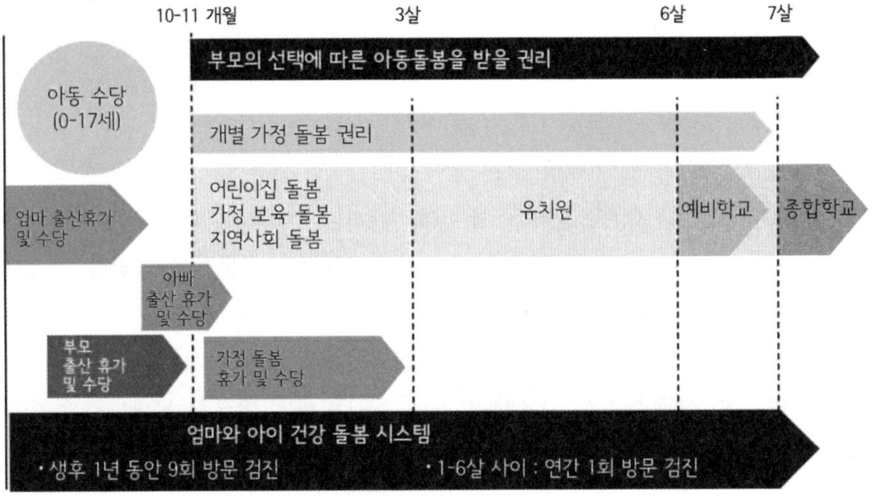

자료: Finnish National Board of Education(2016), p. 24

(1) 아동중심의 유아교육 원리

핀란드의 유아교육의 목적은 다음과 같다. '모든 아동은 좋은 성장 환경 및 학습 환경 속에서 성인 및 다른 아동과 함께 배울 수 있어야 하며, 양질의 교육을 통해, 아동의 가정배경 차이에 따른 교육 격차를 줄이고, 또 모든 아동에게 자신의 역량을 최대한 발휘할 수 있는 기회를 제공해 주어야 한다'(European Commission, 2009: 45-46).

핀란드에서는 유아교육을 매우 중시하기 때문에 모든 유아교육기관 운영의 방향과 핵심 원리를 국가 차원에서 제시하고 있다. 국가 차원에서 제시하고 있는 유아교육의 원리는 다음과 같다.

• 핀란드 유아교육의 원리 •

- 아동은 사는 지역, 사회 및 문화적 배경, 인종 등에 상관없이 최상의 생활환경, 돌봄, 관심, 성장 및 학습을 받을 권리가 있다.
- 모든 아동은 필요한 경우에 특별한 돌봄, 양육, 가르침을 받을 권리가 있다.
- 유아교육을 계획하고 실행하는 과정에서 인종적 평등 및 남녀 아이 간의 발달 차이를 고려하면서 평등 교육을 지향해야 한다.
- 아동의 나이와 발달단계에 맞추어 그들의 관점과 생각을 존중해 주어야 한다.
- 아동은 자신의 모국어를 사용할 권리가 있으며 핀란드어(스웨덴어) 학습 과정에서도 다른 모국어를 가진 학생들을 지원해 주어야 한다.
- 모든 아동은 자신의 문화를 유지하고 누릴 권리가 있다. 문화적 소수 민족 아이들은 자신의 문화와 핀란드 문화를 함께 누릴 수 있어야 한다.
- 놀이는 아동의 가장 중요한 활동이다. 유아교육기관에서는 아동이 같은 또래의 아동 및 성인과 놀이 활동을 할 수 있도록 충분한 기회를 제공해 주어야 한다.
- 유아교육기관에서는 모든 아동이 안전하고 편안한 인간관계를 맺고 발전시켜 나갈 수 있도록 돕고, 지원해 주어야 한다.
- 유아교육 과정에서의 성장 및 학습 환경은 물리적, 심리적, 인지적, 사회적으로 유아의 필요에 적절해야 한다.

자료: Finnish Ministry of Education and Culture(2016b).

(2) 다양한 유아교육 담당기관

핀란드에서는 아동보육법에 따라 거의 모든 부모들이 자녀 출산 후 2~3년 정도의 육아휴직을 갖게 되는데, 육아휴직을 마친 부모들은 자녀들이 학교에 들어갈 때까지 아이를 맡길 유아교육기관을 정할 수 있다. 각 지자체는 아이의 필요에 맞는 유아교육기관을 주선하고 제공할 법적 의무가 있으며 다양한 아동보육기관을 관할할 책임도 있다.

핀란드에서 유아교육을 담당하는 기관은 지자체에서 운영하는 공립유치원(municipal daycare centre), 사립유치원(private daycare centre), 예비학교(pre-school),

기타 유아교육기관 등이 있다. 기타 유아교육기관은 지역의 교회, 비정부기관, 지자체와 학부모 연합 등에 의해 운영되는 기관이다. 아동보육기관에 보내지 않고 각 가정에서 홈스쿨링을 하거나, 혹은 가정이 팀을 이루어 공동육아 방식으로 자녀를 양육할 수도 있다. 어떤 형태의 유아교육을 하든 지자체에서는 교육에 필요한 비용을 지원해 주어야 한다. 부모들은 필요에 따라 사립유치원을 이용할 수도 있는데, 이때 지자체에서는 비용의 일부를 지원해 주고 일정 부분은 부모가 부담한다(Finnish Ministry of Education and Culture, 2016b).

핀란드 전체 아동의 약 30% 정도는 지자체에서 운영하는 공립유치원에 다니고 있다. 유치원에 아동을 보내지 않고 각 가정에서 양육하고 있는 경우도 27% 정도 되는데 이 경우에는 지자체에서 해당 양육비를 각 가정에 지원해 준다. 그리고 가정들이 모여 공동육아(family daycare)하는 경우는 약 16% 정도가 되며, 이 경우에도 지자체에서 일정 금액을 지원한다. 사설 유아교육기관(private child care allowance)을 이용하는 비율은 약 3% 정도이다(Finnish Ministry of Education and Culture, 2016b).

[사진 5-1] Pelimanni유치원의 Soile Oleander 원장

유치원의 교사는 대부분 대학에서 유아교육을 전공한 정규교사이며, 이들의 교육활동을 돕고 지원하기 위하여 각 지자체나 학교의 형편에 따라 보조 유아교사를 배치하기도 한다. 대부분의 유치원 및 유아교육기관은 유아교육을 전공한 원장에 의해 운영되고 있다. 규모가 큰 유치원의 경우에는 원장이 행정업무에만 전념하지만,[3] 대부분의 원장은 아동을 가르치고 돌보는 일도 함께 한다. 유치원의 원장은 유치원 운영 및 재정에 대해 책임을 져야 한다. 일부 유치원에서는 좀 더 효과적인 교육을 위하여 3세 미만과

3 필자가 방문했던 Pelimanni유치원은 헬싱키 시내에서 가장 큰 규모의 유치원으로 원장은 가르치는 일은 하지 않고 행정 일에만 전념하고 있었다.

3~6세 아동으로 구분하여 가르치기도 한다(European Commission, 2009: 46−47).

(3) 국가의 자녀 양육비용 지원

핀란드에서는 가정에 자녀가 태어나면 그 아이가 17세 될 때까지 정부에서 아동수당(child benefit)을 매월 지급하는데, 태어난 순서에 따라 지급 액수가 다르다. 구체적인 지원액을 보면 다음 표와 같다.

표 5-1 아동수당 지원 금액(매월) (2016년 기준)

자녀	아동 수당(유로)
첫째 아이	95.75
둘째 아이	105.80
셋째 아이	135.01
넷째 아이	154.64
다섯째 아이 이상	174.27

* 한부모 가정의 자녀에게는 각 자녀마다 48.55 유로를 가산하여 지급함
자료: 핀란드 국가복지지원국(www.kela.fi)(2016.5.30)

핀란드에 유아교육기관의 재원은 국가와 해당 지자체 그리고 학부모가 담당한다. 유아교육 전체 재원의 약 80% 정도를 국가와 지자체에서 맡고 약 20% 정도를 학부모가 부담하는데, 학부모 부담은 가정의 경제적 형편에 따라 차등 적용된다. 즉 부모의 소득이 많을수록 수업료를 많이 내야하고 부모의 소득이 일정 기준 이하이면 유아교육기관 수업료가 면제된다. 구체적으로 핀란드 각 개별 지자체에 따라 약간 다를 수 있는데 일반적으로 자녀 수와 가정의 전체 소득 수준에 따라 수업료는 다르게 책정된다. 그리고 핀란드에서 유치원 수업료는 학기별로 납부하며 매 학기마다 가정의 소득을 조사해서 변동사항에 따라 수업료를 부과하고 있다. 예를 들어 핀란드 Tampere시의 경우 2016년 1월부터는 수업료 규정이 바뀌었고 소득을 신고하지 않는 경우에는 한 자녀에 대해 한 학기 최대 290유로까지 부과할 수 있으며, 자녀수가 늘어날수록 수업료 부과 금액은 줄어든다(City of Tampere, 2016).

(4) 놀이 중심의 유치원 커리큘럼

핀란드의 공공기관을 포함한 대부분의 직장들은 일과를 일찍 시작하고 일찍 마치는 체제이다. 맞벌이 부부가 많은 핀란드에서는 유치원 등교도 일찍부터 시작이 된다. 대부분의 핀란드 유치원에서는 아침 6시 15분 정도부터 원생들이 등교를 하는데, 대부분 아침식사는 유치원에서 제공해 주고 있다. 그리고 유치원에서 아동을 돌보는 시간은 오후 4시 정도까지이다.

핀란드에서 유아교육은 돌봄, 양육, 교육의 통합 과정으로 이루어져 있다. 체계적이고, 협력적이며, 목표지향적인 유아교육 프로그램을 운영하고 있는데, 프로그램 운영에서의 핵심적인 기반은 '자유로운 놀이 학습'이다. 이러한 놀이학습은 아동의 전인적인 성장 및 발달, 통합적인 지식, 유아교육 방법론 등에 대한 전문적 지식을 토대로 구성되고 이루어진다((Finnish Ministry of Education and Culture, 2016). 필자가 방문했던 헬싱키시내에 있는 Pelimanni유치원의 2011년도 봄학기 시간표를 보면 다음과 같다.

표 5-2 헬싱키시 Pelimanni유치원 2011년 봄학기 시간표

요일 / 시간	월	화	수	목	금	토
6:15-7:30	등교	등교	등교	등교	등교	휴일
7:30-8:00	아침식사	아침식사	아침식사	아침식사	아침식사	
8:00-9:00	실내놀이	실내놀이	실내놀이	실내놀이	실내놀이	
9:00-10:00	야외 놀이	야외 놀이	야외 놀이	야외 놀이	야외 놀이	
10:00-11:00	장난감 놀이	체육 활동	읽기(듣기)	만들기	노래	
11:00-12:00	점심식사	점심식사	점심식사	점심식사	점심식사	
12:00-14:00	낮잠	낮잠	낮잠	낮잠	낮잠	
14:00-14:30	간식먹기	간식먹기	간식먹기	간식먹기	간식먹기	
14:30-15:00	실내놀이	실내놀이	실내놀이	실내놀이	실내놀이	
15:00-16:00	야외놀이(부모가 데리러 올 때까지)					

* 외국인 자녀들에게는 수요일 읽기(듣기)시간에 제2외국어로서의 핀란드어 교육 실시

[사진 5-2] Pelimanni유치원의 야외수업 모습

[사진 5-3] 지켜보고 있는 선생님과 보조교사

유치원에서는 아동의 성장, 발달, 학습의 측면에서 종합적인 지원을 해주고 있는데, 특별히 아동의 건강, 양육, 교육에 초점을 맞추고 있으며 부모와의 긴밀한 협력을 토대로 하고 있다. 아동의 건강을 위해 아이가 태어나기 전부터 아동건강클리닉기관으로부터 서비스를 받고 있으며, 최근에는 아동의 심리 및 정서 발달에 초점을 둔 서비스가 적극 이루어지고 있다. 그리고 핀란드에서 유아교육은 단지 유치원에서의 돌봄과 교육만이 아니라 아동복지서비스와 아동 및 가정상담 서비스 그리고 정신건강 서비스, 사회복지 서비스 등 종합적인 지원 체제 속에서 이루어지고 있다(Finnish Ministry of Education and Culture, 2016).

이와 같이 핀란드에서 유아교육은 기본적으로 국가의 지원을 바탕으로 이루어지고 있는데, 유치원과 같은 유아교육기관뿐만 아니라 홈케어(home care)와 같은 다양한 대체 과정을 통해서도 유아교육이 이루어지고 있는 점이 특징이다. 그리고 무엇보다도 핀란드 유아교육은 놀이학습 위주로 이루어지고 있는 점도 특징이라고 할 수 있는데, 이는 국가의 확고한 교육철학이자 방향이기도 하다.

2. 예비학교(Pre-primary school)

[사진 5-4] Kurkelan종합학교 병설 예비학교

예비학교 교육은 핀란드에서 6세 아동들을 대상으로 종합학교에 입학하기 전 1년 동안 무상으로 이루어지는 교육이다. 각 지자체에서

는 의무적으로 예비학교를 설치, 운영해야 한다. 원래는 예비학교 교육은 의무교육이 아니었는데, 2015년부터 의무교육이 되어 해당 연령의 자녀를 둔 학부모는 의무적으로 자녀를 예비학교에 보내야 한다.

(1) 유치원 이후 취학 전 교육과정

핀란드에서 유아교육은 취학 전 아동의 성장과 발달을 돕기 위한 교육 과정이다. 6세 아동을 위한 교육은 원래 유아교육기관인 유치원 등에서 담당하였는데, 1971~1985년 사이에 국가에서 6세 아동을 대상으로 예비학교를 설치하여 시범 운영하고, 그 결과를 바탕으로 법률안을 마련하여 종합학교법(Comprehensive school act) 안에 예비학교에 관한 규정을 두어 입법화하였다(European commission, 2009: 43).

1990년대 초에 핀란드에서 예비학교 교육 및 종합학교 입학 가능 연령을 낮추는 문제와 관련하여 사회적 논란이 있었다. 광범위한 의견 수렴과 관련 연구를 통해, 종합학교 입학 연령을 이전처럼 7세로 유지하기로 하고, 다만 아동의 준비 상태나 부모의 희망에 따라 입학 연령을 융통성 있게 조정할 수 있도록 하였다. 2001년부터는 지자체들에게 지역의 모든 해당 연령의 아동에게 예비학교 교육을 무상으로 제공해야 할 의무가 주어졌다. 이러한 개혁은 유아교육, 예비학교교육, 학교교육 사이의 연계성을 높이기 위한 목적에서 추진되었다(European commission, 2009: 43-44).

2000년, 핀란드 국가교육위원회에서는 예비학교 교육을 위한 국가핵심교육과정(National Core Curriculum)을 만들었다. 이 국가핵심교육과정은 교육부, 사회복지건강부, 교원노조, 교과서 출판사 등 모든 관련 주체들 간의 협의를 통해 만들어졌다(Finnish National Board of Education, 2016). 예비학교 교육을 위한 국가핵심교육과정에 따르면, 예비학교 교육은 아동의 성장과 발달을 촉진하고 아동에게 충분한 학습 기회를 제공하는 데에 목적을 두고 있다. 아울러, 아동의 학습 및 발달에 방해가 되는 것들을 조기에 찾아내어 치료해 주는 것도 예비학교 교육의 중요한 목적이다. 종합적으로 유아교육과 초등교육을 연계하며, 아동의 발달을 촉진하고, 학습을 위해 필요한 역량과 성품을 길러 주는 데 목적을 두고 있다.

(2) 무상교육

각 지자체가 운영하는 예비학교 교육에는 중앙정부의 예산이 지원되고 있다. 모든 지자체는 반드시 지역의 아동을 위하여 예비학교를 설치하여 교육을 실시해야 하는데, 부모들의 경우, 2014년까지는 원하는 부모들만 예비학교에 자녀를 보내도 되었지만, 앞에서 언급한 대로 2015년부터는 예비학교가 의무교육이 되어 모든 부모들이 의무적으로 자녀를 예비학교에 보내야 한다. 예비학교 교육이 의무화되기 이전에도 대부분의 학부모(99.8%)는 자녀를 예비학교에 보냈다(European commission, 2009: 51). 예비학교에 학생을 보내는 것과 관련하여 만약에 통학거리가 5km 이상이거나 기타 타당한 이유가 있을 경우에는 지자체에서 무료 통학 서비스를 제공해야 한다. 예비학교 과정에 특별한 입학 규정은 없으며, 수업료, 교재비, 급식 등이 모두 무료이다(European commission, 2009: 47).

(3) 가정과의 긴밀한 연계 교육

지방정부법에 의해, 핀란드 각 지자체에서는 예비학교 운영과 관련된 행정을 담당해야 하며, 예비학교 관련 문제를 다룰 위원회도 운영해야 한다. 6세 아동을 대상으로 한 예비학교 교육의 대부분이 유아교육을 담당하는 유치원에서 함께 이루어지기도 하는데, 예비학교 교육은 아동보육법의 적용을 받는 교육 과정이 아니라 의무교육법의 적용을 받는 교육 과정이다. 한편 6세 아동을 대상으로 한 예비학교 교육을 의무교육기관인 종합학교에서 담당하는 경우 6세 아동을 별도의 그룹으로 편성하여 운영하기도 하고, 종합학교 1학년 과정에 있는 학생과 통합하여 운영하기도 한다(Finnish National Board of Education, 2016).

예비학교 교육을 위한 국가핵심교육과정에서는 학부모와의 협력을 매우 중요한 기반으로 보고 교육과정을 구성하고 있다. 아동의 성장과 학습, 정서적 안정 등의 측면에서 예비학교 교원과 학부모와의 유대를 강조하고 있는 것이다. 구체적으로 예비학교 교원과 학부모가 연계하는 중요한 과정이 '예비학교 교육계획 작성' 과정이다. 이 과정에서 예비학교 교원과 학부모가 긴밀하게 협의하는데, 이 교육계획 작성 과정에서는 아동의 발달과 관련하여 본질적인 측면에 초점을 두고 있다. 즉 아동의 성장 및 발달, 아동의 장점과 단점 등에 대해서 깊이 있는 논의를 거친 뒤에 교육활동 계획에 반영하며, 이 과정에서 학부모들이 중요한 영향을 미치는 것이다. 학부모들의 관심과 교육과정에 대한 영향력은 예비학교 교육과정이 아동의 가정생활과 밀접하게 연계되는 데 중요한 기반이 된다(Finnish Ministry of Education and Culture, 2016).

핀란드 교육부에서는 예비학교의 학급 규모가 아동 수 13명을 넘지 않도록 권고하고 있는데, 만약 학급 학생 수가 20명을 넘을 경우에는 보조교사 1명을 추가로 배치하도록 하고 있다. 예비학교 교사는 유아교사 자격증이나 초등교사 자격증을 갖추고 있어야 한다(European commission, 2009: 47).

(4) 통합교육과정

예비학교의 연간 수업시간은 최소 700시간 이상이다. 각 지자체에서 예비학교 학사 일정을 정하도록 하고 있는데, 대체로 종합학교 학사 일정과 연계하여 운영하고 있다. 식사 시간도 학교 일정에 포함되는데, 예비학교에서의 1일 최대 수업시간은 5시간이다(European commission, 2009: 48). 교육과정은 교과별로 나누어져 있지 않고 통합교육과정으로 운영된다. 예비학교 교육을 위한 국가핵심교육과정의 토대 위에서 각 예비학교는 자율적으로 교육과정을 만들어 운영하고 있다. 필자가 방문했던 Kurlelan 종합학교 병설 예비학교의 2011년 봄학기 시간표를 살펴보면 <표 5-3>과 같다.

<표 5-3>에 나타난 바와 같이 핀란드 예비학교 교육 역시 유치원 교육과 마찬가지로 다양한 놀이를 중심으로 이루어지고 있다. 아울러 체육, 음악, 만들기 등의 예체능 활동이 이루어지고 있고, '관계 활동'도 프로그램에 포함시켜 학생의 사회성 함양을 도모하고 있기도 하다. 이와 같이 핀란드 예비학교는 종합학교 적응을 준비하는 과정이기는 하지만 좁은 의미의 학교 준비 과정이 아니

표 5-3 Kurlelan 종합학교 병설 예비학교 2011년 봄학기 시간표

시간 \ 요일	월	화	수	목	금	토
6:30-8:00	등교 및 실내놀이	등교 및 실내놀이	등교 및 실내놀이	등교 및 실내놀이	등교 및 실내놀이	휴일
8:00-8:30	아침식사	아침식사	아침식사	아침식사	아침식사	
8:30-9:00	야외놀이	야외놀이	야외놀이	야외놀이	야외놀이	
9:00-11:00	체육	읽기(듣기)	만들기	음악	창작활동/ 관계 활동	
11:00-11:30	점심식사	점심식사	점심식사	점심식사	점심식사	
11:30-13:00	놀이	놀이	놀이	놀이	놀이	
13:00-14:00	낮잠	낮잠	낮잠	낮잠	낮잠	
14:00-14:30	간식	간식	간식	간식	간식	
14:30-17:30	실내 놀이/야외놀이(부모가 데리러 올 때까지)					

* 예비학교 교사의 1일 근무시간은 8시간이며, 주별로, 또는 월별로 돌아가면서 조기 출근(아침 6시 30분)을 하고 있는데 조기 출근한 교사는 8시간 근무 마치고 조기퇴근을 함.

라 인지적 영역, 사회 및 정서 역량, 운동기능, 음악이나 미술 등의 예술 역량, 현장 방문을 통한 세상에 대한 지식 등 독립된 인간으로서 살아가기 위해 필요한 다양한 것을 함양시켜주는 과정이다.

제6장

종합학교: 초등학교와 중학교의 통합 과정

핀란드에서 유치원과 예비학교를 마친 학생들은 종합학교에 들어간다. 핀란드에서는 한국과 달리 초등학교와 중학교 과정이 통합되어 있다. 핀란드는 1970년대에 획기적인 학교체제의 개혁을 단행하였는데, 기존의 초등학교 과정과 중학교 과정을 통합하여 9년제 종합학교(comprehensive school) 체제를 만들고, 3년제 고등학교 과정을 별도로 독립시키는 교육 체제를 구축한 것이다. 이 종합학교는 9년간의 의무교육 과정으로 핀란드 국적의 모든 학생들은 종합학교 교육을 이수해야 하는 법적 의무와 권리를 가지고 있다.

[사진 6-1] Ressu 종합학교 전경

핀란드 종합학교 개혁은 1972년부터 1978년까지 지역별로 순차적으로 이루어졌다. 이러한 종합학교 개혁은 30여 년간의 논의를 거쳐 이루어졌는데, 국민들의 교육 수준을 높이고 교육 평등을 고양시키는 것이 주요 목적이었다(European commission, 2009: 54). 이들은 초등학교와 중학교로 분리된 이전 교육체제가 학생의 학습 잠재력 발달을 저해하고 단절시킨다고 보았다. 물론 관련 논쟁은 개혁 이후에도 지속되었는데, 2000년대 들어 PISA 평가에서 핀란드 학생들의 학업성취도 수준이 세계 최고로 나타나면서 종합학교에 대한 비판적 논쟁은 줄어들었다(Shalberg, 2011).

1. 입학: 학교선택제와 근거리 배정의 조화

핀란드에서 만 7세 아이들은 특별한 사정이 있지 않는 한 모두 종합학교에 입학해야 한다. 1980년대까지는 학부모나 학생이 입학할 학교를 선택하지 않고, 교육담당기관에서 배정해 주는 학교에 입학하였는데, 1990년대 들어 학교선택제가 도입되어 현재까지 이어지고 있다(European commission, 2009).

• 핀란드에서 학교선택제 •

오랜 기간 동안 의무교육기관의 입학을 국가에서 관장해왔던 핀란드에서 의무교육기관 선택제를 도입한 것은 특별한 의미를 갖는다. 핀란드 교육개혁의 대 전환기였던 1960~1970년대에 종합학교 제도가 도입되었는데, 당시에는 학부모들에게 종합학교에 대한 선택권이 부여되지 않았고, 학교구(school district)에서 학교를 배정해 주었다. 1990년대에 들어서면서 정책 방향이 바뀌어 학부모들에게 자녀를 위한 학교를 선택할 권한을 부여한 것이다.

학교 선택제의 도입은 핀란드 국민들에게 새로운 전기가 되었다. 부모나 학생들에게 교육에 대한 비전을 갖도록 동기를 부여하였으며, 학교를 선택하는 과정을 통해 자녀의 미래에 대해 고민하는 계기를 갖게 해주었다. 그리고 각 학교들 역시 좋은 학교를 만들고, 좋은 교육을 시키기 위한 노력과 경쟁이 싹트기 시작하였다.

이러한 변화는 1990년대 핀란드 교육계의 새로운 인식 전환의 과정에서 나온 것이라고 할 수 있는데, 핀란드의 대다수 교육정책 담당자들이 강조하는 가치가 과거의 '협동적 평등에 대한 가치'에서 '개인에 대한 가치'로 바뀌었다는 점이 가장 크게 작용한 것이라 할 수 있다. 사회적 주체로서의 개인을 중시한 것인데, 즉 '잘 교육받은 시민은 위로부터의 지시에 의존하는 것이 아니라 스스로 결정해 나갈 수 있음'을 강조한 것이다.

학부모의 역할도 변화가 나타났는데, 1990년대 이전까지는 대체로 학교의 일을 도와주는 것 외에는 특별히 학교 일에 관여하지 않았으나, 학교 선택제의 도입을 통해 학부모들의 학교 교육에 대한 능동적이고 주체적인 참여가 늘어났다.

1990년대 초 학교 선택제와 관련하여 핀란드는 학교구 분리 원칙을 폐기하고, 지자체 또는 시 전체를 하나의 학교구로 구성하였다. 즉, 학교 선택의 범위를 넓혀 준 것이다. 따라서 이웃학교 배정의 원칙이 사라지고, 시 전체의 종합학교 중에서 학교를 선택할 수 있게 되었다. 그런데 학교 선택제 시행 이후 해당 지역 학생이 자신의 지역 학교에 다니지 못하는 일이 발생하자, 이러한 문제점을 해결하기 위해 몇 차례의 개정 과정을 거쳐 해당 지역 학교의 학생들을 우선으로 배정하고 여석이 있을 경우에 외부지역 학생들을 받아들일 수 있도록 하였다(Sahlberg, 2011).

학교 선택제를 기반으로 입학을 위한 신청과 지원의 과정을 거쳐, 5월에 입학할 학교가 결정이 된다. 학생 배정이 끝나면, 각 학교에서는 곧바로 입학할 학생과 학부모를 대상으로 오리엔테이션을 실시하고 9월에 학기를 시작한다.

핀란드 종합학교는 대부분 공립학교이며, 사립학교는 전체 학교의 약 3% 정도로 매우 적은 편이다(Finnish National Board of Education, 2016). 핀란드에서는 사립학교에 다니는 학생도 등록금을 내지 않는다. 사립학교도 국가로부터 지원을 받기 때문이다. 교육과정 측면에서 보면, 핀란드의 일반 공립학교들도 자율과 재량을 누리고 있기 때문에 사립학교만이 특별한 자율을 누리는 것은 아니다. 대체로 종교적인 이유나 지역적 특성, 특수분야 교육 등의 차원에서 매우 예외적으로 사립학교가 운영되고 있다.

2. 무상교육과 소규모 학교

핀란드 종합학교는 9년 동안의 의무교육 과정으로 학생이 학비를 내지 않는 것은 물론 교과서, 급식, 학습자료, 학습 도구, 건강 및 복지서비스 등이 모두 무료로 지원되는 거의 완벽한 무상교육 체제이다. 또한 통학 거리가 5km 이상인 학생들은 통학을 위한 교통편의 제공을 요청할 수 있으며, 통학시간이 3시간 이상 걸리는 학생들은 무료로 기숙사에 입사하거나 학교 측에 기숙사 마련을 요구할 수 있다(European commission, 2009: 56-57).

핀란드 종합학교는 대부분 중·소규모의 학교들이다. 2014년도를 기준으로 보면, 학생 규모가 500명 이상인 학교는 전체의 7.4%에 불과하며, 300~499명 규모의 학교가 18.1%이고, 100~299명 규모의 학교는 35.3%로 가장 많은 비중을 차지하고 있다. 학생 수 50명 미만의 학교도 21.5%나 된다. 즉 핀란드 종합학교는 전체의 3/4 정도가 학생 수 300명 이하의 학교임을 알 수 있는데, 이는 9학년 체제인 종합학교에서 대략 각 학년에 20명 정도의 학급을 2~3개 정도 갖춘 규모로서, 학교당 학생 수, 학년당 학생 수, 학급당 학생 수가 모두 중·소규모임을 보여 주고 있다. 구체적으로 핀란드의 종합학교 규모 현황을 보면 <표 6-1>과 같다.

표 6-1 핀란드 종합학교 규모별 현황 (2014년 기준)

학교 규모	50명 미만	50~99명	100~299명	300~499명	500명 이상	총계
학교 수 (%)	563 (21.5)	464 (17.7)	927 (35.3)	476 (18.1)	193 (7.4)	2,623 (100)

자료: 핀란드 국가교육위원회(Finnish National Board of Education)
홈페이지: http://www.oph.fi/en(2016.7.15)

[사진 6-1] 핀란드 종합학교 급식시간

[사진 6-2] 핀란드 종합학교 학습준비물 비치 교실

3. 최소 규정의 국가교육과정 지침

핀란드 종합학교에서 교육과정 운영은 국가핵심교육과정의 지침을 기반으로 한다. 국가핵심교육과정은 국가교육위원회에서 만든다. 교육과정은 각 과목의 목표와 핵심내용, 학생 평가의 원리, 특수 교육, 학생복지, 진로지도 등의 내용으로 구성되어 있다. 좋은 학습 환경의 원리, 학습에 대한 개념 및 접근법 등도 국가핵심교육과정에 포함되어 있다. 국가핵심교육과정은 약 10년 주기로 바뀌고 있다. 직전 국가핵심교육과정은 2004년에 만들어져서 2006년부터 각 학교에 적용되어 2016년 7월까지 사용되었다(Finnish National Board of Education, 2016). 각 지자체 및 학교에서는 국가핵심교육과정의 기본 틀(framework) 내에서 자체적인 교육과정을 만들어 운영하고 있다. 향후 10년 간 사용될 국가핵심교육과정 개정 작업을 2014년에 완료하고 2016년 8월부터 학교 현장에 적용되고 있다.

핀란드의 의무교육법에서는 교육과정에 포함되어야 할 과목을 규정하고 있다. 그리고 종합학교 과정 동안 배워야 할 핵심 과목과 그 과목들의 시간 배분 및 최소 수업 시수 역시 국가에서 정하고 있다. 이러한 국가 규정에 따라 종합학교 1~6학년 과정에서는 전국적으로 거의 동일한 과목과 동일한 시수의 교육을 받고 있다고 할 수 있는데, 최근 들어 좀 더 다양한 방식으로 유연하게 시간을 배분하여 운영하는 학교들이 늘어나고 있다. 한편 종합학교 7~9학년에서는 좀 더 많은 선택과목을 배울 수 있기 때문에 지역 간, 학교 간 다양성을 보이고 있다. 핀란드 국가교육위원회에서 정한 종합학교 교과목 및 수업 시수, 시간 배분은 <표 6-2>와 같다.

핀란드 종합학교 학기 운영과 관련해서는 거의 모든 학교에서 1~6학년은 대체로 1년 간 두 학기제로(가을학기와 봄학기) 운영하고 있으며, 7~9학년의 경우는 1년간 두 학기제로 운영하는 학교와 1년간 네 학기제로 운영하는 학교가 공존하고 있다. 지자체와 학교는 필요에 따라 학기제 유형을 자율적으로 정할 수 있다(European commission, 2009: 58).

(1) 학년 간 통합교육

<표 6-2>에 나타난 것처럼 핀란드의 종합학교 국가핵심교육과정에서는 각 과목의 시간 배분을 각 학년별로 세분하여 정하지 않고, 몇 개 학년을 연계하여 운영하도록 하고 있다. 즉 국어 과목 같은 경우 1학년과 2학년 수업 시수를 각각 정해주지 않고, 1~2학년 동안 14단위를 이수하게 하여 각 지역이나 학

표 6-2 핀란드 종합학교 수업 시수 배정

<table>
<tr><th>학년
과목</th><th>1</th><th>2</th><th>3</th><th>4</th><th>5</th><th>6</th><th>7</th><th>8</th><th>9</th><th>합계</th></tr>
<tr><td>국어</td><td colspan="2">14</td><td colspan="4">18</td><td colspan="3">10</td><td>42</td></tr>
<tr><td>외국어A1</td><td colspan="2">----------</td><td colspan="4">9</td><td colspan="3">7</td><td>16</td></tr>
<tr><td>외국어B1</td><td colspan="5">------------------------------</td><td>2</td><td colspan="3">4</td><td>6</td></tr>
<tr><td>수학</td><td colspan="2">6</td><td colspan="4">15</td><td colspan="3">11</td><td>32</td></tr>
<tr><td>환경</td><td colspan="2">4</td><td colspan="4">10</td><td colspan="3"></td><td rowspan="2">31</td></tr>
<tr><td>생물-지학
물리-화학
건강교육</td><td colspan="6">------------------------------</td><td colspan="3">7
7
3</td></tr>
<tr><td>종교, 또는 윤리</td><td colspan="2">2</td><td colspan="4">5</td><td colspan="3">3</td><td>10</td></tr>
<tr><td>역사-사회</td><td colspan="3"></td><td colspan="3">5</td><td colspan="3">7</td><td>12</td></tr>
<tr><td>음악</td><td colspan="2">2</td><td colspan="4">4</td><td colspan="3">2</td><td>8</td></tr>
<tr><td>미술</td><td colspan="2">2</td><td colspan="4">5</td><td colspan="3">2</td><td>9</td></tr>
<tr><td>기술</td><td colspan="2">4</td><td colspan="4">5</td><td colspan="3">2</td><td>11</td></tr>
<tr><td>체육</td><td colspan="2">4</td><td colspan="4">9</td><td colspan="3">7</td><td>20</td></tr>
<tr><td>가정경제</td><td colspan="6">----------------------------------</td><td colspan="3">3</td><td>3</td></tr>
<tr><td>상담 및 진로지도</td><td colspan="6">----------------------------------</td><td colspan="3">2</td><td>2</td></tr>
<tr><td>선택 과목</td><td colspan="9">9</td><td>9</td></tr>
<tr><td>최소 주간 수업 시수</td><td>19</td><td>19</td><td>23</td><td>23</td><td>24</td><td>24</td><td>30</td><td>30</td><td>30</td><td>222</td></tr>
<tr><td>선택 외국어A2</td><td colspan="2">--------</td><td colspan="7">(12)</td><td>(12)</td></tr>
<tr><td>선택 외국어B2</td><td colspan="6">----------------------------------</td><td colspan="3">(4)</td><td>(4)</td></tr>
</table>

* ---: 해당 학년에서는 가르치지 않음을 의미
* (　　): 선택과목으로 가르치는 과목
* 수업 시수 1은 38시간 정도의 수업을 의미함
자료: Finnish National Board of Education(2016b)

교의 특성에 맞게 융통성 있게 운영하도록 하고 있는 것이다.

한편 <표 6-2>에 제시된 수업 시수는 각 과목별 주당 최소 수업 시수를 규정한 것인데, 핀란드에서 종합학교의 연간 수업 주수는 대략 38주이다. 예를 들어, 수학 과목의 경우 주당 총 수업 시수가 32시간으로 이를 38주 동안 수업을 하면 총 1,216시간의 수업을 해야 한다. 이를 학년별로 나누고 있는데, 1~2학년에서 228시간(6단위×38주), 3~5학년에서 456시간(12단위×38주), 6~9학년에서 532시간(14단위×38주)의 수학 수업을 하도록 하고 있는 것이다.

또한, 종합학교 국가핵심교육과정에서는 각 과목별로 특성에 따른 교육과정을 운영할 수 있도록 안내하고 있다. 예를 들어 과학 과목의 경우, 각 학년 및 학생의 발달 단계에 따라 하위 영역 과목의 구성을 달리하고 있다. 즉 헬싱키 시내 종합학교의 경우 1~4학년에서는 '자연과학 및 환경'이라는 통합과목으로 운영하고, 5~6학년에서는 물리-화학 통합과목, 생물-지구과학 통합과목으로 두 과목씩 통합하여 운영한다. 7~9학년에서는 물리, 화학, 생물, 건강교육(health education)으로 과목을 각각 분리하여 가르치고 있다. 그 현황을 표로 나타내면 다음과 같다.

표 6-3 Helsinki시내 종합학교 과학과목 운영 체계

학년	과목 운영
1~4학년	자연과학 및 환경
5~6학년	물리-화학 통합, 생물-지구과학 통합
7~9학년	물리, 화학, 생물, 건강교육(health education) 등으로 각각 분리

자료: Lavonen & Heidi(2011). p. 8.

(2) 교육방법의 다양성 추구

핀란드 종합학교 국가핵심교육과정에서는 학습 환경을 교육목표 달성을 위한 핵심적인 요인으로 규정하고 있다(Finnish National Board of Education, 2016). 따라서 교수활동을 다양화하고, 학생들의 지식 및 기술 함양을 촉진하기 위한 다양한 학습 모델을 개발하도록 안내하고 있다. 이러한 지침과 방향에 따라 핀란드 학교의 교사들은 다양한 학습 방법을 재량껏 개발하여 운영하고 있다. 또한 학습 과정에서 실제적인 학습자료 및 도구의 활용은 물론, 환경의 활용을 강조하고 있다. 특히 '실제 생활환경 속에서의 학습'에 가치를 두어 종합학교 저학년뿐만 아니라, 고학년 과정에서도 매우 다양한 현장 학습 등이 이루어지고 있다. 다음은 필자의 아들이 공부했던 헬싱키 시내에 있는 Ressu 종합학교 8학년 과정에서 1년 동안 이루어진 주요 현장학습 사례이다.

• Ressu 종합학교 8학년 과정의 주요 현장학습 사례 •

- 디자인 회사 및 공구회사 견학(매주 1회, 5주 정도)
- 스포츠 활동(스포츠활동으로 체육시간 대부분)
  : 스포츠데이(2월-스키, 아이스하키, 썰매타기)
  : 학교대항전(타 학교와 대항 - 줄다리기, 배구, 축구, 하키, 비치발리볼, 프리스비 등)
  : 여름 해변 수업
- 서바이벌게임: 레이저건 체험장
- 수오멘린나섬 등 역사유적지 견학
- 박물관 견학(5회 정도): 고전박물관, 미술관, 현대미술관, 생태박물관 등
- 야와 연극공연 관람
- 직업체험(8학년 필수, 1주일 동안 - 편의점, 골프점, 게임점, 피자집 등)
- 매주 1회 요리실습(모든 학생)
- 할로윈 파티, 크리스마스 파티
- 각종 기념일, 국경일에는 그 날에 맞는 행사
- 국회의원선거 때에는 국회의원 후보자들에 대한 모의투표

[사진 6-3] Ressu 종합학교의 학교대항 축구시합

[사진 6-4] Ressu 종합학교 졸업식의 졸업생 소감 발표

[사진 6-5] Ressu 종합학교 방학식의 음악동아리 발표

(3) 교과서가 없는 학교

핀란드 교사들은 국가핵심교육과정에 제시된 교육목표를 달성하기 위하여 교육내용과 교육방법을 재량껏 정할 수 있는데, 국가핵심교육과정에 교사들의 선택 및 개발에 도움을 주기 위하여 교육내용 및 교육방법에 대한 다양한 지침

을 마련해 놓고 있다(Finnish National Board of Education, 2016). 이 지침에는 전통적인 교육방법뿐만 아니라 학생에 초점을 맞춘 새로운 방법도 많이 제시되어 있다. 교사들은 몬테소리(Montessori)나 프레네(Freinet)와 같은 대안적 교육방법론도 적용해 볼 수 있다. 즉 핀란드에서는 학교 현장에서 교사가 다양한 교육철학을 바탕으로 다양한 교육방법을 적용할 수 있도록 제도적으로 보장을 해주고 있다.

한편 학생들이 가정에서 수행해야 할 과제의 양에 대한 공식적인 권고 사항은 없다. 다만 핀란드 의무교육법에는 방과 후 활동, 통학, 숙제 등과 관련하여 학생들은 휴식을 취하고 취미생활 및 레크리에이션 활동을 위한 충분한 시간을 가져야 한다고 규정하고 있다(European commission, 2009: 61).

교과서를 비롯한 학습자료는 대부분 상업적 출판사들에 의해 만들어지고 있는데,[4] 교과서에 대한 국가의 검·인정제도는 없다(European commission, 2009: 61). 핀란드 국가교육위원회 역시 학생들을 위한 학습 자료를 만들기도 하는데, 각 학교 및 교사들이 학습자료나 교과서 사용과 관련된 일체의 결정권을 가지고 있다.[5]

이와 같이 핀란드 종합학교 교육과 관련하여, 교육과정의 핵심 목표와 방향은 국가에서 정하고, 이를 바탕으로 한 교육내용과 방법은 각 학교와 교사들이 재량껏 정하도록 하고 있는 것이다. 국가에서 정한 교육 목표와 방향은 교사들의 길잡이 역할을 하고 있다. 구체적으로 종합학교 7~9학년 사회과목 국가핵심 교육과정 사례를 보면 다음과 같다(Finnish National Board of Education, 2005).

4 교과서나 교재를 만들어 내는 상업적 출판사가 몇 곳 있는데 그 중의 한 곳의 홈페이지를 소개하면 다음과 같다. www://ratkaisut.wsoypro.fi.

5 따라서 핀란드 학교의 교사들은 교과서를 사용할 수도 있고, 사용하지 않을 수도 있다. 교과서를 사용하는 경우에도 교과서를 중심으로 가르치기도 하지만, 교과서를 단지 하나의 참고 자료로만 사용하기도 한다(Milla Toivanen 교사 면담).

• 국가핵심교육과정: 종합학교 7~9학년 사회 과목 •

사회 과목에서 교사는 학생들이 능동적이고 책임 있는 사회 구성원으로 성장해 갈 수 있도록 돕고 안내하는 일을 한다. 의무교육 과정인 종합학교 7~9학년에서 배우게 되는 사회 과목에서는 학생에게 사회 구조 및 운영과 관련된 기본 지식과 기술을 제공해 주어야 한다. 그리고 시민으로서 사회에 참여하고 영향을 미칠 수 있는 기회와 과정에 대해서도 알려 주어야 한다. 사회 과목의 목표는 학생이 민주적이고 관용 있는 시민으로 성장할 수 있도록 돕는 것이며, 사회 활동 및 민주주의 경험의 기회를 제공해 주어야 한다.

7~9학년

1. 목표

- 학생은 사회 정보(social information)의 특성에 대해 이해한다.
- 학생은 사회 및 경제적 삶에 관한 정보를 비판적으로 획득하고 활용하며, 정보가 사회에 능동적 영향을 미치는 것에 대해 배운다.
- 학생은 공공 서비스에 대해 이해한다.
- 학생은 '노동'의 가치에 대해 배운다.
- 학생은 기업가 정신(enterpreneurship)의 기초에 대해 배우고, 사회적 안녕의 한 토대가 되는 기업의 중요성에 대해 이해한다.
- 시민의 삶에 있어 사회적 의사결정의 영향력에 대해 배운다.
- 사회적 참여 및 사회적 영향을 미치는 것에 대해 흥미를 북돋는다.
- 책임 있는 소비자, 사회의 주체로서의 역량을 점검하고 개발하는 것을 배운다.
- 자신의 행동 결과에 대한 법적 책임을 배운다.

2. 핵심 내용

교과 영역은 '핀란드 사회, 경제생활, 유럽연합' 등 세 부분으로 구성되어 있는데, 각 부분마다 일곱 가지 내용이 핵심 내용으로 구성이 되는데 다음과 같다.

<u>공동체의 한 구성원으로서의 개인</u>

- 가족, 다양한 유형의 공동체, 소수민족 문화와 하위문화
- 자신이 속한 지자체, 국가, 북유럽, 유럽의 한 시민으로서의 참여 기회와 역할

<u>개인의 복지</u>

- 국가 복지의 다양한 영역
- 평등, 지속가능한 발전, 복지 증진을 위한 다양한 방법

영향력 행사 및 의사결정
- 시민이 영향을 미치는 기회
- 민주주의, 선거, 투표
- 지자체, 국가, EU 수준에서 정치 및 행정 담당자로 참여
- 미디어 및 사회적 영향

시민의 안전
- 사회정의 시스템, 개인의 권리와 의무, 법적 책임
- 교통안전
- 안전 정책: 외교 정책, 국방

자신의 재산 관리
- 개인재산 관리의 원리
- 일과 기업

경제
- 소비자 및 경제 주체로서의 개인 및 가정
- 무역의 중요성 및 세계 경제

경제 정책
- 경제 순환의 흐름: 실업 및 인플레이션이 가정에 주는 영향
- 세금과 국가 예산

3. 평가 기준
1) 사회적 정보의 획득 및 활용
- 미디어 정보 및 통계, 그래픽 자료들을 비판적으로 해석할 수 있다.
- 사회적 이슈에 대한 자신의 생각을 체계적으로 정리하고 정당화할 수 있다.
- 다양한 사회적 의사결정 및 경제적 해결책, 그리고 그 결과를 비교·분석할 수 있다.
2) 사회적 정보에 대한 이해
- 사회적 의사결정 및 경제적 해결책과 관련하여 다양한 대안이 있음을 이해한다.
- 사회 및 경제 활동과 관련된 윤리적 문제에 대해 이해한다.

자료: Finnish National Board of Education(2005).

4. 융통성 있는 수업시수 운영

핀란드 종합학교의 연간 수업일수, 학교 일과 시간, 주당 수업 시수 등은 의무교육법에 규정되어 있으며, 종합학교 9년 동안 각 과목의 최소 수업 시수 기준은 중앙정부에서 정한다. 핀란드 종합학교의 수업일수는 연간 190일이며, 학기는 8월 중순에 시작하여 이듬해 6월 초순에 마치고 약 60일 정도의 여름방학 기간이 있다. 겨울에는 성탄절 방학이 있으며, 봄에 1주일간의 스포츠 활동 방학이 있다. 각 학교의 구체적인 학기 시작일은 각 학교운영위원회에서 결정한다(European commission, 2009: 57).

종합학교에서는 대개 1주일에 5일 수업을 하며, 토요일과 일요일은 수업이 없다. 예외적으로 각 지자체 및 학교의 운영위원회에서 특별한 필요가 있을 경우에는 토요일 중 학교 나오는 날을 정할 수 있다. 주간 수업 시수는 각 학년에 따라 19시간에서 30시간까지 다양한데, 학생의 과목 선택에 따라 달라지기도 한다. 평균 주당 수업 시수를 보면 1~2학년은 19시간, 3~4학년은 23시간, 5~6학년은 24시간, 7~9학년은 30시간 정도이다(European commission, 2009: 58). 특수교육 및 보완교육을 받는 학생들의 수업 시수는 별도로 정해진다.

핀란드에서 1~2학년은 1일 5시간 이상 수업을 할 수 없으며, 다른 학년의 1일 최대 수업시간은 7시간이다. 최소 45분간 수업을 하게 되면 1시간 수업으로 인정된다. 법 규정에 따라 적절하게 수업시간을 조정할 수 있는데, 예를 들어 90분짜리 수업도 만들어 운영할 수 있다. 또한 주간 및 1일 수업시간 조정은 각 지자체 및 학교에서 결정할 수 있다. 종합학교에서 학급은 학년별로 구성되는데, 필요에 따라 한 학년의 학생 수가 적은 경우에는 2개 학년을 묶어 함께 가르칠 수 있다(European commission, 2009: 58). 참고로 필자가 만났던 Kurlelan 종합학교에서 교감과 2학년 담임을 함께 맡고 있는 Milla Toivanen 교사의 2011년 봄학기 시간표를 제시하면 <표 6-4>와 같다.

표 6-4 Kurkelan 종합학교 Milla Toivanen 교사(교감)의 2011년 봄학기 시간표

요일 시간	월	화	수	목	금	토
8:00-9:00	미술 (5학년)	A그룹 (음악) B그룹 (영어)	B그룹 보충	2학년 교과	윤리 (4-6학년)	휴일
9:00-9:45		A그룹 (영어) B그룹 (음악)	2학년 교과	2학년 교과	2학년 교과	
9:45-10:00	휴식시간(모두 운동장으로)					
10:00-11:00	2학년 교과	2학년 교과	2학년 교과	2학년 교과	2학년 교과	
1100-11:30	점심					
11:30-12:15	2학년 교과	2학년 교과	2학년 교과	2학년 교과	2학년 교과	
12:15-13:00	2학년 교과	B그룹 보충	수공예 B그룹	A그룹 보충	수공예 A그룹	
13:00-14:00	A그룹 보충	종교 (6학년)		교직원 전체 교육 협의회		
14:00-15:00	교장, 교감 회의					

* 이 교사는 교감이지만 2학년 담임을 겸하고 있음
* 해당 학급은 2학년이며, 학생 수는 23명임
* A, B그룹은 2학년 학급을 둘로 나누어 진행하는 수업임
* 2학년 교과는 국가교육과정 규정의 범위 내에서 교사가 재량껏 가르치고 있음
(매주 상황에 따라 융통성 있게 조정한다고 함)
* 2학년 담임이지만 다른 학년 미술, 종교, 윤리 과목도 가르치고 있음
* 이 학교에서 1시간 수업은 45~60분 사이에서 교사들이 재량으로 운영하고 있음
* 매주 1시간 '교장, 교감 협의회'를 갖고 있음
* 매주 2시간 전교사들이 참여하여 아동과 교육에 관한 협의회를 갖고 있음
* 2학년 학생들은 1주일에 모두 19시간의 수업을 받고 있음
* Milla Toivanen 교사는 1주간 총 29시간의 수업을 하고 있음
(이 학교가 속해 있는 Kerava시 규정에 의하면 초등교사 1주 수업시수는 24시간, 초과 시간은 초과 수당 지급)

[사진 6-6] Kurkelan종합학교 겨울 등교시간

[사진 6-7] Kurkelan종합학교 봄

[사진 6-8] Kurkelan종합학교 공작교실

[사진 6-9] Kurkelan종합학교 식물채집

5. 교사별 학생평가

핀란드에서는 학생 평가와 관련된 국가의 지침과 원리를 '국가핵심교육과정'에서 제시하고 있다(Finnish National Board of Education, 2016). 국가핵심교육과정에서는 학생에 대한 평가를 수업과정 중 평가와 최종평가 둘로 나누어 제시하고 있는데, 두 가지 평가의 역할은 각각 다르다.

수업 과정 중 평가는 학생의 학습을 안내하고 촉진하며 학생을 돕기 위한 평가인데, 이 평가를 통해 지속적인 피드백이 학생에게 주어진다. 이 과정에서 긍정적인 방식의 피드백이 이루어지는데, 교사는 학생 및 학부모가 학생의 사고와 행동, 학습 등에 대해 알 수 있도록 피드백을 해주어야 한다.[6]

최종 평가는 각 학년 말에 평가보고서 형식으로 이루어진다. 학생은 해당 학년 말에 교사로부터 평가보고서를 받는데, 여기에 더하여 학생은 한 번 이상의 중간평가보고서도 받는다. 종합학교 1~7학년 학생에 대한 평가보고서는 '서술형'이나 '평점형' 또는 두 가지 방식을 함께 사용하여 기록하며, 8~9학년은 '평점형'으로만 기록한다. 물론 8~9학년의 경우에도 보완적으로 서술형 기록을 함께 하기도 한다. 교사들은 서술형 평가보고서에 각 과목에서의 학생의 학습발달 상황, 수업 과정 등을 기록한다. 평점형 평가보고서에서는 교육과정의 목표와 관련하여 학생의 수행 수준을 기록하고 평점 점수를 부여한다. 평가보고서의 평가 내용은 단지 시험만을 준거로 하는 것이 아니라 다양한 학생 활동을 근거자료로 하여 작성한다. 한 예로 핀란드 종합학교 3학년과 8학년 학생의 생활기록부 양식을 제시하면 [그림 6-1], [그림 6-2]와 같다.

---

6 따라서 핀란드 종합학교에서는 시험을 자주 보는 편이다. 필자의 아들이 다녔던 Ressu 종합학교의 경우, 대체로 각 단원이 끝나면 시험을 보았다. 각 단원이 끝나면, 학생들의 단원 이해 정도에 대한 형성평가를 실시하였다. 여기에 더하여 수시로 쪽지 시험도 본다. 필자 아들의 경험을 통해 봤을 때, 시험 횟수는 한국 학교보다 핀란드 학교에서 더 많은 것 같았다. 다만, 핀란드 학교에서의 시험은 대부분 객관식 시험이 아니라 주관식 시험이었고, 시험 결과를 가지고 학급별, 학년별, 개인별 석차나 등수를 매기지는 않았다. 평가 결과는 학생에게 개별적으로 통보를 해주며, 학생생활기록부에 기입하고 개별적인 지도 자료로 삼는다.

그림 6-1 종합학교 3학년 생활기록부 사례

Tampereen kaupunki
생활기록부
TAMMELAN KOULU

학생 이름 : o o o
학년 : o
생년월일 : oo.oo.oooo

	Very good	Good	Satisfactory	needs practice
Behavior				
규칙 준수	✓			
생활 태도	✓			
다른 학생에 대한 배려	✓			
Working habits				
목표지향적이고 책임감 있는 교육활동 수행		✓		
교육활동 집중	✓			
다른 학생과 협력하는 교육활동 수행		✓		
본인 및 학교 물건 관리	✓			

Tampereen kaupunki
학생 성적표
TAMMELAN KOULU

학생 이름 : o o o
학년 : o
생년월일 : oo.oo.oooo

과목		Very good	Good	Satisfactory	needs practice
국어	의사소통 기술		✓		
	읽기와 문학		✓		
	쓰기와 말하기			✓	
영어 말하기A		✓			
수학		✓			
환경 및 자연과학			✓		

자료: Tammelan 종합학교 3학년에 재학 중인 학생의 생활기록부(핀란드어)를 번역한 것임

그림 6-2 종합학교 8학년 생활기록부 사례

<생활기록부>

Name of the student				Date of birth ㅇㅇ.ㅇㅇ.ㅇㅇㅇㅇ	
Name of the school RESSU COMPREHENSIVE SCHOOL				Starting date in class 16.08.2010	
working skills					
	Regularly	Mostly	With variability	Sometimes	Never
가르침과 지침을 잘 따라옴	X				
계획을 잘 따라옴	X				
책임감이 있음	X				
집중력이 있음	X				
자기주도력이 있음	X				
성실함	X				
Social Skills					
협력하여 잘 수행함	X				
학급 규율을 잘 따름	X				
급우들과 친밀함	X				

<학생 성적표>

Name of the student				Date of birth 00.00.0000	
Name of the school RESSU COMPREHENSIVE SCHOOL				Starting date in class 16.08.2010	
Subject Skills					
Native language and literature: Finnish as a second language					
	Excellent	Good	Satisfactory	Needs some exercise	Needs a lot of exercise
듣기	X				
말하기	X				
읽기	X				
쓰기	X				
Mathematics					
수리 문제해결력	X				
연산	X				
기하 및 측정	X				

자료: Ressu 종합학교 8학년에 재학 중인 학생의 생활기록부(핀란드어)를 번역한 것임

핀란드 국가핵심교육과정에서는 학생 평가와 관련하여 명확한 기준을 제시하고 있다. 앞에서 소개한 사회 과목 교육과정표에 제시되어 있는 것처럼 국가핵심교육과정에는 모든 과목의 우수 수행기준(8점, good)을 제시해 놓고 있다. 이는 교사들이 학생평가를 할 때 준거나 기준이 되고 있는데, 각 학교에서는 이러한 국가 기준을 토대로 좀 더 세부적인 평가 지침과 평점 기준을 마련하여 학생들을 평가하고 있다. 핀란드 학교에서는 4~10점 평점 척도를 사용하는데, 기본적인 평점 기준은 종합학교에서 성취해야 할 지식과 기술에 대한 학생의 성취 정도이다. 평점 기준은 각 지자체별로 재량껏 만들어 활용하도록 하고 있다. 헬싱키 시내 학교의 평점 기준을 보면 <표 6-5>와 같다.

표 6-5 Helsinki 시 학교 성적 평점 기준

학점	성취수준	성취 내용
10	excellent	학생이 모든 학습목표를 성취한다. 학생은 주어진 정보와 자신의 숙련도를 잘 분석하고 평가한다. 학생은 다른 물건들의 관계를 잘 이해하며 어떤 상황에서도 물건들을 적절히 이용할 줄 안다. 학생은 창의적이고 통찰력을 항상 지니며, 과제를 훌륭하게 잘 수행한다. 학생은 적극적이고 완벽하게 자기에게 주어진 과제를 수행한다. 학생은 책임감이 강하며 협조적이다.
9	very good	학생은 모든 학습목표를 성취한다. 학생은 주어진 정보와 자신의 숙련도를 잘 분석하며 평가한다. 학생은 어떠한 상황에서도 학습목표를 잘 적용할 줄 안다. 학생은 창의적이고 통찰력을 지니며 과제를 훌륭하게 수행한다. 학생은 적극적이고 완벽하게 자기에게 주어진 과제를 수행한다. 학생은 책임감이 강하며 협조적이다.
8	good	학생은 필수적인 학습목표를 성취한다. 학생은 대체적으로 주어진 정보와 자신의 숙련도를 잘 분석하며 평가한다. 학생은 다양한 학습상황에서 학습목표를 적용할 줄 안다. 학생은 어느 한 교과과목에서 부족함을 다른 교과를 통해 채운다. 학생은 가끔 창의력과 통찰력을 발휘한다. 학생은 적극적이며 주어진 과제를 책임지고 완수한다. 학생은 책임감이 있고 협조적이다.
7	satisfactory	학생은 대부분의 중요한 학습목표를 성취한다. 학생은 때때로 주어진 정보와 자신의 숙련도를 잘 분석하며 평가한다. 학생은 기본적인 학습상황에서 학습목표를 적용할 줄 안다. 학생은 대체적으로 적극적이며 주어진 과제를 책임지고 완수한다.
6	mediocre	학생은 약간의 학습목표를 성취한다. 학생은 가끔 학습 목표를 잘 이해하지 못한다. 학생은 자기 수준에 맞는 정보를 해석하고 사용할 줄 모른다. 학생은 보통 학습상황에서 학습목표를 적용하는데 도움이 필요하다. 학생은 상당히 적극적인 편이다.
5	poor	학생은 목표를 이루기 위해 노력은 하나 대부분의 목표가 수행되지 않는

		다. 학생은 주어진 과제에 좀처럼 참여하지 않으며 적극적이지 않다.
4	faild	학생은 어떠한 학습목표도 성취하지 못한다. 학생은 적극적이지 않으며 학습목표에 참여하지 못한다.

* 평점 4는 해당 과정에서 배워야 할 것을 제대로 성취하지 못한 낙제를 의미한다. 평가는 그 과목을 가르친 각 과목 교사에 의해 이루어지며, 학생의 학교생활 및 태도에 대해서는 담임교사(class teacher)가 평가하여 점수를 부여한다. 학생 평가에 관해서는 해당 과목 담당 교사가 거의 절대적인 권한을 갖는데, 다만 핀란드의 모든 종합학교 및 고등학교 교육 과정에서 학생들은 자신에게 부여된 평가 점수 결과에 대한 근거를 알 권리가 있다. 평가 점수에 만족하지 못한 학생은 평가를 담당했던 학교의 교장, 교사, 평가위원회 위원에게 재검토를 요구할 수 있다. 학생은 결과를 통보받은 날로부터 14일 이내에 재검토를 요구해야 한다(European commission, 2009: 89). 재검토를 요구받으면 학교나 교사는 즉각 재검토를 하여 그 결과를 학부모나 학생에게 통보해 주어야 한다.

자료: Helsinki Department of Education(2016).

종합학교 9학년 평가 결과는 학생들의 고등학교 진학을 위한 준거가 된다. 이 9학년 평가는 국가 차원에서 공적으로 활용할 수 있기 때문에 비교적 엄격하게 이루어지고 있다. 평가 결과 및 평점은 학생의 졸업장에 기록 되는데, 이 평점을 부여하는 주체 역시 해당 과목을 맡은 담당 교사이다.

6. 충분한 상담 및 진로지도

핀란드 종합학교에서는 상담 및 진로지도가 비교적 충실하게 이루어지고 있다. 국가핵심교육과정에 의하면 상담 및 진로지도 과목은 정식 교과 과목이며, 모든 학교에 상담 및 진로지도 담당 교사가 배치되어 학생을 지도하고 있다. 상담 및 진로지도는 학생이 교육활동을 잘 수행할 수 있도록 지원하고 안내하는 것은 물론, 학생의 진로 선택과 관련하여 적절하고 올바른 선택을 할 수 있도록 도와주는 과정이다.

종합학교 1~6학년 과정에서는 상담 및 진로지도가 별도의 과목으로 편성되어 있지는 않고 정규 수업과 통합 운영되고 있다. 이 과정에서는 상담교사 및 전 교사들이 학생이 겪는 학습의 어려움을 해결해 주고, 적절한 학습 기법을 익히도록 도와주며, 사회와 직업세계의 기초를 제시하고, 상급 단계에서의 다양한 진로를 안내하는 데에 초점을 맞추고 있다. 종합학교 7~9학년 과정에는 상담 및 진로지도 과목이 별도의 과목으로 편성되어 있는데, 상담 및 진로지도 과목의 전반부에서는 학습방법 및 학교활동 등에 대해 다루고, 후반부에서는 진로계획이나 상급학교 진학 등에 대해 다룬다. 이 과정을 통해 학생에게 인문고등학교나 직업고등학교에 대한 상세한 안내가 이루어진다(Finnish National Board of Education, 2016).

한편 인문고등학교나 직업고등학교 중 상당수의 학교는 장래의 입학생이 될 학생 자신의 학교에 친숙해지도록 하기 위해 학교를 개방하여 공개하고 있다.[7] 한편, 핀란드에서는 진학 및 진로 상담을 위한 유료 사설상담소도 갖추고 있는데, 이 사설상담소를 통해 학부모 및 학생은 개별적인 진학 및 진로와 관련된 안내를 받기도 한다(Numminen & Kasurinrn, 2003).

7. 단 한 명의 낙오자도 없는 교육

핀란드에서 종합학교를 포함한 각급 학교의 목표는 모든 아동이 국가에서 정한 교육목표에 도달하도록 하는 것이다. 만약 특정 학생이 이 목표에 도달하기 어렵다고 판단되면, 그 학생을 위한 개별적인 교육과정이 마련된다. 학생 복지 서비스는 학생의 학습 지원, 정신적·신체적 어려움 해결, 기타 복지 지원 등 다양한 형태로 이루어지고 있다. 예비학교 및 기초교육 단계에서 학생은 학교교

7 종합학교 7~9학년 학생들은 진로지도 차원에서 자신들이 장차 진학할 인문고등학교나 직업고등학교에 방문하여 설명을 들을 수 있다. 한편, 헬싱키 시내의 직업고등학교들 같은 경우, 학생들을 유치하고 안내하기 위해 'Next Gate(직업고등학교 박람회)' 같은 행사를 매년 개최하고 있기도 하다. 그리고 헬싱키시 교육국에서는 종합학교 학생들의 진학 및 진로지도를 돕기 위하여, 모든 종합학교 7~9학년을 대상으로, 약 1주일간의 '직업 체험'프로그램을 마련하여, 학생들이 이 기간 동안 학교에 나오지 않고, 직접 직업 현장에서 직업 체험을 하도록 하고 있다.

육을 따라 가는 데 필요한 복지 서비스를 받을 권리가 있다. 핀란드에서 학생 복지는 핀란드의 의무교육법, 국가핵심교육과정, 건강법, 아동복지법 등에 의해 종합적으로 보호를 받고 있다(European commission, 2009: 63－64).

학습 부진이나 적응에 어려움을 겪는 학생은 정규 학교교육을 따라갈 수 있도록 보완 교육 및 치료를 받을 권리가 있으며, 장애나 질병 또는 기타 사유로 정규교육을 받기 어려운 학생은 특수교육 학급으로 들어갈 수 있다. 특수교육은 정규교육과의 통합 및 연계로 이루어지고 있으며, 특수교육을 받는 학생은 개별적인 학습 계획에 따라 교육을 받는다.

핀란드 학교에서는 학생의 중도 탈락 및 부적응을 줄이기 위해 진로상담, 생활 및 대인관계 상담, 개별적 학업 지도, 가정과의 협력, 건강센터 운영 등 다양한 장치를 마련하여 운영하고 있다. 이를 위해, 거의 모든 학교에서 상담 및 진로지도 담당교사뿐만 아니라 보조교사, 사회복지사, 심리치료사, 학교의사 등을 배치하여 학생을 도와주고 있다. 핀란드에서 학생 복지 서비스는 단지 학교만의 과업이 아니라 지자체 및 지역공동체와 공동으로 책임져야 한다는 인식이 널리 퍼져 있어, 지자체와 지역공동체 역시 학생 복지를 위하여 적극 참여하고 있다. 따라서 학생 복지 사업은 지자체의 사회, 복지, 건강, 서비스 등과 연계하여 이루어지고 있다(European commission, 2009: 64). 핀란드에서는 이와 같이 종합학교 과정에서 철저한 종합적인 교육시스템을 구축하여 한 명의 낙오자도 없는 교육을 구현하고자 하고 있다.

8. 특수교육의 천국

핀란드에서 학생 복지 서비스의 핵심은 특수교육이라고 할 수 있다. 핀란드에서는 정신적, 신체적 장애가 있는 학생을 위한 특수교육뿐만 아니라, 일반학생의 학습부진이나 생활 부적응 문제 등을 해결하기 위한 특수교육이 함께 활성화되어 있다. 이 교육과정은 기본적으로 특수교육과 일반교육의 통합 및 연계의 정신을 바탕으로 하고 있는데, 대체로 장애 정도가 심한 학생은 국가가 운영하는 특수학교에서 교육을 받고, 일반학교에서는 일반학생들 중 학습이나 생활 측면에서 특수교육이 필요한 학생을 대상으로 특수교육이 진행된다. 일반학교에서 특수교육 운영 현황을 헬싱키 시내 Laajasalo 종합학교의 특수교사인 Aulikki Parkkonen 교사의 사례를 통해 살펴보면 다음과 같다.

• 면담 대상자: Aulikki Parkkonen 교사(Laajasalo 종합학교 특수교사) •

<특수교육 체제>

Laajasalo 종합학교에는 특수학급 2개 반이 있고, 특수교사로 전임교사 1명, 보조교사 3명이 근무를 하고 있다. 풀타임(full time) 특수교육은 온전히 특수학급에서 교육이 이루어지는 방식이고, 파트타임(part time) 특수교육은 필요한 학생들을 개별적으로 특정 과목에 한해 특수반에 불러 교육을 하는 방식이다. 경우에 따라서는 특수교사들이 일반 학급에 들어가 해당 학생에게 필요한 도움을 주는 방식으로 이루어지기도 한다. 헬싱키 시내의 경우 full time 특수학급의 한 학급당 정원이 10명을 넘지 않도록 하고 있다. 이 학교에서는 특수학급 수업 시수를 1주일에 40시간으로 배정하고 있다. 전임교사가 중심이 되어 보조교사 3명이 함께 수업을 이끌어 가고 있으며, 전임교사는 1주일에 24시간의 특수학급 수업을 맡고 있다.

학교에 나오기 어려운 특수아동을 위한 home caring 프로그램도 있는데, 이는 특수교사가 직접 특수아동의 집을 방문하여 가르치는 프로그램이다. 이 home caring 프로그램에 대해서는 교사 인건비를 포함하여 국가가 별도의 지원을 해주고 있는데, 해당 학생은 1년 동안 이 프로그램을 이용할 수 있다. home caring을 1년 동안 받은 후에는 특수학급에 편성되거나, 병원의 특수교육 프로그램에 들어갈 수 있다. 이 학교의 Aulikki Parkkonen 특수교사의 경우, 2011년 1학기에 6시간의 home caring 프로그램을 맡았다.

특수교육은 지역의 경제적 형편과 지역적 상황이 반영된다. 다시 말해, 인근 학교와 연합하여 특수교육을 담당하는 지역도 있다. 일부 학교에서 규모가 작은 경우, 특수학급이 없는 경우도 있지만, 인근 지역에 반드시 특수학급이 있기 때문에 어느 지역에서든 특수교육을 받을 수 있는 기반이 구축되어 있다.

<특수아동의 선정 절차>

–정신적 · 신체적 장애가 있는 학생은 언제든지 학부모와 본인의 신청에 의해 특수교육

을 받을 수 있다.

-정신적 · 신체적 장애가 없는 학생 중에 특수교육 대상 학생을 선정하는 절차는 다음과 같다. ① 일반학급의 교사가 교육활동 중 특수교육이 필요하다고 판단되는 학습장애 학생을 찾아낸다. ② 이러한 학생으로 판단되면 교사는 특수교사에게 통보한다. ③ 특수교사는 부모에게 연락하여 충분히 설명하고 특수교육 과정에 지원할 수 있도록 안내한다. ④ 특수교육 과정에 지원할 권한은 부모에게 있으며, 만일 부모가 동의하지 않으면 그 학생을 대상으로 특수교육은 이루어지지 않는다. ⑤ 해당 학생의 부모가 자신의 자녀에 대한 특수교육을 신청하면 학생의 일반학급 교사, 특수교사, 학부모 등의 협의를 거쳐 추천서를 작성하고 헬싱키시 교육국에 승인을 요청한다. ⑥ 헬싱키시 교육국에서는 검토 후에 특수교육이 필요한 학생에 대해 특수교육을 승인한다. ⑦ 특수교육 승인이 나면, 해당 학생에 대한 추가 지원이 이루어진다.

특수학급에 배정된 학생은 특별한 일이 없는 한 학년이 바뀌더라도 계속해서 그 학급에서 배울 수 있다. 물론 본인이 원하고 특수학급 교사가 인정을 할 경우 일반학급으로 옮길 수 있다. 그런데 Aulikki Parkkonen 교사에 의하면 대부분의 학생은 개별적인 돌봄과 가르침을 받을 수 있는 특수학급에 지속적으로 있기를 원한다고 한다.

Aulikki Parkkonen 교사는 특수교육에 대한 학부모들의 태도와 만족감에 대해서도 이야기하였다. 한국과 마찬가지로 핀란드에서도 많은 학부모가 자신의 자녀에 대한 특수교육 의뢰가 오면, 인정하지 않으려 하고, 많이 힘들어 한다고 한다. 하지만, 교사에게 학생에 대한 정확한 설명과 특수교육 프로그램에 대한 소개를 받으면 대체로 신청을 하는데, 자녀가 특수교육을 받고 나서는 매우 만족해하고 행복해 한다고 한다.

9. 저학년을 위한 제한적 방과 후 학교 운영

핀란드 종합학교에서 방과 후 학교는 정규 학교교육 시간이 아닌 아침과 오후 시간을 통해 이루어지는 교육활동이다. 핀란드 종합학교에서 방과 후 학교는 모든 학년을 대상으로 하지 않고 주로 1~2학년을 대상으로 하는데, 교과 활동이 아닌 레크리에이션 활동을 중심으로 이루어진다(European commission, 2009: 57). 각 지자체에서는 방과 후 학교 운영과 관련하여 자체적으로 규정을 만들고 있다.

[사진 6-10] Lumate 종합학교 1-2학년 대상 방과 후 수업

방과 후 학교에서 이루어지는 활동으로는 스포츠 활동, 실기활동, 언어나 그림 표현, 음악활동 등이 있다. 한편, 학생들은 방과 후 학교 시간을 과제 수행 시간으로 활용하기도 한다. 방과 후 학교 예산은 의무교육법 규정에 의해 지자체에서 부담하는데, 중앙정부에서 법정전입금을 지원해 준다(Finnish National Board of Education, 2016).

10. 자연스러운 유급제도

핀란드 종합학교에서 학생들은 앞의 <표 6-5>의 기준에 의해 각 학년의 모든 과목에서 평점 5점 이상을 획득해야 상급 학년으로 진급할 수 있다. 그리고 종합학교를 졸업하는 최종 졸업자격 수여는 학생을 가르친 교사들과의 협의를 바탕으로 교장이 결정한다. 학생은 한 과목이라도 낙제(평점 4점) 점수를 받으면 해당 학년 교육과정을 다시 이수해야 한다. 그러나 일부 과목이 낙제 점수라 하더라도 교장과 담당교사가 다음 학년에 올라가 보완할 수 있다고 판단되면 다음 학년으로 진급시킬 수도 있다. 또한 낙제 과목이 없는 경우에도 부모와 교사의 협의를 통해 학생이 학교에서의 성공을 위해 필요하다고 판단되면 유급하여 공부할 수도 있다(European commission, 2009: 62). 최종 평점에 오류가 있거나 이견이 있는 경우에는 담당기관을 통해 교사에게 재평가를 요구할 수 있다.

9년 동안 국가핵심교육과정에 제시되어 있는 모든 과목을 이수하고 낙제 과목이 없는 학생들은 졸업을 하게 된다. 2014년도 기준으로 종합학교 졸업생 중에서 94% 정도는 고등학교에 진학하였는데, 인문고등학교에 52%, 직업고등학교에 42% 정도가 진학하였다. 그리고 졸업생 중 약 2% 정도는 종합학교 10

학년에 남아서 배움을 더 가지며, 약 4% 정도는 더 이상 상급 단계의 학교에 진학하지 않고 학교를 떠나는 것으로 나타났다. 핀란드 종합학교 졸업생의 구체적인 진학 현황을 표로 나타내면 다음과 같다.

표 6-7 종합학교 졸업생들의 진학 현황 (2014년도 기준)

진학기관	인문고등학교	직업고등학교	10학년	미진학
비율	52%	42%	2%	4%

자료: Statistics Finland(http://www.stat.fi)(2016.2.26)

11. 재도약할 수 있는 기회: 10학년 제도

핀란드에서 종합학교를 마친 학생은 대부분 인문고등학교나 직업고등학교에 진학을 하지만, 의무교육인 종합학교 과정을 마치고 나서도 본인과 학부모의 선택에 의해 추가적으로 1년의 교육을 더 받을 수 있다. 이 과정이 종합학교 10학년 과정이다(Finnish National Board of Education, 2016). 이 과정에는 상급학교 진학에 어려움이 있거나 준비가 덜 된 학생이 지원하는데, 이 과정을 통해 상급학교 진학을 준비시키고 자신감을 얻게 된다. <표 6-7>에서 제시된 것처럼 해마다 핀란드 종합학교 졸업생 중에서 약 2% 정도의 학생들이 자발적으로 10학년 과정에 참여하고 있는데, 이들은 고등학교 입학을 위한 내신점수를 높이기 위하여 10학년을 선택하는 것으로 볼 수 있다. 10학년 프로그램 역시 정규교육 프로그램으로 운영되며 학비를 포함하여 모든 비용을 국가가 지원해 주고 있다.

이상과 같이 핀란드는 초등학교와 중학교 과정을 통합한 9년제 종합학교제도를 운영하고 있는데, 이 종합학교는 학부모의 선택에 의해 입학을 하며, 학비뿐만 아니라 급식, 교과서, 학용품, 기타 학습도구까지 모두 국가 지원으로 운영되고 있다. 교육과정은 국가교육과정을 기반으로 운영되고 있는데, 국가교육과정은 교육 목표나 방향을 제시하고 있으며, 교육 내용이나 방법은 각 학교 및 교사들의 재량에 맡겨져 있다. 또한 종합학교에는 진로지도 및 상담, 특수교육, 학생복지 등이 매우 잘 마련되어 있어 학생 개개인의 성장뿐만 아니라 낙오자 없는 학교를 만들기 위하여 노력하고 있다. 아울러 10학년이라는 제도를 두어 종합학교에서 더 배우고자 하는 학생, 한 번 더 기회를 갖고자 하는 학생에게 보충 교육의 기회도 제공하고 있다. 이러한 핀란드의 종합학교 과정은 의무교육 과정으로 학생의 교육, 복지, 성장을 위한 거의 완벽한 국가 지원 시스템이라고 할 수 있다.

제7장

고등학교: 인문고등학교, 직업고등학교

핀란드에서 종합학교를 졸업한 학생은 고등학교에 진학을 하는데, 핀란드 고등학교는 인문고등학교와 직업고등학교 두 종류로 나뉜다. 인문고등학교는 대학 진학 준비를 목표로 하는 학교이고, 직업고등학교는 직업교육을 주로 하는 학교이다.

1. 인문고등학교[1]

핀란드에서 인문고등학교 교육의 시작은 17세기까지 거슬러 올라간다. 즉 핀란드에서는 전통적으로 오랜 기간 동안 상류계층의 자녀들을 위한 기본 소양 교육 과정으로 인문고등학교를 설치, 운영해 왔었다. 이러한 흐름에 따라 1970년대 종합학교 개혁 전까지만 해도 인문고등학교는 전통적 학교인 문법학교(Grammar school)에 속해 있다가, 종합학교 개혁과 함께 별도의 교육기관으로

1 인문고등학교에 대한 핀란드에서의 공식 용어는 'General upper secondary school'이다. 핀란드에서 '인문고등학교'라는 용어를 공식적으로 사용하지는 않지만, 이 과정이 종합학교 과정을 마친 학생들이 진학하는 학교이고, 대학 진학 준비를 주로 하는 학교로서 직업학교와 뚜렷하게 구별되고 있다는 점에서, 인문고등학교의 특성을 온전히 가지고 있다고 판단하여, 본 서에서는 'General upper secondary school'을 '인문고등학교'로 번역하여 사용한다.

[사진 7-1] Tampereen teknillinen 인문고등학교

분리되었다. 핀란드에서 인문고등학교는 전통적으로 대학 진학을 준비하는 학교이다. 인문고등학교를 졸업하는 학생은 국가에서 시행하는 대학입학자격시험(Matriculation test)을 치러야 하며, 이 시험에 합격해야 졸업 자격을 얻고 대학에 지원할 수 있다. 1874년에 대학입학자격시험에 관한 통합 법령이 만들어져 지금까지 이어져 오고 있는데(European commission, 2009: 68), 대학진학을 준비하는 모든 학생은 이 시험을 치러야 한다.

(1) 지자체 운영의 지역 학교

인문고등학교는 지자체나 지자체 컨소시엄, 또는 교육부에 의해 위임 받은 기관에서 운영하고 있는데, 중앙정부에서는 학생당 교육비를 기준으로 각 지역의 학생 수에 따라 교육경비를 보조해 주고 있다. 핀란드에 있는 인문고등학교 대부분은 공립학교이며 다음 표에서 나타나는 바와 같이 단지 8.5% 정도만이 사립으로 운영되고 있다.

표 7-1 핀란드 인문고등학교 운영 주체별 현황 (2011년 기준)

운영주체	지자체	지자체연합	국립	사립	기타	전체
학교 수	391 (87.1%)	9 (2%)	10 (2.2%)	38 (8.5%)	1 (0.2%)	449 (100%)

자료 : Statistics Finland(http://www.stat.fi)(2011.2.26)

핀란드에서 인문고등학교 관련 국가 법률에 학교 행정에 관한 별도의 조항은 표시되어 있지 않다. 따라서 지방정부법의 학교행정에 관한 규정을 인문고등학교에 적용하여 운영하고 있다. 결과적으로 인문고등학교 운영은 의무교육과정인 종합학교 운영과 마찬가지로 지방정부의 규정을 바탕으로 이루어지고 있다. 각 인문고등학교는 그 운영을 책임질 교장을 두어야 하며, 학생들과의 협력 및 학교활동을 촉진하기 위한 학생회를 의무적으로 두도록 하고 있다(Sahlberg, 2011).

핀란드에서는 2014년 기준으로 103,000여 명의 학생이 450여 개의 인문고등학교에 다니고 있는데 인문고등학교 학생 숫자는 계속해서 줄고 있다. 인문고등학교에 대한 수요가 꾸준히 있기는 하지만, 직업고등학교를 진학하고자 하는 학생이 늘면서 인문고등학교 학생 숫자는 줄어드는 추세이다. 인문고등학교 전체 학생 중 여학생의 비율은 약 57%를 차지하고, 약 2.5%의 학생은 인문교육과 직업교육을 함께 받고 있다(Statistics Finland(http://www.stat.fi), 2016.2.26).

핀란드에서는 특별 분야 고등학교도 대체로 인문고등학교 계열의 학교에 포함시켜 운영하고 있다. 특별 분야 고등학교 교육 또한 지자체의 책임하에 이루어지는데, 거주민 수를 기준으로 중앙정부로부터 운영자금을 지원받는다. 2016년 기준으로 핀란드 전국에 약 70개 정도의 특별 분야 고등학교가 운영되고 있다. 특별 분야 고등학교는 교육부에서 정한 교육과정을 기반으로 하면서 특별 분야 교육을 담당하는 학교이다. 특별 분야 고등학교의 중점 영역으로는 음악(music), 미술(visual arts), 드라마(creative dramatics), 예술 및 미디어(art and media), 언어(languages), 환경(environmental sciences), 자연과학(natural sciences), 수학(mathematics), 기술(technical studies), 스포츠(sports) 등이 있다(Finnish National Board of Education, 2016).

(2) 경쟁을 통한 수준별 학생 선발

핀란드 인문고등학교에서의 학생 선발은 각 고등학교별로 이루어진다. 인문고등학교 학생 선발은 경쟁을 통해 이루어지는데, 각 학교에서는 입학 요건을 마련하여 학생을 선발하고 있다. 주요 전형 요소는 학생의 종합학교 내신 성적이다. 종합학교 9학년 과정을 마친 학생 중 고등학교에 진학을 원하는 학생은 자신의 종합학교 9학년 내신 성적을 바탕으로 진학할 고등학교에 지원하는데, 학생들은 통합지원 시스템을 통해 고등학교 지원을 한다.

학생은 전국에 있는 모든 종류의 고등학교에 지원이 가능하며 인문, 직업고등학교를 합해 모두 5개 고등학교까지 지원할 수 있다. 대체로 이전 연도의 각 고등학교의 입학전형 결과에 따라 지원 가능 내신 점수가 정해진다. 지원할 학교를 정하는 과정에서는 담임교사, 상담교사, 학부모, 학생 사이에 깊이 있는 논의가 이루어진다. 이 과정에서 상담 및 진로지도 교사는 중요한 역할을 한다. 상담 및 진로지도 교사는 7~9학년 3년 동안 진로지도를 해 왔기 때문에 이를 바탕으로 학생의 수준과 적성에 맞는 적합한 학교를 추천해 준다. 학생은 대체로 교사의 추천에 따라 지원할 학교를 정하게 되며, 인문고등학교 학생 선발 전형 과정은 다음과 같다.

인문고등학교 학생 선발 전형 과정

3월: 고등학교 지원 → 6월 : 내신성적 산출 및 제출 → 8월 : 각 학교별 입학시험 및 최종합격자 선발 → 9월 : 고등학교 입학

지원할 때의 주요 고려 요소는 학생의 종합학교에서의 내신 점수, 거주지와의 거리, 학교의 평판 등이다. 특히 종합학교에서의 내신 점수는 핵심적인 고려 요소가 되는데, 전년도 각 인문고등학교 입학 커트라인 점수가 참고 기준이 된다. 필자가 체류하던 2010학년도 당시의 헬싱키 시내 일부 고등학교 합격자의 종합학교 내신점수 커트라인을 보면 <표 7-2>와 같다.

핀란드 인문고등학교 중에는 학생들의 종합학교 내신 점수로 학생을 선발하는 학교가 있는가 하면, 일부 학교에서는 내신 점수와 함께 별도의 입학시험 점수를 바탕으로 학생을 선발하기도 한다. IB프로그램[2]을 포함한 영어로 수업을 진행하는 고등학교 및 음악이나 미술 등 특화된 학교는 각 학교의 특성에 맞는

2 핀란드에서는 일부 인문고등학교 내에 국제적 기준에 따른 고등학교 커리큘럼을 가지고 운영하는 IB(International Baccalaureate) 프로그램이 개설되어 있는데, 이 프로그램에서는 모든 과정이 영어로 진행이 되며 학생 선발 및 지원은 핀란드 공립학교 체제와 연동하여 이루어지고 있다. 2011년 기준으로 핀란드에서 IB프로그램을 설치하고 있는 고등학교는 15개 학교이며, 이 과정을 마친 학생들은 핀란드 대학 및 외국대학에 입학할 수 있는 자격이 주어진다. IB프로그램은 3년 과정인데, 준비과정 1년, 본과정 2년으로 이루어져 있다. 이 프로그램 마지막 학기에 자체적으로 시험을 치르게 되는데, 그 시험 결과가 핀란드의 '대학입학자격시험'을 대체한다(European commission, 2009: 95).

표 7-2 2010학년도 헬싱키 시내 인문고등학교 입학 커트라인 점수

고등학교	합격생 내신 커트라인 점수(GPA)
Ressu upper secondary school	9.33
Mäkelänrinne Upper Secondary School	9.09
Helsinki Lyceum, General Education Upper Secondary School	9.08
Kulosaari upper secondary school	8.9
Sibelius Upper Secondary School	8.54
Gymnasiet Lärkan, Upper secondary school	8.50
Etu-Töölön upper secondary school	7.75
Itäkeskus Upper Secondary School	7.5
Vuosaari upper secondary school	7.3
Helsinki Upper Secondary School of Media Arts	7.17

* 2011년 2월 각 고등학교 홈페이지에 공개한 점수임
* 내신 점수의 만점은 10점임
* Helsinki Lyceum, General Education Upper Secondary School은 2009년도 점수임
* GPA는 종합학교 9학년 성적을 기준으로 산정되며, 각 과목별로 4점에서 10점 사이의 점수가 부여됨
* 참고로 2010년도에 헬싱키 시내에서 종합학교 졸업생은 약 3,600명이었는데, 이들의 평균 GPA는 7.68점이었음

입학시험을 치르고 있다. 입학시험이 있는 고등학교에 진학하고자 하는 학생은 별도의 입학시험 준비를 해야 하는데, 이 준비는 학교 차원에서는 해주지 않으며 학생 개인 차원에서 준비해야 한다. 이 시험을 준비하는 학생 중 일부는 사교육기관을 이용하기도 한다(Ressu 종합학교의 Pia Groholom 교사 면담). 각 고등학교에서 치르는 입학시험은 단순히 지식을 테스트하는 시험이 아니라 학생의 학문적, 인성적 성숙도를 점검하는 시험이다. 따라서 대체로 객관식이 아닌 주관식 서술형으로 시험이 치러진다.

한편 핀란드에서는 성인을 위한 인문고등학교도 설치하여 운영하고 있다. 이는 인문교육 욕구를 가진 성인을 위한 고등학교인데 일반 청소년을 위한 보통의 인문고등학교와 동일한 교육과정으로 운영된다.

(3) 교육비 및 학업지원금 무상 지원

핀란드 인문고등학교의 학비, 급식비 등 기본 경비는 국가에서 지원해 주어

무상으로 교육이 이루어지고 있는데, 의무교육 단계인 종합학교 과정과 달리 고등학교 단계에서는 교과서를 비롯한 학습 자료는 학생 본인 부담으로 구입해야 한다. 그리고 인문고등학교 졸업 무렵에 치르는 대학입학자격시험에 응시하는 학생은 공통과목 및 선택과목에 대한 응시료를 본인이 납부해야 한다. 또한 건강관련 서비스를 받게 되면 관련 비용을 학생이 납부해야 한다. 단, 지자체에서 학생이 건강서비스를 받을 수 있도록 적절한 정보를 제공해 주고 있다. 또한 통학비용이 월 54유로 이상이 되는 경우 학생이나 학부모는 각 학교 및 지자체에 교통 편의를 요청할 수 있다(Finnish National Board of Education, 2016).

무상교육 및 무상급식과 별도로, 고등학교 학생은 국가로부터 학업지원금을 받는다. 학업지원금은 의무교육 이후의 단계에서 원거리 등의 이유로 부모를 떠나 교육을 받고 있는 학생, 혹은 고등학교에 다니는 성인 학생 등에게 지급이 된다. 학업지원금은 학생의 나이, 주거 형태, 결혼 유무 등에 따라 매월 38~246유로씩 차등 지급된다. 학업지원금을 지원받기 위한 기본 조건은 최소 두 달 이상 해당 교육기관에 풀타임으로 재학하고 있어야 한다는 점이다. 학업지원금제도와 별도로 학생을 위한 학생 대출제도도 운영하고 있는데, 고등학교 과정에서는 주로 성인학습자들이 이를 이용하고 있다. 대출은 일반은행을 통해 하게 되는데 국가가 보증을 서고, 형편에 따라 학생 1인당 매월 160~300유로 정도 대출을 받을 수 있다(European commission, 2009: 77－78).

(4) 학년 구분 없는 무학년제와 무학급제 실시

핀란드에는 국가에서 정한 인문고등학교의 '연간 수업일수', '방학' 등에 관한 규정은 없다. 연간 수업의 시작과 끝, 방학 등에 대해서는 지자체나 학교에서 자체적으로 정하도록 하고 있다. 1990년대 중반부터 핀란드 인문고등학교는 학년별 운영에서 무학년제 운영으로 바꾸었다. 그리고 고정된 학급별로 수업을 운영하는 체제에서 자유로운 선택제로 전환하여 무학급제로 운영되고 있다. 그에 따라 학생은 내용 영역과 계열의 범위 내에서 자신의 학습 계획을 자유롭게 세울 수 있으며, 자유롭게 과목을 선택할 수 있다. 새로운 교육과정에서는 학생의 인지발달을 고려하여 교육과정을 체계화하였으며, 학교는 지역공동체를 충분히 활용하도록 하고 있다(European commission, 2009: 80).

아울러 핀란드 인문고등학교는 5~6학기(period)체제로 운영되고 있는데, 1년에 두 학기로 운영되는 한국의 고등학교와는 달리 핀란드의 고등학교는 6~7주로 이루어진 각 학기를 1년 동안 5~6회로 나누어 운영하고 있는 것이다. 이는 1년 동안의 시간표가 5~6차례 바뀐다는 것을 의미하며, 각 과목을 6~7주 동안 집중적으로 이수하여 마친다는 것을 뜻하기도 한다. 따라서 각 학기에 따라 다양한 방식으로 과목이 운영되고 있다. 학생은 각 학기에 개설되는 과목을 평균적으로 약 38시간 정도 이수해야 하는데, 이로 인해 한 과목에 대해 매주 대략 6시간 정도의 수업이 이루어진다(European commission, 2009: 80-81). 학기에 관한 규정은 각 지자체별로 재량껏 정하도록 하고 있는데, 한 사례로 2015년 헬싱키 시내 인문고등학교 학기제 운영 현황을 보면 <표 7-3>과 같다.

표 7-3 헬싱키 시내 인문고등학교 학기 체제

학기	기간	방학	시험
1학기	8월-10월초		1-2주일(10월초)
2학기	10월초-12월초	10월 중순(1주일)	1-2주일(12월초)
3학기	12월초-2월초	크리스마스시즌(2주일) 1월 중순(1주일: 겨울방학)	1-2주일(2월초)
4학기	2월초-4월초		1-2주일(4월초)
5학기	4월초-5월말	6월부터 8월 중순 (2개월 반: 여름방학)	1-2주일(5월말)

5학기를 마치면 6월초부터 8월 중순까지 2개월 반 동안의 긴 여름방학에 들어간다. 학기 중 수업은 주5일제이며, 수업시간은 1시간 단위가 60분인데, 이 중 최소 45분 이상 수업을 해야 하고, 나머지는 휴식시간으로 사용할 수 있다. 일부 학교에서는 75분 수업, 15분 휴식시간 방식으로 운영하기도 한다. 학생은 본인의 선택 과목을 바탕으로 일일 및 주간 시간표를 만들기 때문에, 같은 학교 내에서도 학생별로 시간표가 다르다(European commission, 2009: 80). 참고로 Jarvenpaa

표 7-4 Jarvenpaa 고등학교 Marjo Uotila 교사(영어)의 주간시간표

시간＼요일	월	화	수	목	금	토
8:15-9:30			D반		A반	휴일
9:45-11:00		C반			D반	
11:10-12:25	A반		B반		C반	
12:25-13:05						
13:05-14:20		B반	A반	C반	B반	
14:35-15:50		D반				

* 이 교사는 매번 75분 수업을 하고 있음
* 이 교사는 영어 4학급을 가르치고 있음
* 각 period마다 1회씩 전체 교직원 회의가 있음

고등학교 영어교사인 Uotila 교사의 2011년 5학기 주간시간표를 제시하면 <표 7-4>와 같다.

인문고등학교 교육과정은 보통 3년 정도 이수해야 하는 과정으로 구성되어 있다. 많은 학생이 3년 정도 걸려 과정을 이수하지만, 경우에 따라서는 2년 혹은 4년에 마치는 학생도 있다. 학생은 개별적으로 혹은 그룹을 만들어 자신의 공부를 해나갈 수 있으며, 인문고등학교에서의 교사-학생 비율, 학급당 학생 수 등에 관한 국가 규정은 없다. 이에 대해서는 각 지자체에 재량껏 정할 수 있도록 하고 있는데, 대체로 각 지자체의 재정 형편에 따라 달라진다. <표 7-5>에서 알 수 있듯 핀란드 학교의 학급당 학생 수는 우리나라는 물론 OECD 평균보다 훨씬 적은 것으로 나타났으며, 교원 1인당 학생 수에 있어서도 초등학교, 중학교 과정에서는 한국이나 OECD 평균보다 적은 것으로 났다. 다만, 고등학교 과정에서는 오히려 교원 1인당 학생 수가 한국이나 OECD 평균보다 높은 것으로 나타났다. 이러한 결과를 놓고 볼때, 핀란드에서는 초등학교, 중학교, 즉 어린 나이 때에는 학급당 학생 수나 교사 1인당 학생 수를 줄여 개별화학습 등 학생들에게 개별적인 관심을 기울이는 데 초점을 맞추고 있고, 고등학교 과정에서는 국가 예산 등을 고려하여 규모를 좀 더 늘리는 등 주어진 예산을 보다 효율적으로 사용하고자 하는 모습을 보여주고 있다.

표 7-5 학급당 학생 수 및 교사 1인당 학생 수 비교

구분	학급당 학생 수		교사 1인당 학생 수		
	초등학교	중학교	초등학교	중학교	고등학교
한국	24.0	32.8	17.3	17.5	15.1
핀란드	18.8	16.5	13.0	9.0	16.0
OECD 평균	21.2	23.6	15.2	13.4	13.3

자료: OECD(2015). Education at a glance 2015.

(5) 개별 학습기반의 선택적 교육과정

핀란드에서는 인문고등학교를 위한 국가핵심교육과정을 10년 주기로 개정하고 있는데, 현행 인문고등학교 국가핵심교육과정은 2014년에 개정을 완료하고 2016년 8월부터 실행되고 있다(Finnish National Board of Education, 2016). 핀란드 국가핵심교육과정에서는 인문고등학교 교육과정을 크게 필수 과목, 특별 과목, 응용 과목으로 구분하여 구성하고 있다. 특별 과목은 필수 과목과 연계되어 있다. 즉 필수 과목 내에서의 특별 과목이라고 보면 된다. 따라서 학생은 필수 과목과 함께 일정 정도의 특별 과목을 이수해야 한다. 특별 과목은 국가 교육과정에서 정해준 과목과 각 학교에서 자체적으로 개설한 과목의 두 종류로 구성되어 있다. 또한 각 인문고등학교에서는 응용 과목을 개설하여 운영하고 있는데, 응용 과목은 해당 학교에서 이수할 수도 있고 일정한 여건을 갖춘 타 기관에서 이수할 수도 있다. 이러한 토대 위에서 인문고등학교 학생은 개인적인 관심과 필요에 따라 개별 학습 계획을 세워 공부를 할 수 있다. 그리고 대체로 한 교과 내에서도 다양한 수준과 관심에 따라 코스를 선택할 수 있다.

인문고등학교 학생은 모두 75개 이상의 과목을 이수해야 수료하게 되는데, 과목 이수 순서는 각 고등학교에서 재량껏 정할 수 있다. 인문고등학교 교육과정에는 어떤 과목을 배우기에 앞서 선수해서 배워야 할 과목이 있을 경우, 그 선수과목에 대한 자세한 규정도 정해두고 있다. 핀란드 국가교육위원회에서 정한 인문고등학교 이수 과목 및 이수 단위는 <표 7-6>과 같다.

표 7-6 핀란드 인문고등학교 이수과목 및 이수단위

교과		필수 과목 수	특별 과목 수
국어		6	3
외국어	외국어 A	6	2
	외국어 B	5	2
	기타 외국어		8+8
수학	공통 과정	1	
	기본 과정	5	2
	응용 과정	9	3
환경 및 자연과학	생물	2	3
	지학	1	3
	물리	1	6
	화학	1	4
종교/문화, 세계관 및 윤리		2	4
인문학 및 사회과학	철학	2	2
	심리학	1	4
	역사	3	3
	사회	3	1
예체능 * 필수5과목	체육	1	2
	음악	1~2	2
	미술	1~2	2
건강교육		1	2
교육상담 및 진로상담		2	
필수 코스 최소 이수과목 수		47~51	
특별 코스 최소 이수과목 수			10
총 최소 이수과목 수		75	

자료: Finnish National Board of Education(2016c). pp. 264–265.

위의 표에 나타난 것처럼 핀란드 인문고등학교 학생은 모두 75과목 이상을 이수해야 하는데, 이 중 47~51개 과목은 반드시 이수해야 하는 필수과목으로 지정되어 있다. 학생은 필수과목 이외에 본인의 흥미나 필요에 따라 특별 과목이나 응용 과목을 이수할 수 있다(Finnish National Board of Education, 2016c).

(6) 유연하지만 엄격한 학생 평가

핀란드 인문고등학교 교육 법령에 따르면 학생 및 학부모는 학교로부터 학생의 학습활동 및 진행 과정에 대해 충분한 보고를 받도록 되어 있다. 인문고등학교에서 학생 평가는 교육과정에 규정된 목표에 기반하여 이루어지며, 과목을 이수하고 나면 학생이 이수한 각 과목에 대한 평가가 이루어진다. 평가의 목적은 학생이 그 과목의 목표에 얼마나 도달했는지 성취 정도를 확인하는 데 있으며, 더불어 학생 및 학부모에게 피드백을 해주는 것도 평가의 중요한 목적이다. 각 과목에 대한 평점은 수량화된 평점으로 매겨지는데, 평점을 더 높이고자 하는 학생에게는 학점을 올리기 위한 별도의 시험 응시 기회가 주어진다(European commission, 2009: 86).

인문고등학교에서 교사는 각 학기말에 개별 학생의 성취도를 평가한다. 1년에 5~6학기로 교육과정이 구성된다는 점을 고려해볼 때, 학생은 각 과목별로 1년에 5~6차례의 시험을 통해 평가 받는다. 인문고등학교에서 학생에 대한 평점 기준은 <표 6-5>에 있는 종합학교에서의 평점 기준과 같이 4점~10점의 평점 척도를 사용하는데, 대부분은 5(adequate), 6(moderate), 7(satisfactory), 8(good), 9(very good), 10(excellent)의 평점 점수가 부여되고, 4점도 부여가 되는데 4점은 낙제 점수이며, 일부 과목은 passed/failed로 평가되기도 한다.

(7) 졸업을 위한 관문, 대학입학자격시험

인문고등학교에서 모든 과목을 이수한 후 대학에 진학하기 위해서는 대학입학자격시험에 응시해야 하는데, 이 시험은 매우 고난이도 시험이다. 대학입학자격시험의 좀 더 상세한 내용은 다음과 같다.

대학입학자격시험(Matriculation test)

가. 배경

핀란드에서 인문 고등학교를 다니고 있는 학생은 인문 고등학교 과정을 모두 이수하고 나서 국가고사인 대학입학자격시험(matriculation test)을 치른다. 이 시험에 통과해야 고등학교 졸업자격이 주어지며 대학에 지원할 수 있다. 이 시험은 대학입학자격시험위원회에서 주관하며, 전국의 모든 인문고등학교 학생을 대상으로 하는 시험이다. 반면, 직업고등학교 졸업생을 위한 별도의 국가단위시험은 없다.

대학입학자격시험은 1852년에 시작된 시험으로, 인문고등학교 교육과정의 지식과 기술을 충분히 익혔는지를 평가하는 시험이고, 학생의 학문적 역량을 평가한다. 학생은 최소 4과목 이상을 통과해야 하는데, 이 시험에 통과했다는 것은 대학교육을 받을 자질이 있다는 것을 인정받는 것이다(Finnish matriculation examination board, 2007).

나. 운영

시험위원회에서는 시험을 준비하고 채점을 담당한다. 시험위원회는 위원장과 40여 명의 위원으로 구성되는데, 위원들은 각 시험 과목별로 고르게 분포되며, 대학이나 FNBE (Finnish National Board of Education)로부터 추천된 인사들이다. 그리고 약 330여 명의 보조위원이 시험 준비 및 채점과 관련하여 위원회를 지원해 주고 있다. 이 시험 운영을 위해 소요되는 경비는 연간 약 1천만 달러 정도 되는데, 이 비용은 학생이 내는 응시료로 충당을 한다(European commission, 2009).

시험은 봄과 가을, 1년에 두 차례 모든 인문고등학교에서 치러진다. 이 시험은 학생에게는 상당한 고난이도의 시험이다. 학생은 과목별로 응시를 하는데, 어떤 과목이든 연속 세 번까지 시험 기회가 주어지기 때문에 세 번 안에 통과해야 한다. 또한 학생은 최소 네 과목을 통과해야 하는데, 국어과목은 모든 학생이 필수로 치러야 하는 과목이고, 제2국어, 외국어, 수학, 일반과목(사회과학이나 자연과학 과목) 중에서는 세 과목을 선택하여 응시해야 한다. 학생은 기본 4과목 이외에 1~2과목을 더 선택하여 응시할 수 있다. 대학입학자격시험은 각 과목별로 하루에 한 과목씩 약 6시간 동안 시험을 치른다. 학생은 자신이 선택한 과목 시험이 치러지는 날에 해당 시험에 응시하면 된다. 2016년 가을에 치러진 핀란드 대학입학자격시험 일정을 보면 다음과 같다.

표 7-7 핀란드 대학입학자격시험 일정(2016년 가을)

영역	날짜	과목	비고
듣기 평가	9월 12일	제2외국어A(영어, 프랑스어, 러시아어, 스페인어 중 택일)	3일 중 하루 택하여 시험 봄
	9월 13일	국어A(핀란드어), 국어B(스웨덴어) 중 택일	
	9월 14일	제2외국어B(영어, 프랑스어, 스페인어, 러시아어 이탈리아어 중 택일)	
필기시험	9월 16일	국어(핀란드어, 스웨덴어 중 택일)	
필기 시험	9월 19일	종교학, 윤리학, 사회, 화학, 지리(#), 보건 중 택일	
	9월 21일	제2외국어A(영어, 프랑스어, 독일어(#), 스페인어, 러시아어 중 택일)	
	9월 23일	제2국어A, 제2국어B 중 택일	
	9월 26일	국어 논술, 제2외국어로서 핀란드어, 스웨덴어	
	9월 28일	수학A, 수학B 중 택일	
	9월 30일	심리학, 철학(#), 역사, 물리학, 생물학 중 택일	
	10월 3일	외국어B(영어, 프랑스어, 스페인어, 독일어(#), 러시아어, 이탈리아어, 포르투갈어, 라틴어, 사미어 중 택일)	
	10월 5일	모국어로서 사미어	

* 국어는 필수이고 제2국어, 외국어, 수학, 기타 과목 중 반드시 3과목은 시험을 봐야 한다.
* 핀란드에서는 핀란드어와 스웨덴어 2개의 언어를 국어로 사용하고 있는데, 따라서 자신이 사용하지 않은 다른 국어가 제2국어가 된다.
* 제2국어, 영어, 제2외국어, 수학은 각각 난이도에 따라 A, B 레벨로 나누어져 있는데, 학생은 이 중에서 자신의 수준에 맞는 레벨 시험을 선택하여 본다. 네 과목 중 반드시 한 과목은 A레벨의 시험을 치러야 한다.
* #표시 과목들은 컴퓨터를 이용하여 시험을 본다.

일부과목은 난이도에 따른 수준별 시험을 선택하여 응시할 수 있다. 예를 들어, 수학, 외국어 과목은 일반과정과 심화과정의 두 가지 수준별 시험이 있으며, 제2국어 과목도 두 가지 수준으로 나누어져 있다. 학생들은 최소 한 과목은 심화과정 수준의 시험을 통과해야 한다. 시험을 통과한 학생도 점수를 높이기 위하여 한 번 더 시험을 볼 수 있고, 이전에 보지 않았던 과목을 선택하여 시험을 볼 수도 있다. 핀란드 대학입학자격시험은 거의 대부분이 주관식, 서술형으로 출제가 되며 학생은 자신이 다니는 고등학교에서 시험을 치르고 채점은 그 학생을 가르친 해당 학교의 교사가 맡는다.

다. 평가

시험에 통과한 학생은 자격증을 받게 되는데 자격증에는 통과한 과목, 수준, 그리고 점수가 기록되어 있다. 이 시험에서 점수는 아래와 같이 0-7점 사이에서 7단계로 부여된다(Finnish matriculation examination board, 2007).

1등급: 7점- praised(L)
2등급: 6점- passed with exceptional praise(E)
3등급: 5점- passed with much praise(M)

4등급: 4점- passed with praise(C)
5등급: 3점- satisfactorily passed(B)
6등급: 2점- passed(A)
7등급: 0점- failed(I)

평가는 정상분포를 기준으로 상대평가로 이루어진다. 따라서 매번 5%의 최상위 점수 분포자와 5%의 최하위 점수 분포자가 나타나는데, 최하위 5%에 해당하는 학생은 시험에 탈락하게 되어 있다. 탈락자는 다음 시험에 재응시할 수 있다. 대학입학자격시험은 학생이 재학하고 있는 학교에서 시험을 치른다. 해당 학교의 교사가 1차 채점을 하고, 시험위원회에 보내져 2차 검토 후 최종 점수가 확정된다. 정확한 기준과 원칙을 가지고 채점을 하기 때문에, 자기 학교 학생이라고 해서 특별히 점수를 올려 주는 일은 거의 발생하지 않는다고 한다.

라. 핀란드 대학입학자격시험의 특징

대학입학자격시험(matriculation)은 자격고사의 성격이 강한데 이 시험에 통과해야 인문고등학교 졸업 자격이 주어지고 또한 대학입학자격도 얻을 수 있다. 핀란드 대학입학자격시험의 성격은 다음과 같다.

첫째, 복수 시험 체제이다. 즉 한 번의 시험을 통해 성적이 결정되는 것이 아니라 학생은 연속 세 번까지 대학입학자격시험에 응시할 수 있으며 복수 시험 본 성적 중에서 가장 좋은 성적을 본인의 점수로 선택할 수 있다. 핀란드 대학입학자격시험은 매해 봄과 가을 두 차례 실시된다.

둘째, 과목별 점수 체제이다. 학생은 대학입학자격시험에 응시할 때 필수과목 1과목을 포함하여 모두 4 과목 이상 치러야 하는데, 각 과목별로 응시를 할 수 있다. 위에서 언급한 것과 같이 연속 세 차례에 걸쳐 대학입학자격시험을 볼 수 있는데 모든 시험에 모든 과목을 응시하는 것이 아니라 분산하여 응시할 수 있다. 즉 첫 번째 시험에서는 국어와 수학 과목에 응시하고 두 번째 시험에서는 영어, 과학 과목에 응시하여 시험을 치를 수 있고 최종 점수와 평정 역시 각 과목별로 이루어진다.

셋째, 상대평가 시험체제이다. 핀란드의 대학입학자격시험은 1년에 두 차례씩 시행이 되는데, 매 시험마다 해당 시험에 응시한 학생을 대상으로 한 상대평가 결과로 성적이 산출된다. 핀란드 대학입학자격시험에서 성적산출 비율은 다음과 같다.

표 7-8 핀란드 대학입학자격시험 성적 산출 비율

등급	L(1등급)	E(2등급)	M(3등급)	C(4등급)	B(5등급)	A(6등급)	I(7등급)
비율	5%	15%	20%	24%	20%	11%	5%

자료: http://www.ylioppilasttutkinto.fi/en/(2016.10.25)

위의 표에서 나타난 것처럼 대학입학자격시험 결과는 정상분포 곡선 비율로 상대평가로 평정이 된다. 한편, 최하 등급인 I(7등급)을 받은 학생은 과락이 되어 해당 과목 시험 점수를 받을 수 없게 되는데, 다음 시험에 과락 과목만 재 응시할 수 있다. 종합적으로 최소 기준인 네 과목에서 A(6등급) 이상의 성적을 얻어야 인문 고등학교 졸업자격 및 대학입학자격을 얻을 수 있다.

한편, 이 대학입학자격시험이 인문고등학교의 교육과정 및 수업에 일부 영향을 미치고 있다. 즉 일부 인문고등학교의 교사나 교장은 대학입학자격시험 때문에 시험대비 위주의 수업을 진행하게 되는데, 이로 인해 교육과정 운영이 제약을 받고 교사와 학생이 스트레스를 받는다는 불만이 있기도 한다(Jarvenpaa고등학교 Sanna Makinen 교사 면담).

(8) 상담 및 진로지도를 중시하는 교육환경

핀란드의 인문고등학교에서는 상담 및 진로지도를 매우 강조하고 있다. 인문고등학교의 모든 교원은 학생을 위한 상담 및 진로지도에 참여해야 하며, 모든 학생도 상담 및 진로지도 과목을 필수로 이수해야 한다. 상담교사 역시 별도로 배치되어 있는데, 상담 및 진로지도 교사는 학교 내에서 상담 및 진로지도의 총체적 역할을 맡고 있다.

각 인문고등학교 교육과정에는 상담 및 진로지도와 관련하여 교원의 임무와 역할이 규정되어 있다. 각 학교의 교육과정에는 외부기관 및 외부전문가와 어떻게 협력하여 상담 및 진로지도를 할 것인지에 대해서도 기술해 놓고 있다(European commission, 2009: 93-94).

핀란드의 인문고등학교에는 대체로 충분한 상담 및 진로지도교육을 위하여 충분한 수의 상담 및 진로지도 교사를 배치하고 있다. 예를 들어 Jarvenpaa시에 있는 Jarvenpaa고등학교 같은 경우에는 다섯 명의 상담 및 진로지도 교사를 배치하여 학생 지도를 하고 있는데, 참고로 이 고등학교의 영어 교사 역시 다섯 명이다. 즉 주요 과목 교사 수와 비슷한 상담교사 인원을 배치하여 학생들 상담 및 진로지도를 해 주고 있다. 상담교사의 수는 각 지자체의 재정 형편에 따라 달라진다.

(9) 대학진학 전 갖는 탐색기

핀란드 인문고등학교는 무학년제로 운영되고 있기 때문에 학년 진급은 의미가 없다. 다만 각 인문고등학교에서는 학생을 대상으로 목표지향의 일관된 진학지도와 진로지도를 하고자 노력하고 있으며, 학생의 개별적인 학습계획을 지원해 주고 있다.

전체 과목을 이수하지 못한 학생에게는 일부 이수한 과목에 대한 과목 이수 증서를 수여하고 있다. 한편, 국가교육과정에서 정한 모든 과목을 이수하고 대학입학자격시험에 통과한 학생에게는 졸업증서가 수여되며 대학에 지원할 수 있다. 핀란드에서 인문고등학교를 졸업하고 바로 대학에 들어가는 학생의 비율은 20~30% 정도이다. 능력이 있거나 대학 입학시험 준비를 많이 한 학생은 곧바로 들어갈 수 있지만, 많은 수의 학생은 2~3년 정도의 준비 및 기타 경험 과정을 거쳐 대학에 들어가고 있다(Turku 인문고등학교 Markus Majanen 교사와의 면담). 한편, 핀란드에서 인문고등학교 중도탈락률은 상대적으로 낮은 편인데, <표 7-9>에 나타난 바와 같이 최근의 중도탈락률은 3%대인 것으로 나타났다.[3]

학생들은 인문고등학교를 졸업하고 주로 학문중심의 일반대학과 직업중심의 응용과학대학으로 진학을 하고 있는데, 2014년 기준으로 약 16.5%의 학생이 일반대학으로, 11.8% 정도의 학생이 응용과학대학으로 진학하는 것으로 나타났다.

3 참고로 한국 고등학교 학생들의 중도탈락률은 2015년 기준으로 일반고등학교는 1.25%, 특성화고등학교는 2.38%인 것으로 나타났다(한국교육개발원 교육통계서비스: http://kess.kedi.re.kr/index, 2016.7.5.)

표 7-9 핀란드 각 학교급별 중도탈락률 현황 (단위: %)

구분	2011/2012	2012/2013	2013/2014
인문고등학교	3.5	3.4	3.4
직업고등학교	8.7	8.5	7.6
응용과학대학	8.5	8.3	8.3
일반대학	6.4	6.9	6.7

* 종합학교는 의무교육이므로 중도탈락률 통계를 산정하지 않음.
자료: Statistics Finland(http://www.stst.fi)(2016.7.5)

표 7-10 핀란드 인문고등학교 졸업생들의 진로 현황 (2014년 기준)

진로	총계	일반대학	응용과학대학	직업교육기관	곧바로 진학하지 않음
비율	32,060 (100)	5,302 (16.5)	3,778 (11.8)	1,585 (4.9)	21,395 (66.7)

자료: Statistics Finland(http://www.stat.fi)(2016.7.5)

종합하면, 핀란드의 인문고등학교는 학문중심의 일반대학에 진학하기 위한 준비 과정이라고 할 수 있는데, 핀란드에서 종합학교 졸업생의 약 52% 정도가 인문고등학교에 진학하고 있다. 핀란드에서 인문고등학교가 의무교육과정은 아니지만, 모든 학비 및 급식비 등 기본 경비가 전부 무료이며, 교재 및 수업자료 비용만 학생이 부담한다. 인문고등학교는 또한 학생의 자율과 선택을 기반으로 무학년제로 운영되고 있으며, 학생의 진학 및 진로를 지원해 주기 위해 상담 및 진로지도 교사가 충분히 확보되어 있다. 핀란드 인문고등학교는 경쟁을 통해 학생을 선발하며, 학기는 5~6학기제로 운영하고 있다. 따라서 인문고등학교에서의 학업 강도는 상당히 높은 편이며 시험도 자주 본다. 인문고등학교를 졸업하고 바로 대학에 진학하는 비율은 30% 내외인데, 상당수의 학생이 고등학교 졸업후 2-3년 정도 다양한 경험을 거친 후에 대학에 진학하고 있다.

2. 직업고등학교[4]

핀란드에서 국가가 관장하는 직업교육기관은 19세기에 세워졌으나, 좀 더 체계적인 직업훈련은 제2차 세계대전 이후에 시작되었다(European commission, 2009: 68). 전통적으로 핀란드 직업교육은 각 직업분야별로 개별적 체제가 구축되어 있었다. 즉, 각 분야별로 개별적인 직업 훈련이 이루어졌고, 직업훈련 기간이나 기준 등이 통일되지 않았었다. 그러다가 1980년대 들어서 인문고등학교의 개혁과 함께 직업교육 분야에서도 통일된 체계가 만들어져 오늘날의 직업고등학교 제도가 구축되었다.

[사진 7-2] Tampereen seudun ammattiopisto Tredu 직업고등학교

(1) 유연한 전공 운영 및 인문고등학교와의 연계

2001년부터 직업고등학교 과정의 모든 프로그램은 3년 동안 120학점을 이수하도록 하고 있는데, 대체로 1학점은 40시간 정도의 교과학습시간을 이수해야 한다. 3년간의 직업고등학교를 마친 학생은 대부분 직업분야로 진출하지만, 소수 학생은 일반대학 및 응용과학대학에 진학하기도 한다(Finnish National Board of

4 직업고등학교 과정에 대한 핀란드에서의 공식 용어는 'vocational upper secondary education'이다. 일부 직업고등학교에서는 'vocational college'라는 용어를 사용하기도 한다. 그런데 'vocational education'이나 'vocational college' 모두 종합학교 과정을 마친 학생들이 들어올 수 있는 직업교육기관이며, 또한 이 과정을 마친 학생들이 일반대학이나 응용과학대학에 진학할 수 있음을 고려해 볼 때, 고등학교라는 용어는 사용하지 않고 있지만, 전형적인 직업고등학교 교육을 실시하고 있는 기관들이라고 할 수 있다. 따라서 본 서에서는 'vocational upper secondary education'이나 'vocational college'를 모두 '직업고등학교'로 번역하여 사용한다.

Education, 2016).

최근 들어서, 인문고등학교와 직업고등학교 사이의 협력이 여러 분야에서 많이 증진되고 있다. 직업고등학교 학생이 인문고등학교 공부를 할 수 있도록 기회를 주고 있으며, 직업교육과 함께 대학입학자격시험 준비를 할 수 있도록 배려해 주고 있기도 하다. 법률 또한 각 지역 내에서 인문고등학교와 직업고등학교가 협력하도록 허용하고 있다. 현재, 직업교육 과정에 있는 학생 중에서 인문교육을 받는 학생이 늘어나고 있는 추세인데, 반면 인문고등학교 학생들 중에서 직업교육을 받는 학생은 극소수이다. 대부분의 협력이 직업고등학교 학생의 인문고등학교 교육에 대한 필요를 충족시키는 차원에서 이루어지고 있다.

한편, 핀란드에서 직업고등학교 운영 주체는 국·공립이 48% 정도이고 51.5%가 사립으로 종합학교나 인문고등학교와 달리 사립의 비중이 높은 편이다. 이는 직업교육이 산업체 등과 연계하여 이루어지고, 다양한 산업기관들이 직업교육에 적극 참여함으로 인해 나타나는 현상이다(Sahlberg, 2011).

표 7-11 핀란드 직업고등학교 운영 주체별 현황 (2008년 기준)

운영주체	국립	지자체+지자체연합	사립	기타	총계
비율(%)	3.0	44.9	51.5	0.6	100

자료: Statistics Finland(http://www.stst.fi)(2011.1.26)

각 직업고등학교에서 어떤 종류의 전공이나 학과를 개설하여 운영할지에 대해서는 스스로 결정할 수 있다. 따라서 각 직업고등학교의 개설 전공이나 전공별 정원은 상당히 유동적이다(European commission, 2009: 74). 최근 들어 취업난 및 경제적 어려움 등의 사회적 요인으로 인해 다양한 전공들이 개발되고 있으며, 직업고등학교에 입학하는 학생 수 또한 늘어나고 있는 추세다. <표 7-12>에 나타난 바와 같이 핀란드에서 인문고등학교 입학생 수는 점차 줄어들고 있음에 비해, 직업고등학교 입학생 수는 꾸준히 증가하고 있다. 특히 2014년에 급격히 증가된 모습을 보여주고 있는데, 이는 일반 학생들의 직업고등학교 진학이 늘어난 것에 더하여 성인학습자의 직업고등학교 진학이 급격하게 늘어

표 7-12 핀란드 인문고등학교와 직업고등학교 입학생 수 변화 현황 (단위: 명)

학교유형 \ 연도	2000	2004	2008	2014
인문고등학교	43,775	40,593	38,744	34,888
직업고등학교	57,223	59,820	61,859	120,701

* 직업고등학교 입학생 수에는 성인 중 직업고등학교에 진학하는 학생 수가 포함되어 있음
자료: Statistics Finland(http://www.stst.fi)(2016.7.30)

났기 때문이다(Finnish National Board of Education, 2016).

핀란드에서 직업고등학교 역시 인문고등학교와 마찬가지로 학생에게 동일한 혜택을 주고 있다. 즉 모든 학비 및 급식비 등 기본 경비는 국가에서 지원해 주고 있으며, 학습 교재 등의 비용만 학생이 부담하고 있다. 아울러 학생생활지원금 및 대출 제도 등의 혜택 역시 인문고등학교 학생과 동일하게 주어진다.

(2) 소질과 적성을 중시하는 학생 선발

직업고등학교에서의 학생 선발 기준은 핀란드 교육부에서 정한다. 직업고등학교 입학전형의 주요 요소는 이전 교육단계인 종합학교에서의 내신 성적, 직업 경험, 입학시험 및 적성검사 등이며, 인문고등학교 졸업생도 직업고등학교에 지원할 수 있다. 이 경우, 인문고등학교에서 배운 과목을 30학점까지 인정받을 수 있다(European commission, 2009: 76).

직업고등학교 학생 선발 과정에서는 전공이나 학과의 특성에 따라 특정 과목에 가중치를 두기도 한다. 예를 들어 경영 관련 학과에서는 수학 과목 내신 성적에 가중치를 부여하기도 하고, 언어 계통 학과나 전공에서는 국어나 외국어 과목 내신 성적에 가중치를 부여하는 방식이다. 그리고 음악이나 미술 등 해당 분야의 적성이나 소질이 필요한 전공에서는 입학시험을 치르기도 하는데, 지식을 측정하는 시험이라기보다는 적성검사 성격의 시험이라고 할 수 있다(Ressu 종합학교 진로상담교사 면담).

직업고등학교에 진학하는 학생은 기초직업교육 코스로 들어가기도 하고 전문 직업교육 분야로 들어가기도 한다. 전문직업교육 과정에서는 기술 및 교통수

송, 사회복지 및 건강·스포츠, 관광 및 서비스, 경영 및 행정, 문화 등의 순으로 선호하는 편이다. 구체적으로 핀란드 직업고등학교 전공별 입학생 현황을 보면 다음 표와 같다.

표 7-13 직업고등학교 전공별 입학생 현황 (2008년 기준)

전공	기술 및 교통수송	사회복지 및 건강·스포츠	관광 및 서비스	경영 및 행정	문화	자연자원 및 환경	기타	총계
입학생 수(%)	41.3	18.5	11.6	10.4	6.5	5.6	6.1	100

자료: Statistics Finland(http://www.stst.fi)(2011.5.29)

한편, 직업고등학교 학생 중 약 54%는 남학생이고, 46% 정도는 여학생이다(Finnish National Board of Education, 2016). 직업고등학교에서는 일반 학생을 위한 교육뿐만 아니라, 직장인 및 성인을 위한 직업교육도 함께 실시하고 있는데, 최근 들어 조기퇴직, 경제적 불황 등의 원인으로 성인의 직업고등학교 진학이 급격하게 늘어나고 있다.

(3) 기준 과목을 중심으로 학년제 운영

핀란드에서 무학년제로 운영되고 있는 인문고등학교와는 달리 직업고등학교는 학년제로 운영된다. 학년 기반으로 운영되고 있기는 하지만 학생들에게 다양한 선택 과정들을 제공하고 있기 때문에 상담 및 진로지도 교사를 포함한 대부분의 교사들이 학생의 학습계획을 도와주고 있다. 직업고등학교에서의 수업은 융통성 있게 이루어지는데, 평일뿐만 아니라 저녁이나 주말 그리고 여름방학 기간에도 수업이 이루어진다.

직업고등학교에 있는 일반 학생은 대개 16~25세 정도이다. 직업고등학교에서는 3년간 풀타임으로 공부하며, 교육과정의 필수 과목은 학년 단위로 이수해야 하고, 그 밖의 과목은 개별적인 학업계획에 따라 이수한다. 직업고등학교에서 학생은 학교가 제공하는 학습 modules나 units를 선택하는데 선택한 modules나

units에 따라 일일 및 주간 시간표가 달라진다. 학사 운영은 인문고등학교와 마찬가지로 1년 동안 5~6학기 체제로 운영되고 있다(European commission, 2009: 80).

(4) 직업 현장과의 철저한 연계 교육

핀란드 국가교육위원회에서는 직업고등학교의 목표, 교과목, 평가 등에 관해 규정하고 있다. 그 밖에도 학생상담, 현장학습, 특별교육, 이민자교육, 견습훈련 등에 관해서도 규정하고 있다. 국가핵심교육과정은 모든 직업고등학교에 동일하게 적용된다. 직업고등학교를 위한 국가핵심교육과정은 각 기업대표, 일반노조, 교원노조, 학생대표 등의 합의를 바탕으로 만들어졌다(European commission, 2009: 83). 직업고등학교에서 3년 동안 이수해야 할 학점과 과목영역은 다음과 같다.

직업고등학교에서 3년 동안 이수해야 할 학점과 과목영역

- 각 전공(직업) 분야별 전공학습 및 현장실습(90학점)
- 핵심, 공통과목(20학점: 16학점은 필수, 4학점은 선택)
  : 국어와 외국어, 수학, 물리 및 화학, (사회, 경영, 노동시장), 건강교육, 체육, 예술 및 문화, 환경, ICT, 윤리 및 문화, 심리학 및 기업가 정신
- 자유 선택 과목(10학점)

자료: European commission(2009). pp. 83－84.

그리고 학생들은 1.5학점의 상담 및 진로지도 과목을 이수해야 하고 최소 2학점의 졸업 프로젝트 과목도 이수해야 한다. 학생은 자신이 다니고 있는 직업고등학교뿐만 아니라, 인문고등학교를 포함한 다른 기관에서 자유선택 과목을 이수할 수 있다. 자유선택과목은 학생들의 개인적인 관심과 흥미에 따라 이수하면 된다(European commission, 2009: 84).

현장학습은 직업고등학교 학생들로 하여금 직업 현장에 친숙해지고 현장 역량을 체험할 수 있도록 하기 위한 과정으로 국가핵심교육과정의 한 부분이다. 직업고등학교에서 이수해야 할 120학점 중 최소 20학점은 현장학습을 통해 이수해야 하는데, 대략 6개월 정도의 현장실습이 이루어진다. 현장학습은 학생이

실습을 나갈 기관이나 기업의 고용주와 교육기관담당자 사이의 서면계약을 통해 이루어지는데, 기업이나 기관이 현장학습을 위한 역량을 갖추었다고 판단될 때 계약이 체결된다(European commission, 2009: 85). 이 현장학습은 학생과 기업 모두의 필요에 의해 이루어지고 있다. 학생 입장에서는 해당 기업 및 기관에서 실습 경험을 쌓고 현장에 필요한 기술을 배운다는 면에서 의미가 있고, 기업이나 기관 입장에서는 계약기간 동안 학생에게 교육과 훈련의 기회를 제공하여 좀 더 준비된 인력을 얻을 수 있는 기반이 된다는 점에서 상호 이해에 기반을 두고 이루어지고 있다.

[사진 7-3] Tampereen Tredu 직업고등학교 졸업작품

직업고등학교를 졸업하기 위해서는 졸업 프로젝트를 수행해야 하는데, 프로젝트는 과업수행, 연구보고서, 제품제작 등 다양한 방식으로 이루어져 있다. 이 과정은 학생에게 직업세계에 간접적으로 참여해 보도록 함으로써 직업시장으로의 전환을 촉진시키는 과정이다. 이 프로젝트는 대체로 개별적으로 수행된다(Finnish National Board of Education, 2016).

(5) 검증된 학교 자체평가로 자격 부여

직업고등학교에서는 인문고등학교와 달리 졸업을 위한 별도의 전국단위시험을 치르지 않는다. 하지만 학생은 각 학교에서 실시하는 자격시험 과정을 통과해야 한다. 이 과정을 통과한 학생들은 졸업자격을 얻어 취업을 할 수 있으며, 일부 학생은 대학이나 응용과학대학에 진학하기도 한다. 직업고등학교 학생은 각 학교에서 배운 학습의 결과 및 학교에서 익힌 기술에 대해 평가받는다. 이 평가 과정은 학생의 자아 존중감을 향상시켜주는 것은 물론, 다양한 역량과 자질을 발견하고 촉진시켜 주는 것에 목적을 두고 있다. 학생의 자체평가, 교사와의 인터뷰, 현장실습 담당자의 평가 등이 종합적으로 평가에 반영된다. 국가교육위원회는 국가수준의 평가가 없는 대신 각 직업고등학교에서 활용할 자체평가 기준과 방법을 만들어 제공하고 있다(Finnish National Board of Education, 2016).

일반적으로 각 학기 중간과 학기 말에 학생의 지식과 기술이 평가되며, 학생의 학습 상황에 대한 평가 결과가 학부모와 학생에게 보고된다. 학생의 수행 결과는 3점(excellent), 2점(good), 1점(satisfactory) 등의 세 등급으로 평가된다. 자유선택 과목 평가 결과는 평점 없이 passed/failed로 표기된다. 평가는 직업고등학교 교사에 의해 이루어지며, 현장학습에 대한 평가는 직업고등학교의 교사와 현장의 담당자가 함께 평가한다. 직업고등학교에서 평가는 학생을 안내하고 동기를 부여하며, 자신의 직업 분야에 대해 스스로 평가할 수 있는 역량을 개발시키는 데 목적이 있다(European commission, 2009: 87-88).

직업고등학교에서 자격을 갖추기 위해서는 기본 교육과정 이수와 함께 모든 학생이 기술시범을 보여야 하는데, 이는 직업교육 과정에 노동시장의 요구를 직접적으로 반영한 결과라고 할 수 있다. 핀란드 직업고등학교에서는 기술 시범을 통해 학생의 기술 수준, 목표 달성 정도, 효과성 등을 평가하는데, 이 기술시범 평가는 단지 학생의 수행 정도만을 평가하는 것이 아니라 학생들이 교육받은 직업교육기관, 교사, 교육방법 등을 종합적으로 평가하는 과정으로 활용되고 있기도 하다(Finnish National Board of Education, 2016).

(6) 직업정보를 포함한 철저한 상담과 진로지도

직업고등학교 학생은 최소한 1.5학점 이상의 상담 및 진로지도 과목을 이수해야 한다. 학생은 그들의 교육 및 학업과 관련된 충분한 상담 및 지도를 받을 권리를 가지고 있으며, 각 학교에는 전문 상담 및 진로지도 교사가 배치되어 있다. 상담 및 진로지도 교사는 학생의 학업장애, 결석, 기타 생활의 어려움, 진로 등과 관련하여 상담을 해준다. 이와 같이 학생은 상담 및 진로지도를 통해 자신의 학업과 관련된 정보를 얻을 뿐만 아니라, 직업 세계 및 직업 경험과 관련된 정보를 얻고 있으며, 학습 및 생활상의 문제 해결을 위해 도움을 받는다. 모든 학생이 상담 및 진로지도를 충분히 받도록 하는 것이 이들의 방침이기 때문에 상담 및 진로지도 담당교사뿐만 아니라 모든 교사가 상담 및 진로지도에 적극 참여할 수 있도록 하는 체제를 갖추고 있다. 아울러 상담 및 진로지도를 위해 학교 내에서의 협력, 가정과의 협력, 외부 교육기관 및 외부 전문가와의 협력 등 협력체제도 탄탄하게 구축해 놓고 있다(European commission, 2009: 94-95).

(7) 직업시장 진출 중심의 진로선택

직업고등학교에서는 필수과목과 선택과목 합해서 총 120학점을 이수한 학생에게 졸업증서를 수여하고 있다. 이 졸업증서는 직업을 가질 수 있는 자격이 될 뿐만 아니라 일반대학 및 응용과학대학 등 상급 학교에 진학할 수 있는 자격 요건이 되기도 한다. 1998년 이전까지는 직업고등학교를 마친 학생은 일반대학(university)에 진학할 수 없었지만, 그 이후 방침이 바뀌어 직업고등학교를 졸업한 학생도 일반대학에 진학할 수 있게 되었다(Grubb et al., 2005: 10-11).

직업고등학교를 졸업하고 대학을 가려는 학생에게는 인문고등학교 졸업생이 보는 대학입학자격시험이 필수가 아니다. 직업고등학교를 졸업한 학생은 대학입학자격시험을 보지 않고 대학에 지원할 수 있는데, 고등학교 학습내용의 특성상 일반대학보다는 응용과학대학으로 많이 진학하는 편이다. 대체적으로 직업고등학교를 졸업하고 80~85% 정도는 대학에 진학하지 않고 곧바로 직업세계로 진출한다. 나머지 학생이 대학에 진학하는데, 직업고등학교 졸업생 중에서는 약 1~2% 정도만 일반대학(University)에 진학하고, 약 15% 정도가 응용과학대학으로 진학하고 있다(European commission, 2009). 직업고등학교를 졸업하고 학업이 끝나는 것이 아니라 상급단계의 대학에 진학할 수 있는 기회가 좀 더 평등하게 열려 있기는 하지만, 대학으로 진학하는 학생이 그리 많은 편이 아님을 보여 주고 있다.

(8) 견습훈련을 통한 대안 직업교육 과정

핀란드에서는 직업고등학교 과정과는 별도로 운영되는 견습훈련(apprenticeship training) 시스템을 갖추고 있다. 견습훈련 프로그램의 입학자격은 15세 이상이고, 의무교육을 마친 학생이어야 한다. 견습훈련을 받고자 하는 학생은 견습훈련 장소를 스스로 찾아야 하며, 이들은 자격 취득을 위하여 학교교육을 받을 수도 있고, 능력검정 과정을 거칠 수도 있다.

견습훈련 과정 중에는 고용주가 학생에 대해 임금을 지불해 주어야 한다. 견습훈련의 이론교육 과정은 무료이며, 견습훈련 받는 동안의 교통비 및 기본비용은 국가에서 지급한다. 견습훈련 프로그램은 국가핵심교육과정이나 관련 능력기반(competence-based) 자질 규정에 따라 운영되는데, 학생이 개별적인 학습 프로그램을 만들어서 배우는 과정이다. 이 프로그램은 학생이나 직업현장의 요구와 필요에 따라 만들어지는데, 학생의 이전 교육 경험과 직업 경험은 중요한 고려 요소가 된다. 학습계획은 학생, 고용주, 지역행정당국과의 협력을 통해 만들어진다. 견습훈련 과정에서는 현장학습을 강조하며, 이론과 실제의 통합을 중시한다. 견습훈련 전체 학습시간의 70~80% 정도가 직업 현장 및 훈련 현장에서 이루어지며, 훈련은 현장담당자의 지도 아래 이루어지고 있다. 이론 수업은 직업고등학교나 성인직업학교 등에서 이루어진다(European commission, 2009: 86).

이와 같이 핀란드의 직업고등학교는 대학 진학이 아닌 일반 직업분야로의 진출을 목표로 하는 학생을 위한 전문 직업교육과정이라고 할 수 있다. 핀란드에서는 종합학교 졸업생 중 42% 정도가 직업고등학교에 지원하고 있는데, 자신의 소질이나 적성 등이 주요 기준이 되고 있다. 핀란드 직업고등학교는 학년제로 운영되고 있으며, 철저히 현장과 연계한 교육이 이루어지고 있다. 즉 직업고등학교에서 졸업을 하고 자격을 갖추기 위해서는 기본 학점 이수와 함께 6개월 정도의 현장실습을 실시해야 하며, 프로젝트 수행이나 기술시범 등 다양한 과정을 통과해야 한다. 이들 프로그램의 공통된 목표는 직업 현장에서 필요한 실제적인 역량을 길러주고자 하는 것에 있다. 핀란드에서 직업고등학교를 졸업한 학생 대부분 직업시장으로 진출하고 있었으며 대학 진학률은 높지 않은 편이다. 그리고 이러한 직업고등학교 과정은 모두 국가의 지원에 의해 무상으로 이루어지고 있으며, 각 지자체에서는 그 지역에서 필요한 인재를 확보한다는 측면에서 적극 협력하고 있다. 아울러 지역의 기업 및 기관과의 긴밀한 연계 교육과정 운영도 핀란드 직업고등학교의 주요 특징이다.

제8장

대학교: 일반대학, 응용과학대학

핀란드의 고등교육체제인 대학 교육단계는 크게 일반대학(University)과 응용과학대학(University of Applied Science)의 두 가지 경로가 있다. 일반대학은 학문 및 연구를 중심으로 하는 교육기관이며, 응용과학대학은 직업교육에 초점을 맞춘 교육기관이다.

1. 일반대학(University)

[사진 8-1] 동상 뒤에 있는 건물이 헬싱키대학교 본관

핀란드 최초의 대학은 1640년에 Turku에 세워졌다. 이 대학은 19세기에 들어서 헬싱키로 옮겨져, 헬싱키대학교가 되었으며, 1908년까지 핀란드의 유일한 대학이었다. 그러다 1910년과 1920년 사이에 Turku에 핀란드어를 사용하는 대학과 스웨덴어를 사용하는 대학이 각각 하나씩 세워졌다. 그 후 경제 및 산업 분야에서의 새로운 요구에 의해 1950~1960년대 사이에 경제 및 기술 계통의 대학이 다수 세워졌다. 당시까지만 해도 대학 교육의 기회는 매우 좁았으며, 대학 역시 주로 핀란드 남부에 위치해 있었다.

1960~1970년대에는 고등교육의 급격한 팽창과 함께 대학 설립도 확산되었다. 이 당시 핀란드 고등교육의 팽창은 급속한 경제 성장, 인문고등학교 졸업생 수의 증가, 노동시장에서의 고급 인력의 필요, 교육평등에 대한 요구 등 다양한 요인이 종합적으로 작용한 결과라고 할 수 있다. 이 무렵 또 하나의 중요한 변화는 모든 교사교육 프로그램이 일반대학(university) 안으로 들어오게 된 것이며, 예술교육 역시 대학 수준으로 높아졌다는 점이다(European commission, 2009: 104).

(1) 학·석사 통합 5년제 학위 과정

핀란드는 2005년부터 EU의 협의에 따라 2원 학위체제를 운영하고 있는데, 이는 3년의 학부과정과 2년의 석사과정을 통합한 5년 간의 대학교육 과정이다.[1] 그리고 당시까지 사용하던 학점체계를 폐지하고 EU 협약에 의해 유럽 공통의 학점체계를 사용하고 있다. 2009년 6월에 통과된 새 대학법에 의해서 그동안 국립대학 체제로 운영되어 왔던 핀란드 대학들이 모두 법인화되어, 2010년 1월 1일부터 독립법인 형태로 운영되고 있으며, 교육 및 연구에 있어서의 자율 운영을 보장받고 있다. 2016년 현재 핀란드에는 14개의 대학이 있는데, 이 중 8개는 종합대학이고, 6개는 전문분야를 교육하는 대학이다. 전문분야 대학으로는 1개의 경제·경영대학, 2개의 엔지니어링·건축 대학, 2개의 예술대학, 그리고 군사교육을 목표로 국방부에서 운영하는 1개의 국방대학이 있다. 이들 14개 핀란드 전체 대학에 약 17만 명의 학생이 재학하고 있는데, 14개 대학 명단은 다음과 같다.

1 이로 인해, 핀란드 대학생은 3년간의 학사과정을 마치고 대학을 졸업할 수 있지만, 대부분의 학생은 이후 2년간의 석사과정을 마저 이수하고 졸업을 하고 있다. 실제로 이 제도 이후 학사과정만 마치고 졸업하는 학생보다 석사과정까지 마치고 졸업하는 학생이 훨씬 더 많아지고 있으며, 이 제도의 시행으로 핀란드에서는 5년(석사학위) 과정의 대학교육이 일반화되었다.

• 14개 대학 명단 •

- Aalto University
- Hanken School of Economics
- Lappeenranta University of Technology
- Tampere University of Technology
- University of Helsinki
- University of Eastern Finland
- University of the Arts Helsinki
- University of Jyväskylä
- University of Lapland
- University of Oulu
- University of Tampere
- University of Turku
- University of Vaasa
- Åbo Akademi University

자료: 핀란드 교육부 홈페이지(http://www.minedu.fi, 2016.6.30.)

한편, 1995년에는 핀란드에 새로운 대학원 체제가 도입되었는데, 모든 대학원은 대학연합체제 속에서 운영되고 있다. 즉 핀란드에서는 대학원을 단일 대학에서 운영하는 것이 아니라 대학 간 연합을 통해서 운영하고 있다. 따라서 핀란드의 모든 대학은 대학원 교육 연합체제 속에 있으며, 핀란드 학술원에서 핀란드 교육부에 의해 지정된 대학원에 재정을 지원해 주고 있다.

또한 핀란드 각 대학에서는 성인이 자신의 생애 필요에 따라 대학교육을 받을 수 있도록 다양한 프로그램을 마련하여 운영하고 있다. 즉 많은 분야에서 졸업생이 다시 들어와 교육받을 수 있는 기회를 다양하게 마련해놓고 있다. 각 대학에서는 학위 과정 이외에 노동 분야의 지원으로 개방대학(Open university) 프로그램, 전문성 연수 프로그램, 성인교육 프로그램 등을 운영하고 있다. 1970년대에 학교를 마친 성인도 다시 대학에 와서 교육받을 수 있도록 하는 계속교육(continuing education) 센터가 대학 내에 설치되었고, 1980년대에는 핀란드의 모든 대학에 계속교육 센터를 설치하였다. 이 센터들이 개방대학으로 명칭이 변경되었고, 대학 자체의 규정에 따라 과목을 제공하고 있으며, 특히 이미 학위를 가지고 있는 사람을 대상으로 한 전문성 향상에 초점을 맞추고 있다. 개방대학 입학을 위한 학력이나 연령의 제한은 없으며, 학위 과정은 아니다. 대학이 없는 지역에는 대학 센터(university centers)에 의해 대학교육 프로그램이 제공되고 있으며, 커뮤니케이션, 건강학, 여성학 등의 분야는 대학 간 교육 및 연구 네트워크가 구축되어 있다(European commission, 2009: 105).

핀란드 대학에서 연간 학사 일정은 매해 8월 1일에 시작해서 그 다음 해 7월 31에 끝난다. 강의는 보통 9월 중순부터 그 다음에 5월 중순까지 이루어지는데, 강좌 운영은 1년 동안 대체로 4학기(periods) 체제로 운영된다. 학위 과정은 대부분 3년 과정(180학점)의 학사학위 과정과 2년 과정(120학점)의 석사학위 과정이 통합되어 운영되고 있다. 학사학위 과정만 마치고 졸업을 할 수도 있지만, 본인이 원하면 누구든지 계속해서 석사학위과정까지 공부를 할 수 있으며, 현재는 거의 대부분의 학생이 석사학위 과정까지 마치고 졸업을 하고 있다. 석사학위 이후 박사학위 과정은 4년을 더 공부해야 한다.

(2) 교육부와 긴밀한 연계

2010년부터 핀란드의 모든 대학은 국립대학법인 형태로 운영되고 있는데, 이들 대학들은 교육부와의 수행협약을 바탕으로 운영된다. 석·박사 학위자의 숫자도 이 협의에 의해 결정된다. 이 협의를 바탕으로 각 대학에서는 전공분야의 입학생 수를 정하고,[2] 학생을 선발한다. 그리고 국가 규정을 토대로 대학의

2 핀란드에서는 국가 인력수급 전망에 따라 대학 입학생 수를 매해 정부와 대학 간의 협약에 의해 정하고 있다. 따라서 전공에서 따라 과잉배출이나 과소배출의 위험성을 줄여 나가고 있다. 예를 들어, 교사교육학과의 경우도, 매해 교육부와의 협약에 따라 입학생 수를 정하고 있는데, 어느 정도 국가의 교원 수급 계획에 따라 정원이 책정되기 때문에, 과잉배출의 문제가 발생하지 않고 있다. 따라서 핀란드에서는 교사교육학과를 졸업한 학생은 본인이 원하는 한 대부분이 교직에 임용되고 있어, 적체 문제가 발생하지 않고 있다.

교육과정 및 교육계획을 수립한다. 대체로 대학과 교육부 사이의 수행협약은 3년 단위로 이루어진다. 이 협약에는 학위자 배출 등을 포함한 대학의 목적, 필요한 자원, 모니터와 평가 계획, 발전계획 등이 포함되어 있다. 이러한 목적과 목표 달성 정도와 운영 결과는 매년 교육부와 대학의 협의를 통해 점검된다.

대학 운영을 위해 교육부에 의해 지원되는 경비는 기본 자금, 수행기반 자금, 프로젝트 자금 등이다. 기본 자금은 연구와 교육을 위해 지원되는 자금이며, 직접적인 정부 지원금은 각 대학 예산 전체의 64% 정도이다(Finnish Ministry of Education and Culture, 2016). 교육부 이외에 대학에 재정을 지원해주는 기관은 핀란드 학술원(Academy of Finland), 기술개발센터, 기업, EU, 기타 공공기관 등인데 대부분의 외부 기금은 연구지원 기금이다. 핀란드 학술원은 각 대학의 연구에 대한 평가를 담당하고 있으며, 각 대학은 개방대학 등 계속교육을 담당하면서 수익을 얻기도 한다.

(3) 무상교육, 박사과정까지 시행

핀란드 고등교육기관의 학위과정은 모두 무상으로 이루어지고 있는데, 학부 과정뿐만 아니라 대학원 과정, 즉 박사과정까지 모두 무료이다. 단 학사 및 석사 과정에 있는 학생은 학생회비(연간 60~80유로)를 납부해야 한다. 학생은 학생회비 납부를 통해 대학식당에서의 할인, 의료나 복지 서비스 등의 혜택을 받는다. 학부생은 학생회에 모두 가입을 해야 하지만, 대학원생의 학생회 가입은 선택 사항이다. 대학생은 학비는 무료이지만 필요한 책과 자료는 스스로 구입해야 한다(European commission, 2009: 113).

핀란드에서는 무상 고등교육과 별도로 모든 대학생에게 학업지원금을 지급해 주고 있다. 학업지원금은 대학이나 학생에 따라 매월 30~298유로까지 다양하게 지급되고 있다. 주거지원비도 지역, 대학, 학생에 따라 매월 26.90~201.60유로까지 다양하게 지급되고 있으며,[3] 학생 대출제도도 마련되어 매월 160~300

3 따라서 학생은 학업지원비와 주거지원비를 받게 되는데, 두 가지를 합하면, 대략 300-500유로 정도를

유로 정도의 대출을 받을 수 있다. 학업지원금 액수는 학점 이수 정도에 따라 달라진다. 학업지원금을 받기 위해서는 매 학기 최소 4.8학점 이상을 이수해야 한다.[4] 이와 같이 핀란드에서는 고등교육에 대한 무상교육뿐만 아니라, 학업지원금 제도를 마련하여 고등교육에 대한 평등한 기회를 제공하고 있다(European commission, 2009: 113).

(4) 전공분야의 지적 능력이 학생선발의 중심

핀란드 대학은 자율적으로 학생을 선발하고 있다. 학생 선발과 관련하여 대학 간의 협력체제도 강화하여 2000년대부터 연합입학시험, 연합지원 시스템을 구축하여 운영하고 있다. 대학입학을 위한 온라인 지원시스템을 2008년도부터 도입하였으며, 연합지원 시스템은 2009년부터 시작되었다.

핀란드에서 일반대학에 지원하기 위해서는 기본적으로 인문고등학교 졸업을 위해 치르는 대학입학자격시험(Matriculation)에 통과해야 한다. 대학입학자격시험은 대학교육[5]을 위한 일반 역량을 점검하는 시험이다. 대학입학자격시험 이외에도 3년 과정의 직업고등학교 졸업자 혹은 응용과학대학학위자도 대학교육을 위한 일반 역량을 갖춘 것으로 보고 대학입학자격을 부여해 주고 있다. 대학은 또한 별도의 심사를 통해 대학교육을 위해 필요한 지식과 기술을 갖추었다고 판단되는 지원자에 대해 입학을 허가하기도 한다. 다양한 경로에도 불구하고 대부분의 대학 신입생은 대학입학자격시험을 거쳐 대학에 들어오고 있는데, 직업고등학교를 졸업한 학생은 인문고등학교 졸업생과 달리 별도의 대학입학자격시험을 거치지 않고 관련 전공의 대학 학과에 지원할 수 있다(European commission,

---

매월 받게 된다. 금액 책정에는 지역의 생활비 수준도 고려되는데, 대도시지역은 생활비가 많이 드는 점을 고려해 주고 있다. 참고로 헬싱키 시내에서 대학을 다니고 있는 학생에게는 매월 500유로 정도가 지급되고 있다.

4 국가에 의한 무상교육 체제를 갖추고 있는 상황에서, 대학생이 학점을 더 많이 이수한다고 해서 등록금을 더 많이 내는 것이 아니다. 오히려 학점을 더 많이 이수하면 정부의 학업지원금이 많아지고, 학점을 적게 이수하면, 학업지원금이 줄어드는 현상이 자연스럽게 나타난다.

5 본 서에서 '대학교육' 및 '대학'은 응용과학대학과 구분되는 '일반대학교육' 및 '일반대학'을 가리킨다.

2009: 111).

대학은 자율적으로 학생을 선발하는데, 각 전공분야의 입학생 수는 교육부와의 협약에 의해 정해진다. 핀란드에서는 고등교육 과정이 국가가 지원하는 무상교육으로 이루어지고 있기 때문에 정부의 재정 지원의 범위 내에서 입학 정원이 산출된다. 따라서 대학 정원은 엄격하게 관리되고 있으며, 이로 인해 대학 입학 경쟁률은 상당히 높은 편이다.[6]

핀란드에서 학생 모집의 주체는 대학의 각 학과 및 전공이다. 핀란드 대학은 각 학과 및 전공에서 각각 별도의 전형 절차를 마련하여 학생을 선발하고 있다. 핀란드 대학의 각 전공 및 학과에서 학생을 선발하는 전형방식은 매우 다양한데, 대체로 다음과 같은 방식으로 이루어지고 있다

핀란드 대학입학전형의 종류

1) 대학입학자격시험에서의 점수, 인문고등학교의 내신 학점, 본고사 시험 결과를 종합하여 학생을 선발
2) 본고사 시험 결과만을 가지고 학생을 선발
3) 대학입학자격시험 점수와 인문고등학교 내신 학점을 종합하여 선발

* 전공이나 학과에 따라 추가로 면접전형을 실시하는 곳도 있음

자료: European commission(2009). p. 111.

일부 전공에서는 관련분야의 직업 경험, 연구 경험, 실제적인 훈련 등을 전형요소로 반영하기도 한다.[7] 학과 자체 입학시험은 해당 분야의 공부와 관련된 지원자의 동기, 적합성, 태도 등을 점검하기 위하여 이루어지는 시험이다. 학과 자체

6 의대나 법대, 교사교육학과는 해마다 10:1이 넘는 입학 경쟁률을 보이고 있으며, 헬싱키대학 철학과도 입학 경쟁률이 매년 10:1을 넘고 있다. 핀란드 전체적으로 대학입학 경쟁률은 5~6:1 정도이다(핀란드 교육부 홈페이지: http://www.minedu.fi/OPM/?lang=en. 2016.6.30).

7 예를 들어, 교사교육학과 입학 전형 과정에서는 지원자의 보조교사 활동 등 교육활동 경험을 전형에 반영하고 있다.

입학시험을 위해 각 대학의 학과나 전공에서는 지원자를 위해 읽기 자료를 미리 공지하여 공부하게 하고, 그 읽기 자료를 바탕으로 학과 입학시험을 치른다.[8]

한 예로, 예비교사를 선발하는 교사교육학과 같은 경우에는 면접이 중요한 전형 과정이 되기도 한다. 대학 입학 전형 과정에서는 대체로 학생에게 자신의 소질이나 능력을 입증하도록 다양한 기회를 제공해 주려고 하고 있다. 직업고등학교 출신 등 대학입학자격시험을 거치지 않은 학생은 대개 학과 자체 시험인 본고사를 통해 대학에 들어간다.

학생 선발을 위한 대학 간의 연계도 다양하게 이루어지고 있다. 예를 들어 기계 및 건축공학(engineering and architecture) 전공 같은 경우에는 연합선발 시스템을 구축하여 대학연합입학시험을 통해 학생을 선발하고 있다. 아울러 생물학, 언어학, 초등교사교육, 유아교사교육, 의학, 사회과학, 경제학 분야 등에서도 연합입학전형 시스템으로 학생을 선발하고 있다(European commission, 2009: 111).

핀란드에서는 엄격한 전형 절차 이외에도 대학교육에 진입하기 위한 다양한 경로를 마련하여 유연하게 운영하고 있다. 학생은 이전에 받은 교육과 상관없이 대학교육을 받기 위해 충분한 지식과 역량을 갖추고 있다고 대학으로부터 인정을 받으면 대학에 입학할 수도 있다. 직업 경험도 이러한 역량을 입증하는 하나의 기반이 된다.

• 대학 입학 사례 1: Helsinki대학교 교사교육학과 4학년 Salla Nivala 학생 •

이 학생은 교사교육학과 4학년 학생이며, 초등교사교육전공이다. 7살 딸을 둔 아이의 엄마이기도 하고, 30살이다. 23살에 결혼을 했으며, 원래는 생물학과 약학을 전공하다가, 아이들 면담 과정을 통해 교육의 필요성과 가치를 깨닫고 교사교육학과에 지원을 한 학생이다.

8 예를 들어, 2016학년도 헬싱키대학 초등교사교육학과 입학 전형에서는 읽을 자료가 2016년 5월에 공표되고, 이를 바탕으로 2016년 6월에 입학시험이 치러졌다.

선발과정

최근 들어, 헬싱키대학 교사교육학과 초등교사교육전공의 경우, 약 120명 정도의 학생을 선발하는데, 해마다 약 1,500여 명 정도가 지원을 하여, 12:1이 넘는 경쟁률을 보이고 있다.

▸ 필기시험

지원한 학생이 1차적으로 치르는 시험이 필기시험이다. 필기시험은 입학 전형을 위해 학과에서 지정한 5~6개 정도의 글을 읽고, 이를 바탕으로 대학에서 출제한 시험 문제에 답을 하는 방식으로 치러진다. 시험 시간은 약 3~4시간 정도이다.

필기시험 전형을 위해 읽어야 할 글은 시험 약 1개월 전에 공개가 된다. 따라서 지원한 학생은 1개월 동안 자료를 읽은 다음에 시험에 임하게 된다. 필기시험을 위해 읽어야 할 글이나 책은 각 지원 전공학과에서 정하기 때문에, 전공에 따라 다르다. 사회과학전공에서는 사회과학 관련 책이나 기사를, 자연과학 전공에서는 자연과학 관련 책이나 기사를 읽어야 할 자료로 제시한다. 헬싱키대학 교사교육학과의 경우 약 1개월 전에 읽을 기사를 공개하지만, 전공에 따라서 2~6개월 전에 공개하기도 한다. 읽기자료로 제시한 글이나 도서는 수험생이 개별적으로 구입해야 하는데, 대부분 인터넷을 통해 다운받거나 구입할 수 있다.

수험생이 읽어야 할 글은 각 학과의 선정위원회에서 맡는다. 이 위원회는 여러 관련 주체들이 참여하는데, 헬싱키대학 초등교사교육전공의 경우, 학과의 교수 및 강사, 부속학교의 교장 및 교사, 대학 재학생 대표 등 약 10명 정도로 구성된다. 이들은 약 6개월 전부터 지속적인 회의와 협의를 통해 당 해년도 입학시험을 위한 읽을 자료를 선정한다. 이 과정에서 도서나 논문뿐만 아니라, 신문이나 잡지 등 다양한 출처를 통해 읽기 자료를 선정한다.

필기시험 유형은 전공에 따라 다양하다. 일부 전공에서는 서술, 논술형식으로 치러지기도 하고, 일부 전공에서는 선다형이나 T/F 형식으로 치러지기도 한다. 헬싱키대학 초등교사교육전공의 경우는, 선다형과 T/F 조합형으로 시험을 치르고 있다.

▸ 면접

헬싱키대학 초등교사교육전공의 경우, 필기시험을 통해, 최종 선발인원의 2.5~3배 정도 해당하는 300여 명을 선발했다. 이 학생을 대상으로 2차 전형인 면접전형이 이루어진다. 면접전형은 개별면접과 집단면접 두 가지 방식으로 이루어진다. 개별면접은 학과 교수인 3명의 면접관에 의해 이루어지며, 개별 수험생을 대상으로 약 30분 정도 학과 지원동기, 교육관련 경험, 교사로서의 자세나 태도 등의 질의응답을 한다. 그 후 곧바로 집단면접이 실시되는데, 6명 정도가 한 팀이 되어 주어진 주제를 가지고 토론하는 형식으로 이루어진다.

이 과정에서 면접관들은 질문을 하거나 개입하지 않으며, 수험생의 토론 과정을 관찰하며 평가한다. 면접이 끝난 후, 면접전형 결과를 바탕으로 최종 합격자를 선정한다.

* 이러한 전형의 특성상, 대체로 고등학교를 졸업하고 바로 대학에 입학하는 학생보다 고교 졸업 후, 다른 전공을 공부하고 있거나 다른 경험을 가진 학생이 지원하는 경우가 많고, 실제 신입생 중에서도 고등학교를 막 졸업한 학생보다 다른 경험을 가진 학생이 더 많은 편이다.
* 이 학생의 대답에 의하면 초등교사교육전공의 대학입학전형 과정에서 대학입학자격시험의 점수는 크게 영향을 미치지 않는다. 대학입학자격시험은 통과만 되면 되는 것이고, 대학입학전형 과정에서는 일정 정도 이상의 점수를 받은 학생은 모두 같은 출발선상에 놓고, 필기시험과 면접전형을 통해 학생을 선발한다.

또 다른 학생의 대학입학 과정 사례는 다음과 같다.

• 대학 입학 사례 2: Helsinki대학교 철학과 3학년 Pinja Parkkonen 학생 •

▸대학입학전형요소

핀란드 대학입학 전형요소는 고등학교 내신, 대학입학자격시험 성적, 대학본고사, 면접 등이 있는데, 전형 방식은 각 대학이나 전공에 따라 다르다. 예를 들어, 헬싱키대학 철학과는 대학입학자격시험 성적과 대학본고사 두 가지 요소를 가지고 학생을 선발하는 반면, 같은 대학 교사교육학과에서는 주로 대학본고사와 면접을 통해 학생을 선발한다. 한편, 고등학교 내신 성적은 대체로 대학(University)에서는 반영하지 않으며, 응용과학대학에서는 중요 요소로 반영된다.

▸경쟁률

핀란드에서 대학입학 경쟁은 전반적으로 모든 대학이 상당히 치열한 편이다. 헬싱키대학의 경우, 2010년도에 교사교육학과 철학과 등 거의 모든 학과가 10:1이 넘는 경쟁률을 보였다. 경영대, 경제대, 의대, 법대 등도 매우 높은 경쟁률을 보이고 있다. 따라서 경쟁이 상당히 치열하여 고등학교를 졸업하고 바로 대학(University)에 들어오는 학생 비율이 약 30% 정도에 그치고 있다. 매우 우수하고 탁월한 성적을 거둔 학생이 곧바로 대학에 들어오게 되며, 많은 경우 2~3년 정도의 준비와 재도전을 통해 대학에 들어온다. Pinja학생의 경우, 고등학교를 졸업하는 해에 곧바로 대학에 지원했지만 낙방하여 1년간의 준비 과정을 다시 거쳐 두 번째 해에 합격했다. 당시에도 합격생의 대부분이 고교 졸업 후2~3년 정도 경과한 후에 들어온 학생이라고 했다.

▸시험 준비

재수를 한다고 해서, 1년 혹은 2년 동안 공부만 하는 것은 아니다. 여행을 다니기도 하고 아르바이트를 하기도 하며 성인교육기관이나 Open University에 등록하여 배우기도 한다. 헬싱키대학 입시에는 대학본고사가 주요 관문이 된다. 대학본고사는 각 학과나 전공별로 문제가 출제되는데, 국어나 영어, 수학 같은 과목시험이 아니라, 각 전공 특성에 맞는 읽기자료를 각 전공별로 1~3개월 전에 공개를 하고, 그 읽기 자료를 바탕으로 문제가 출제된다.

읽기 자료는 도서인 경우도 있고, 다른 전공에서는 논문이나 기타 자료를 읽기 자료로 제시하기도 한다. 한편, 제시되는 읽기 자료가 해마다 바뀌는 전공도 있고, 2~3년 동안 같은 읽기 자료를 제시하는 전공도 있다.

본고사 시험 1~3달 전에 읽기 자료가 제시되는데, 재학생이든, 재수생이든 그때부터 본격적인 시험 준비에 들어간다. 시험 문제가 주로 서술형과 주관식으로 출제되기 때문에, 주어진 읽기 자료를 정확하고 깊이 있게 읽어야 한다.

철학과의 경우, 2010년도 학과 본고사에서 4문제가 출제되었으며, 그 중 2문제는 읽기 자료를 바탕으로 하여 에세이 형식으로 작성하는 문제였고, 나머지 2문제는 읽기 자료에서 발췌한 자료를 토대로 단답형 답안을 작성하는 문제였다. 시험 시간은 총 4시간 정도가 주어졌다.

▸사교육 의존

헬싱키대학의 경우 본고사 필기시험은 합격의 당락을 좌우하는 중요한 시험이고 대체로 입학시험 경쟁률이 매우 높기 때문에, 학생은 많은 준비를 해야 하며 또 많은 스트레스를 받기도 한다. 그래서 혼자 준비하기 어려운 학생은 사교육기관인 Preparatory course에 등록하여 시험 준비를 한다. 이 사교육기관은 유료이며 전공에 따라서는 매우 비싼 수강료를 내야 하기도 한다.* 사교육기관에서는 대학 본고사 시험에 대비하여 각 전공별로 운영이 되는데, 각 전공에서 제시한 읽기자료를 읽고, 분석하고, 정리하는 연습을 하는 과정으로 운영된다. 대체로 12명 정도의 소규모학생으로 학급을 구성하여 운영하며 전국적인 망을 가지고 있다. Pinja 학생의 말에 의하면, 핀란드에서 대학입학시험을 위해 이렇게 사교육기관에 등록하여 배우는 학생이 점점 늘어나고 있으며, 주변에 있는 친구들을 보았을 때 거의 절반 정도의 학생이 사교육기관을 통해 대학입학 시험 준비를 한다고 한다. 그리고 자신이 2008년에 헬싱키대학 철학과에 입학할 때 12명이 입학하였는데, 그 당시 지원자는 약 150여 명이었으며, 합격한 학생들 중 2/3 정도가 사교육기관에서 준비를 한 학생이었다고 한다.

▶ 인문계고등학교 학생의 생활

핀란드에서도 인문계고등학교 학생은 대학에 진학하기 위하여 공부를 많이 해야 하며, 공부로 인한 스트레스도 적지 않다. 응용과학대학 진학을 위해서는 고교내신 점수를 잘 받아야 하기 때문에 학과 공부를 열심히 해야 하고, 일반대학에 진학하는 학생은 대학입학 자격시험 점수를 잘 받아야 하기 때문에 그 시험 준비를 열심히 해야 한다. 그리고 고교과정을 마치고 나서는 대학 본고사 시험에 대비해야 하기 때문에, 개인적으로 또는 사설학원을 이용하여 공부를 한다. 이 모든 과정에서 학생은 많은 스트레스를 받기도 한다.

* 예를 들어, 의대 준비 과정은 5천 유로 정도를 받고 있었다. 그리고 이러한 사교육기관에 들어가는 비용은 일체 정부에서 지원해 주지 않기 때문에 원하는 학생은 각 개인 부담으로 등록해야 한다. 결국, 이 과정에서 가정 형편이 뒷받침되는 학생은 사교육기관에 지원할 수 있지만, 가정 형편이 안 좋은 학생은 이러한 사교육기관에 등록할 수 없다. 이러한 경우에 학생은 아르바이트 등으로 사교육기관 등록비를 마련하기도 한다. 이러한 것이 핀란드의 사회적 문제라고 핀란드 사람들은 조심스럽게 이야기하고 있다(핀란드 대입사교육기관 홈페이지: http://www.valmennuskeskus.fi/, 2016.7.19).

(5) 다중전공 의무화 시스템

국가의 대학 교육과정 운영 지침을 바탕으로 각 대학의 학부 및 학과에서는 자율적으로 교육과정을 구성하여 운영할 수 있다. 학위는 해당 전공에서 받게 되는데, 모든 전공에서 학생으로 하여금 타 전공도 이수하게 하여 다중 학위를 의무적으로 받도록 하고 있다. 즉 핀란드 대학에서는 모든 학생이 본인의 주전공 이외에 1개 이상의 복수전공을 이수해야 하고, 대학은 서로 연계하여 학생으로 하여금 본인의 대학 이외의 대학에서도 다양한 복수전공을 이수할 수 있도록 장치를 마련해 놓고 있다. 대학생의 학위 이수 소요기간은 전공마다 다르며 대략 석사학위 기준으로 평균 소요기간은 7년 정도이다(European commission, 2009: 114).

박사학위 과정은 석사학위를 마친 학생이 지원할 수 있으며, 풀타임으로 최소 4년 이상의 학업기간이 소요된다. 의학, 치의학, 수의학 분야 등은 자격증 과정으로 석사학위를 마친 학생을 대상으로 하며 5~6년의 학업기간에 300~360 학점을 이수해야 한다(European commission, 2009: 115).

대학에서의 학업은 과목이나 모듈에 따라 이루어지며, 강의는 다양한 방식으로 이루어진다. 대학의 강의 방식으로는 강의, 실습, 독립과제 수행, 교재기반 지필평가, 세미나 등이 있다. 대부분의 강의는 다음과 같은 세 단계의 모듈을 구성하여 운영이 된다(European commission, 2009: 115).

① basic or introductory studies(입문 기초과정)
② intermediate studies(중급과정)
③ advances studies(심화과정)

학사학위 과정에서는 자신의 주전공 분야의 기초 과목과 복수전공 과목을 이수하고 학사학위 논문을 작성해야 한다. 석사학위 과정에서는 주전공분야의 심화과목을 듣고, 석사학위논문을 작성해야 한다. 학점은 유럽 단일 학점체제인 ECTS(European credit transfer system)체제로 부여된다. 전일제 학생이 1년 동안 이수해야 할 학점은 대략 60학점(ECTS)인데, 학사학위 과정에서 대략 3년 간 180학점을 그리고 석사학위 과정에서 2년 간 120학점을 이수한다. 의학이나 기타 다른 분야에서는 더 많은 학점을 이수해야 하고 기간은 더 오래 걸린다. 각 대학에는 학생 개인별 학습시스템이 체계화되어 있어 개인 학습을 촉진하고, 진행 상황에 대한 컨설팅이나 안내를 받을 수 있는 장치도 마련되어 있다.

종합적으로 핀란드에서 일반대학(University)은 학문 및 연구중심의 대학을 가리키는데, 2016년 기준으로 14개의 대학이 있다. 1990년 중반부터 학사, 석사가 분리되어 있는 전통적 학위체제를 폐지하고 학사와 석사를 연계한 5년제 석사학위 체제가 일반화되어 현재 모든 대학에서 거의 대부분의 학생들이 학·석사 연계 프로그램에서 배우고 있다. 그리고 이들은 복수전공제가 의무여서 모든 학생이 복수전공을 이수하고 있다. 핀란드에서는 대학에 다니는 모든 학생에게 국가에서 학비를 지원해 주기 때문에 학생은 무상으로 대학을 다니고 있다. 또한 모든 학생에게 대학 생활에 필요한 학업지원비를 지급해 주고 있다. 핀란드에서도 대학입시 경쟁은 치열한 편이며, 학과 단위로 전형 기준을 만들어 학생을 선발하고 있는데, 해당 학문영역의 지식과 역량을 평가하는 본고사 제도가 특이하다고 할 수 있다.

2. 응용과학대학(University of Applied Science)[9]

[사진 8-2] Haga-Helia 응용과학대학

1990년대 이전까지만 해도 핀란드에서 고등교육은 매우 제한적이었다. 당시까지 고등교육은 학문과 연구에 기반을 둔 일반대학(University) 교육을 의미했었다. 고등교육단계에서의 직업교육은 2년제 대학 수준인 전문대학(college)에서 맡았다. 대학의 규모는 당시 해당 연령대 젊은이의 20% 정도를 수용할 수 있는 정도였고, 고등교육을 받을 수 있는 자격을 갖춘 학생의 약 30% 정도가 대학에 들어왔다(European commission, 2009: 105).

핀란드에서는 전문화된 직업 고등교육체제 도입의 필요성을 느껴 1992년에 22개의 임시 응용과학대학을 설립하였다. 그 목적은 직업교육의 질을 높이고,

9 핀란드에서는 전통적으로 학문중심의 일반대학(University)과 직업교육 중심의 폴리테크닉대학(Polytechnics)으로 구분되어 고등교육이 이루어져왔다. 그러다가 2015년부터 폴리테크닉대학의 명칭을 응용과학대학(University of Applied Science)으로 개정하여 사용하고 있다. 명칭이 개정되었지만 응용과학대학은 이전의 폴리테크닉대학과 동일한 전문 직업교육 중심의 고등교육기관이다(Finnish National Board of Education, 2015).

직업교육을 고등교육 수준으로 상향시키고자 하는 것이었다. 즉 기존에 직업교육을 담당하고 있었던 85개의 직업교육기관을 통합하고 직업교육의 수준을 고등교육 단계로 높이고자 한 것이었다.

1995년에 응용과학대학은 정규 고등교육기관이 되었다. 당시 정부에서는 9개의 응용과학대학에 정규 대학 운영권을 부여하였고, 이후 나머지 응용과학대학도 정규대학 운영권을 얻어 2000년부터는 모든 응용과학대학들이 정규 대학이 되었다(European commission, 2009: 105).

(1) 지역 인력 양성을 위한 대학

일반대학과 동등한 고등교육기관의 지위를 갖는 응용과학대학의 지위와 역할은 2003년에 제정된 응용과학대학법에 규정되어 있다. 이 법에는 응용과학대학의 역할을 교육, 연구, 지역개발로 규정해 놓고 있다. 아울러 지역의 중소기업에게 우수한 인력을 공급하는 것을 응용과학대학의 중요한 목표로 삼고 있다. 한편, 응용과학대학에서의 석사학위제도는 몇 년간의 시범운영을 거친 후, 2005년부터 정식으로 도입되었다. 2005년부터는 응용과학대학도 학점체계를 일반대학과 동일한 EU대학 학점체계인 ECTS체제로 바꾸었다(European commission, 2009: 105-106).

일반대학과 응용과학대학 사이에는 네트워크가 구축되어 있어 중복되는 프로그램을 줄이고 있으며, 행정과 지원 서비스를 공유하는 연계가 늘어나고 있다. 이를 통해 교육과 연구, 시설의 공유가 증가하고 있으며 지역 내에서의 협력과 개발을 위해 지역의 일반대학과 응용과학대학 사이의 컨소시엄도 늘어나고 있다. 응용과학대학에 대한 재정지원 방식도 점차 수행기반(performance-based)으로 바뀌어 졸업생의 수, 교육의 질 등이 중요한 기준이 되고 있다(European commission, 2009: 107).[10]

2016년 현재 핀란드에는 24개의 응용과학대학이 있으며 다양한 전공을 갖추고 있다. 응용과학대학에서의 학위프로그램은 교육부의 승인을 받아야 하며,

---

10 핀란드 응용과학대학은 직업교육중심 대학임에도 불구하고 재정지원 평가에서 취업률은 포함시키지 않고 있다. 취업률을 대학 평가의 중요한 지표로 삼고 있는 한국의 대학과는 대조적인 모습이다.

프로그램 및 전공별 입학생 수는 목표 및 성과를 바탕으로 교육부와의 협약을 통해 정해진다. 24개 응용과학대학 중 4개는 지자체가 8개는 지자체 컨소시엄이 그리고 12개는 사립기관에서 운영하고 있다.

• 24개 응용과학대학 •

- Arcada University of Applied Sciences
- Centria University of Applied Sciences
- Diaconia University of Applied Sciences (Diak)
- Haaga-Helia University of Applied Sciences
- Humak University of Applied Sciences
- Häme University of Applied Sciences (HAMK)
- Jyväskylä University of Applied Sciences (JAMK)
- Kajaani University of Applied Sciences (KAMK)
- Karelia University of Applied Sciences
- Kymenlaakso University of Applied Sciences (Kyamk)
- Lahti University of Applied Sciences (LAMK)
- Lapland University of Applied Sciences
- Laurea University of Applied Sciences
- Metropolia University of Applied Sciences
- Mikkeli University of Applied Sciences (MAMK)
- Novia University of Applied Sciences
- Oulu University of Applied Sciences
- Saimaa University of Applied Sciences
- Satakunta University of Applied Sciences
- Savonia University of Applied Sciences
- Seinäjoki University of Applied Sciences
- Tampere University of Applied Sciences (TAMK)
- Turku University of Applied Sciences (TUAS)
- Vaasa University of Applied Sciences (VAMK)

자료: 핀란드 교육부 홈페이지(http://www.minedu.fi, 2016.6.30.)

2016년도를 기준으로 핀란드 응용과학대학에는 대략 총 13만 명 정도의 학생이 재학하고 있고, 해마다 2만 명 이상의 학생이 응용과학대학학위를 받고 졸업하고 있으며, 연간 2,400명 정도의 응용과학대학 석사학위자가 배출되고 있다.[11]

(2) 산업 현장과의 연계교육

응용과학대학 학위 과정은 정규 고등교육 학위 과정이며, 현장의 전문적 기술을 연마하는 데에 목적을 두고 있다. 교육과정은 필수과정, 전문과정, 선택과정, 그리고 최종 프로젝트 등으로 구성되어 있다. 모든 응용과학대학 학위 과정은 현장학습 과정을 반드시 이수해야 한다. 응용과학대학 학사학위 과정은 대략 3.5~4년(210~240 ECTS) 정도가 소요되며, 석사학위 과정은 1.5~2년(60~90 ECTS) 정도 걸린다. 응용과학대학의 석사학위 과정은 응용과학대학에서 학사학위를 취득하고 최소 3년 이상의 현장경력이 있는 사람이 입학할 수 있다. 강의는 대체로 8월이나 9월에 시작해 그 다음 해 5월에 마치며, 대부분 연간 4학기(periods) 체제로 운영된다(European commission, 2009: 110). 핀란드 응용과학대학에서는 학사학위뿐만 아니라 석사학위 과정도 철저히 산업 현장과의 연계 속에서 교육이 이루어지고 있다.

(3) 적성과 소질 중심의 학생 선발

응용과학대학에 입학하기 위한 기본 요건은 인문고등학교나 직업고등학교 졸업 자격을 갖추는 것이다. 고등학교 졸업자격을 갖춘 학생은 국가 연합지원 시스템에 의해 응용과학대학에 지원할 수 있다. 응용과학대학에서는 자율적으로 학생을 선발하는데 대학입학자격시험 성적, 고등학교 단계에서의 성적이나 활동, 직업 경험 등이 중요한 전형 요소가 된다. 그리고 많은 응용과학대학에서 자체의 입학시험을 부과하기도 한다.

11 핀란드 교육부 홈페이지: http://www.minedu.fi(2016.6.30)

[사진 8-2] Haga-Helia 응용과학대학 학생의 수업시간 모습

응용과학대학에서는 일반인의 직업 역량을 유지 및 향상시키기 위해, 별도로 성인교육 및 개방교육 과정을 마련하여 운영하고 있다. 성인교육 과정은 융통성 있게 운영되고 있는데, 성인 학생이 자신의 직업과 병행하여 교육을 받을 수 있도록 하고 있다. 응용과학대학의 학생 중 약 20% 정도는 이러한 성인 학생이다(European commission, 2009: 105－106). 응용과학대학의 입학생 수를 일반대학 입학생 수와 비교하여 제시하면 <표 8－1>과 같다.

표 8-1 핀란드 일반대학 및 응용과학대학 입학생 수 현황

종류 \ 연도	2005	2008	2014
일반대학	20,858	19,643	26,998
응용과학대학	36,911	36,999	38,574

자료: Statistics Finland(http://www.stst.fi)(2016.7.20)

위의 표에 나타난 바와 같이 일반대학 입학생 수는 점차 줄어들다가 최근에 증가하고 있는 추세인데, 응용과학대학 입학생수는 지속적으로 증가해 왔으며 최근에 증가 폭이 더 커졌다.

(4) 무상교육 및 학업지원금 지원

응용과학대학 학생 역시 일반대학 학생과 동일하게 무상으로 대학교육을 받고 있으며 국가로부터 생활비 및 주거비용 등 학업지원금을 받고 있다. 지급 기준은 일반대학 학생과 동일하다.

재정과 관련해서는 정부와 지자체가 응용과학대학 운영 비용을 분담하고 있다. 정부에서는 기본적으로 등록학생 수를 기준으로 재정을 지원해 주는데,

프로젝트나 성과에 따른 수행기반 재정지원이 별도로 이루어지고 있기도 하다. 응용과학대학은 또한 기업 및 다양한 외부기관으로부터도 지원받고 있다.

(5) 노동시장의 필요를 반영한 전공 체제

핀란드 응용과학대학의 전공 프로그램 영역은 크게 다음 8개 분야로 나뉜다(European commission, 2009: 114-115).

- 인간과 교육
- 문화
- 사회과학, 경영 및 행정
- 자연자원과 환경
- 기술, 통신, 교통
- 자연과학
- 사회서비스, 건강, 스포츠
- 여행, 음식, 국내 서비스

응용과학대학의 교육과정은 각 응용과학대학에서 구성하는데, 노동시장의 필요를 적극 반영하여 융통성 있게 구성하고 있다. 교육부의 승인을 받아야 하지만, 교육과정 구성에 있어서는 응용과학대학의 재량권이 광범위하게 보장되고 있다. 응용과학대학의 학위 프로그램은 기본과정, 전문과정, 선택과정, 전문 기술 향상을 위한 실습(practical training), 졸업 프로젝트(final project) 등으로 구성된다(European commission, 2009: 116). 응용과학대학에서 요구하는 과정을 모두 마치면 학위가 수여된다.

학위과정에서는 고등교육에 준하는 교육과 실무능력을 함께 길러주고 있다. 응용과학대학은 대부분 산업분야의 필요에 따라 연구 및 개발을 수행하고 있으며, 지역 경제와 긴밀하게 연계를 맺고 프로그램을 운영하고 있다.

이와 같이 핀란드에서는 학문 및 연구중심의 일반대학과 구분되는 직업교육 중심의 고등교육기관인 응용과학대학을 설치하여 운영하고 있다. 핀란드에서 일반대학은 5년제 학·석사 통합과정임에 비해 응용과학대학은 3~4년제 학사학위 과정이다. 응용과학대학에서도 경쟁에 의해 학생을 선발하고 있는데, 기본적인 성적뿐만 아니라 관련 분야에서의 다양한 체험이나 경험이 전형요소로 고려되고 있다. 응용과학대학에 들어오는 학생 역시 일반대학 학생과 동일하게 국가로부터 등록금 및 학업지원금을 받고 있어 무상으로 대학교육을 이수하고 있다. 핀란드에서 응용과학대학은 해당 지역 기업에 필요한 인력을 양성한다는 목표를 분명하게 가지고 있으며, 지자체, 기업 및 산업계와의 긴밀한 연계 속에서 운영되고 있다.

제9장

성인교육

[사진 9-1] 인문고등학교 내에 설치되어 있는 인문성인교육기관 Sampola

성인교육은 성인에게 배움의 기회를 제공하는 과정이다. 이 과정은 성인이 자발적 동기를 가지고 더 배우고자 하는 과정으로, 연수나 재교육 과정이 되기도 하고, 노동시장의 변화에 맞춘 직업훈련 과정이기도 하다. 핀란드의 경우, 자발적인 동기에 의해 학업을 이어가고자 하는 과정은 주로 교육부에서 프로그램을 제공하며, 재교육 과정이나 노동시장의 변화에 맞춘 훈련 과정은 주로 고용경제부(Public employment and business services)에서 프로그램을 제공한다.

1. 성인교육에 대한 국가의 관심과 노력

핀란드에서 성인교육은 최근 40여 년 동안 급속하게 발전한 분야라고 할 수 있다. 핀란드에서 성인교육의 필요성은 100여 년 전부터 인식되어 왔지만,

1970년대에 들어서야 체계적인 교육이 시작되었다. 1978년 핀란드 정부에서는 성인교육을 위한 기본정책을 마련하였는데, 계속교육을 기본 정신으로 하고, 삶의 전 생애단계에서 모든 시민이 자신을 계발하고 발전시킬 기회를 가지도록 하는 데 목적을 두었다.

핀란드 성인교육은 전통적으로 일반 성인교육과 직업 성인교육 두 영역으로 나뉜다. 성인교육 초기단계에는 성인의 흥미나 취미 중심의 일반 성인교육이 주축을 이루었고, 직업 성인교육은 이루어지지 않았다. 그러다가 1980년대 이후 성인교육의 초점이 시민의 여가생활 관점에서 직업교육 쪽으로 점차 옮겨가게 되었다. 직업 성인교육의 확장은 사회의 변화, 각 직장에서의 직무표준 향상, 경제구조의 변화, 농촌에서 도시로의 이주민의 증가 등이 주요 요인으로 작용했다(European commission, 2009: 128).

1994년에 제정된 직업자질법(Vocational qualification act)에서는 능력기반자격(competence-based qualifications)제도를 규정하고 있는데, 이 법에 의해 사람들은 그 기술을 어떻게 익혔느냐에 상관없이 능력 검정을 통해 해당 분야의 기술을 입증하면 그 분야 직업자격증을 취득할 수 있게 되었다(European commission, 2009: 128). 핀란드 정부에서는 2007~2011년 기간 동안 성인교육에 좀 더 집중적인 투자를 하였다. 구체적으로 ① 성인교육 개혁, ② 교양 성인교육 확대, ③ 새로운 기술을 배우는 과정 확대, ④ 성인교육 담당 강사들의 전문성 향상을 위한 투자, ⑤ 이민자를 위한 교육기회 확대 등에 초점을 맞추었다.

핀란드에는 성인직업교육을 위한 국가차원의 질관리위원회(qualification committees)가 설치되어 있다. 이 위원회의 위원은 국가교육위원회에서 임명하며 국가, 교육기관, 기업 및 산업계의 3자 대표로 구성되어 있다. 이 위원회에서는 주로 직업교육 인증과 관련된 능력기반시험 및 자격 검증에 대해 협의를 한다. 성인교육기관들 중에는 정치적, 혹은 종교적으로 상당히 다양한 이념적 기반을 바탕으로 운영되는 곳들도 많은데, 이러한 기관의 운영 과정에는 다양한 사회기관 대표들이 운영위원회에 참여하고 있다(European commission, 2009: 130-131).

핀란드의 많은 성인교육기관에서는 공식적인 교육 수준에 맞는 다양한 프로그램을 제공하고 있다. 자격증을 취득하고자 하는 성인교육기관은 무료로 운영되며, 기타 여러 유형의 성인교육 프로그램 역시 저렴한 비용으로 교육을 받을 수 있도록 정부에서 지원해 주고 있다.

2. 다양한 성인교육기관 구축

성인교육기관은 대체로 대학 및 지자체, 지자체연합, 혹은 재단이나 협회에서 운영하고 있다. 성인교육기관 행정 및 관리는 교육공급기관(education provider)이 지정한 운영위원회(institutional board)에서 맡는다. 지자체 이외의 타 기관에서 운영하는 성인교육기관도 일부 있지만, 대부분은 지자체 및 지자체연합이 설치하여 운영하고 있다. 반면 공민고등학교(folk high schools), 체육센터, 계절대학, 학습센터 등은 대부분이 사립인데, 이들 역시 지자체로부터 재정 지원 및 감독을 받고 있다(European commission, 2009: 133).

핀란드 전체로 보면 대략 800여 개의 기관에서 다양한 형태의 비학위 과정 성인교육을 담당하고 있으며, 자격증을 수여하는 과정이 포함되어 있다. 자격증 수여 과정의 성인교육 학습은 대부분 작업 현장에서 이루어지지만 각종 네트워크, 도서관, 기타 다양한 학습 기관에서도 교육이 이루어진다. 이들 중 일부는 직업 성인교육기관이면서 공식적인 교육체제 속에서 운영되고 있는데, 성인교육센터, 공민학교(folk schools), 하계대학(summer universities) 등이 여기에 속한다. 교양 성인교육 프로그램은 자격증 프로그램은 아니지만, 이 프로그램을 통해 이수한 학점은 능력검정 자격전형 과정에 반영된다.

일반 성인교육은 성인을 위한 고등학교 교육 과정과 교양 성인교육 과정으로 구성되어 있다. 성인을 위한 고등학교 교육 과정은 인문고교 교육을 마치고자 하는 직장 성인을 대상으로 하는 과정이다. 교양 성인교육 과정은 비공식적인 과정으로 자격이나 학위에 상관없이 자기 계발을 위한 과정으로 제공되고 있다. 한편, 직업 성인교육 과정은 고등학교 과정과 기타 직업 성인교육 과정으로 나뉜다. 고등학교 과정의 직업 성인교육은 자격증 취득을 목적으로 하는 과정이며, 기타 직업 성인교육 과정에서 자격증 취득은 선택 사항이다. 핀란드에서 성인교육기관 사례를 보면 <표 9-1>과 같다.

표 9-1 핀란드 성인교육기관 사례

일반 성인교육기관	직업 성인교육기관
1. 성인을 위한 인문고등학교	1. 직업교육기관
2. 공민고등학교(folk high schools)	2. 성인직업교육센터
3. 성인교육센터	3. 대학의 계속교육센터
5. 스터디센터	4. 응용과학대학
6. 체육교육센터	5. 가정경제상담기관
7. 기초예술교육센터	6. 기술 및 디자인 관련기관
8. 하계대학(summer university)	7. 상업기관(commercial organizations)

자료: European commission(2009). pp. 133-134.

지자체가 운영하는 성인교육기관 중 가장 비중이 큰 것은 일반교육을 담당하는 성인교육센터이다. 지자체에서는 독립적으로 성인교육기관 운영에 관한 의사결정을 할 수 있고, 성인교육운영위원회는 해당 지자체의 종합학교나 고등학교 운영위원회를 겸하여 맡을 수 있다. 직업 성인교육을 담당하는 기관은 대체로 해당 지역의 청소년을 위한 직업교육을 담당하는 직업교육기관과 통합 운영되고 있다. 직업 성인교육기관 운영의 책임은 운영위원회에 있으며 교장과 행정부서를 두고 있다.

3. 무상교육

핀란드에서는 교육부 재정의 약 12% 정도를 성인교육을 위해 투자하고 있다. 이 중에서 40%는 성인의 직업훈련에 쓰이고, 성인교육을 담당하고 있는 대학에 약 25%를 지원해 주며, 일반 성인교육에 약 20%, 성인교육 개발이나 성인교육 담당자 연수를 위해 약 5% 정도를 사용한다(Finnish Ministry of Education and Culture, 2016).

직업 성인교육 비용은 교육부에서 지원을 해주어 무료이지만, 자격능력평가에 응시할 때 응시료는 개인이 납부해야 한다. 한편 성인교육기관에 다니는 사람에게 동등한 교육기회를 보장하기 위하여 각 학습자의 수입에 따라 차등적으로 보조금을 지원해 주고 있다. 성인교육은 또한 기업이나 회사 고용주의 재정 지원을 바탕으로 한 재교육 과정으로 운영되고 있기도 하다. 특별히 직업훈련은 노동부에 의해 재정이 지원되고 있는데, 이는 실업자나 실업의 위험에 처한 20대 이상의 성인을 대상으로 한 무상교육 프로그램이다.

4. 18세 이상 누구든지 입학 가능

성인교육기관 입학을 위한 특별한 자격요건은 없지만, 예외적으로 성인을 위한 고등학교 과정에 입학하기 위해서는 18세 이상이 되어야 한다. 대부분의 성인교육기관에서는 선착순으로 교육대상자를 선발한다. 각 성인교육기관에서는 자율적으로 입학 규정을 정하며, 특별한 국가의 규정은 없다. 핀란드 각 지역에서 성인교육을 받기 위한 접근성은 매우 좋은 편이며, 성인교육기관 간의 네트워크가 잘 구축되어 있어 어디서든지 원하는 성인교육을 받을 수 있다. 핀란드 동부나 북부의 원거리 지역에 거주하고 있는 성인을 위해서는 통학을 위한 비용을 지원해 주고 있으며, 일부 직업 성인교육기관에서는 숙식이나 기숙사를 제공하기도 한다.

2016년 기준으로 핀란드에서 성인교육에 참여하여 교육받는 인원은 약 170만 명으로, 노동인력 인구의 약 절반에 해당한다. 다른 국가와 비교해도 높은 수치임에도, 핀란드 정부에서는 현재 수준에 만족하지 않고 성인교육 참여비율을 점차 더 높여나갈 계획을 가지고 있다. 또한 170만 명 이상의 성인교육 참여자 중 절반 이상이 직업을 가지고 있는 현직 직장인인데, 이 역시 다른 국가에 비해 그 비율이 높은 편이다. 핀란드 정부에서는 직업훈련교육을 받지 않고 있는 경영자, 중소기업 관리자, 이민자, 55세 이상의 시민 등을 대상으로 직업 성인교육을 확대해 나갈 계획도 가지고 있다(Finnish Ministry of Education and Culture, 2016). 국가별 성인교육 참여 비율을 보면, <표 9-2>에 나타난 바와 같이 핀란드의 경우 성인교육 참여율이 51%로 OECD 국가 중에서 최상위권에 속하고 있으며, OECD 평균인 34%보다 훨씬 높다.

표 9-2 국가별 성인교육 참여율 비교

국가	성인교육 참여율(%)	성인 1인당 연간 교육시간(시간)
스웨덴	69	50
핀란드	51	48
노르웨이	51	39
독일	43	33
영국	40	16
프랑스	32	11
한국	26	35
OECD평균	34	25

* 비형식교육기준 : 비학위과정 및 강좌 등을 의미함
자료: OECD(2011). Education at a glance 2011

종합하면, 핀란드에서 성인교육의 역사는 오래 되지 않았지만, 현재 성인 인구의 절반에 해당하는 사람이 성인교육을 받고 있을 만큼 성인교육이 매우 활성화된 나라이다. 성인교육은 취미나 교양 프로그램인 일반 성인교육, 직업 및 재취업을 위한 직업 성인교육으로 구분이 되는데, 핀란드의 경우 두 가지 교육 모두 매우 활성화되어 있는 편이다. 아울러 일부 프로그램을 제외하고 거의 대부분 무료로 운영된다. 즉 핀란드에서는 누구나 본인이 원하면 국가가 제공하는 교육기관에서 성인교육을 받을 수 있으며, 취업 및 직업과 관련해서도 다양한 훈련 과정을 통해 교육받을 수 있는데, 이는 국민들이 경제적 기반을 갖출 수 있도록 하는 데 중요한 토대가 되고 있다.

핀란드 교육의 성공 요인은 무엇인가?

제3부

핀란드 교육은 자체적으로뿐만 아니라 국제적으로도 성공한 교육으로 인정받고 있다. 핀란드 교육을 성공적으로 만든 성공 요인은 무엇일까? 한 국가의 교육이 성공하는 데에는 여러 요인이 복합적으로 작용한다.

전 세계적인 신자유주의 교육개혁의 흐름 속에서 핀란드는 그 흐름을 맹목적으로 쫓지 않고 자신의 방식으로 적응하여 교육 성공을 이룬 나라이다(Sahlberg, 2011). 핀란드 교육은 그들의 토양을 기반으로 피어난 것이기 때문에 핀란드 교육에 대해 알기 위해서는 핀란드 교육의 열매만 봐서는 안 되며 그러한 열매를 맺게 된 뿌리와 토양에 대해 알 필요가 있다.

모든 열매와 꽃은 그 뿌리에서 비롯되었듯이 각 나라의 교육도 그 나라 교육의 뿌리에 기반을 두고 있다. 어떠한 교육이든지 그러한 교육이 있게 된 근원적인 뿌리가 있는 것이다. 그렇다면 핀란드 교육의 뿌리는 무엇인가? 핀란드 교육의 힘은 어디서 나오는 것인가? 1년 동안의 핀란드 경험과 다양한 문헌 그리고 자료 등을 바탕으로 핀란드 교육이 가지고 있는 힘의 원천을 8가지로 도출해 보았다.

제10장

핀란드 교육의 힘 1: 교사를 존중하는 전통과 문화

핀란드 교육의 가장 핵심적인 기반 중의 하나는 교사를 중시하고 존중하는 그들의 전통과 문화이다(Aho et al., 2006; Valijarvi, 2007). 핀란드 사람은 오래전부터 교육과 교사를 존중하고 중시하는 문화를 가지고 있었다. 이러한 이들의 의식과 문화는 국가의 교육정책에서부터 단위학교 및 각 개인의 교육에 이르기까지 깊이 스며들어 있다.

1. 교사를 존중하는 전통

핀란드 사회와 문화 속에 깊이 자리 잡고 있는 가치 중의 하나가 바로 교육을 중시하는 가치이다(Simola, 1998; 2005). 핀란드에서 교육의 가치가 중요시 된 것은 19세기 무렵부터인데, 당시에는 성경을 읽을 줄 아는 개인을 길러내기 위한 목적에서 교육의 가치가 중시되었다. 이로 인해 핀란드에서는 19세기에 이미 문맹을 벗어난 인구가 98%에 이르렀다(Grubb et al., 2005: 15). 물론 이러한 성과는 대부분 당시 교회의 노력으로 이루어졌다. 또한 핀란드 정부 수립 과정에 헬싱키대학 교수들이 참여하여 국가의 기초를 만드는 데 중요한 역할을 담당한 것도 교육의 가치가 중시되는 하나의 기반이 되었다(Grubb et al., 2005). 이러한 역사를 토대로 핀란드에서는 국가 재정 지출의 우선순위를 교육에 두는 전통이 만들어졌다.

이와 같이 핀란드에서는 전통적으로 교육을 중시해 왔으며, 그 전통은 아직까지 견고하게 유지되고 있다(Rinne et al., 2002; Sahlberg, 2011). 이처럼 교육을 중시하는 전통은 자연스럽게 교사에 대한 존중으로 이어져 매우 강한 교사 존중 문화를 만들어 냈다. 교사 존중 문화는 유럽 내에서도 핀란드만의 매우 독특한 현상이기도 하다(Anon, 2001).

역사적인 전통과 배경을 바탕으로 핀란드 교사는 그 어떤 선진국의 교사보다 높은 사회적 지위와 위상을 누리고 있는데, 교사는 의사나 변호사에 준하는 전문직으로 인정받고 있다(Darling-Hammond, 2009; McKinsey & Company, 2010). 더욱 흥미로운 것은 사회적 계층의 구분 없이 모두 교사를 존중하고 존경한다는 점인데, 대체적으로 일반 국민뿐만 아니라 상류층, 경제계 등에서도 교사를 존중하는 의식을 가지고 있다(Sahlberg, 2011). 핀란드 국민의 교사에 대한 존경이나 존중을 바탕으로 핀란드 교사는 학교에서 매우 광범위한 자율을 누리며 전문성을 인정받고 있다. 교사는 자율적으로 교육과정을 구성하고 학생을 평가하며 학교 발전이나 지역공동체의 일에도 주체적이고 능동적으로 참여하고 있다(Jakku-Sihvonen & Niemi, 2006).

교사에 대한 존중과 존경은 젊은이들의 교직에 대한 선호로 이어져, 핀란드에서 교사가 되기 위해 교사교육학과에 지원하는 학생의 수준은 의사나 법률가 양성과정에 지원하는 학생과 비슷한 수준이다(Krzywacki et al., 2011). 한편, 최근 들어 핀란드의 경제인연합회(Confederation of Finnish Industry and Employers) 같은 기관에서는 신자유주의 교육개혁을 통해 교직분야에 경쟁이나 평가 체제를 도입해야 한다고 주장하고 있지만 그 목소리가 사회적 영향력을 가질 만큼 크지는 않다(Jaakko & Anna, 2016).

핀란드 교사의 봉급 수준은 핀란드 내의 타 직종에 비해 높은 편이 아니다(OECD, 2015b). 그럼에도 불구하고 우수한 학생이 교직을 선호하고 있는데, 이는 교사의 긍지와 자부심이 높고, 교사에 대한 사회적 존경 또한 높기 때문이다. 비록 경제적인 보상이 높지 않더라도 교사에 대한 사회적 존중과 인정은 교사의 전문성 향상과 헌신으로 이어지고, 이것이 높은 교육적 성취의 바탕이 되고 있음을 핀란드가 보여주고 있다.

2. 교사에 대한 국가, 사회적인 신뢰

핀란드에서는 모든 교육체제의 중심에 교사가 있다. 핀란드에서 교사는 교육정책 집행의 말단 수행자가 아니라, 교육정책이 떠받들고 있는 가장 높은 위치에 있는 사람이다. 핀란드 교사는 충분한 자율을 누리며 사회적으로 존경받고 있다. 핀란드 사회에서는 정서적으로 대통령, 교육부장관, 교장도 교사 위에 군림하는 사람이 아니라, 교사가 교육활동을 제대로 수행하도록 지원해 주는 사람이라고 생각한다(Sahlberg, 2011, ch.3). 필자가 만나본 대부분의 교사는 자신이 충분히 "자율을 누리고 있고", "존중받고 있다"고 말했다.

> "우리는 학교에서 교사로서의 거의 완벽한 자율을 누리고 있습니다. 어느 누구도 우리의 일에 간섭하지 않습니다. 교장선생님도 간섭하지 않고, 국가도 간섭하지 않습니다. 당연히 우리를 평가하지도 않죠! 저는 교직경력이 25년인데, 이러한 변화는 대략 20년 전부터 일어났습니다. 그 전에는 지금과 반대였다고 보면 됩니다. 지금은 모든 것이 독립적으로 되었고, 학교의 활동도 과거 그 어느 때보다 독립적으로 이루어지고 있습니다. 현재 우리의 교육활동에 대한 통제는 거의 존재하지 않습니다."
>
> Jarvenpaa 고등학교 Marjo Uotila 교사

이와 같이 핀란드의 교사는 상당한 자율을 누리고 있다. 한편 필자는 어느 나라에서나 볼 수 있는 나태하거나 방종하는 교사가 핀란드에도 있을 것이라는 생각을 갖고 있었다. 그런데 이런 염려는 기우였다. 이들은 무엇보다도 철저하고 질 높은 교사교육을 통해, 교사로서 입직단계에서부터 교사의 질을 확보하는 정책을 펴고 있기 때문이다(Finnish Ministry of Education and Culture, 2016). 우수한 교사, 제대로 준비된 교사를 교직에 들어오게 한다는 것이 이들의 전략

이다. 교사교육단계에서 교사에게 수준 높은 전문성을 길러주고 책임의식을 심어주기 때문에, 불성실한 교사, 나태한 교사, 무능한 교사가 원천적으로 생겨나기 어려운 구조인 것이다(Jakku-Sihvonen & Niemi, 2006). 따라서 핀란드 학교에는 교사를 통제하고 관리하고자 하는 교사평가제도가 없으며 교사평가라는 용어 자체가 매우 생소하다(Kansanen et al., 2000; Lavonen et al., 2004). 교사가 신뢰할 만한 전문성을 가지고 자율적으로 교육활동을 수행하는데 왜 교사평가가 필요하냐는 것이 핀란드 사람 대부분의 반응이었다.

> "교사평가가 왜 필요한지 모르겠네요. 교사는 전문가 아닌가요? 전문가이면 전문가답게 믿고 신뢰해 줘야 하는 것 아닌가요? 핀란드 교사는 전문가입니다. 핀란드 국민은 전문가인 교사를 믿고 신뢰합니다. 그리고 교사에게 더 많은 자율을 주어야 한다고 생각하기도 합니다. 교사가 자율성을 가지고 전문적으로 학생을 잘 가르치고 있기 때문에 교사평가는 필요 없다는 것이 핀란드 사람의 생각입니다."
>
> Kurkelan 종합학교 Milla Toivanen 교감

그런데 전통만 가지고 교사 존중 문화를 유지해 나간다는 것은 쉽지 않은 일이다. 전통적으로 교사 존중 문화가 강했던 나라의 경우에도 그 전통과 문화가 급격하게 약해져 가고 있는 것이 오늘날의 모습이기 때문이다.[1] 그렇다면 핀란드에서는 어떻게 교사를 존중하고 존경하는 문화를 지속해 올 수 있었을까? 이는 교사와 국가의 공동 노력의 결과이다. 교사는 자신의 전문성을 높이기 위해 끊임없이 노력해 왔다. 교사로서의 전문성을 높이기 위하여 교사양성과정의 교육기간을 늘려야 한다는 주장을 교사들이 먼저 했고, 1970년대 그것이 받아들여져 교사양성교육 기간이 기존의 학사학위 과정에서 석사학위 과정으로 2년 더 늘어났다(Jakku-Sihvonen & Niemi, 2006; Simola, 2005). 여기에 더해진 정부의 노력은 상승작용을 가져왔다. 즉 핀란드 정부는 교사를 통제의 대상, 관리의

1 우리나라도 '군사부일체'라는 말이 있었듯이 교사 존중 문화를 가지고 있었던 나라였다. 그런데, 현대 사회에 와서 그 전통이 무너지고 있으며, 교사 존중 의식도 약해지고 있다(이돈희, 2000).

대상으로 여기지 않았다. 지속적으로 교사를 존중과 지원의 대상으로 보고 정책을 집행해 온 것이다(Finnish National Board of Education, 2016). 국가는 교사를 믿고 자율을 보장해 주고, 교사는 주어진 자율을 바탕으로 전문성 신장을 위해 노력하는 선순환 구조가 만들어진 것이다.

이와 같이 핀란드에서 교사의 사회적 지위 향상과 관련하여, 핀란드 교사 스스로 먼저 철저하게 전문성 향상을 위하여 노력해 왔다는 점이 의미가 있다. 1890년대 초부터 핀란드 초등학교 교사들은 대학(university) 수준에서의 교사양성이 필요하다고 주장해 왔다(Simola, 2005: 460). 당시에는 초등교사 양성을 대학이 아닌 별도의 교사훈련기관에서 담당하던 시기였다(Halila, 1950: 296). 교직의 지위와 권위를 향상시킨 또 하나의 중요한 계기는 1930년대에 위바스킬라대학교에 최초의 대학 수준의 교사양성기관인 교사교육학과가 설치된 것이었는데, 이후 대도시에 있는 대학을 중심으로 교사교육학과의 설치가 이어졌다(Simola, 2005). 1950년대 말 핀란드 교원노조에서 먼저 초등교사양성도 중등교사양성과 마찬가지로 대학 수준에서 이루어져야 한다는 주장을 하여 실제로 구현되기도 하였다(Rinne, 1988). 이처럼 핀란드에서는 교사의 전문성 향상을 위한 장치를 마련하기 위해 교사들 스스로 먼저 앞장섰던 것이다.

교사를 존중하고 존경하는 전통과 문화는 핀란드 교육의 중요한 밑바탕이 되고 있는데, 특히 이러한 전통과 문화를 유지시키기 위하여 교사와 국가가 함께 노력해 왔다는 점에 주목할 필요가 있다. 즉 교사는 자신의 전문성 향상을 위해 앞장서서 노력했고, 국가는 교사를 믿고 신뢰하여 교사를 통제하기보다는 지원해 주려는 정책을 지속적으로 펴온 것이다. 국가와 교사의 이러한 상호간의 노력이 교사를 존중하고 존경하는 문화를 유지하는 원동력이 되었다.

이러한 내용을 종합해 보면, 핀란드에서는 국가, 사회적으로 교사를 신뢰하고 존중해 주는데, 교사는 이러한 신뢰와 존중 그리고 자율을 바탕으로 교직에 헌신하며 전문성을 발휘하고, 교사의 헌신과 전문성 발휘는 다시 국가, 사회적으로 신뢰와 존중을 받게 되는 선순환 구조가 만들어진 것이다. 이를 그림으로 나타내면 [그림 10－1]과 같다.

그림 10-1 핀란드 교사 존중의 선순환 구조

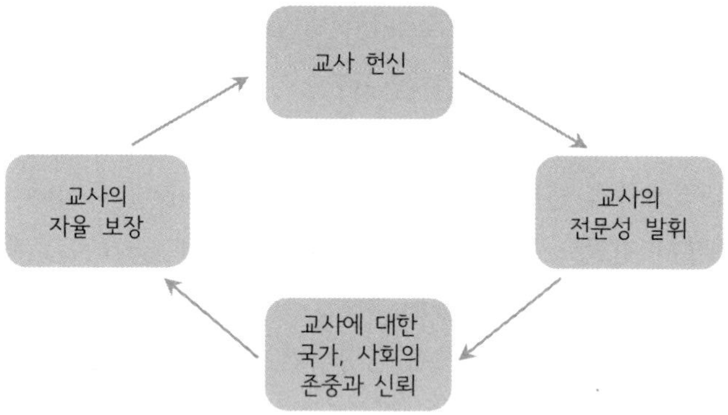

[그림 10－1]과 같이 핀란드에서는 우선적으로 국가와 사회가 교사를 존중하고 신뢰하는 전통과 문화를 가지고 있다. 이러한 교사에 대한 존중과 신뢰는 구체적으로 교사에 대한 자율을 보장해 주고 인정해 주는 것으로 이어지는데, 교사는 이러한 신뢰와 자율을 바탕으로 교육활동에 헌신하며, 교사의 헌신은 자연스럽게 전문성 발휘로 이어진다. 이러한 교사의 헌신과 전문성 발휘는 다시 국가와 사회로부터 존중과 신뢰를 받게 되는 선순환 구조로 이어지는 것이다. 이와 같이 핀란드에는 교사를 존중하는 전통과 문화가 뿌리 깊이 자리잡고 있는데, 이는 핀란드 교육을 성공으로 이끈 핵심 기반 중의 하나가 되고 있다.

제11장

핀란드 교육의 힘 2: 함께 가고자 하는 평등 정신

대부분의 국가에서 교육과 관련된 평등은 중요한 관심 사항 중 하나인데(OECD, 2010b), 핀란드는 그 어느 나라보다 평등 교육을 잘 구현하고 있는 나라이다. 그동안 국제비교평가에서 핀란드 학생들의 학업성취도는 높은 수준을 보여주고 있는데, 이러한 결과의 대표적인 원인으로 '평등교육의 실현'이 꼽히고 있다(Darling-Hammond, 2009; Grubb et al., 2005: 8).

핀란드의 모든 교육정책의 핵심목표는 핀란드 국민이 나이, 성별, 지역, 언어, 경제적 형편 등에 상관없이 평등한 교육을 받을 권리를 제공하는 것이다(Nyyssola, 2005). 핀란드에서는 모든 국민이 의무교육 과정 이외에도 자신의 능력이나 필요에 따라 다양한 형태의 교육을 받을 수 있도록 기회를 보장해 주고 있으며, 경제적 어려움 때문에 교육받을 기회를 놓치지 않도록 철저히 보장해 주고 있다(European commission, 2009: 18).

교육에 있어서의 평등은 공정성이나 분배적 정의 등과 아울러 중요한 가치이다(Grubb et al., 2005). 많은 나라에서 인적자원을 개발하여 국가 발전을 도모하고, 국제 경쟁력을 높이려고 할 때 불평등한 교육체제는 그 나라 인적자원의 역량을 극대화 하는 데 걸림돌이 된다고 보고 있다(Hilson, 2008). 교육에 있어서의 불평등은 단순히 개인적인 문제에 그치는 것이 아니라 사회적 문제를 야기할 수 있다. 즉 사회적 측면에서 볼 때 교육받지 못한 많은 사람은 국가 발전에 기여하지 못할 뿐만 아니라 사회적 비용을 증대시킬 수 있다. 이들이 발생시키는 사회적 비용은 복지비용 같은 직접적 사회 비용뿐만 아니라 범죄 등 사회문제 야기로 인한 간접비용까지 발생시킬 수 있다(Houtsonen et al., 2010). 국민 개인들의 측면에서도 적절한 학교교육을 통해 역량을 갖추고 있지 않으면 대체로 저소득층으로 편입되거나 실업자가 될 가능성이 높다. 뿐만 아니라 가정의 불안정, 건강 악화, 낮은 정치 참여 등 다양한 사회 문제로 이어진다는 데에 그 심각성이 있다. 핀란드는 선진국 기준에 비추어 보았을 때도 매우 낮은 빈곤율을 보이는 나라이며(Grubb et al., 2005: 9), 사회적 문제 또한 매우 적은 것으로 나타나고 있는데, 이 모든 것의 기반에 평등 이념과 평등 정책이 자리잡고 있는 것이다(Houtsonen et al., 2010).

1. 뿌리 깊은 평등교육 정서

1990년대 들어 불어닥친 전 세계적인 신자유주의 교육개혁의 광풍 속에서 핀란드 역시 자유롭지 못했다. 신자유주의 교육개혁에 발맞추어 핀란드 정치가나 교육정책담당자들이 신자유주의 교육개혁을 핀란드 교육의 중요한 방향으로 보고 개혁을 추진하려고 하였지만, 평등이념을 기반으로 한 핀란드 국민의 정서와 토대는 결코 흔들리지 않아 평등교육을 굳건하게 유지한 것이다(Castells & Himanen, 2002). 물론 최근 들어 신자유주의식 접근이 핀란드 교육에 들어오고 있기는 하지만, 핀란드 국민의 평등교육 정서는 아직 견고하다고 할 수 있다.

1960~1970년대 평등 이념에 기반을 둔 교육을 받은 사람이 현재 핀란드 사회에서 중심 역할을 하고 있다는 점도 평등 중시의 한 배경이 되고 있다(Johannesson et al., 2002: 334). 이들은 철저히 평등 이념에 기반한 교육을 받았기 때문에 이들의 의식이나 삶의 방식에 평등 이념이 내면화되어 있는 것이다. 따라서 평등 정신에 반하는, 혹은 평등을 저해하는 개혁 방향에 대해서는 부정적으로 대응하거나 적극적으로 지지하지 않고 있다. 이러한 풍토나 문화로 인해 신자유주의 교육개혁은 핀란드에 자리잡을 수 없었고, 현재까지 평등교육이 굳

건하게 유지되고 있다.

2. 다양한 계층의 평등교육 의식

핀란드에서 평등의식은 국가의 지도자뿐만 아니라 교사, 학생, 일반 국민에 이르기까지 모든 국민의 확고한 정서이며, 교육을 비롯한 공공분야 운영의 핵심 원리이기도 하다. 특히 교육분야에서의 평등 원리 적용은 더 철저하다고 할 수 있는데, 핀란드에서 평등의식이 교육 성공의 배경이 되는 이유는 평등의식을 바탕으로 교육적 약자를 특별히 배려하기 때문이다. 따라서 핀란드에서는 평등의식에 기반해서 단 한 사람도 포기하지 않고 모두 함께 가려는 의식과 정서를 가지고 있다(Sahlberg, 2011; Salmi, 2006). 핀란드의 모든 교육정책에서 교육적 약자에 대한 배려는 다양하게 나타나고 있다. 우선 국가적으로 정부에서 학교를 지원함에 있어 '선택과 집중'보다는 모든 학교의 질을 높이고자 하는 '모두를 위한 전략'을 가지고 있다(Grubb et al., 2005; Rinne et al., 2002). 즉 핀란드에서는 특정 학교에 선별적으로 집중 지원해 주기보다는 거의 모든 학교에 동등한 지원을 해주는 것이 정책 방향이다(Sahlberg, 2011).

국가 차원에서 이루어지는 정책뿐만 아니라 각 학교에서도 교육적인 약자를 위한 배려가 매우 철저하게 이루어지고 있다(Finnish National Board of Education, 2016). 교육적인 약자의 가장 대표적인 대상은 학습에서의 약자일 것이다. 핀란드 학교에서는 학습에서의 약자를 위한 철저한 배려를 통해 이들을 돕고 있다. 즉 하위권 학생, 낙오된 학생에 대한 보다 많은 관심과 지원을 통해 국가 전체의 교육 수준을 높여 가고 있는 것이다.

핀란드에도 소위 '명문학교', '특성화 학교' 등이 있기는 하지만 이 학교가 정부로부터 특별한 지원이나 혜택을 받고 있지는 않다. 기본적으로 인간은 능력과 관심이 다르기 때문에 그에 따른 수준이 다른, 혹은 특성화된 학교는 존재할 수 있다고 보고 있지만, 그러한 학교를 위한 특별한 배려는 없으며 모든 학교를 동일하게 중시하고 모든 학교의 질을 함께 높이고자 하는 것이 핀란드 정부의 일관된 방침이다(Finnish Ministry of Education and Culture, 2016).

이러한 정부의 방침과 철학은 그대로 실천으로 나타나 실제로 초·중등교육 어느 단계에서도 학교 및 학생에 대한 차별은 거의 존재하지 않는다. 그리고 이러한 정부의 방침과 철학에 대해 국민이 더 잘 알고 있다.[1] 결과적으로 자연스럽게 명문학교나 최상위권 학교를 향한 학생이나 학부모의 경쟁은 완화되게 된다. 이들에게는 핀란드 내의 모든 학교가 좋은 학교이기 때문에 굳이 명문학교에 보내려고 하기보다는 자신의 자녀에게 좀 더 적합한 학교에 보내려고 하는 인식을 가지고 있다.

> "핀란드 고등학교에도 명문학교와 그렇지 않은 학교가 있고, 성적에 따라 차이가 납니다. 하지만 핀란드 학교는 모두 좋은 학교라고 생각합니다. 국가에서 모든 학교를 좋은 학교로 만들기 위해 노력하고 있고, 또 모든 학교가 좋은 학교가 되었다고 생각합니다. 거의 모든 학교에 좋은 시설을 잘 갖추고 있고, 무엇보다도 좋은 선생님이 가르치고 있기 때문에 설령 성적이 낮은 아이가 가는 학교도 좋은 학교입니다. 따라서 우리 아이는 그 아이의 수준에 맞는 학교에 가는 것이 가장 좋다고 생각합니다."
>
> 헬싱키대학교 연구원이자 학부모인 Kaisa Kuoppala씨

이와 같이 핀란드에서는 학생이 자기 적성이나 자기 수준에 맞는 학교에 진학하기 때문에 상위권 학교나 하위권 학교 모두에서 학생의 학습동기를 자극할 수 있는 기본적인 토대가 마련되고 있는데, 이는 모든 학교에서의 교육 성공을 위한 핵심 기반이 된다. 그 결과는 실제로 PISA 테스트를 통해 증명되고 있는데, [그림 11－1]에서 나타난 바와 같이 핀란드는 다른 나라에 비해서 학교

1 필자가 면담 과정을 통해, 헬싱키 시내의 인문 및 직업고등학교가 서열화되어 있다는 것을 알게 되었다. 그리고 소위 상위권 고등학교와 하위권 고등학교 교사 및 학생을 모두 면담해 보았다. 이들은 공통적으로 고등학교가 서열화되어 있다는 것은 인정하였지만, 정부로부터 차별받고 있다는 생각은 전혀 하지 않고 있다고 응답하였다. 하위권 고등학교에 다니는 교사나 학생 역시 동일한 응답을 하였다. 그리고 이들은 하위권 학교도 정부로부터 동일한 지원을 받고 있고, 교사도 훌륭하기 때문에 '좋은 학교'로 생각한다고 응답하였다.

그림 11-1 OECD PISA2012 각 국가별 수학과목 성적의 학교 내 및 학교 간 편차

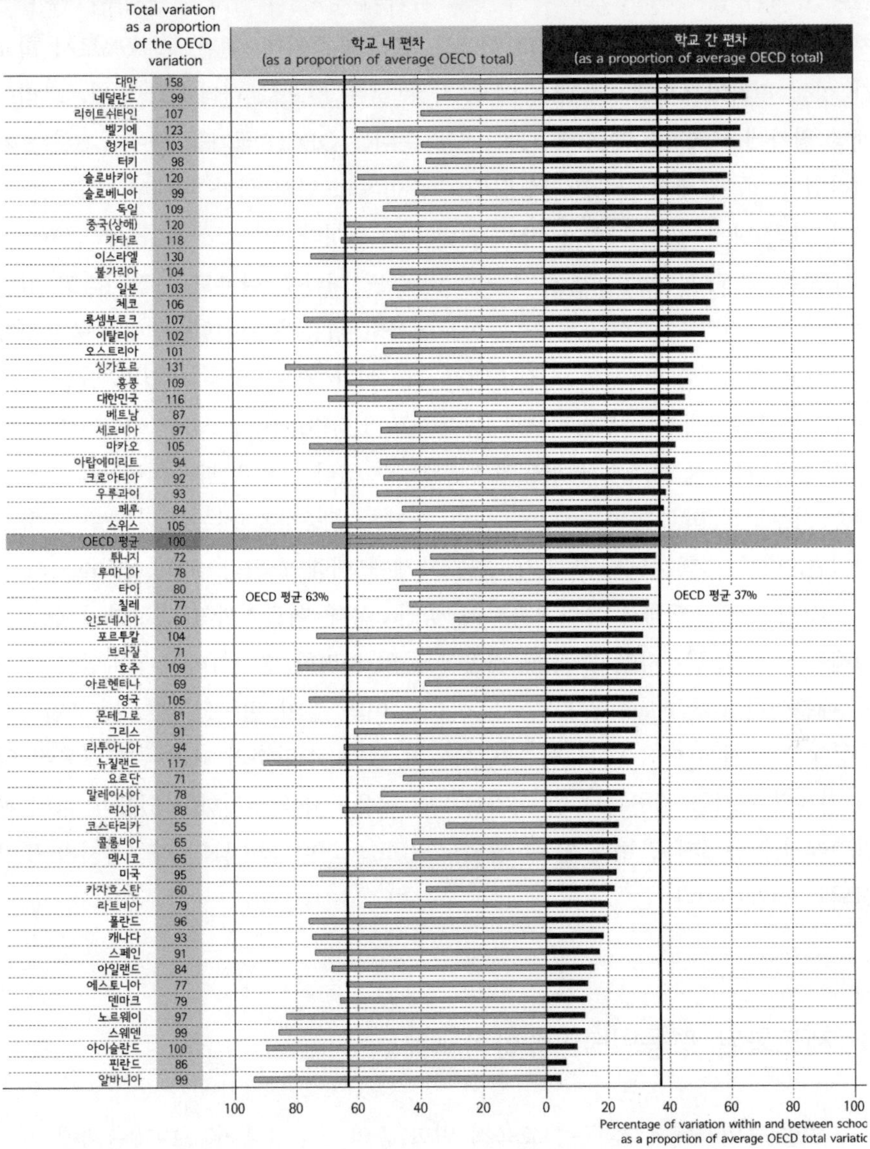

자료: OECD(2013b), p. 47.

간 격차는 매우 적으며 성취도 수준은 최상위권인 나라이다. 구체적으로 그림에 나타난 바와 같이 PISA 2012에서 수학 과목의 경우 각 국가 내에서 학교 간 편차는 한국은 약 45%이고 OECD 평균은 37% 수준인데, 핀란드는 6%로서 학교 간 성적 편차가 OECD 국가 중에서 가장 낮은 것으로 나타나고 있다. 그리고 해당 평가에서 핀란드의 수학 과목 전체 순위는 OECD 국가들 중에서 6위를 차지하였다. 즉 전체적으로 학업성취도 수준이 높으면서 국가 내에서 학교 간 차이가 거의 나지 않는 나라가 바로 핀란드인 것이다.

모든 학교에 대한 존중과 신뢰는 핀란드 대다수 학부모의 정서라고 말할 수 있는데, 핀란드 학부모는 또한 학교에서의 평등과 공평함을 매우 중요하게 생각하고 있다. 학교에서의 시장주의적 접근이나 경쟁, 또는 우열반 편성 등에 대해 학부모는 대부분 부정적으로 생각하고 있다(Sahlberg, 2015). 그 이유는 차별을 통해 교육적 기회의 불평등이 나타날 수 있다는 염려 때문이다. 물론 상위계층 학부모는 학교가 학생 간의 능력 차이를 존중하지 않는다고 불평을 하고 있지만, 대다수 학부모는 현재의 평등 체제에 대해 호의적이다(Sahlberg, 2011).

그리고 핀란드에서 유아교육부터 성인교육에 이르기까지 견고한 무상교육 체제를 구축하고 유지할 수 있는 것은 이들의 이러한 평등의식이 밑바탕에 있었기 때문이다(Aho, Pikanen, Sahlberg, 2006). 이와 같이 핀란드 대다수 국민에게 평등교육 정서는 마음 속 깊이 내면화되어 있다. 상당수의 나라에서 교육에 있어 경쟁과 평가를 기반으로 한 신자유주의 교육정책을 추진하고 있음에 비해 핀란드에서 평등 교육정책을 펼 수 있었던 것도 이러한 국민들의 평등정서가 뒷받침되었기 때문이다.

3. 제도화된 평등이념, 종합학교제도

핀란드 역사에서 가장 큰 교육적 변화 중의 하나가 1960~1970년대에 이루어진 종합학교 개혁인데, 바로 이 개혁의 핵심 가치이자 뿌리가 된 것이 바로 평등교육 이념이다(Grubb et al., 2005: 19－21). 모든 사람이 같은 학교에서 같은 교육을 받아야 한다는 철저한 평등 이념이 종합학교 개혁의 핵심적인 토대였다.

당시 개혁 과정에서 평등하고 통합적인 교육체제 구축을 목표로 진행되었는데, 그 결과 유아교육은 자녀를 가진 모든 국민이 누려야 할 권리가 되었고, 초등학교 5학년 때부터 계열을 나누어 가르치던 방식에서 계열 구분 없이 1~9학년을 통합하여 가르치는 통합교육으로 그 체제가 바뀌었다. 당시까지 공민학교와 문법학교 2원체제로 이루어졌던 초등학교와 중학교 교육과정도 종합학교 단일 과정으로 통합하여 핀란드의 모든 아이가 9학년 과정을 동일하게 이수하도록 하였다(Sahlberg, 2011).

종합학교로 체제를 변경한 목적이 평등이념을 구현하기 위한 것이었기 때문에, 모든 아동은 1~9학년에서 똑같은 교육을 받아야 한다는 국가의 교육 목표는 확고하였다. 이에 따라 종합학교를 운영함에 있어 능력이나 가정배경 등에

그림 11-2 핀란드 학제 변천

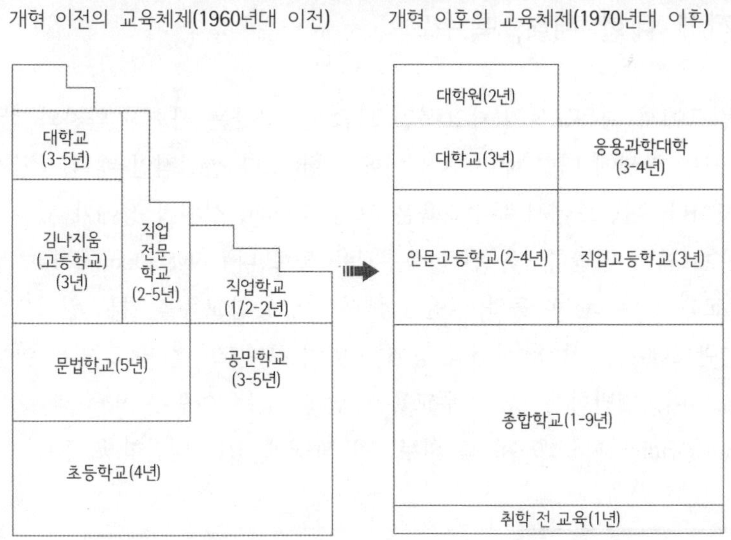

자료: Sahlberg(2011). pp. 20－22.

따른 어떠한 차별도 허용하지 않고 있다. 종합학교 단계에서는 학업수준이 뒤떨어지는 학생, 혹은 학년 수준을 못 따라가는 학생에 대해서 조기 개입 및 지원을 통해 철저한 보완교육을 실시하고 있다(Aho et al., 2006).

종합학교 개혁 이후에도 평등교육 실현을 위한 다양한 노력을 기울여 왔는데, 1985년부터 종합학교 내의 능력별 학급편성을 폐지하고 능력 수준이 다양한 학생들을 같은 학급으로 편성하도록 하였다.[2] 이를 통해 종합학교 내에서 학생의 능력을 구분하여 편성하는 정책은 완전히 사라졌다.

핀란드에서는 또한 사립학교 설립을 장려하지 않고 있으며, 학교 민영화에 대해서도 소극적이다. 핀란드 의무교육법에서도 종합학교 수준에서 사립학교 설립의 자유를 제한하고 있다. 단, 특수한 경우에 한해 정부의 허락을 받은 극소수의 사립학교가 있을 뿐이다(European Commission, 2009). 이와 같이 핀란드는 전반적으로 국가가 주도하는 평등교육 체제를 구축하고 있는 나라라고 할 수 있다.

4. 약자에 대한 배려, 특수교육

핀란드에서 평등교육의 대표적인 모습 중 하나는 사회적 약자와 학업수준이 뒤처지는 학생에 대한 배려이다. 이에 대한 보다 실질적인 배려 장치가 특수교육제도이다. 핀란드에서 특수교육은 크게 정신적, 신체적 장애가 있는 아이를 위한 특수교육과 일반학생을 위한 특수교육 둘로 나뉜다(Markku, 2011). 두 유형의 특수교육 모두 특수아동과 일반아동 사이의 통합교육을 기본 원칙으로 하고 있다. 핀란드에서 정신적, 신체적 장애가 있어 특수교육을 받고 있는 아동은 약 7% 정도이며, 일반학생 중 특수교육을 받고 있는 아동은 약 25% 정도이다(European Commission, 2009). 즉 의무교육 과정에 있는 일반학생 중에서 1/4 정

2 결과적으로 PISA 평가에서 핀란드는 자국 내 학교 사이의 성적 격차는 OECD 국가 중에서 가장 작은데, 각 학교 내에서 학생 간 성적 격차는 꽤 큰 것으로 나타나고 있다(OECD, 2013. 앞의 [그림 11-1] 참조).

도가 특수교육을 받고 있는 것이다.

이들에게 있어 특수교육은 "특별한 아동을 위한 특별한 교육"이 아니라, 일반아동 중에서 학업적인 어려움이나 학교생활 적응의 어려움을 겪는 아이를 도와주는 "일반아동을 위한 구별된 교육"이기도 하다(European Commission, 2009). 한편, 성적이 상위권인 학생에 대한 특별한 배려는 없는데, 다만 상위권 학생에 대해서는 마음껏 공부할 수 있도록 다양한 여건을 마련해 주고 있다.

핀란드에서 특수교육은 특별한 배려가 아니라 당연한 권리이다. 누구든지 필요에 따라 특수교육을 받을 수 있다. 한국의 학교에서 특수교육의 대상이 되는 것을 낙인이나 상처로 생각하는 것과는 달리 대부분의 핀란드 학생이나 학부모는 특수교육을 받는 것을 자연스러운 학습의 과정으로 생각한다(Sarromaa & Marjatta, 2011).

이러한 약자에 대한 배려는 객관적인 결과로 나타나고 있다. <표 11-1>에서 알 수 있듯이 핀란드는 PISA 테스트에서 수학 과목의 경우, 부진학생(1수준 이하) 비율이 낮은 나라로서 OECD 국가 평균의 1/2 정도에 불과하다. 반면에 최상위권(5-6수준) 학생 비율은 OECD 평균보다 약간 높기는 한데 크게 차이가 나지 않는다. 즉 핀란드가 학업성취도 평가에서 우수한 성적을 보이는 이유는 우수한 학생이 많아서가 아니라 부진학생 숫자가 적어서 임을 알 수 있다. 이는 약자나 뒤처지는 학생을 위한 국가의 교육정책과 배려의 결과인 것이다.

표 11-1 수학과목 성취수준별 비율 (단위: %)

구분	1수준 미만	1수준	2수준	3수준	4수준	5수준	6수준
핀란드	3.3	8.9	20.5	28.8	23.2	11.7	3.5
OECD평균	8.0	15.0	22.5	23.7	18.1	9.3	3.3

* 성취수준이 가장 높은 수준이 6수준임

자료: OECD(2013b). PISA 2012 results report.

5. 대학 서열화가 없는 나라

2016년을 기준으로 핀란드는 14개의 일반대학(University)과 24개의 응용과학대학(University of Applied Science)이 있는데, 이들 대학은 서열화되어 있지 않다. 물론 이들 대학 중에 학생이 선호하는 대학이 있고 선호하는 학과도 있다. 하지만 핀란드 국민의 인식 속에는 최상위 대학과 최하위 대학은 존재하지 않으며, 모든 학생이 선망하는 일류대학이 있는 것도 아니다. 일부 학생은 수도인 헬싱키에서의 생활을 동경하여 헬싱키대학에 지원하지만, 헬싱키대학을 최상의 대학으로 여기기 때문은 아니다(헬싱키대학교 교사교육학과 Salla Nivala 학생). 이들은 핀란드에 있는 모든 대학을 우수한 대학으로 여기고 있으며 어느 대학을 졸업해도 얼마든지 자신의 진로를 개척해 갈 수 있다고 생각하고 있다. 실제로 핀란드 사회에는 출신 대학에 따른 차별이나 특정 대학 출신에 의한 독점 현상은 거의 존재하지 않는다(Grubb et al., 2005; Sahlberg, 2011). 이로 인해 상위권 대학만을 향한 소모적인 경쟁도 거의 없는데, 이러한 모습은 핀란드 학생이나 국민이 대학 선택 동기를 보면 더욱 분명하게 드러난다.

• 대학을 선택한 동기 •

"저는 제가 하고 싶은 일과 관련된 전공을 찾는 것이 가장 우선이었어요. 저에게 학교 수준은 별 문제가 아니었어요. 핀란드에 있는 대학은 어느 대학이든 다 우수한 대학이니 어디를 가든 큰 상관은 없어요. 다만, 저는 도시지리학을 전공하고 싶었는데, 그 전공을 설치하고 있는 대학 중에서 저와 가장 잘 맞을 것 같은 Oulu대학을 선택했어요."

(Oulu대학교 도시지리학전공 Pivii 학생)

"저는 교사교육학과에 들어오기 위해 관련된 다양한 경험을 했어요. 종합학교에 가서 보조교사도 하고, 교육관련 봉사활동도 많이 했어요. 그런 일을 하다가 교직이 나에게 맞는 분야라는 판단이 들어 교사교육학과에 지원했어요. 어느 대학을 가든 교사를 준비하는 데 모두 훌륭하다고 생각했기 때문에 대학 선택은 큰 고민이 없었어요. 제가 헬싱키시내에 살고 있기 때문에 헬싱키대학에 들어왔어요."

(Helsinki대학교 교사교육학과 Nivala 학생)

"핀란드에서 대학 선택의 중요한 기준 중의 하나는 본인이 살고 있는 곳과의 거리입니다. 즉 대체적으로 본인의 주거지에서 가까운 대학을 선택하는 경향이 있습니다. 핀란드에는 명문대학, 수준 낮은 대학이 따로 있는 것이 아니라 대부분의 대학이 우수하기 때문에 어디를 가든 잘 배울 수 있다고 생각해요. 그래서 이왕이면 가까운 곳으로 대학을 가려고 하는 것입니다. 그리고 무엇보다도 중요한 것이 본인이 배우고자 하는 전공이 그 대학에 있느냐입니다. 대학을 찾기보다는 전공을 찾아 진학하는 것이 일반적인 경향입니다. 그리고 대체로 이러한 선택은 학생 본인이 하고, 부모는 대부분 그들의 선택을 존중해 줍니다."

(택시기사이면서 학부모인 시민)

이와 같이 핀란드에서는 출신 대학에 따른 사회적 차별이 없기 때문에 특정 대학을 선호할 이유가 없는 것이다. 따라서 면담 내용에서 밝힌 것처럼 자신의 관심과 적성, 자신의 형편 등이 대학 선택의 주요 요소가 된다.

핀란드에서는 현재 대학을 서열화하는 그 어떠한 평가도 존재하지 않는다. 근본적으로 대학을 획일적인 잣대로 서열화할 수 없다는 확고한 철학을 가지고 있기 때문이다(Johannesson et al., 2002; Valijarvi, 2007). 따라서 핀란드 정부나 핀란드 언론에서도 핀란드 대학을 서열화하는 평가는 하지 않고 있다.

그렇다고 해서 핀란드에서 국가 차원의 대학에 대한 평가가 없는 것은 결코 아니다. 서열화를 위해 대학을 평가하는 것이 아니라 그들의 필요와 목적에 의해 대학을 평가하고 있다. 핀란드 대학은 3년 주기로 국가와의 협약을 통해 학생 정원 배분이나 예산지원을 받고 있다. 그런데 바로 이 협약의 과정이 그 대학의 성취나 활동에 대한 평가의 과정이 된다. 공정한 대학 평가를 통해 정부에서는 각 대학마다의 개별적 필요를 파악하고 지원해 준다. 이와는 별도로 각 대학의 연구와 교육에 대한 평가는 각각 학술원(Academy of Finland)과 교육평가센터(Finnish Education Evaluation Center, FEEC)에서 맡고 있다(Academy of Finland, 2009; Finnish Education Evaluation Center, 2016). 물론 이들 기관들이 연구사업 공모 과제에 대해서는 경쟁 과정을 통해 지원해 주고 있으나, 서열화보다는 모든 대학의 연구와 교육의 수준을 높이도록 지원을 해주는 데 초점을 맞추고 있다. 따라서 이들 기관에 의한 평가결과가 대학의 서열화로 이어지는 것은 아니다.

이와 같이 핀란드 정부에서는 대학정책과 관련해서 대학을 서열화하여 경쟁을 부추기는 전략을 취하지 않고, 모든 대학의 질을 공통적으로 높이고자 하는 확고한 방향을 가지고 있다. 그럼에도 불구하고 핀란드 대학교육의 질은 항상 세계 최고 수준으로 평가되고 있다(IMD, 2015).

6. 낙오방지를 위한 중층교육 구조

핀란드 초·중등학교에서는 대체로 어떤 아이에게 특이한 학습양상이나 학습 장애가 발견되면 즉시 부모와 상의하고, 학교 내에서 그 학생을 도울 수 있는 팀을 구성하여, 어떻게 그 학생을 도울 것인지에 대해 협의회를 갖는다(Laajasalo 종합학교 Aulikki Parkkonen 특수교사 면담). 필요한 경우에는 학교의 복지담당자와 함께 학생을 돕고 다양한 접근으로 문제를 해결한다. 학생들의 학습장애 문제에 대한 조기 개입은 이를 방치하여 생길 수 있는 더 큰 문제나 위기를 미리 막으려는 핀란드의 전략이기도 하다(Grubb et al., 2005). 핀란드 종합학교의 학생에 대한 중층 교육 체제는 크게 네 단계로 이루어져 있다.

첫 번째 단계는 일반교사가 학생을 세심하게 살피고 교육하는 단계이다. 학교 내에서 불평등을 없애고 학생의 필요를 채워주기 위해 대부분의 일반교사는 적극적인 관심을 가지고 노력하고 있다. 교사는 학생 중에 혹은 학급 내에서 학습을 제대로 따라오지 못하는 학생을 구분하고 찾아낼 책임이 있다. 교사는 이 학생을 대상으로 일대일로, 혹은 2~4명 정도씩 그룹을 대상으로 각 과목에서 이 학생이 겪는 어려움을 해결해 주기 위해 노력한다. 주로 아침시간, 방과 후, 혹은 점심시간 등을 이용하여 이러한 노력이 다양하게 이루어지고 있다. 정규수업 시간에는 교사가 준비한 다양한 개별학습 과정을 통해 이 학생을 돕는다.

두 번째 단계는 보조교사를 활용하는 단계이다. 보조교사는 학교 내에서 정규교사와 함께 아이를 돕는 일을 수행한다. 보조교사는 교사자격을 필요로 하지는 않지만 대체로 대학 과정에 있거나 대학을 졸업한 사람으로, 정규교사의 안내를 받아 과업을 수행한다. 이들 보조교사는 학습부진 학생의 곁에서 학생의 질문에 대답을 해주거나, 학습 동기가 약한 아이에게 학습 동기를 불어 넣어주는 역할을 수행한다. 이들은 일대일, 혹은 소그룹 형식으로 학습내용을 가르치기도 한다. 즉 보조교사는 정규교사의 관할하에 부진학생들을 도와주는 역할을 맡는다.

[사진 11-1] 서 있는 두 성인 중 왼편은 보조교사, 오른편은 담임교사

세 번째 단계는 특수교사가 개입하는 단계이다. 특수교사는 특수교사교육을 받은 전문가이다. 이들 역시 일대일, 혹은 소그룹으로 학생을 가르친다. 특수교사는 일반교사 및 보조교사와 협력하여 일 하며, 일반교사나 보조교사의 도움만으로는 제대로 교육받을 수 없는 아이들을 담당한다. 대개 특수교사는 국어와 수학 과목을 가르치는 데 초점을 맞추고 있다. 핀란드에서 약 1.8%의 학생은 심각한 장애가 있기 때문에 특수학교에 입학하며, 장애가 좀 덜 한 4.4% 정도의 학생은 정규학교에 다니는데 이들이 바로 일반학교에서 특수교육 대상이 된다. 뿐만 아니라 핀란드 교육부나 지자체에서는 장애진단을 받지는 않았으나, 약 17~20% 정도의 학생을 특별한 도움이 필요한 학생으로 규정하고 있는데 (European Commission, 2009), 이들이 바로 일반교사나 보조교사가 다루기 힘들어 특수교사에게 맡겨지는 아이들이다.

네 번째 단계는 학생복지지원팀이 역할을 수행하는 단계이다. 학교에서 학습 부진을 보이는 학생은 단순히 학습 문제만 있는 것이 아니라 정서적 문제나 가정적, 사회적 문제를 안고 있는 경우가 많다. 따라서 이러한 학생을 도와주기 위해서는 좀 더 종합적인 접근이 필요한데, 핀란드 학교에서는 이 일을 학생복지지원팀이 맡는다. 대체로 교사, 특수교사, 학교상담교사 등 교원뿐만 아니라 심리치료사, 사회복지사, 의사 등 전문가가 함께 팀을 이루고 있다. 학생복지지원팀을 통해 학교 자체만으로는 해결할 수 없는 문제를 해결함으로써 학생의 학습에 도움을 주고 있는 것이다. 관련 전문가의 도움으로 학생의 심리적, 가정적, 사회적 문제를 해결해주기 때문에 교사는 교수 활동에 더욱 집중할 수 있게 된다. 이러한 핀란드 학교에서의 중층 학생지원체제를 그림으로 나타내면 [그림 11－3]과 같다.

그림 11-3 핀란드 종합학교의 중층 학생지원 체제

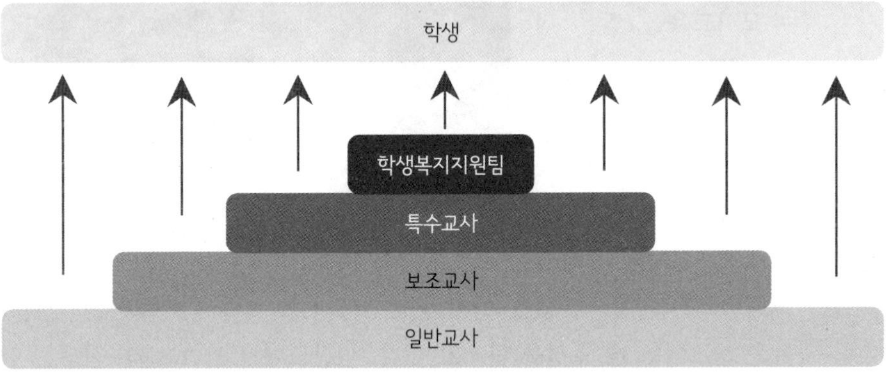

이와 같이 핀란드에서는 학교교육 과정에서 낙오자나 뒤처지는 학생이 없도록 하기 위해 중층 교육지원 체제를 갖추고 있다. 이러한 중층 교육지원 체제를 핀란드의 모든 학교에서 갖추고 있는데, 이는 이들의 평등교육 이념이 구체적으로 구현된 모습이기도 하다. 즉 낙오 학생에 대해 최소한의 기본적인 지원이 아니라 충분하고 철저한 지원을 해 주고자 하는 의지가 담긴 것이라고 할 수 있는데, 이는 적극적인 평등교육을 실현하고자 하는 핀란드 정신이 반영된 것이라고 할 수 있다. 평등정신을 기반으로 우수한 아이뿐만 아니라 뒤처지는 아이에 대한 이러한 철저한 지원시스템은 모든 아이의 잠재적 역량을 끌어 올려 국가적으로 교육적 성공을 이루는 토대가 되고 있다.

제12장

핀란드 교육의 힘 3: 합의와 협동 문화

핀란드 교육에서 또 하나의 중요한 기반은 합의와 협동 문화이다(Aho et al., 2006; Sahlberg, 2011). 핀란드에서는 어느 수준, 혹은 어느 분야의 교육이든 독단이나 독선은 없으며, 구성원의 합의와 협동을 바탕으로 운영되고 있다.

1. 공동의 책임의식

핀란드 학교에서는 질 높은 우수한 교사가 가르치고 있는데 이들은 단지 자신이 가르치는 학생에게만 관심을 기울이는 것이 아니라, 해당 학교의 모든 학생에 대해 공동의 관심과 책임의식을 가지고 있다(Hargreaves et al., 2007). 교장 역시 자신이 몸담고 있는 학교의 학생에게만 관심을 갖는 것이 아니라, 지역사회 전체 학교의 학생에게 관심을 기울이며 교육을 운영해 가고 있다(Rinne et al., 2002). 그리고 각 지자체는 이들이 협력할 수 있는 네트워크와 기반을 마련하고 있다. 이러한 협동정신의 바탕에는 이 나라에서 국민의 80%가량이 믿고 있는 루터교회의 공동체 정신, 근면 정신도 자리 잡고 있다(Simola, 2005).

한편 문제 있는 교사 및 교장에 대해서는 징벌적 접근을 하는 것이 아니라 지원적 접근을 하는 것이 핀란드 방식이다(Pyhalto et al., 2012). 한 예로 어느 지자체에서 어려움에 처한 학교가 있을 경우 지자체 교육담당자는 교장을 해고시키거나 옮겨 주는 것이 아니라, 문제의 원인을 찾아내어 학교를 어떻게 도울지에 대해서 먼저 생각한다. 이들은 대체로 해결책이 해당 학교에 있다고 생각하며, 그 학교의 교장을 믿고, 교장이 문제를 해결해 나갈 수 있도록 도와주는 것을 최우선으로 여긴다. 교장은 중요한 역할을 하는 사람이기 때문에 교장이 성공할 수 있도록 돕는 것이 교육행정기관의 역할이라고 본다. 그리고 이는 교사의 경우에도 동일하게 적용된다. 문제 있는 교사가 있을 경우에 평가하여 제제를 가하거나 불이익을 주려고 하기보다는 그를 도와서 스스로 개선할 수 있도록 하는 것이 이들의 우선적인 접근이다(Hargreaves et al., 2007; Pyhalto et al., 2012).

핀란드 학교는 교사와 학생의 교수-학습을 지원하기 위해 학생의 영양 지원, 건강서비스, 심리상담, 진로상담 등 다양한 지원 시스템을 갖추고 있다. 이러한 지원 시스템의 각 담당자 사이에도 긴밀한 협력체제가 구축되어 있다. 학생에게 문제가 발생했을 경우 이 협력지원팀으로부터 도움을 받는다. 그리고 핀란드 각 학교 운영위원회에 참여하는 교사, 학생, 교장, 직원, 학부모 대표는 합의를 통해 의견을 모으고 학교를 운영해 나가고 있다. 이러한 과정을 통해 일단 합의가 이루어지고 나면 교장이나 운영위원이 바뀌더라도 합의된 사항은 일관되게 추진하는 것이 핀란드 학교의 모습이다(Sahlberg, 2015).

2. 전국망으로서의 교사네트워크

핀란드 학교와 교사는 학교의 범위를 넘어서는 협력관계와 네트워크 체제를 구축하고 있다. 핀란드 교사는 해당 지역 지자체 내에서 타 학교 교사와 다양한 네트워크를 통한 협력과 교류를 하고 있으며, 더 나아가 전국적인 네트워크 안에서 활동하는 교사도 많다(Finnish National Board of Education, 2016). 다양한 협력 네트워크를 통해 이들은 상호 발전을 도모하면서 높은 표준을 만들어 가고 있다(Lavonen et al., 2004). 이러한 교사네트워크는 핀란드 교사의 질을 높이는 데 기여하고 있다. 핀란드 교사의 이러한 협력적 네트워크는 상호신뢰를 기반으로 하고 있는데, 핀란드 교사는 대체로 "교육계에 있는 사람은 상호 협력적이며, 서로 헐뜯거나 싫어하는 일이 없고, 존중하는 마음을 가지고 있으며 서로 발전하고 성장할 수 있는 기회를 주려고 하는 사람"이라는 인식을 가지고 있다(Krzywacki et al., 2011: 18). 이와 같이 핀란드에는 단위학교 및 지역공동체 차원에서 학교 네트워크 및 교사공동체가 견고하게 구축되어 있는데, 이는 교육혁신의 추진 및 확산에 큰 기여를 하고 있으며 핀란드 교육 성공 및 학교 간 격차 완화의 주요 기반이 되고 있다(Schleicher, 2006).

3. 교장과 교사의 협력

핀란드의 학교 조직에서는 리더십의 적절한 분산이 이루어지고 있다. 이는 교장이 리더십을 이양해 주기 때문이 아니라, 이미 학교 조직과 문화 속에 리더십 분산 풍토가 만들어져 있기 때문이다(Crowther et al., 2002; Spillane, 2006). 핀란드에서 교장과 교사는 각각 '전문가(society of experts)'로 인정받고 있는데, 교장뿐만 아니라 교사도 자율적인 의사결정을 할 수 있으며, 스스로 높은 수준의 기준을 세우고 독립적인 판단을 하는 사람이라는 인식을 가지고 있다.

교장은 현장전문가로서 예산 배분, 직원임용, 규범 적용, 현직교육, 팀 구성, 학부모 관계 등 광범위한 분야의 다양한 일을 감당하는 사람이다. 규모가 작은 학교에서는 모든 일을 교장이 다 감당하며 규모가 큰 학교에서는 학교 구성원과 분담하여 수행하기도 한다. 그런데, 핀란드 학교에서는 교장과 교사 사이의 리더십 차이가 크지 않아, 교장이 건강 등의 이유로 학교를 운영하기 어려울 때는 교사가 운영에 참여하기도 한다(Gayer, 2003). 교장의 리더십은 교사와의 공유를 통한 협력의 리더십이다. 핀란드 학교의 교장은 쉽게 말을 붙일 수 있는 편안한 상대이고, 교사에게 친구 같은 존재이며, 교사를 도와주는 사람으로 인식되고 있다(Hargreaves et al., 2007). 학교에서의 이러한 협력적, 수평적 리더십은 핀란드의 오랜 전통이기도 하다(Honore, 2004). 하지만 학교에서 여러 활동을 위해 팀을 구성하거나 중요한 의사결정 상황에서는 교장이 공식적인 중심 역할을 한다.

핀란드에서는 교장의 자격을 법으로 규정하고 있는데, 교장은 반드시 교사 경험이 있어야 한다. 교사 경험이 있어야 하는 이유는 교장이 되어서도 가르치는 일은 계속 하기 때문이다. 현재 핀란드 모든 학교에서 교장이 수업을 하고 있는데 학교 규모에 따라 1주일에 적게는 2~3시간, 많게는 20시간까지 수업을 담당한다(Hargreaves et al., 2007: 21). 교장의 이러한 수업 참여는 교사에게 신뢰를 주고 있으며 학생과 지속적으로 연결될 수 있도록 하고, 교사의 수업을 실질적으로 도울 수 있는 기반이 된다. 핀란드에서 이와 같이 교장이 수업을 담당하는 것은 오래전부터 이어져 온 일이기 때문에 특별한 것이 아니다.

교장이 학교 업무의 효율적인 수행을 위해서 학교를 운영하는 일에만 집중을 해도 쉽지 않을 것이다. 그럼에도 불구하고 어떻게 수업까지 할 수 있는지 궁금했는데, Ressu 종합학교의 Erja Hoven 교장과의 면담을 통해 그 답을 찾을 수 있었다. 그는 "다른 나라와 달리, 핀란드에서는 위로부터 내려오는 공문이나 행정과업이 거의 없기 때문에, 교장도 충분히 수업을 할 수 있다"라고 언급하였다. 즉 교장이 담당해야 할 행정업무가 적기 때문에 교장은 수업도 할 수 있으며, 교사들의 교육활동 지원에 전념할 수 있는 것이다.

핀란드 학교에서 교장과 교사 사이의 협력적 네트워크가 이루어지는 중요한 토대가 바로 이러한 교장의 수업 담당이다. 핀란드 교장은 가르치는 활동을 지속적으로 수행함으로써 자기 자신을 교사의 '보스(boss)'로 인식하는 위험으로부터 벗어나고 있다. 이와 같이 핀란드 학교에서 교사와 교장 사이의 관계는 결코 위계적이지 않으며 뚜렷하게 구분되어 있지도 않다. 이들에게 있어 훌륭한 교장 리더십의 역할은 지위의 문제가 아니라 교사들이 최선의 교육활동을 수행하도록 환경을 조성하는 데에 초점이 있다(Hargreaves et al., 2007: 21).

4. 교육행정가의 리더십 공유

이들의 협력 정신이 구체적으로 나타나는 또 하나의 예는 '지자체의회(municipal council)'이다. 핀란드는 지방분권형 국가로서 지자체의회가 각 지자체를 이끌어가는 실질적인 주체이다. 이 지자체의회는 각 지역에서 정책 및 의사결정과 관련된 주체를 거의 모두 참여시키기 때문에 규모가 상당히 큰 편이다.

핀란드에서는 지역교육과 관련해서 각 지자체가 교육을 담당하는 주체이지만, 결코 지자체의 장이나 지자체의 교육담당자가 해당 지역 교육리더의 역할을 독점하지 않는다. 협의체를 중심으로 교육행정을 운영하면서 자연스럽게 공유체제가 구축되어 있다(Hargreaves et al., 2007).

이와 같이 핀란드에서는 지자체와 학교, 학교와 학교, 학교 내부에서의 리더십 공유 체제가 구축되어 있다. 핀란드에서 교육리더십 위치에 있는 사람은 지역의 수직적·수평적 구조 속에서 책임과 권한을 공유하고 있다. 예를 들어 앞에서 언급한 것처럼 핀란드 교장은 자기가 근무하는 학교의 학업 성취도에만 관심을 가져서는 안 되며 이웃 학교의 학업 성취도에 대해서도 관심을 가져야 한다는 인식을 가지고 있으며, 학교 리더의 관심이 자신의 학교 울타리를 넘어 지역 학교로까지 확대되어 있다. 따라서 인근 학교 사이의 경쟁의식은 거의 없으며 경계의 벽 또한 약하다. 이러한 과정에서 유용한 자원을 좀 더 적절하게 서로 공유하며, 협력적 네트워크를 통해 문제를 해결할 뿐만 아니라 발전 전략도 공유한다. 핀란드 학교 현장의 리더십 분산 및 공유는 학교 내에서의 리더 역할 공유로도 이어져서 단위 학교에서 많은 교사가 학교발전위원회 등에 주체적으로 참여한다(Hargreaves et al., 2007: 30).

한편 리더 역할이 분산되는 경우 권한이 줄어들고 책임이 늘어날 수 있어 이를 부정적으로 보는 시각도 있다(Whitty et al., 1998). 하지만 교원에 대한 외부의 요구나 간섭이 없기 때문에 리더 역할 분산에 따른 과부하 문제가 크지 않다고 한다(Hargreaves et al., 2007: 30). 다른 나라에서 많이 나타나고 있는 경쟁의 이념도 핀란드에는 크게 영향을 미치지 못하고 있는데, 이는 리더십 공유를 포함한 협력체제가 견고하게 구축되어 있기 때문이다. 이러한 풍토 아래 핀란드 교육리더십은 개별적인 고립적 리더십이 아니라 신뢰와 책임을 바탕으로 한 협력적 리더십으로 발휘되고 있다.

이와 같이 핀란드에서는 교육을 운영함에 있어 협력과 협의를 기반으로 하고 있다. 상급기관에서도 협력이 주요 기반이 되고 있으며, 단위학교에서도 협력 문화가 견고하게 구축 되어 있다. 즉 핀란드에서는 지역의 학교 사이에도 경쟁보다는 협력적인 관계가 구축이 되어 있으며, 학교 내에서도 교장과 교사 사이의 긴밀한 협력 관계를 바탕으로 교육활동이 이루어지고 있다. 교사 역시 각 학교 내에서의 협력뿐만 아니라 교사 네트워크망을 활용하여 타 학교 교사와 협력적 관계를 유지하고 있다. 즉 핀란드의 교육담당자 및 교원은 커다란 협력 관계 망 속에서 교육활동을 수행하고 있는 것이다. 이러한 협력 및 협동 체제는 교육담당자로 하여금 '내 아이', '내 학교'에만 관심을 갖게 하는 것이 아니라, '우리 아이', '모든 학교'에 관심을 갖게 하는 기반이 되고 있다. 핀란드 교육 운영에 있어 이러한 전반적인 협의와 협동 문화는 함께 교육 성공을 이루어나가는 핵심 토대가 되는 것이다.

제13장

핀란드 교육의 힘 4: 믿고 맡기는 교육자치

핀란드는 국가 교육을 운영함에 있어 분권화 및 철저한 교육자치제를 하고 있는 나라이다. 분권화 체제는 1990년대부터 추진되었는데, 그 이전에는 상당히 오랜 기간 동안 중앙집권적 체제로 운영해 왔던 나라였다(Simola, 1998). 지방분권적인 교육 체제 및 교육자치제로의 변화는 핀란드 교육 성공의 또 하나의 기반이라고 할 수 있다.

1. 국가 교육체제의 분권화

핀란드에서 수십 년 동안 이어졌던 중앙집권적 통치체제는 1970년대 종합학교 개혁 시기까지 절정을 이루다가, 1988년 국가 관리 체제를 분권화시키고자 하는 정부의 결단에 의해 분권화가 추진되었다. 1980년대 말부터 핀란드 정부는 그 이전 시기까지의 중앙집권적 체제를 버리고 분권화, 자율화 체제로의 획기적인 전환을 시도한 것이다. 이는 획일적·관료적·비생산적 체제를 과감히 버리겠다는 국가적 결단이었다(Kivinen et al., 1995).

1990년대 핀란드 국가 체제의 변화 중에서도 교육 체제의 변화가 가장 역동적으로 일어났다고 할 수 있는데, 우선적으로 국가 교부금 체제를 개혁하여 각 지자체의 재정 권한을 강화하는 방향으로 나아갔다(Rinne et al., 2002: 652).

이에 따라 각 지자체의 세금 징수권이 확대되었는데, 지자체 세수(稅收)의 대부분은 소득세이다. 중앙정부의 교부금도 총액 교부제로 하여, 각 지자체 교육재정 운영의 자율권을 확대해 주었다. 총 교육예산의 약 57%는 중앙정부에서 지원해 주고 있으며, 43%는 지자체 예산에서 충당하고 있다(Association of Finnish Local and Regional Authorities, 2016). 이와는 별도로 지자체는 중앙정부로부터 학생의 건강 및 사회복지 관련 예산도 지원받는데, 이 역시 총액으로 지원된다. 구체적인 배분 및 운영은 지자체가 자율적으로 하도록 하고 있으며, 교원의 임용이나 해고 또는 학교의 통폐합 등도 지자체의 권한이다(Grubb et al., 2005: 16－17).

이들의 분권화의 기반에는 각 지역이나 각 학교의 많은 전문가에 대한 신뢰를 바탕으로 하고 있다. 중앙집권적 체제에서는 각 지역 전문가의 전문성이 발휘되기 어렵지만, 분권형 체제에서는 이들의 전문성이 발휘될 수 있다는 강한 믿음이 분권화의 바탕이 된 것이다(Haveri, 2008). 그리고 이러한 변화는 과거의 권위적인 정부의 감독 및 관리 체제로부터의 단절을 의미하기도 한다. 과거에는 교육 분야에서 정부가 주도하는 단 하나의 획일적인 교육이 이루어졌다면, 분권화 및 교육자치제 이후에는 전국에 걸쳐 300여 개의 지자체에서 각각의 특성에 맞는 교육을 실시하여 2016년 기준으로 313개의 지자체에서 다양한 교육이 이루어지고 있는 것이다(Association of Finnish Local and Regional Authorities, 2016).

2. 일반자치와 교육자치의 통합

핀란드는 일반자치와 교육자치가 통합되어 있는 나라이다. 따라서 지역 교육은 해당 지역의 지자체가 책임지도록 하고 있는데, 거의 모든 지자체에서 교육은 핵심 과업 중의 하나이다. 핀란드 각 지자체는 교육 예산 배분 및 활용, 교육과정 구성, 교장 및 교원의 선발, 자체평가 등 교육의 거의 전 분야에서의 책임과 권한을 가지고 있다. 한 예로 투르구(Turku)시의 지자체 구조를 살펴보면 다음과 같다.

그림 13-1 Turku시 행정체제

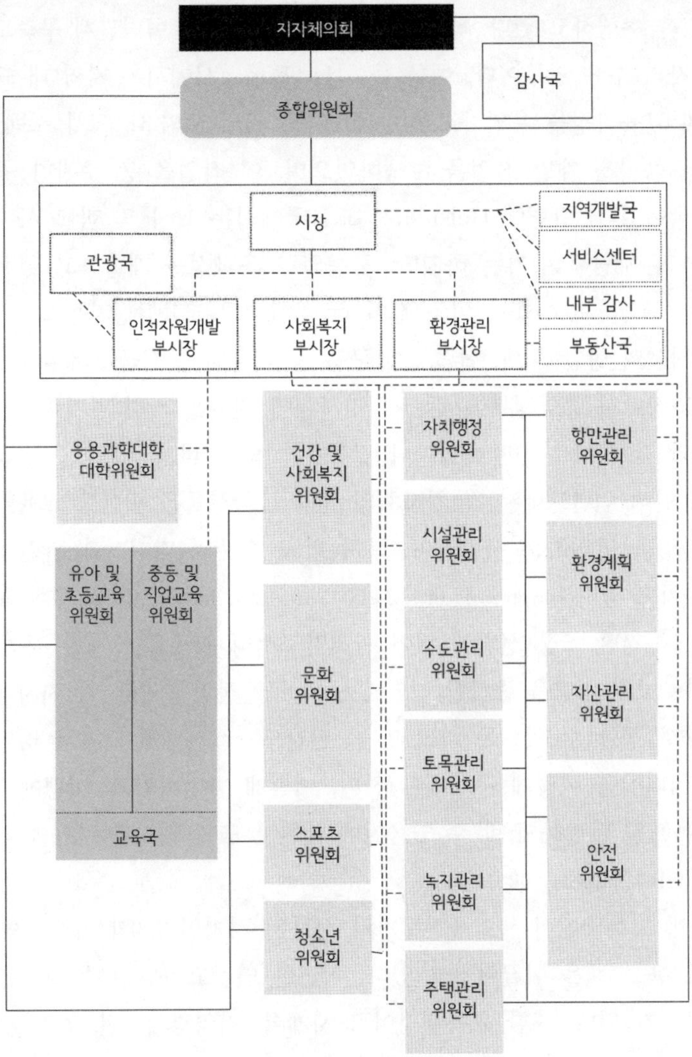

자료: Turku시홈페이지(http://www.turku.fi)(2016.8.20.)

핀란드 교육에서 각 지자체 교육담당자의 역할과 비중은 매우 크다. 이들은 지자체 내에서 사회복지 및 보건 정책 담당자와 긴밀하게 협력하면서 교육 분야 행정을 수행하고 있다. 해당 지역 내 학교 사이의 협력관계 구축도 지자체 교육담당자의 주요 업무이다. 예를 들어 Jarvenpaa시에서는 지역 내 모든 학교가 공통의 교육과정을 운영하고 있는데, 이를 위해 지역 내 교사 수백 명이 함께 모여 교육과정 개발 작업을 수행하였으며, 이 작업을 총 주관한 곳은 시의 교육담당국이었다. 반면에 Helsinki시 교육국에서는 교사 및 학교 사이의 협력을 중시하고 지원해 주기는 하지만, 공동의 교육과정을 개발하고 있지는 않다(Hargreaves et al., 2007: 19). 이와 같이 각 지자체의 교육담당자는 그 지역 교육을 위한 최선의 방안 모색, 협력체제 구축 등을 위하여 적극 노력하고 있다. 그리고 이 과정에서 중앙정부에서는 각 지자체에 권한을 거의 넘겨주었기 때문에 중앙정부의 간섭으로 인한 마찰이나 갈등은 거의 없다.

이로 인해 핀란드에서 각 지자체의 교육국 국장들은 핀란드 교육발전에 상당한 영향력을 발휘하는 사람이며, 특히 학교 수준의 리더십과 관련해서도 큰 영향을 미치고 있다(Hargreaves et al., 2007: 19－20). 교장 선발을 위한 국가 기준이 있기는 하지만 교장 선발에 있어 관리자로서의 역량을 중시할 것인지, 아니면 교육자로서의 역량을 중시할 것인지 등의 구체적인 기준은 각 지자체 교육국에서 재량껏 정할 수 있도록 하고 있다. 핀란드 각 지자체 교육국 리더는 대체로 학교 리더십을 어떻게 구성해야 하며, 어떻게 발전시키고, 어떻게 효과적으로 학교 목표를 달성하게 할 수 있을지에 대한 분명한 철학과 관점을 가지고 있는 전문가이다(Sahlberg, 2011).

지자체 교육국에서는 교육전문가와 선출된 정치인(지자체 위원회 의원)이 함께 시의 교육 정책을 이끌어가고 있다. 이러한 연결고리를 통해 교육문제는 공동체의 문제가 되며, 또한 교육행정이 도시계획, 지역경제발전, 건강 및 사회복지, 주택 및 문화 행정 등과 연계되어 이루어지는 토대가 되고 있다. 이러한 맥락에서 실질적으로 이들에게 교육행정은 별도의 과업 분야가 아니라 지역의 여러 행정 과업들과 통합되어 이루어지는 종합행정의 한 영역이다. 결과적으로 핀란드 각 지역에서 교육은 지역의 사회, 경제, 복지, 문화, 보건 분야와 긴밀한 연계 속에서 이루어지는 통합 과업이다(Hargreaves et al., 2007: 20).

3. 학교 자치권

핀란드에서는 철저한 교육자치제가 이루어지고 있는데, 교육자치는 학교자치로 이어지고 있다. 중앙의 교육 관리 권한을 지방정부로, 지방정부는 다시 단위학교로 권한을 넘겨준 것이다. 그리고 단위학교의 책임을 강조하며 모든 학교가 자체평가를 하고 그 결과를 공표하도록 법으로 규정하고 있다(Johannesson et al., 2002: 326−329).

핀란드에서 국가 교육정책 추진에 있어 실질적인 운영책임자는 단위학교(장)이다(Johannesson et al., 2002: 328). 기본적인 국가의 법과 규정이 있지만 그 범위 내에서 단위학교는 학교의 재정이나 행정뿐만 아니라 교육과정, 교육 내용, 교육 방법 등에 대해 일체의 자율권을 갖는다. 국가 차원에서의 직접적인 통제는 없으며 국가 차원의 학교에 대한 평가제도도 없다. 학교 교육담당자에게 자율을 주고 스스로 감독하고 평가하며 책임을 지도록 하고 있는 것이다.

교육행정과 관련하여 각 단위학교에서 교장의 자율과 권한은 상당하며 동시에 교장의 책임도 크다. 단위학교에 주어진 자원의 활용과 관련하여 막대한 권한이 교장에게 주어져 있기 때문에 교장의 행정적·경제적 과업 역시 상당히 많은 편이다. 핀란드의 교장은 이러한 변화를 매우 빠르게 받아들이고 있으며, 책무에 대해서도 빠르게 내면화시키고 있다(Johannesson et al., 2002: 326−329). 그리고 각 학교에서 교장은 교사와의 협력관계 속에서 학교를 운영해 가고 있다. 이와 같이 핀란드는 교육활동 수행에 있어 실질적인 권한과 책임을 단위학교의 교장과 교원에게 주는 학교자치를 구현하고 있는 나라이다. 그렇다고 해서 국가 통제로부터 완전히 벗어나는 것이 아니라 어디까지나 국가가 정한 법 규정의 토대 위에서의 학교자치이다.

4. 교사 자율권

어느 나라에서든지 교사의 자율성과 전문성은 그 나라 교육의 성패를 좌우하는 핵심적인 요인이다. 핀란드에서는 교육자치의 토대 위에서 교사의 자율성을 보장해 주고 있으며, 교사가 전문성을 발휘할 수 있는 여건도 만들어 주고 있다.

앞에서 언급한 대로 핀란드는 오랫동안 중앙집권적 교육행정체제를 유지해 오던 나라이다. 1990년대 무렵부터 국가 통치체제에 대한 과감한 분권화 개혁을 통해 광범위하고 철저한 교육자치제를 실시하게 되었는데, 각 지자체에서는 교육에 관한 거의 완전한 자율권을 행사하고 있다. 이와 더불어 국가, 지자체, 각 학교 사이에는 상당히 유연하고 긴밀한 연계 체제를 구축하고 있다(Krzywacki et al., 2011: 6). 국가의 교육정책이나 방침이 강제나 강요에 의해 구현되는 것이 아니라, 각 지자체나 학교의 전문적 자율성과 신뢰의 토대 위에서 이루어지고 있다. 국가에서 강제하지 않지만, 각 지자체나 학교에서 자발적이고 전문적인 판단에 의해 국가의 방침을 따르는 것이다. 이러한 관계는 국가가 각 지자체나 학교의 전문성과 역량을 믿고, 각 지자체나 학교 역시 국가를 신뢰하기 때문에 가능하다(Haveri, 2008; Sahlberg, 2011). 이러한 토대는 핀란드가 OECD 국가 중에서 국가기관에 대한 국민의 신뢰도 면에서 제1위인 것으로도 증명이 되고 있다(OECD, 2010).

1980년대 이후 핀란드에서는 교사의 교육활동과 관련하여 의미 있는 두 가지 변화가 이루어졌다. 첫 번째는 1985년부터 그동안 학교 교육에 대한 감시 및 통제의 핵심 장치였던 국가나 지자체 수준에서의 장학 및 장학사 제도를 과감하게 폐지한 것이다. 두 번째는 1990년대 초부터 교육 내용과 방법에 대한 자율권을 각 학교와 교사에게 부여해 준 것이다. 즉 국가가 지정해 주는 교과서 제도를 없애고 교사에 대한 교육내용 통제 장치들을 제거한 것이다(Hargreaves & Shirley, 2009). 그동안에는 교사들이 국가가 지정해 준 교과서와 교육 자료를 가지고 가르쳤었는데, 국가가 이를 과감하게 없앤 것이다. 국가에서 강제하는 교과서 제도가 없어졌기 때문에 교사는 국가 핵심교육과정의 틀 내에서 재량껏 교육 내용과 방법을 정해서 가르칠 수 있게 되었다.

이로 인해 핀란드 단위학교에서 교사는 상당한 자율을 누리고 있다. 국가 핵심교육과정의 범위 내에서 학교교육과정 편성과 운영에 있어 자율을 누리고 있으며, 교과서 검인정제도가 없기 때문에 교사는 교육내용과 교육방법 결정에 있어서도 자율적·전문적으로 판단하여 학생을 가르친다. 필자가 방문한 많은 학교에서 교사들이 교과서 없이 자신이 만든 자료만으로 수업하는 모습을 보여주기도 하였다. 그리고 1990년대에 장학제도가 폐지된 이후 교사를 통제하거나 평가하는 어떤 장치도 도입되지 않았다. 그야말로 핀란드 교사는 개인적인 양심과 철학, 전문성을 바탕으로 학생을 가르치고 있는 것이다. 이로 인해 무엇보다도 핀란드에서 교원의 자율과 책임, 헌신 의식이 높아지는 결과를 낳았다(Hargreaves et al., 2007: 19). 교사 스스로도 자신이 충분한 자율권을 누리고 있다는 것에 대해 대부분 적극적으로 동의하고 있다(Juha et al,, 2015). 교사는 이러한 자율을 바탕으로 전문성을 발휘하고 있으며, 교사에 대한 자율과 신뢰는 교사의 헌신으로 이어지고 있는 것이 핀란드의 모습이다(Sahlberg, 2007). 이러한 토대에서 나온 교사의 전문적 역량의 헌신적인 발휘가 핀란드 교육 성공의 또 하나의 기반이 되고 있는 것이다.[1]

1 핀란드 교육자치제도 특징에 대해서는 김병찬(2012)의 '핀란드 교육자치제도의 특징과 시사점' 논문에 자세하게 정리되어 있다.

제14장

핀란드 교육의 힘 5: 튼튼한 교육복지

핀란드는 대표적인 교육복지 체제를 갖추고 있는 나라이다. 핀란드에서는 예비학교, 종합학교, 고등학교, 대학교, 대학원까지 모든 공교육 과정이 무상으로 이루어지고 있다. 자라나는 후세대의 교육활동이 가정의 경제적 형편에 의해 영향을 받지 않도록 국가가 지원해 주고 있다. 자신의 의지와 노력만 있으면 누구든지 자기가 원하는 만큼 공교육을 받을 수 있다. 따라서 핀란드에서는 누구든 가정의 경제적 형편 때문에 교육을 받지 못했다는 이야기는 하기 어렵다. 단순하게 학비만 지원하는 것이 아니라 생활비를 포함하여 기본적으로 공부하는 데 필요한 대부분의 것들을 국가가 지원해 주고 있기 때문이다.

1. 학비 걱정 없는 학생들

핀란드에서는 누구든 공부할 마음과 의지만 있으면 얼마든지 공부할 수 있다. 물론 학비를 지원해준다고 해서 공부를 지속하기 위한 모든 여건이 갖추어지는 것은 아니다. 하지만 무상교육 체제는 학비 때문에 학교를 더 이상 다니지 못하거나 학비가 부담되는 학생에게는 교육을 지속할 수 있는 중요한 장치가 된다. 핀란드에서는 모든 교육 과정에 대한 무상교육뿐만 아니라, 학생이 학업에 전념할 수 있도록 학업지원금을 지원해줌으로써 보다 실질적인 무상교육 체제를 구축하고 있다. 앞에서 언급한 대로 모든 교육단계에서 등록금을 전액 지원해 주고 있고, 의무교육 과정인 종합학교 1~9학년 과정에서는 공책과 연필 등 학습도구, 교과서, 교재, 학습자료까지 학습에 필요한 모든 것을 국가가 지원해 주고 있다. 학교 급식은 초·중등교육 과정에 있는 모든 학생에게 무료로 제공되고 있다. 대학생은 학업지원 및 주거지원비 명목으로 월 400~500유로(한화 약 60만원~75만원) 정도를 지원받고 있다.

한국을 비롯한 주요 국가에서 공교육에 대한 사적 부담, 특히 고등교육 과정에서의 개인적 부담은 빈부의 격차를 더욱 심화시키고 있으며, 공동체를 위협하는 사회적 문제가 되고 있기도 하다(Weston, 2011). 하지만 핀란드에서는 고등교육을 포함한 공교육의 모든 과정에 대해 무상교육을 실시하여 사회적 격차를 완화시킴으로써 교육이 사회공동체를 유지하는 든든한 토대가 되고 있다(Simola, 2002).

핀란드의 교육복지정책은 사회적 불만을 완화시키고, 국가를 신뢰하는 기반이 되고 있다. 앞에서 언급한 대로 핀란드 국민의 국가에 대한 신뢰도가 OECD 국가 중에서 1위인 것으로 나타났는데, 이는 무상교육을 비롯한 국민에 대한 국가의 종합적인 지원으로 인한 자연스러운 결과이다. 국가를 신뢰하기 때문에, 높은 세금 부담률[1]에도 불구하고 이들은 거의 대부분이 정직하게 기꺼이 세금을 납부하고 있는 것이다. 그리고 이러한 세금은 무상교육을 비롯한 복지체제를 구축하는 기반이 되는데, 이를 통해 자연스러운 선순환 구조가 만들어지고 있다.

2. 탄탄한 교육안전망 시스템

핀란드에서는 정규교육과정 이외에 학생이 재기(second-chance)할 수 있도록 다양한 교육 안전망이 구축되어 있다. 재기교육 과정은 정규교육 과정에서

1 2015년 기준으로 핀란드 국민의 조세부담율은 43.9%에 이르고 있고, 참고로 한국의 경우는 24.6% 정도이다(OECD, 2016).

일탈한 학생이 다시 정규교육 과정으로 들어가도록 도와주거나, 직업을 얻도록 교육시키는 대안교육 과정이다. 핀란드는 이 재기교육 과정을 그 어느 나라보다도 잘 갖추고 있는 나라인데, 교육 안전망의 주요 사례를 살펴보면 다음과 같다(Grubb et al., 2005: 32−35).

첫째, 10학년 제도이다. 종합학교 9학년을 마친 학생 중에 고등학교에 들어갈 충분한 점수를 얻지 못한 학생이나, 혹은 자신이 원하는 고등학교에 들어가지 못한 학생은 그 준비와 보완을 위해 본인이 원할 경우 종합학교 10학년으로 들어갈 수 있다. 종합학교 졸업생 중에서 약 2% 정도의 학생이 이 과정에 들어가고 있는데, 이 과정에 있는 학생은 자신의 학습을 보충하거나 자신에게 좀 더 흥미 있는 직업 영역을 탐색하면서 배운다. 이들에게 자신의 능력과 역량을 개발할 수 있는 또 한 번의 기회가 주어지는 것이다. 10학년에 있는 학생들에게는 정규교사뿐만 아니라 특수교사를 비롯하여 상담교사, 복지지원팀 등이 배치되어 종합학교 재학생과 동일한 혜택이 주어진다.

둘째, 청소년 참여 프로젝트(the youth participation project) 프로그램이다. 이 프로그램은 종합학교 마지막 학년에서 어려움을 겪는 학생을 위한 프로그램이다. 39개 지역에서 이 프로그램이 운영되고 있는데, 학생의 문제를 조기에 진단하여 도와주는 프로그램이다. 이를 위해 교육당국, 사회복지사, 청소년지도사, 직업관계자 등이 협력하여 학생을 지원해 주는 제도이다. 이 과정을 통해 학교 적응을 도와주어 학교를 그만두거나 학교로부터 일탈하는 학생을 최소화시키고 있다.

셋째, 직업준비 프로그램(workshop programmes)이다. 고등학교 과정에서 학교에 적응 못하고 소외되는 학생을 위한 프로그램이다. 이 프로그램은 보통 비정부기관에서 운영을 하는데, 부적응 학생에게 정규 학교 학습이 아닌 직업 관련 프로젝트를 수행하도록 하고 있다. 그리고 궁극적으로 이들이 직업 시장으로 진출할 수 있도록 돕고 있다.

넷째, 견습 프로그램(apprenticeship programmes)이다. 이 프로그램은 직업고등학교를 마친 학생 중 취업을 하지 못한 학생을 대상으로 그들이 직업 현장에서 경험을 쌓도록 하는 프로그램이다. 이 프로그램은 학교교육과 직업경험을 함께 요구하는 직업분야로 진출하기를 원하는 학생을 위한 프로그램인데, 이 프로그램에 참여한 학생 중 약 80% 정도가 프로그램을 마친 후 성공적으로 취업을 하는 것으로 나타났다.

다섯째, 다양한 각종 성인교육 프로그램이다. 핀란드는 성인교육 프로그램이 매우 활성화되어 있는 나라이다. 성인교육 프로그램은 여러 형태가 있는데, 학업기회를 놓친 성인이 인문고등학교나 직업고등학교에 들어가 어린 학생과 함께 배우는 것도 성인교육 과정 중의 하나이다. 교양으로 배우는 과정도 있고, 재취업을 위해 배우는 과정도 있다. 물론 이 과정을 통해 자격증을 취득할 수도 있다. 여러 유형의 성인교육기관을 대학, 지자체, 비정부기관 등 다양한 기관에서 운영하고 있다.

이와 같이 핀란드에서는 정규 학교 과정을 모두 무상으로 운영하여 가정의 경제적 형편에 상관없이 누구든 공교육을 받을 수 있는 견고한 체제를 구축하고 있을 뿐만 아니라, 각종 공교육 과정에서 적응하지 못하는 학생을 위한 재기 교육 과정을 마련하여 직업 및 사회 진출을 돕는 튼튼한 교육안전망을 갖추고 있다. 경제적 형편에 상관없이 누구든 모든 교육을 받을 수 있도록 마련된 교육복지시스템, 그리고 교육적 약자나 소외자를 위한 국가 차원의 적극적인 지원 노력 등이 핀란드 교육 성공의 기반이 되고 있다.

제15장

핀란드 교육의 힘 6: 우수한 교사

어느 조직에서든지 성공적인 과업 수행을 위해서는 훌륭한 인적자원을 확보해야 하고, 그 인적자원이 역량을 최대한 발휘할 수 있는 여건을 만들어 주어야 한다. 핀란드에서도 국가 교육 과정에 매우 다양한 인적자원이 참여하고 있는데, 그중에서도 직접적으로 교육을 담당하고 있는 교사의 역량이 탁월하고 우수한다는 것이 핀란드의 특징이자 장점이다(Darling-Hammond, 2009). 아울러 이러한 교사가 안정적으로 교육활동에 전념할 수 있도록 하는 여건들도 잘 갖추어져 있다.

1. 질 높은 교사교육

앞에서 언급한 것처럼 핀란드에서는 우수한 인재들이 교사가 되기 위하여 교사교육기관에 입학을 하는데, 이들은 5년 동안의 석사학위 과정을 통해 철저한 교사교육을 받는다. 핀란드의 교사교육 과정은 학습 강도가 높아 학위 과정은 5년이지만 대체로 많은 수의 학생이 6~7년 정도 걸려 이 과정을 마치고 있다(Finnish Ministry of Education and Culture, 2016).

초등교사교육 과정에 있는 학생은 5년 동안의 석사학위 과정을 통해 교육학 석사학위를 받게 되며 교사교육 프로그램을 병행하여 이수한다. 중등교사교육 과정에 있는 학생은 두 가지 트랙에서 병행하여 함께 교육을 받는데, 석사학위는 교사교육학과가 아닌 자신의 해당 전공 일반학과에서 이수를 하고, 교사교육프로그램은 교사교육학과에서 이수를 한다. 즉, 일반학문 분야에서 석사학위를 이수했거나 이수하고 있는 학생 중 교사가 되고자 하는 학생의 지원을 받아 선발한 후, 이들을 대상으로 1년 동안의 교사교육프로그램을 이수하게 하여 교사자격을 부여하고 있는 것이다.

핀란드에서 교사교육 과정에 있는 학생은 각 대학의 교사교육 프로그램에 따라 교육을 받게 되는데, 대학에서 교사교육 강좌 수강뿐만 아니라 학교 현장에서 매우 체계적이고 철저한 교육실습 과정을 거친다. 교육실습은 대체로 약 6개월 동안 세 차례에 걸쳐 이루어진다. 교육실습 전문학교인 '교사훈련학교(teacher training school)'와 지역의 일반학교에서 교육실습이 이루어지는데, 수업참관 및 수업 활동, 인턴십 등의 과정으로 구성되어 있다(Jakku-Sihvonen & Niemi, 2006).[1]

교사교육 과정에서는 현장과의 연계를 매우 중시하며 학교 현장의 학급에서 생길 수 있는 다양한 상황들을 철저히 분석하고 익히게 한다. 예를 들어 이민자 자녀, 음주나 흡연, 비행 등의 문제를 가진 아이를 어떻게 다룰 것인지에 대해 철저히 배운다. 그리고 핀란드 교사교육 과정에서는 교사를 단순히 교육과정 지식을 전달하는 사람으로 보지 않고, 교과 및 교육활동에 있어 전문성과 자율성을 가진 독립적인 전문가로 보고 교사교육을 시키고 있다(Jakku-Sihvonen & Niemi, 2006; Krzywacki et al., 2011). 또한 교사가 갖추어야 할 높은 수준의 수행 및 교육역량을 길러주기 위하여 교사양성 과정에서부터 예비교사에게 헌신, 자율, 전문성 등의 의식을 심어주고 있으며(Hargreaves et al., 2007: 15-16) 이와 같이 철저하고 체계적인 교사교육을 통해 교직 초기단계에서부터 교사의 질을 확보하려는 것이 핀란드의 전략이다. 30여 년이 넘도록 지속적이고 안정적으로

1 핀란드 교사양성교육 과정에 대해서는 김병찬(2013)의 '핀란드 교사양성교육 프로그램의 특성' 논문에 자세하게 정리되어 있다.

이러한 전략을 추진해 오면서 오늘날 세계 제1위의 교사 역량을 갖춘 나라가 되었으며(Brookings Institution, 2016), 이러한 우수한 교사 자원은 핀란드 교육 성공의 핵심 기반이 되고 있다.

2. 안정적 교육 여건

핀란드에서 우수한 교사를 길러내기 위하여 노력할 뿐만 아니라, 교직에 들어 온 교사로 하여금 최대한 자신의 역량을 발휘할 수 있도록 하기 위한 여건을 만들어 주는 데에도 많은 관심을 기울이고 있다(Jakku-Sihvonen & Niemi, 2006; Sahlberg, 2011). 우선 핀란드 교사는 상당히 안정적인 여건에서 학생을 가르치고 있다. 공립학교에서 교사의 학교 이동이 잦은 한국과 달리 핀란드에서는 특별한 일이 없는 한, 처음에 임용된 학교에서 정년퇴직 때까지 근무를 한다. 따라서 교사는 학교 이동에 따른 적응이나 혼란의 문제를 겪지 않으며, 자신의 학교에서 평생 동안 안정적으로 학생을 가르친다. 교사가 학교의 전통이요, 역사가 되며 학생의 뿌리가 되는 것이다. 또한 학년 운영과 관련해서 특히 종합학교 과정에서는 학생의 학년이 올라감에 따라 해마다 담임을 바꾸는 것이 아니라, 같은 교사가 2~3년 동안, 경우에 따라서는 6년 동안 같은 학생의 담임을 맡는 경우도 있다. 교사가 같은 아이를 데리고 학년을 올라가기 때문에 안정적이고, 학생 역시 같은 교사로부터 계속 배움으로 교육의 연계성도 높다(Grubb et al., 2005: 20-21).

여기에 더하여 핀란드 학교에서는 교사의 승진제도가 없기 때문에 승진을 위한 소모적인 경쟁을 하지 않으며, 행정잡무가 없기 때문에 행정 일에 소진되지도 않는다. 또한 교사평가가 없기 때문에 평가 준비에 따른 에너지가 분산되지도 않고 안정적으로 교육활동에 전념한다(European Commission, 2009: 169). 한편, 핀란드에서는 대체로 국민의 주거 및 직장이 안정적이어서 주거 이동이 많지 않아 이사로 인한 학생 전학 문제도 거의 발생하지 않아 학생 역시 안정적이다(Grubb et al., 2005: 16). 가르쳐야 할 학생이 자주 바뀌지 않음으로 인해 교사는 좀 더 안정적이고 지속적으로 학생을 돌보고 가르칠 수 있는 것이다. 이러한 학교 풍토 속에서 핀란드 교사는 상대적으로 만족도가 높으며, 또한 자신의 과업에도 헌신적이다(Airi et al., 2001). 아울러 핀란드 교사는 단위학교중심의 의사결정, 다른 분야 전문가와 상호협력, 학생의 개별적인 필요에 대한 고려 등 국가의 교육개혁의 흐름과 방향에 대해서도 대체로 동의하며 적극 따르고 있다(Sahlberg, 2015).

3. 교육적인 학교 건물과 시설

[사진 15-1] 종합학교인 헬싱키대학교 병설 Viikki 교사훈련학교

핀란드에서는 학교 건물 구조와 디자인을 통해서도 교육적인 환경을 조성하기 위하여 노력하고 있다(Grubb et al., 2005: 13). 핀란드의 학교 건물은 성냥갑 식으로 획일화되어 있지 않고 거의 모든 학교가 학생의 교육활동과 인체공학적 특성을 고려하여 건물을 짓고 있어 학교마다 그 구조와 디자인이 거의 다 다르다(Jetsonen et al., 2011). 핀란드에서는 대부분의 학교 건물이 밝고, 통풍이 잘 되며, 학생의 다양한 교육활동이 원활하게 이루어질 수 있는 건물 구조를 가지고 있다. 이들은 "학생은 학급 내에서만 배우는 것이 아니라, 학교 전체를 통해 배운다"라는 철학을 가지고, 학교 전체를 배움의 공간으로 보고 건물을 짓는다(Jetsonen et al., 2011). 건물 구조뿐만 아니라 대부분의 학교에서 강당, 체육관, 도서관, 예체능실 등 학생의 교육활동에 필요한 시설들을 잘 갖춰 놓고 있다. 또한 학교 내에 시설이 부족한 경우에는 지역의 시설이나 기관을 이용할 수 있는 연계체제를 잘 갖추고 있다. 이러한 시설

과 여건은 학생을 위한 최적의 학습 환경을 만들어 줄 뿐만 아니라, 교사에게도 최적의 교육 환경이 되고 있다.

4. 소규모 학교와 학급

핀란드에서는 앞장의 <표 6-1>에 나타난 바와 같이 대체로 학교 규모와 학급 규모가 소규모이다. 핀란드에서 대부분의 종합학교는 300명 이하의 규모이며, 학급 규모는 20명 안팎이다. 대체로 한 학년이 학급 2~3개로 구성되어 있으며, 각 학급에는 약 20명 정도의 학생이 있는데, 이 정도 규모의 학교에서는 교장을 비롯한 학교의 모든 교사가 전교생을 거의 다 파악할 수 있다. 무엇보다도 이러한 적정 규모의 학교 및 학급에서는 학생에 대한 개별적인 관심과 돌봄이 가능하며, 학생의 수준과 상황에 맞는 교육이 이루어질 수 있는 기반이 된다.

5. 질서가 생활화된 아이들

핀란드 학생은 학교나 학급에서 질서정연하며, 규칙이나 규범을 잘 지키는 편이다(Grubb et al., 2005: 13).[2] 규칙이나 규범의 준수는 단지 학교 교육을 통해서만 이루어지는 것이 아니라 가정이나 사회에서도 상당히 중요하게 여기고 있다(Simola, 2005). 물론 핀란드에서도 최근 들어, 학생의 질서나 통제 문제에 대한 우려가 높아지고 있는 것은 사실이지만, 기본적인 질서는 견고하게 잘 지켜지고 있

2 필자가 핀란드 학교 및 교실 방문 과정에서 관찰한 바에 의하며, 핀란드 학급에서는 수업 시작 종이 울리면 대부분의 학생이 자신의 자리에 앉아 교사를 기다린다. 즉 교사가 수업에 들어와 학생을 조용히 시키거나 질서를 잡기 위하여 별도의 노력을 할 필요가 없다. 물론, 경우에 따라서는 교사가 들어오고 나서 5분 정도 지나 교실로 들어오는 학생도 있었으나 소수였으며, 교사의 수업 흐름을 방해하지는 않는다. 엄격하게 규율을 지키면서도 융통성을 발휘하는 학급 질서 문화를 읽을 수 있었다.

다(Sahlberg, 2011). 핀란드 학생은 또한 긍정적인 자아를 가지고 있다. 핀란드 학생은 대체로 자기가 다니는 학교와 자기 자신의 미래에 대해 긍정적으로 생각하며(OECD, 2007), 낯선 사람이나 외국인 등과 이야기 하면서도 적극적이며 쾌활하다. 타인에 대해 기본적으로 호의적이며 친절한 정서를 가지고 있다(Sahlberg, 2007).

핀란드에서 학생은 학교를 단지 상급 학교 진학을 위해 경쟁하는 곳으로 보지 않고, "학교는 엄숙한 곳이고, 주의를 집중해야 하며, 부지런히 공부해야 하는 곳이지만, 동시에 학교는 또한 즐거운 곳이고, 능력 있고 존경 받는 어른들이 돌봐 주는 곳"으로 여기고 있다(OECD, 2007: 432). 이러한 맥락에서 핀란드 학교에서는 주요 과목만을 강조하지 않고 기술, 가정, 음악, 미술, 체육 등 모든 과목을 중시한다. 그뿐만 아니라 박물관 및 현장견학 등 다양한 현장 활동을 통해 실질적인 전인교육을 실시하기 위하여 노력하고 있다(Sahlberg, 2011). 이와 같이 학생에게 학교는 엄숙하게 질서를 지키고 배워야 하는 곳이면서, 동시에 즐겁고 행복한 곳이 핀란드 학교의 전형적인 모습이다(Simola, 2005). 이러한 여건 속에서는 교사는 교육활동에 좀 더 집중할 수 있게 된다.

[사진 15-2] 종합학교 3학년 토론수업 모습

6. 전 사회적인 교사지원 체제

핀란드는 사회적으로 교사를 신뢰하고 존중하는 문화를 가지고 있을 뿐만 아니라, 국가적으로 교사를 지원해 주는 체제를 잘 갖추고 있는 나라이다. 핀란드에서는 일정 정원 이상(약 15명 이상)의 교사가 모여 방문이나 견학, 안내를 신청하면 정치, 경제, 사회, 문화 등 어느 분야의 기관이든 교사에게 안내하고, 설명해 주도록 하는 제도를 가지고 있다(Jakku-Sihvonen & Niemi, 2006; Krzywacki et al., 2011). 이러한 토대 위에서 핀란드 교사는 교육적인 필요가 있으면, 언제든지 국가의 거의 모든 시설이나 기관을 방문하여 무료로 안내를 받고 정보를 얻을 수 있다. 그리고 국가의 이러한 시설이나 기관의 이용은 단지 교사에게 그치는 것이 아니라 학생을 위해서도 동일하게 제공된다. 이와 같이 핀란드 교사는 학생 교육을 위해 필요한 기관이나 시설을 큰 제약 없이 언제든지 방문하여 교육의 장으로 활용할 수 있다.

[사진 15-3] 핀란드 국립박물관

그리고 박물관이나 도서관은 교육을 위한 장이나 시설이 될 수 있는데, 핀란드 국가 전역에 걸쳐 매우 촘촘하게 박물관이나 도서관을 갖추고 있다(Finnish Ministry of Education and Culture 2016). 이러한 교육적 인프라는 교사의 교육활동을 도울 뿐만 아니라, 교사 역량 개발의 중요한 기반이 되기도 한다.

한편, 핀란드 교직사회의 중요한 특징 중의 하나는 교원들의 교원노조 가입률이 거의 90%에 이른다는 점이다. 하지만 일부 국가의 교원노조와는 달리 핀란드 교원노조는 급진적 좌파 정치나 정책을 추진하지는 않았다(Rinne, 1988: 440; Simola, 2005: 460). 오히려 1970년대 종합학교 개혁을 계기로 교사의 지위 및 교육정책에 대한 영향력이 높아져 국가의 교육정책 수립과정에도 교원노조가 적극 참여하고 있다(Rinne et al., 2002; Finnish National Board of Education, 2016). 즉 핀란드에서는 교원을 관리, 통제의 대상으로 보는 것이 아니라 국가 교육정책의 중요한 협력파트너로 보고 있는 것이다. 평등한 사회, 평등한 교육체제 속에서 사회적 상승 및 발전, 그리고 사회적 지위 유지를 위한 거의 유일한 통로가 교육임을 깨닫게 된 핀란드 국민은 교육을 중요하게 생각한 만큼 교사를 존중한다. 이로 인해 교사는 학생의 미래 방향을 결정짓는 중요한 사람으로 인식되었고(Raty et al., 1997), 국가와 학부모 양쪽 모두로부터 기대와 존중을 받는 대상이다.

사회적 존중과 자율을 부여받은 핀란드 교사는 외부기관의 간섭이나 장학, 평가 등이 없이도 높은 수준의 성과를 이루어내고 있다. 그리고 핀란드 학교에서 교장도 외부로부터의 간섭이 거의 없이 자신의 학교 및 교사, 공동체를 이끌어 나가는데 자율권을 가지고 헌신하고 있다. 더 나아가 핀란드에서는 국가교육과정이 교사를 통제하는 규범이 아니라 교사 자율의 기반이 되고 있다(Simola & Hakala, 2001). 즉 교사는 국가 교육과정의 지침 내에서 재량껏 자율적으로 교육활동을 수행하고 있다. 이와 같이 핀란드에서는 교사양성 과정을 통해 우수한 교사를 길러낼 뿐만 아니라 교사에게 충분한 자율권을 주어 전문적으로 교육활동을 수행하게 하고, 교육적이고 안정적인 학교 시설 및 학생을 갖춰 교사에게 교육활동에 집중하게 하고 있는데, 이러한 것들 또한 핀란드 교육의 특징이자 성공 요인이다.

제16장

핀란드 교육의 힘 7: 안정적인 교육 정책

어느 나라든 교육정책이 안정적이지 않으면 성공적인 교육을 이루어내기 어렵다. 교육정책이 불안정하면 교육의 목표를 달성할 수 없을 뿐만 아니라 혼란과 갈등이 가중되어 많은 국민에게 고통을 안겨줄 수도 있다. 핀란드는 이런 맥락에서 볼 때, 매우 안정적인 교육정책을 수립하여 운영하고 있는 대표적인 나라라고 할 수 있다.

1. 교육정책 수립을 위한 철저한 계획

핀란드는 국가든 단위학교든 계획과 원칙을 세워 교육을 운영하는 전통과 기반을 확고하게 갖춘 나라이다. 국가적인 차원뿐만 아니라 지자체나 단위학교 차원의 교육도 철저한 계획 가운데 이루어지고 있다(Hargreaves et al., 2007; Haveri, 2008). 계획을 세워 나가는 과정에서 갈등이 생길 수 있고, 긴 시간이 걸릴 수 있는데, 이들은 이러한 과정을 좋은 계획을 만들기 위한 비용이라고 생각하고 기꺼이 받아들인다(Sahlberg, 2011: 24). 앞에서 언급한 바와 같이 핀란드 교육개혁의 분수령이 되었던 1970년대 후반에 이루어진 종합학교 개혁도 40여 년간 준비하고 계획하여 실행한 것이다(Aho et al., 2006).

1990년대 이후 핀란드 교육행정체제가 중앙집권적 체제에서 지방분권적 체제로 바뀌어 실질적인 교육 운영 권한이 지자체에 넘어갔는데, 각 지자체에서는 철저한 협의를 바탕으로 계획을 세워 교육을 운영해 나가고 있다. 그리고 각 지자체 내에서 시민들은 협의를 기반으로 제대로 된 계획이 만들어질 때까지 서두르지 않고 기다린다(Association of Finnish Local and Regional Authorities, 2016).

이와 같이 핀란드에서는 전통적으로 철저한 계획과 준비를 통해 교육을 운영해 나가는 풍토를 가지고 있다. 제대로 계획된 것이 아니면, 아무리 좋다고 하는 것도 함부로 도입하지 않는 것이 이들의 정서이다. 그리고 어느 특정 세력이나 개인에 의해 주도되지 않는 것도 이들의 교육 운영의 모습이다. 이들은 철저한 협의와 계획의 전통 속에서 교육을 운영해 나가기 때문에 대통령이나 정권, 혹은 교장이 바뀌었다고 교육이 급격하게 달라지지 않는다(Hargreaves et al., 2007). 기존 전통과 계획을 유지하면서, 새로운 변화나 요구에 대해서는 보완적으로 적용해 나가는 것이 이들의 방식이다.

핀란드 사람이 철저한 계획과 협의를 바탕으로 교육을 운영해 나가기 때문에 다소 변화가 느려 보이는 것은 사실이지만, 그렇다고 해서 결코 수구적이지 않다. 이들도 세계 변화의 흐름에 민감하며, 그 변화 흐름을 예의주시하면서 적응해 가려고 노력하고 있다(Simola, 2005). 다만 변화에 대한 적응이 즉흥적이지 않고, 계획적이고 체계적이라는 것이 이들의 모습이다. 과거뿐만 아니라 현재에도 미래 교육에 대한 계획을 철저하고 차분하게 세워 나가고 있으며(Finnish National Board of Education, 2016) 이러한 계획들이 단지 계획으로 그치는 것이 아니라, 거의 대부분 실제로 구현된다는 것이 이들의 특징이다.

2. 깊이 있는 연구를 바탕으로 한 교육정책 수립

핀란드에서는 교육 정책이나 방향이 정치적으로 결정되는 것이 아니라, 철저히 연구를 기반으로 해서 정해진다. 앞에서 논의한 대로 의원내각제와 대통령제를 혼합한 정치체제를 갖고 있는 핀란드에서도 주요 교육정책은 의회에서 협의와 의결을 거쳐서, 정부의 공표와 집행을 통해 이루어진다. 그렇지만 의회나 정부의 역할은 실제 교육정책 운영 과정에서 효율 및 효과와 관련된 사항을 주로 결정하고 집행하는 것이며 실질적인 정책의 내용과 방향은 철저한 연구를 통해 만들어진다(Finnish National Board of Education, 2016).

핀란드에서 교육 정책의 내용과 방향을 구안하고 기획하는 핵심적인 역할을 하는 곳이 바로 '국가교육위원회'이다. 핀란드의 국가교육위원회는 국가 차원의 교육을 연구, 기획, 협의하는 역할을 맡고 있다. 앞에서 언급한 대로 국가교육위원회가 교육부 산하기관이기는 하지만 그 운영은 교육부나 정부로부터 철저히 독립되어 있다(Finnish National Board of Education, 2011). 물론 정부(교육부) 및 의회와의 긴밀한 협력 가운데 국가 교육 정책을 만들어 내고 있지만, 연구기관으로서의 독립성도 철저히 보장된다. 마치 사람 몸에서 뇌의 역할을 하는 곳과 같은 기관이 국가교육위원회인 것이다.

국가교육위원회는 국가교육의 연구 및 기획을 맡고 있는 곳으로서 일반 행정가도 참여하여 관련 업무를 맡고 있지만, 핵심적인 역할은 연구와 기획을 맡은 전문연구자가 맡고 있는데 이들은 대부분이 학자들이다. 연구자나 학자들이 일정 기간 국가교육위원회에 근무하면서 일반 행정가와 협력하여 국가 교육정책을 만들어 내고 있다.[1] 이들이 만들어 낸 정책안을 바탕으로 국회나 행정부 내에서 논의와 협의를 거쳐 정책으로 확정하고 운영한다.

한국에서도 교육개발원이나 교육과정평가원 등이 핀란드의 국가교육위원회와 비슷한 역할을 수행한다고 할 수 있는데 그 위상과 역할은 매우 다르다. 한국의 경우에는 교육부나 정부에서 주도적 역할을 하고 연구기관들은 보조적·보완적 역할을 하는 형식이지만 핀란드의 경우는 교육정책에 관해서 국가교육위원회가 두뇌의 역할을 하고, 교육부나 정부는 만들어진 교육정책을 운영하는 실행자 역할을 한다는 점에서 차이가 있다.

---

1 1970년대 대표적인 교육개혁이었던 종합학교(comprehensive school)안을 기획하고 실질적으로 주도했던 Aerki Aho도 전직 교사이며 교육학자로서 바로 이 국가교육위원회위원장을 18년(1973~1991) 동안 맡았던 사람이다.

이와 같이 핀란드에서 교육정책은 정치적, 행정적 작용보다 연구를 기반으로 한 전문적 토대 위에서 만들어진다는 점이 특징이라고 할 수 있다(Hargreaves & Shriley, 2009). '전문성을 갖춘 연구자에 의해 연구가 제대로 이루어진다면 좀 더 정확한 문제 진단이 이루어지고 제대로 된 대안을 만들 수 있다'는 것이 이들의 철학이며 믿음이다.

학생 평가 과정에서 전수 대상 평가나 서열화 평가를 철저하게 배제하는 정책을 추진하거나, 교원의 전문성과 자율성을 훼손할 수 있는 교원평가제도를 도입하지 않는 등의 정책이 핀란드에서 구현될 수 있었던 그 근본적인 배경에는 바로 이 전문가중심의 국가교육위원회가 자리 잡고 있다. 그리고 핀란드가 교육정책을 운영함에 있어 외부의 흐름이나 자극에 흔들리지 않고 굳건하게 자신의 방식을 유지할 수 있었던 데에도 바로 전문가 중심의 연구기반 교육정책 운영이 토대가 되었다. 이와 같이 핀란드에서는 국가 교육정책이 국가교육위원회를 중심으로 한 연구기관의 체계적이고 깊이 있는 연구를 바탕으로 이루어지고 있는데, 이들에게는 제대로 된 연구 없이 교육정책이 마련되고 집행되는 것은 상상할 수 없는 일이다.

3. 시류에 흔들리지 않는 국민 정서

안정적인 교육정책의 배경에는 핀란드 국민의 안정적인 정서 또한 하나의 바탕이 되고 있다. 핀란드 사람은 정서적으로 상당히 안정적이다(Rinne et al., 2002). 전반적으로 변덕이 심하지 않고, 유행에 민감하지도 않으며, 안정되어 있다. 이들의 이러한 정서는 사회 및 교육 전반에도 영향을 미친다.

교육정책 측면에서 핀란드에서도 다른 나라와 마찬가지로 지난 10여 년간 신자유주의적 교육정책의 압박과 유혹이 상당히 있었지만(Sahlberg, 2013), 실제 실행은 매우 더디게 진행되고 있다. 역사적으로 정치나 경제 지도자가 세계 흐름에 따라 국가 체제를 빠르게 변화시키려 할 때에 일반 국민은 확고한 방향을 가지고 전통과 정서를 굳건하게 지키는 모습을 보여 주었다(Hargreaves et al., 2007). 핀란드의 교육정책은 지도자에 의해 방향을 트는 것과 이러한 변화 과정에서 나타나는 '국민적 보수주의(national conservatism)' 사이에서 늘 파동치는 모습으로 나타났다(Simola, 2005). 즉 각 시대마다 핀란드의 지도자는 국제적 흐름에 따라 새로운 변화를 신속하게 받아들이려 했지만, 핀란드 국민의 정서와 행동은 세계 변화에 대해 게으르다 할 정도로 느린 모습을 보여준 것이다(Simola, 1998; 2005). 핀란드의 국민은 새로운 흐름에 쉽게 열광하지 않으며, 역사적 균형 감각 속에 자리를 잡아 나가려는 모습을 지속적으로 보여 주고 있는데, 이러한 정서가 안정적인 교육정책의 또 하나의 기반이 된 것이다.

700여 년이 넘는 식민지 경험 등 다양한 외부의 영향을 받았음에도 불구하고 핀란드 국민은 자신의 전통과 문화, 정서의 토대 위에서 자신의 방식으로 융화시켜 왔다(Hargreaves et al., 2007; Rinne et al., 2002).[2] 전통의 가치를 보존하면서 외부의 영향을 융화시켜 나가는 '핀란드 방식(Finnish way)'을 안정적으로 유지해 온 것이다(Darling－Hammond, 2009; Shalberg, 2011; Simola, 2005). 흔히 핀란드는 교육에 있어 세계화의 흐름과 반대로 해 왔다는 이야기를 한다. 하지만 정확하게 이야기하면 핀란드는 세계화에 거스르거나 반대를 한 것이 아니라 세계화에 적응하는 방식이 달랐을 뿐이다(Rinne, R. et al., 2002: 644－645; Sahlberg, 2008). 세계 여러 나라와 무역으로 살고 있는 핀란드는 강대국 사이에 끼인 소규모 국가로서 세계화를 거역할 명분도 힘도 가지고 있지 않다. 그래서 핀란드도 세계화의 대열에 합류했고, 그 흐름이 지금도 유지되고 있다. 다만 이들은 세계화에 휩쓸리지 않았고, 자신의 방식으로 적응해 왔다는 것이 이들만의 특징인 것이다. 결국 핀란드의 방식은 신자유주의 교육개혁에서 나타나는 부정적인 측면,

2 당시뿐만 아니라 지금도 세계 교육개혁의 흐름이 되고 있는 경쟁과 서열화, 평가 정책은 세계 흐름과는 다른 독특한 방식으로 핀란드에서 자리잡고 있다. 그리고 핀란드 학교에서는 새로운 학습법이라고 해서 강요하거나 붐이 일어나는 모습은 찾아보기 어렵다. 새로운 학습법들이 소개되고 있기는 하지만, 교사는 여전히 전통적 방식으로 가르치는 것이 가능하고, 또 많은 교사가 전통적 방식으로 가르치고 있다. 즉, 교육방법과 관련해서도 핀란드에도 새로운 교육방법들이 다양하게 도입되고 있기는 하시만, 전통적 방식 또한 견고하게 유지되고 있다(Sahlberg, 2011).

즉 교육의 상업화, 과열경쟁에 따른 부작용, 교육격차, 비도덕적 행태 등을 발생시키지 않아 오히려 교육의 효율을 더 높이는 결과로 나타났다(Sahlberg, 2011).

국가의 교육정책은 장기간에 걸쳐 그 효과나 성과가 나타나는 장기적인 속성을 가지고 있다. 따라서 국가 교육정책은 안정적이고 지속적으로 추진될 필요가 있는데, 핀란드가 바로 안정적인 교육정책을 추진하고 있는 대표적인 모습을 보여 주고 있다. 핀란드 교육정책은 정치에 휩쓸리지 않으며 국민적 합의를 바탕으로 만들어지고 있고, 무엇보다도 안정적인 정서를 가진 국민과 그리고 전문가가 주축이 된 국가교육위원회라는 기관이 교육정책의 수립 및 개발을 주도하고 있다는 점에서 안정성과 전문성을 함께 확보하고 있다. 장기적인 전략 가운데 국가 교육의 미래를 바라보면서 전문가가 중심이 되어 매우 철저하고 제대로 된 국가 교육의 방향과 정책을 수립해 나가고 있는 것이다. 연구를 기반으로 한 제대로 된 교육정책이 아니라면 결코 실행되거나 적용될 수 없는 것이 핀란드의 풍토인 것이다. 이러한 토대 위에서 핀란드 교육정책은 상당히 안정적으로 수립, 개발, 추진되고 있는데, 이것이 바로 핀란드 교육 성공의 한 요인이 되고 있는 것이다.

제17장

핀란드 교육의 힘 8: 교육논리 중심

핀란드는 교육을 운영함에 있어 그 어떤 논리보다 교육논리를 우선하는 나라이다. 핀란드 교육담당자들은 세계화 및 신자유주의 파도 속에서 교육논리 중심으로 교육을 운영하여 성공적인 교육을 이루어냈다.

1. 결과보다 과정이 중시되는 교육풍토

핀란드의 교육담당자 누구에게 물어보아도, 자기들은 세계에서 1등하기 위하여 교육시키는 것이 아니라고 대답한다. 자신은 기본적인 철학에 근거해서 열심히 교육을 했을 뿐인데, 결과적으로 세계 1등을 했다는 것이다. 핀란드에서는 유치원부터, 초·중·고등교육 과정 어디에서도 학생의 석차나 등수를 산정하거나 말하지 않는다. 석차나 등수를 말하지 않는 것이 이들의 자연스러운 풍토이자 문화이다. 이들은 과정에 충실할 뿐, 결과에 집착하지 않는다. 비록 결과에 있어서 차이가 있다 하더라도 그대로 받아들인다. 정해진 목표를 향해 충실하게 과정을 밟아 나가면서 학생이 부족한 것을 채울 수 있도록 과정에서 적극 도와주고, 이후 결과에 대해서는 인정한다(Sahlberg, 2011).

그렇다고 해서 핀란드에서 결코 교육의 결과를 무시하는 것은 아니며(Grubb et al., 2005; Sahlberg, 2008). 다만 결과에만 집착하지는 않는다는 것이다. 교육을 하면서 누구든 당장의 결과에 집착하지 않으면, 멀리 볼 수 있다. 당장의 결과에 집착하지 않으면, 학생의 미래를 생각하면서, 학생의 필요를 정확하게 살피고 체계적으로 학생을 가르칠 수 있는데, 핀란드 학교에서는 이러한 모습이 일반적으로 나타난다. 예를 들어, 당장의 시험 점수를 높이기 위하여 과학실험을 하지 않고 문제풀이를 하는 수업을 핀란드 교실에서는 상상하기 어렵다. 초등학생이든 고등학생이든 그 시기에 배워야 할 것, 경험해야 할 것, 실험해야 할 것들을 결코 빠뜨리지 않고 차분하게 배워 나가면서 익힌다. 이들의 이러한 철학과 정서가 바탕이 되어 외부의 책무성이나 서열화 요구 등에 의연하게 대처하면서 교육의 본질을 지켜 나가고 있다.

[사진 17-1] 핀란드 교사교육 및 교육정책의 산실인 위바스킬라대학교 사범대학 전경

2. 평등과 경쟁의 조화

핀란드 교육체제는 평등체제와 경쟁체제가 합리적으로 조화를 이루고 있다. 핀란드 학생의 학업성취도 수준은 세계에서 최상위권인데, 앞 11장의 [그림 11-1]에서와 같이 핀란드 학교 간 학업성취도 차이는 매우 적은 것으로 나타나고 있다(OECD, 2013b). 이는 이들이 학교 간에 균등한 교육을 실시하면서도 상당히 수준 높은 교육을 실시하고 있음을 보여주는 것이라고 할 수 있다.

알려져 있는 것처럼 핀란드 종합학교에서는 석차나 등수를 매기지 않기 때문에 학생 사이에 경쟁체제가 형성되어 있지 않다. 종합학교를 입학하는 과정에서도 학교를 선택할 수는 있으나 대부분 주거지역의 학교를 선택하여 진학하고 있기 때문에 입학 과정에서 거의 경쟁이 없다. 하지만 고등학교 입학 과정부터는 경쟁체제가 형성된다(Helsinki Sanomat, 2011.3.27). 핀란드에는 고등학교가 크게 인문고등학교와 직업고등학교 두 종류가 있는데, 학생이 자유롭게 선택할 수 있다. 학생이 자유롭게 학교를 선택할 수 있기 때문에 학생이 선호하는 고등학교와 선호하지 않는 고등학교가 생기게 된다. 학생이 선호하는 학교에서는 지원자가 모집 인원을 넘어서게 되는데, 이때에는 경쟁을 통해 학생을 선발한다. 전형의 주요 요소는 지원 학생의 종합학교 9학년 내신 성적이다. 따라서 학생은 좋은 고등학교에 진학하기 위해서는 종합학교 내신 성적을 잘 받아야 한다.

핀란드 고등학교의 경우 오랫동안 그 학교가 쌓아 온 사회적 평판이 좋은 학교의 요건이 되며, 인문고등학교는 대학 진학을 목적으로 하기 때문에, 대학 진학 성적도 좋은 평판을 얻는 데 하나의 요소가 된다. 한편 고등학교에서 학생이 졸업 무렵에 치르는 대학입학자격시험은 전국단위의 시험인데, 이 시험 결과에 대한 전국적인 학교별 석차가 공개된다.[1] 필자가 핀란드에서 채류하고 있을 당시인 2010학년도 핀란드 대학입학자격시험 결과 인문고등학교 459개 중에서 상위 20위 안에 든 학교를 보면 다음과 같다.

표 17-1 2010 봄 시행 대학입학자격시험 결과 인문고등학교별 순위

순위	학교명	지역	합격생 수	총점평균	순위	학교명	지역	합격생 수	총점 평균
1	Finnish coeducational high school	Helsinki	121	22.74	11	Gymnasiet Lärkan	Helsinki	122	20.64
2	Ressu high school	Helsinki	164	22.5	12	Kuopio Lyseon High School	Kuopio	98	20.57
3	Dates high school	Helsinki	71	22.38	13	Olarin High School	Espoo	110	20.56
4	South Tapiola High School	Espoo	137	22.21	13	Classical High School of Tampere	Tampere	88	20.56
5	Viikki Teacher Training	Helsinki	72	22.17	15	Björneborgs svenska	Pori	20	20.55

1 하지만 전국단위의 개인별 석차는 산출하지 않는다.

	School					samskola			
6	Monastery Mountain High School	Turku	105	21.35	16	Coed high school	Tampere	217	20.53
7	Lahti coed high school	Bay	122	20.90	17	Utsjoki saamelaislukio	Utsjoki	4	20.5
8	Oulunkylän Co	Helsinki	106	20.84	17	Svenska samskola i Tammerfors	Tampere	14	20.5
9	Eagle svenska samskola	Eagle	10	20.8	19	Jyväskylä Teacher Training School	Javasskyla	95	20.39
10	Puolanka High School	Converter	9	20.67	20	Jyväskylä Lyseon High School	Javasskyla	154	20.34

* 원 자료에는 459개 핀란드 모든 인문고등학교 순위를 공개하고 있는데 그 중 20위까지만 발췌한 것임
* 총점 평균은 시험을 치른 네 과목 평균임
* 대학입학자격시험은 상대평가로서 전체 응시생 중에서 하위 5% 이하의 성취도를 보인 학생은 탈락함
자료: Helsingin Sanomat(2011.3.27.)

위의 표에 나타난 바와 같이 대학입학자격시험 성적에 따라 인문고등학교 간의 서열이 나타나고 있다. 그리고 이러한 순위가 결정적인 것은 아니지만, 종합학교를 졸업하고 인문고등학교에 진학하려는 학생에게는 어느 정도 영향을 준다.

핀란드에서 인문고등학교와 직업고등학교 간에도 대체적으로 서열화가 나타나고 있다. 최근 들어 직업고등학교의 인기가 높아지고, 성적이 우수한 학생도 직업고등학교에 진학하고 있지만, 대체로 성적이 우수한 학생은 인문고등학교로, 성적이 낮은 학생은 직업고등학교로 진학을 한다(Grubb et al., 2005).[2]

고등학교 진학 과정에서 경쟁이 있을 뿐만 아니라 대학 진학 과정에서도 경쟁이 있다. 앞에서 언급한 대로 핀란드에서 고등교육 단계인 대학은 크게 두 종류가 있다. 하나는 일반대학이고 또 하나는 응용과학대학인데 모두 경쟁시험

2 물론, 이러한 구분이 절대적이지는 않다. 일부 직업고등학교의 인기학과는 입학 커트라인이 중하위권 인문고등학교 커트라인보다 높은 경우도 있다. 다만 전체적인 경향으로 봤을 때, 인문고등학교에 직업고등학교보다 성적이 더 좋은 학생이 입학하고 있다.

을 통해 학생을 선발하고 있다. 전공에 따라 차이가 있기는 하지만 대체로 성적이 좋은 학생이 일반대학에 진학하는 편이다. 핀란드는 전체적으로 일반대학 정원이 많지 않기 때문에 대학진학 과정에서 경쟁이 상당히 치열하다. 전공에 따라 경쟁률이 해마다 10대 1을 넘어서는 전공들이 많다. 응용과학대학 역시 학교와 전공에 따라 학생 지원이 달라지기 때문에 학생이 선호하는 응용과학대학과 전공에서는 상당한 경쟁이 붙기도 한다. 즉 핀란드에서 대학입학 과정 역시 경쟁체제이다(Grubb et al., 2005; European Commission, 2009).

이와 같이 핀란드에서는 종합학교 9년 동안은 학생을 경쟁시키지 않고 학생 개개인의 종합적인 발달에 초점을 맞추어 교육을 시키고 있는 반면, 고등학교나 대학 입학 과정에서는 경쟁을 통해 학생을 선발한다. 전체 교육 경로를 통해 보면, 학생 전반기에는 평등 이념을 바탕으로 개인의 성장과 발달 등 전인교육에 초점을 맞추고, 후반기로 가면서 경쟁이 강화되는 체제라고 할 수 있다. 즉 핀란드 교육체제는 평등교육 이념과 경쟁교육 이념이 적절하게 조화를 이루면서 운영되는 체제라고 할 수 있는데, 이를 그림으로 나타내면 [그림 17-1]과 같다.

그림 17-1 핀란드 교육 단계에서 평등교육 이념과 경쟁교육 이념

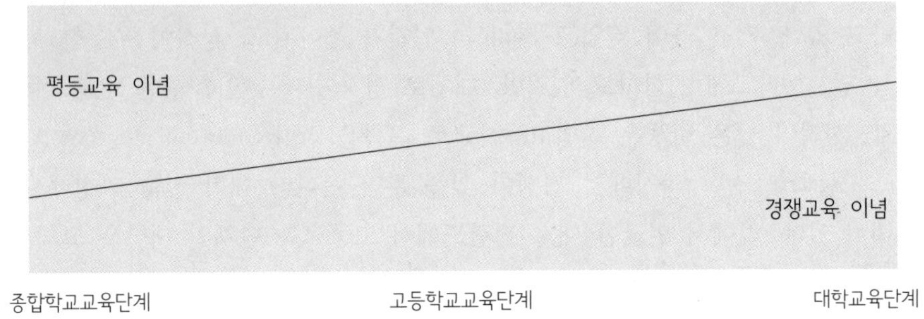

핀란드가 평등을 중시하는 나라이기는 하지만, 경쟁이나 서열화가 전혀 없는 맹목적 평등교육을 추구하는 것은 아니다. 오히려 핀란드에서는 교육체제 및

학교 운영에 있어 기본적으로 교육논리를 중심으로 하면서, 각 단계와 필요에 맞게 평등교육과 경쟁교육을 적절하게 조화시켜 나가고 있는 것이다.

3. 서열화가 아닌 교육목표 중심의 평가

1990년대 이래 핀란드에서 국가적 차원의 교육담론은 교육의 질 향상을 위한 평가에 초점이 맞추어져 있다(Rinne et al., 2002). 그 이전 시기에는 엄격한 규범중심의 교육정책이 수립, 추진되었는데, 1990년대 이후에는 국가가 규범을 통해 강제하는 것이 아니라 국가는 교육의 방향과 목표를 정하고, 교육 내용과 운영은 단위학교의 자율에 맡겨 그 결과에 대해 평가를 통해 책임지게 하는 정책으로 바뀌었다(Simola et al., 2002). 기존의 규범, 계획, 통제, 장학중심의 '계획국가(planning state)'에서 결과에 대한 평가를 바탕으로 한 교육정책을 수행해 나가는 '평가 국가(evaluative stste)'로 바뀐 것이다(Hirvi, 1996: 93).

그런데 핀란드가 평가중심의 교육정책을 펴고 있기는 하지만, 세계적인 책무성 기반 교육개혁 흐름과는 다른 길을 걷고 있는 것이 핀란드식 접근이라고 할 수 있다(Sahlberg, 2013). 핀란드에서도 평가를 중시하기는 하지만, 그야말로 결과를 확인하고 부족한 부분을 찾아 도와주기 위한 평가이지, 평가 결과를 가지고 서열화하거나 상벌을 주기 위한 평가가 아니다. 즉 핀란드에서는 '책무성(accountability)'보다는 단위학교나 교사의 기본적인 책임을 강조하는 '전문적 책임감(responsibility)'을 강조하고 있고(Hargreaves, et al., 2007), 이러한 책임감과 신뢰에 바탕을 둔 표집기반 평가, 주제 평가(thematic assessments), 반성적 자체평가 등이 주요 평가방식이다. 이러한 토대 위에서 핀란드 학생은 고등학교 3학년에 때에 단 한 차례 전국단위의 표준화된 외부평가 시험을 보는 것 이외에는 어떠한 표준화된 평가 시험을 보지 않고 있다(Finnish Ministry of Education and Culture, 2016). 이처럼 전국 단위의 평가가 없고 평가에 따른 경쟁이나 순위에 비교적 자유롭기 때문에 핀란드 교사는 시험에 대비하여 학생을 가르치는 것이 아니라, 학생의 적성과 흥미, 개인적인 성장과 발달에 초점을 맞추어 가르치고 있는 것이다.

그렇다고 해서 핀란드 학교에서 학생에 대한 평가가 없는 것이 아니다. 핀란드 학교에서는 학생에 대해 진단평가, 형성평가, 총괄평가, 수행평가 등 다양한 평가가 이루어지고 있는데, 학생에 대한 총체적인 평가 책임은 교사에게 있다(Finnish National Board of Education, 2016). 즉 학생에 대한 평가권은 거의 전적으로 교사에게 있으며, 교사의 학생에 대한 평가 결과는 공식적으로 인정을 받는다. 물론 교사가 학생에 대한 평가권을 가지지만, 국가 교육과정 및 지자체의 교육정책이나 방침의 범위 내에서의 평가권이다. 그리고 대체로 이러한 토대 위에서 학교 간의 협력을 강화하고 비생산적인 경쟁으로부터 학교를 보호하고자 하는 것이 핀란드 교육평가 정책의 방향이다(Aho et al., 2006; Hargreaves et al., 2007).

교육 분야에서 경쟁-평가를 기반으로 하는 책무성 추구가 정책담당자나 학부모에게는 더 많은 정보를 줄 수 있을지는 모르지만, 교원의 사기저하, 회의, 전문성에 대한 냉소주의 등을 낳을 수 있다는 점에서 그 문제 또한 적지 않는데(Sahlberg, 2008), 핀란드에서는 시장주의적 접근이 교육의 중요한 자산과 토대를 무너뜨릴 수 있다고 보고(Hirvi, 1996: 93; Rinne et al., 2002), 이러한 접근을 철저히 지양하고 있는 것이다. 즉 핀란드에서는 평가를 중시하되 서열화를 위한 평가가 아니라 목표 달성 정도에 초점을 둔 목표중심 평가를 지향하고 있다.

4. 교육적인 평가제도

핀란드에서는 각 개별 교사들이 다양한 평가방법을 적용하여 학생을 평가하고 있다. 그리고 학생의 입장에서는 매 학기마다 수차례에 걸쳐 시험을 봐야 한다. 핀란드 종합학교에서 1년 동안 공부한 필자 아들의 경험에 의하면, 오히려 한국 학교에서보다 핀란드 학교에서 시험을 더 많이 본 것 같다고 했다. 즉 핀란드는 시험이 없는 나라가 아니라, 오히려 한국보다 실질적인 시험은 더 자주 보는 나라이다. 다만, 핀란드 학교에서는 학생 개인별 점수는 산출을 하여 알려주지만, 개인별, 학급별, 학년별 석차를 산출하지 않는다. 개인별 성취 수준을 확인할 뿐, 남과 비교하지 않는다는 것이 핀란드 종합학교 평가정책의 방향이다(Aho et al., 2006).

핀란드 학교에서 학생은 학년 말에 성적표를 받게 된다. 성적표에는 학급에서의 성취 수준, 과제활동, 교사가 수행한 각종 평가에 대한 내용들이 기록되어 있다. 국가교육위원회(Finnish National Board of Education, 2016) 지침에 따르면 학교에서의 평가의 목적은 학생이 학습 목표를 달성할 수 있도록 도와주며, 스스로 계획을 세우고, 선택을 해 나갈 수 있도록 촉진해 주는 것이다. 이를 위해 국가교육위원회에서는 교육의 다양한 수준에서 수행 기준과 지표, 그리고 종합학교에서의 수월성 기준 등을 개발하여 제시하고 있다.

한편, 핀란드 역시 국가 차원에서 교육성취 수준에 대한 점검과 확인이 필요하기 때문에 국가 차원의 학력검사를 실시하는데, 주로 국어와 수학 과목을 중심으로 이루어진다. 국가 차원에서의 학력 수준에 대한 점검은 매해 봄 학기에 전국에 있는 종합학교 6학년과 9학년 학생을 대상으로 전수 조사가 아닌 표집조사를 통해 이루어진다. 하지만 이 결과가 책무성을 묻는 기제로 활용되지는 않는다. 책무성을 묻거나 순위를 공개하지는 않지만 각 학교의 교사는 평가 결과를 자신의 학교 학생의 수준을 확인하고 발전 계획을 수립하는 데 자료로 활용한다(Finnish National Board of Education, 2016). 국가차원의 학력검사는 국가교육위원회에서 맡고 있는데, 국가교육위원회에서는 각 과목별로 달성해야 하는 평균 수준을 표준화하고 문제은행(national test bank)식 평가체제를 구축하였다. 핀란드에서 모든 학교와 학생이 이 시험에 의무적으로 응시하도록 강요하지는 않고 있는데, 표집된 학교 이외에도 시험에 응시하고자 하는 학교는 시험에 참여할 수 있다. 아울러 표집대상 학교의 시험 결과와 관련 연구 등을 바탕으로 국가차원에서 미래의 교육 방향 제시 자료로 활용하고 있다(Rinne et al., 2002: 650).

평가 결과를 서열화하거나 공개하는 것은 긍정적인 측면과 부정적인 측면을 함께 가질 수 있는데, 성취 수준을 확인한다는 점에서는 긍정적이지만, 서열화에 따른 낙인과 점수 향상을 위한 비교육적 대응을 유발할 수 있다는 점에서는 부정적이다(Sahlberg, 2008; 전요섭, 황미선, 2007). 그런데 핀란드는 참으로 지혜롭게 정책을 추진하고 있다. 국가차원에서 필요한 성취 수준 점검은 표집 평가를 통해 어느 정도 달성하면서, 평가 공개의 부정적인 측면을 막기 위하여 학교별 순위나 개인별 순위는 공개하지 않는 것이다. 이는 평가를 통해 달성하고자 하는 목표는 달성하면서, 그 부작용은 최소화시키고자 하는 교육중심 논리에서 나온 것이라고 할 수 있다(Johannesson et al., 2002; Sahlberg, 2011).

이러한 정책 방향은 각 학교나 교사로 하여금 점수나 순위 경쟁을 위한 비교육적인 활동에 치중하지 않고, 교육의 본질에 충실할 수 있도록 해 준다(Darling-Hammond, 2009; Jakku-Sihvonen & Niemi, 2006). 평가의 목적은 그 어느 경우에도 학생의 교육적인 성장과 성취를 확인하고 촉진하는 것이어야 한다. 따라서 평가는 어디까지나 교육적인 활동, 그에 따른 교육적 성장과 성취를 왜곡하지 않으면서 더 촉진할 수 있는 방향으로 이루어져야 하는데 핀란드가 그 본을 보여주고 있다.

5. 자체평가의 중시

핀란드에서는 1999년도에 법 규정을 통해 학교에서의 평가의 역할을 제시하였는데, 평가는 교육서비스의 질과 국가의 경쟁력을 향상시키기 위한 핵심 수단임을 분명히 하였다(Aho, Pikanen, & Sahlberg, 2006). 그리고 평가의 목적을 "교육 발전을 지원해 주기 위한 것이며, 학습 여건을 향상시키기 위한 것"으로 규정하였으며, 교육담당기관에 대해서는 담당하는 교육 활동 및 결과에 대해 스스로 평가하도록 의무화하였다(Simola & Hakala, 2001: 104). 또한 핀란드에서 평가와 관련된 많은 연구보고서는 평가는 국가에 의해 주도되어서는 안 되고, 자체평가를 핵심적인 방법으로 해야 하며, 교육 개선이 중심 목적이어야 한다고 밝히고 있다(Hargreaves & Shriley, 2009; Sahlberg, 2011). 그리고 평가를 통해 학부모에게 학교선택을 할 수 있는 정보를 제공해 주어야 함을 강조하였다. 현재 핀란드에서는 교육기본법에 따라 각 지자체 및 학교는 매년 자신의 교육활동 및 결과에 대해 의무적으로 평가하고 그 결과를 공개해야 한다. 하지만 학교나 교사의 순위를 정하여 공개하는 것에 대해서는 법으로 금지하고 있다(Finnish National Board of Education, 2016).

이와 같이 핀란드에서는 평가에 대한 강조나 언급에도 불구하고 다른 나라에서와 같은 국가에 의한 강압적인 평가제도는 도입하지 않고 있으며, 자체평가를 강화하는 방향으로 나아가고 있다. 따라서 각 학교에서는 외부평가의 압박을 받지 않고 있으며, "평가 없는 평가"를 기반으로 학교를 운영해 나가고 있다(Rinne et al., 2002: 651).

핀란드 학교와 교원은 자신의 학교를 발전시키기 위하여 수행하는 자체평가에 각별한 관심을 가지고 있다(Hargreaves et al., 2007; Lindbald, et al., 2002). 핀란드 학교에서 교원들은 대체로 자신이 근무하는 학교를 학습 조직이라고 생각하며, 좋은 아이디어와 실천을 서로 공유하고자 하는 의지가 강하다. 헬싱키시의 경우 각 학교마다 자체평가팀을 구성하여 운영하고 있는데, 자체평가팀은 대체로 교장과 2명의 교사로 이루어져 있고 학습조직으로서의 학교를 점검하고 평가하는 일을 맡는다(Hargreaves et al., 2007: 16). 그리고 지자체 교육국 및 교육행정가는 학교의 문제를 해결하기 위해 필요한 자원을 제공해 주는 것이 주요 임무이며 학교의 문제는 학교 스스로 풀어야 한다는 것이 이들이 가지고 있는 기본 원칙이다(Hirvi, 1996). 즉 학교 문제는 스스로 진단해서 스스로 풀어가고, 교육국을 비롯한 외부 기관은 어디까지나 도와주는 기관이라는 인식을 이들은 분명하게 가지고 있다.

핀란드 교육정책 담당자는 대체로 "핀란드에서는 엘리트 학교와 나쁜 학교를 따로 가질 이유가 없다. 핀란드에서는 모든 학교가 반드시 좋은 학교가 되어야 한다"라고 말한다(Hargreaves et al., 2007). 학교가 어려움에 처했을 경우, 핀란드 정부의 방침은 처벌하는 것이 아니라 스스로 회복할 수 있도록 지원하고 도와주는 것이다(Finnish Ministry of Education and Culture, 2016). 대신 학교 발전을 위한 평가는 매우 중요하게 여기는데, 특히 학교 자체평가를 중시한다. 즉 이들은 학교를 평가하더라도 서열화를 조장하여 비교육적인 측면을 야기하기보다는 학교의 자체적인 발전과 개선을 위한 지침을 얻는 데 초점을 둔 자체평가를 중시하여 교육적인 효과를 극대화하려는 방향으로 나아가고 있는 것이다 (Hargreaves et al., 2007).

6. 교사의 내적 동기 강화 전략

핀란드에서는 교사에 대해 관료적, 시장주의적 접근 전략보다 전문성과 사회적 책임 의식을 강조하는 정책을 펴고 있다(Sahlberg, 2008; Simola, 2005). 교사를 경쟁시키기보다는 교사의 내적 동기를 강화시키는 정책을 일관되게 펴온 것이다. 일반적으로 교사가 교육활동을 수행하는 가장 핵심적인 동기는 내적 동기, 즉 긍지와 보람이다(Lortie, 1975). 핀란드에서는 정책적으로, 그리고 사회적으로 교사를 존중하고 존경해 왔는데, 이러한 교사 존중이 단순히 정부의 정책 구호에 그친 것이 아니라, 교사가 실질적으로 느끼고 누릴 수 있도록 실제 정책을 통해 구현되고 있다. 교사평가가 아예 발조차 붙일 수 없는 풍토라든가, 장학 제도를 없앤 것 등이 이를 증명해 주고 있다. 이러한 교사에 대한 존중과 신뢰는 임금

표 17-2 동일 학력의 타 분야 근로자 임금 대비 교사 임금 수준 비교

구분	초등학교	중학교	고등학교
핀란드	0.68	0.73	0.79
영국	0.83	0.83	0.83
캐나다	1.14	1.14	1.15
한국	1.31	1.31	1.31
OECD 평균	0.82	0.82	0.84

* 각 국의 동일 학력의 25–64세 근로자 법정 평균 임금 대비 교사 임금 수준임
* 교사는 국·공립학교 15년 경력 교사 기준임
* 1이면 동일 학력의 다 분야와 교사의 임금이 같은 수준임
자료: OECD(2015b). Education at a glance data base.

수준이 그렇게 높은 편이 아님에도 불구하고 교사가 교직생활에 만족하고 헌신하는 배경이 되고 있다(European Commission, 2009: 167−168). <표 17−2>에 나타난 바와 같이 핀란드 교사들의 임금 수준은 각 국가 내에서 동일한 학력 타 분야 근로자 임금과 비교하여, 영국, 캐나다, 한국보다 낮은 수준이며, OECD 평균보다 낮다. 그럼에도 불구하고 교사들의 내적 동기를 강화시켜 주는 정책과 제도들이 교사들의 헌신을 이끌어내고 있다.

이와 같이 핀란드에서는 교육의 질 관리 및 통제를 위해 교사에게 경쟁 및 성과급 등 외적 책무성 부여 정책을 도입하고 있는 다른 나라와(OECD, 2015b) 달리, 교육적 논리와 본질을 토대로 교사의 내적 동기를 강화시키는 전략을 펴고 있는 것이다.

7. 전인교육에 초점을 맞춘 국가교육과정

핀란드에서는 학교 및 교사가 국가에서 발행한 교과서를 가르치는 것으로 책임을 다 하던 시대에서 1990년대 이후 국가 교육과정에서 정한 목표를 달성하는 것을 교육 운영의 중심으로 보는 시대로 변하였다(Finnish National Board of Education, 2016). 한편, 국가교육과정의 효율적 활용도 이들의 큰 강점인데, 핀란드에서는 약 10년 주기로 국가교육과정을 제정하여 운영하고 있다. 국가교육과정을 만들어 운영하고 있다는 점에서는 한국과 비슷하지만 속 내용을 들여다보면 큰 차이가 있다. 핀란드에서는 교육 내용과 방법을 국가가 규정하지 않으며 교과서 제도 역시 국정이나 검·인정체제가 아니다. 즉 국가에서는 교육목표를 정해주고, 교육 내용과 방법은 각 학교와 교사가 정하도록 하고 있는데, 이로 인해 교사는 교육활동에 있어 전문적 자율을 누리고 있다(Grubb et al., 2005: 13; OECD, 20015b).

무엇보다도 핀란드 국가교육과정의 핵심적인 특징은 학교에서 가르치는 모든 과목을 중시한다는 점이다(Lavonen, 2011: 6). 핀란드에서는 '국, 영, 수 중심'

또는 '국, 영, 수 위주'라는 말이 없다. 핀란드 초, 중, 고등학교에서 국, 영, 수 과목만을 중시하는 것이 아니라 모든 과목을 중시한다(Ressu 종합학교 Erja Hoven 교장과의 면담). 핀란드에서는 국어, 영어, 수학 같은 과목뿐만 아니라 인문과학 과목, 자연과학 과목, 예체능 과목, 기술・가정 같은 생활 과목에 이르기까지 모든 과목을 동등하게 취급하고 있으며, 학교에서의 시간 배분에 있어서도 거의 균등하게 이루어지고 있다. 대학입학자격시험에서도 핀란드 언어인 국어 과목만 필수이고, 영어, 수학 과목은 선택 과목에 포함시키고 있다.[3]

이와 같이 핀란드에서는 교육의 결과보다 과정을 중시하며, 평등과 경쟁의 적절한 조화, 교육적인 평가제도 운영, 교사의 내적 동기 촉진, 전인적인 국가교육과정 운영 등을 통해 교육논리 중심의 교육을 운영하고 있다. 이러한 교육논리 중심의 교육 운영 또한 핀란드 교육 성공의 중요한 요인이라고 할 수 있다.

[사진 17-2] 방과 후 마을 공터에서 놀고 있는 고등학생들

8. 종합: 핀란드 교육의 성공 요인

핀란드 교육이 성공적인 교육이라고 평가하는 데에 국·내외적으로 별다른 이견이 없다(OECD, 2015b; Darling-Hammond, 2009). 핀란드 교육이 단지 학업성취도 평가 결과만 좋은 것이 아니라 사회성이나 인성, 교육의 질, 고등교육 경쟁력, 교육제도 경쟁력 등 교육과 관련된 거의 모든 분야에서 세계 최고의 수준에 있기 때문이다(IMD, 2015). 아울러 교육에 대한 학생과 학부모 및 국민의 만

3 물론, 대학입학자격시험 선택 과목은 수학, 외국어, 자연과학, 사회과학 등 네 영역 중에서 세 영역을 선택하도록 되어 있어, 영어나 수학 중 한 과목은 반드시 선택을 해야 한다. 하지만, 영어나 수학 과목을 필수로 넣지 않고, 선택 과목으로 넣었다는 것은 의미하는 바가 다르다고 할 수 있다.

그림 17-2 핀란드 교육의 성공 요인

족도와 행복도가 높고, 국가 교육에 대한 국민의 신뢰도 또한 세계에서 가장 높다(OECD, 2009).

이러한 핀란드 교육의 성공에는 어느 한 요인만이 작용한 것이 아니라 여러 요인이 복합적으로 작용한 결과라고 할 수 있다. 즉 핀란드 교육은 종합적으로 좋은 철학과 기반을 갖추고 있으며, 좋은 제도를 마련하여, 훌륭한 인적자원을 바탕으로, 합리적이면서 교육적인 운영을 통해 성공을 거둔 모델이라고 할 수 있다. 이들 핀란드 교육의 성공 요인을 종합하여 그림으로 나타내면 [그림 17-2]와 같다.

[그림 17-2]와 같이 핀란드 교육의 성공은 어느 한 요인에 의한 성공이 아니라 여러 요인이 종합적으로 작용하여 이룬 성공이라고 할 수 있는데, 우선 핀란드는 교육 성공을 위한 좋은 기반을 가지고 있다. 교사와 교육을 중시하는 전통을 가지고 있고, 안정적·협력적 정치 문화 속에 있으며, 전통과 현대와 조화, 평등을 중시하는 정서와 전통 등을 가지고 있어 좋은 교육이 싹틀 수 있는 기반을 갖추고 있다. 이러한 토대 위에서 교육복지제도와 교육자치제도 등 교육을 위해 필요한 제도들을 적절하게 잘 갖추고 있다.

또한 교사, 교장, 교육행정가 등이 교육에 전념할 수 있는 여건을 갖추고 있으며, 교사를 교육의 중심에 놓고, 국가적으로 교사를 신뢰, 존중하고 있으며, 수준 높은 교사교육을 실시하고 있다. 아울러 학생과 교사가 안정적으로 교육에 전념할 수 있는 여건을 조성해 주고 있으며, 교육정책 수행에 있어서도 교육논리 중심의 정책을 펴고 있다.

그리고 핀란드는 또한 교육정책의 지속적·일관적 유지, 철저한 계획에 의한 운영, 종합적인 틀에서 교육개혁 추진, 리더십 공유 체제 구축, 교육전문가 주도, 징벌이 아닌 교육을 지원하고, 촉진하는 평가, 협력적 학교풍토 조성 등 교육적이며, 합리적인 교육 운영을 하고 있다. 이와 같이 핀란드는 좋은 교육기반과 토대 위에서 좋은 제도적 여건을 갖추고 우수한 인적자원이 교육활동에 전념할 수 있는 합리적인 운영을 통해 교육 성공을 이루어낸 나라라고 할 수 있다.

핀란드 교육의 한계는 무엇인가?

제4부

핀란드는 자타가 인정하는 세계 최고 수준의 교육 국가이며, 앞에서 살펴본 바와 같이 국가의 교육 기반 또한 튼튼한 나라이다. 그렇다면 핀란드 교육에는 전혀 문제가 없는 것인가? 핀란드 국가 지도자나 교육담당자가 자신의 교육에 대해 자부심을 갖고 있는 것은 분명하지만, 동시에 다른 나라와 마찬가지로 본인들의 교육에 대해 걱정이나 염려 또한 가지고 있다. 핀란드 교육을 제대로 이해하기 위해서는 이들의 장점과 아울러 한계에 대해서도 함께 이해할 필요가 있다. 핀란드 사람의 교육에 대한 고민은 무엇일까? 이들의 교육에 대한 고민은 크게 시장주의와 세계화의 파도, 교육재정 부족, 교원 문제, 교육 불평등 등 네 분야에 초점이 맞춰지고 있다.

제18장

시장주의와 세계화의 파도: 평등교육에 대한 도전

1990년대 초반의 핀란드 경제위기는 그 어느 나라보다 매우 심각했다. 실업률이 무려 20%에 이르렀으며, 핀란드 사람 중 3분의 1은 1996년까지 장기실업 상태에 놓여 있었다(Rinne et al., 2002: 645). 이후 상황이 개선되기는 하였으나 8~10%대의 높은 실업률은 지속되었다. 그에 따라 경제 위기를 극복하기 위한 새로운 돌파구가 필요했는데, 핀란드에서도 여타 다른 나라처럼 경제위기 극복과 비효율적 국가체제 개선을 위한 출구를 시장주의 모델에서 찾았다(Johannesson et al., 2002; Rinne et al., 2002).

이러한 흐름은 교육 분야에도 영향을 미쳤다. 우선 상당히 많은 교육정책 엘리트(담당자)들이 국제경쟁력을 높이기 위해 영재교육에 더 많은 투자를 할 필요가 있다고 생각하였다. 그러면서 "앞서 갈 자유(free to lead)"가 핀란드 교육행정에서 화두가 되기도 하였다(Rinne et al., 2002: 646). 국제 경쟁 체제에서는 대중교육만 가지고는 경쟁력을 확보할 수 없으며, 영재들이 그들의 능력을 마음껏 발휘할 수 있도록 만들어 주어야 한다는 주장이 제기되었다. 이와 같이 세계화와 국제화는 핀란드 평등교육 정책 기조에 균열을 내는 압박이 되고 있다. 역사적으로 핀란드를 포함한 북유럽 국가의 복지 이념은 자본주의와 사회주의 이념 대립의 사이에 나온 대안이고 제3의 길이었다(Rinne et al., 2002: 646-647). 그런데 최근 들어 북유럽의 복지주의 체제가 시장주의의 거센 압력을 받고 있는 것이다.

이러한 변화와 아울러, 핀란드 내에서는 정치 지형의 우경화가 보다 뚜렷하게 나타나고 있다. 1980년대 후반, 핀란드 정부뿐만 아니라 교육행정 분야의 주도권을 우익정당이 차지하게 되었고,[1] 이러한 정치 지형은 시장주의 교육개혁을 위한 토대가 되었다. 그런데 이러한 방향은 국제 경쟁사회에서 작은 나라가 살아남기 위한 이들의 생존 전략이기도 하다(Simola, 2005). 핀란드의 정책결정 담당자에게 다른 대안은 거의 없었으며, 이러한 방향만이 살 길이라고 확신하고 있었다. 경쟁을 통한 능력 향상이라는 세계적인 교육개혁의 흐름을 핀란드라고 해서 벗어날 수 없었던 것이다. 핀란드 국민은 이러한 변화가 국가 발전을 위해 불가피하다고 인식하면서도, 불평등 사회로 전락할 위험도 함께 가지고 있다는 점 또한 우려하고 있다(Sahlberg, 2011).

이러한 흐름에 따라 핀란드 교육계에 몇 가지 변화가 나타났는데(Johannesson et al., 2002; Lindblad & Simola, 2002; Rinne et al., 2002), 우선 새로운 재정배분 방식에 의한 많은 지자체들의 재정부족 현상이다. 특히 핀란드에서 규모가 작은 지자체들은 정부의 특별한 추가적 재정지원이 없으면, 교육과정의 자율적 운영의 권리를 누리지 못할 상황에 직면해 있기도 하다. 또한 학교선택제도에 따른 사회, 문화적 격차의 심화 문제를 우려하는 시각도 있다(Juha et al., 2015). 특별히 장애를 가진 학생에 대해서는 특수교육 시스템을 통해서 관심을 기울이고 있지만, 문화적·사회적 소외자, 그리고 이민자 자녀 등에 대한 관심은 상대적으로 크지 않은 편이다(Hanna-Maija & Minna, 2014). 이와 같이 핀란드 교육에도 경쟁 및 효율화 전략들이 서서히 파고들고 있는 편이다.

1960~1980년대 핀란드 교육개혁의 분명한 방향은 평등주의 이념을 토대로 사회적 차별 없이 모든 아동이 종합학교에서 같은 교육을 받아야 한다는 것이었다. 따라서 학교와 교육과정에서의 평등을 중시하였다. 당시 개혁은 철저히 국가주도로 이루어졌다. 반면 1990년대 이후부터 교육개혁은 분권화, 탈규제,

---

1 이러한 흐름은 2015년 핀란드 총선에서도 나타났는데, 중도당을 비롯한 우파 정당들이 과반을 훨씬 넘는 의석을 차지하며 우파 연립정부를 수립한 것도 그 한 예이다(Helsinki Sanomat, 2015.4.20).

선택, 평가, 관리주의 등이 주요 방향이 되고 있다. 학교 현장에서 학부모와 교원은 이러한 변화를 실감하고 있으며, 단적인 예로 학부모는 가까이에 있는 학교 이외의 다른 학교를 선택할 수 있게 되었다. 이러한 흐름은 1960~1970년대 교육개혁의 이념과는 다른 방향이다(Rinne et al., 2002; Sahlberg, 2011). 이러한 흐름에 따라 핀란드에서 분권화, 탈규제, 선택 등은 좌파, 우파 정부 모두에 의해 가속화되고 있는 추세이다(Juha et al., 2015). 이와 같이 핀란드 교육개혁에 있어 시장주의 이념이 파고들고 있는데, 일부에서는 세계적으로 인정받고 있는 핀란드 교육의 우월성을 지속시키기 위해서라도 시장주의 전략이 필요하다는 주장을 하고 있기도 하다(Jaakko & Anna, 2016).

핀란드 교육에서 시장주의 이념이 가장 우선적으로 도입되고 있는 분야가 고등교육 분야이다. 핀란드 고등교육 구조 개혁은 현재 핀란드 정부의 주요 정책 목표이다(Finnish Ministry of Education and Culture, 2016). 각 대학이 경쟁력을 갖추도록 하기 위하여, 일반대학(University) 및 응용과학대학(University of Applied Science)을 구조조정하고 있으며, 대학 간의 통폐합도 유도하고 있다.[2] 아울러 대학 내에서 각 단과대학 및 학과 간의 통합을 통해서 규모를 키워 효율성을 높이려 하고 있다. 핀란드 대학행정은 현재 중앙정부에서 관장하고 있는데, 중앙의 교육부에서 재정 및 인적 자원 관리 등을 통해 적극적으로 구조조정을 유도하고 있다. 그동안 핀란드에는 사립대학이 존재하지 않고 모두 국립대학이었는데, 고등교육에 대한 자율과 경쟁의 원리를 적용하기 위하여 2010년 1월 1일부로 모든 대학을 법인화하였다(Finnish Ministry of Education and Culture, 2010). 이로 인해 핀란드 대학은 공법과 사법을 함께 적용받고 있으며 대학의 자율과 경쟁이 가속화되고 있다(Finnish Ministry of Education and Culture, 2013). 이러한 대학 운영 방식의 변화로 인해 그동안 모든 대학생에게 무상교육을 견고하게 실시해 왔던 핀란드가 2017년부터 비 EU권 외국인에 한해 대학 등록금을 받고자 하는 방향으로 전환하고 있기도 하다.[3] 평등과 협동을 기반으로 한 핀란드

2 예를 들어 헬싱키경제대학, 헬싱키공과대학, 헬싱키디자인예술대학이 2010년에 Alto대학으로 통합되었다.

교육체제가 아직은 견고하게 유지되고 있지만, 이와 같이 고등교육 분야부터 서서히 균열이 생기고 있다는 점도 부인하기는 어려울 것 같다.

이와 같이 핀란드 고등교육 분야에서는 시장화의 흐름이 이미 시작되었다고 볼 수 있는데, 초·중등교육 분야에서의 시장화는 아직 추진되지 않고 있다. 하지만 관련된 여러 논쟁들이 이어지고 있다. 지난 몇 차례의 OECD 평가 결과에 비해서 그 순위가 약간 내려간 PISA 2012 결과에 대해 핀란드 교육부장관은 "약간 내려가긴 했지만 핀란드는 여전히 세계 가장 우수한 교육을 하고 있다"고 밝힌 반면, 당시 핀란드 야당 당수는 "핀란드 교육시스템이 파괴되고 있다"고 맹비난하기도 하였다(Helsingin Sanomat, 2013.12.8). 핀란드 국가 교육운영 체제 자체가 정치적 압력에 의해 쉽게 영향을 받지 않는 견고한 토대를 가지고 있고, 핀란드 초중등교육 분야의 평등교육 이념과 방향은 아직 굳건하게 유지되고 있기는 하지만, 그러한 기조가 공격받고 있는 것 또한 사실이다.

그렇다면 핀란드의 평등 교육 이념과 전통은 새로운 국제적 흐름에 따라 약화되고 있는 것인가? 최근 들어 스웨덴을 포함한 북유럽의 일부 국가에서는 오랜 복지국가 모델이 새로운 시장주의 모델과 결합하는 현상이 나타나고 있는데, 교육 분야에 있어서도 분권화 및 자율, 선택 등이 강조되고 있다(Juha et al., 2015). "핀란드에서, 복지국가 구호는 이제 사라져야 하며, 대신에 개인의 경쟁력 및 생산성을 강조하는 새로운 지향점이 만들어져야 한다"는 주장도 일부에서 나타나고 있다(Kantola, 2002: 270). 아직 초·중등교육 분야에서는 평등교육 중심의 전통적 가치와 정서가 견고하게 지켜지고 있지만, 시장주의 파도가 서서히 밀려오고 있는 것 또한 핀란드가 직면하고 있는 현실이기도 하다.

3 그동안 핀란드에서 대학 교육에 대한 무상교육은 외국인에게도 동일하게 적용되어, 외국 학생도 핀란드 대학에 진학했을 경우 등록금을 내지 않고 대학을 다녔다. 그런데 2017년 8월부터는 비 EU권 외국인 학생들은 등록금을 내도록 정책이 바뀌었다(Finnish Ministry of Education and Culture, 2016).

제19장

교육재정 문제

핀란드에서 국가 재정의 위기 상태였던 1990년대 초반에는 거의 20%에 이르는 교육예산 삭감이 있었고, 경제 위기가 끝난 지금까지도 그 여파는 계속 되고 있다. 경제 위기는 지속적인 교육예산 삭감을 정당화시켜 주었다. 1990~1994년 사이에 종합학교 예산은 15%, 고등학교 예산은 25%, 직업학교 예산은 23% 정도가 삭감되었다. 그럼에도 불구하고 같은 기간에 학생의 학교 등록률은 고등학교는 22%, 직업학교는 28% 정도의 증가율을 보였으며 학급당 학생 규모도 늘어났다(Rinne, Kivirauma, & Simola, 2002: 653−654).

1993년 국가 교부금 제도의 개혁으로 각 지자체들은 더 많은 교육예산 활용의 자율권을 갖게 되었으며(Rinne, Kivirauma, & Simola, 2002), 지역적인 필요나 지역 상황에 맞게 교육예산을 활용할 수 있게 되었다. 하지만 이러한 자율은 교육재정의 지역 간 격차를 증가시키고 있으며, 전체적인 교육예산 삭감은 재정이 상대적으로 열악한 농촌 지역에 더 큰 타격을 주고 있다.

핀란드의 의무교육 과정인 종합학교에서는 견고한 평등교육 체제를 유지하고 있는데, 이러한 평등교육 체제가 모든 학교에서 지속적으로 유지될 수 있도록 재정을 투자하는 일은 앞으로의 과제라고 할 수 있다. 일부 학교에서는 특수교사 및 상담교사의 부족 문제를 호소하고 있는데, 이는 교육재정의 부족으로 충분한 교사를 확보하지 못한 데에서 비롯되었다. 특히 이러한 현상은 이민자 자녀, 농·어촌 아동, 저소득층 자녀 등이 많이 다니는 소외지역의 학교에서 더 많이 나타나고 있다(Grubb et al., 2005). 또한 핀란드의 종합학교 과정에서 평등교육을 위해 도입한 많은 기제들이(특수교사, 보조교사, 학생지원팀 등) 인문고등학교 과정에서는 미흡한 것으로 나타났다. 인문고등학교에는 특수교육 관련 규정이 없고, 특별한 필요가 있는 학생을 위한 지원 장치가 상대적으로 미흡한 것으로 나타났으며, 일부 인문고등학교에서는 재정 부족으로 특수교사 채용이 충분하지 못한 상황이기도 하다(Grubb et al., 2005: 26).

한편 대학교육 과정에서도 재정 부족에 따른 문제들이 나타나고 있다. 핀란드의 모든 대학생은 국가로부터 등록금을 포함하여 건강, 주택, 교통과 관련된 지원과 보조를 받는 것은 물론 생활비 역시 지원 받고 있다. 이러한 지원금은 학생의 나이, 주택보유 여부, 결혼 여부 등에 따라 차등 지급된다. 재정이 더 필요한 학생은 국가의 보증 아래 일반은행으로부터 대출을 받기도 한다.

그럼에도 불구하고 대학생들은 재정지원 제도가 좀 더 확충되어야 하며, 지원금도 늘어나야 한다고 주장하고 있다(Helsinki Sanomat, 2011.3.4). 많은 학생은 대학생활에 필요한 비용을 벌기 위하여 아르바이트를 하고 있으며, 일부 학생은 일의 부담 때문에 대학을 중도에 포기하기도 한다. 핀란드 통계에 의하면 핀란드 고등교육기관에 있는 학생 중에서 절반이 넘는 숫자가 공부와 일을 병행하고 있으며, 그 중 40% 정도는 풀타임으로 일을 하고 있다(Finnish Government, 2016c). 그리고 핀란드에서는 베이비 붐 세대의 정년에 따른 연금 지급 부담이 높아져, 교육 및 사회복지 분야 지원이 영향을 받고 있는데, 이 또한 해결해야 할 문제 중의 하나가 되고 있다(Grubb et al., 2005: 28).

이와 같이 핀란드는 견고한 교육복지체제를 운영하여 경제적인 부담 없이 누구든지 교육받을 수 있는 체제를 상당히 오랜 기간 동안 유지해 왔고 아직도 견고한 편이다. 하지만 이러한 교육복지체제를 향후에도 지속적으로 유지하기 위해서는 안정적인 재원 확보가 뒷받침되어야 하는데, 국·내외적인 경제위기 및 상황 악화로 국가의 재정 확보는 갈수록 어려워지고 있다(Grubb et al., 2005: 43; OECD, 2015). 핀란드의 국가 재정이 어려워진 상황에서도 지금과 같은 교육복지체제를 유지할 수 있을 것인지가 이들의 큰 과제가 되고 있다.

제20장

교원 문제

세계 최고 수준의 교육을 실시하고 있는 핀란드 교육의 핵심적 기반은 우수한 교원이다(Darling-Hammond, 2009). 이러한 핀란드 교원은 사회적으로 존중받고 있을 뿐만 아니라 대표적인 전문직으로 인정받고 있기도 하다. 하지만 핀란드 교원 역시 문제가 없는 것은 아니다. 이를 교장과 교사의 문제로 나누어 살펴본다.

1. 교장 문제

핀란드에서 교장의 과업과 책임은 점점 더 많아지고 있어 과업수행을 위한 시간 부족 문제가 발생하고 있다. 이에 더해 외부 압력도 증가하고 있다. 현재, 핀란드에서 교장과 관련된 문제는 다음과 같은 것들이 있다(Hargreaves et al., 2007: 23-24; Finnish National Board of Education, 2015).

첫째, 교장의 인구학적 대변화이다. 핀란드 교장의 거의 60% 정도가 몇 년 안에 정년퇴임을 하게 되는데, 지금까지 핀란드 교육을 지탱해 왔던 이들이 학교를 떠남으로 인해 생길 수 있는 교육리더십의 단절 및 공백을 염려하고 있다. 즉 그동안 핀란드는 우수한 교사뿐만 아니라 우수한 교장들이 교육을 이끌어 오면서 교육적 성취를 이루어낸 것으로 평가받고 있는데, 우수한 교장들이 대거

퇴임함으로 인해 우수한 교육과 전통을 어떻게 이어갈지에 대한 것이 이들의 큰 과제가 되고 있다.

둘째, 교장의 업무 과다 문제이다. 교장의 자율성이 보장되고 행정업무가 매우 적다는 것은 핀란드 교장 과업의 특성이다. 그러나 최근 들어 자체평가의 강화, 각종 수행계획 수립, 특수교육 강화, 건강이나 사회복지 분야와의 협력, 교사관리 등 과거에 비해 담당해야 할 업무들이 늘어 교장에게 큰 부담이 되고 있다. 아울러 핀란드의 모든 학교에서 교장은 수업을 담당하고 있기도 하다. 교장의 행정업무가 많은 것은 아닌데, 교장으로서 감당해야 할 교육활동 관련 업무가 계속 증가하고 있는 것이다. 최근 들어서는 이러한 업무의 과다로 인하여 교장직에 대한 매력이 떨어지고 있으며, 교장직에 도전하고 싶어 하는 교사의 숫자도 계속 줄어들고 있어 교장의 수요-공급 균형을 걱정해야 할 상황이 되고 있다.

셋째, 교장의 충분하지 않은 보수 문제이다. 핀란드에서는 교장 자신이나 핀란드 교육부 모두 현재 교장의 보수가 충분하지 않다는 것에 대해 이견이 없다. 핀란드에서 교장의 봉급은 학교 규모와 연계되어 있어 규모가 큰 학교에 비해 규모가 작은 학교의 교장의 봉급은 상대적으로 더 적다. 어렵고 까다로운 과목을 맡고 있거나 경력이 오래된 교사는 몸담고 있는 학교의 교장보다 높은 봉급을 받는 경우도 있다. 핀란드에서는 교장과 교사가 같은 노조에 소속이 되어 있는데, 임금협상과정에서 교장과 교사 사이의 임금 격차는 점점 줄어들고 있다. 교장이 하는 일에 비해 봉급이 높지 않다는 것은 이들의 해결해야 할 과제이다.

넷째, 교장을 위한 교육훈련 프로그램의 부족이다. 핀란드에는 국가교장자격이 있는데, 교장이 되기 위해서는 교장교육기관에서 교육을 받고 자격을 취득해야 한다. 교장교육기관에서는 예비 교장에게 교육계획, 예산관리, 자체평가관리, 학부모·학생·교사와의 관계를 위한 리더십 등의 과목을 가르치고 있다.[1]

---

1 핀란드 교장을 위한 교육훈련 프로그램에 대해서는 김병찬(2012)의 '핀란드 교장교육 프로그램의 특징과

반면 현직 교장을 위해서는 별도의 교육훈련 과정을 두고 있지 않다. 일부 지역에서 대학과 연계한 교장 리더십 훈련 프로그램을 운영하기도 하지만, 이 프로그램은 대부분 대도시 지역에 개설되어 있어 농촌지역 학교의 교장은 참여하지 못하고 있다.

핀란드 교육에 있어 각 학교의 교장은 매우 중요한 위치를 차지하고 있고, 이들의 철학과 이념, 리더십이 핀란드 교육을 이끄는 중요한 기반이다(Hargreaves et al., 2007). 하지만 핀란드에서도 교장의 업무 과다, 낮은 보수, 현직교육의 부족 등으로 인해 교장이 어려움을 겪고 있다. 더불어 핀란드 전체적으로 교장의 세대교체에 따른 리더십 계승 문제 역시 이들의 큰 과제가 되고 있다.

2. 교사 문제

핀란드에서는 최근 들어 교사의 과중한 업무 부담에 대한 불만이 늘고 있다(Aino & Anneli, 2015; Riikka et al., 2015). 하지만 이들의 업무에 대한 불만은 과도한 행정업무나 공문처리 등에 대해 부담을 느끼는 한국 교사와는 달리, 교육과정 개발, 수업 준비, 학생 평가, 평가결과 피드백, 교내 및 지역 교사와의 협력 활동 등 교육활동 과다로 인한 것이다. 이러한 이유들로 인해 핀란드에서의 교직은 선호되는 직업이면서도 이직률이 높은 편이다.

핀란드에서는 신임 교사 중 약 10% 정도의 교사가 교직을 떠나는 것으로 나타났는데, 헬싱키시의 경우 1~4년차 신임교사 중 약 12.5% 정도가 학교를 떠나고 있다(Helsinki Times, 2011.3.24). 즉 신임 교사 중 일부가 과도한 업무를 견디지 못하고 교직을 떠나고 있는 것이다. 교사가 떠난 자리에 새로운 정규 교사가 오기 전까지 임시 교사를 채용하게 되는데, 이들은 교사 자격이 없는 사람들이다. 2003년의 경우 헬싱키시 4,200여 명의 교사 중 약 15%는 교사 자격이 없

시사점' 논문에 자세하게 정리되어 있다.

는 사람이었다(Tikkanen, 2003). 이러한 흐름의 영향으로 핀란드에서는 과거에 비해 교직을 평생직장으로 생각하는 인식이 약해지는 것으로 나타났다(Sahlberg, 2015).

국제비교에 의하면, 핀란드 교사의 임금 수준도 높은 편이 아니다. OECD 조사에서 핀란드 교사의 임금 수준은 29개 국가 중 17위 정도인 것으로 나타났고(OECD, 2015b), 앞 17장의 <표 17-2>에 나타난 것처럼 핀란드 내에서도 중·하위권 정도의 임금 수준이다(Grubb et al., 2005: 21). 이처럼 높지 않은 임금 수준은 교사가 교직을 떠나는 주요 이유 중의 하나가 되고 있다. 정년(65세) 때까지 교직을 유지하는 것에 대해서도 약 35%가 회의적인 의견을 보였다(Webb et al, 2004: 179).

핀란드 교사의 불만이 증가하고 있는 이유는 대체로 학교에서의 업무스트레스, 다루기 힘든 아이, 과중한 업무 부담 등으로 나타나고 있다(Airi et al., 2015; Erkko & Ari, 2015; Riikka et al., 2015). 핀란드에서는 1990년대 교육개혁 정책 이래, 교직문화에 있어 상대적인 만족과 스트레스 증가가 혼재되어 있는 독특한 상황이라고 할 수 있다(Simola, 2005: 464). 즉 핀란드 교사들은 교직에 대한 만족도도 높지만, 스트레스를 느끼는 정도도 높은 것으로 나타나고 있다. 핀란드 교사가 다른 나라 교사에 비해 교육청이나 상급기관으로부터 압력을 적게 받는 것은 사실이지만, 과중한 업무에 대한 부담 또한 증가하고 있는 것이 이들의 모습이다(Helsinki Times, 2011.3.24).

핀란드 교사의 이직률이 높은 데에는 또 다른 요인이 작용하고 있는데, 바로 대학에서의 복수전공 제도이다. 앞에서 언급한 대로 핀란드 대학에서는 모든 학과에서 학생이 의무적으로 복수전공을 이수해야 하는데, 교사교육학과를 졸업하는 학생 역시 교사교육학 이외에 다른 일반전공 학위를 취득한다. 이러한 일반전공 학위는 교사가 이직을 하는데 중요한 기반이 된다. 즉 교사이기는 하지만 다른 분야로 진출할 수 있는 자격요건(학위)을 갖추고 있기 때문에 교직에 흥미를 잃었을 경우에 좀 더 수월하게 타 직장으로 떠날 수 있는 조건이 되는 것이다. 더군다나 핀란드 사회에서는 교사에 대한 신뢰와 존중의 문화가 있기 때문에 타 직종 분야에서 교사출신을 선호한다는 점도 교사 이직률 상승의 한 요인이 되고 있다.

우수한 지원자들이 교직에 들어와 안정적이며 지속적으로 교육활동을 수행하는 것은 교육의 발전을 위한 중요한 기반이다. 하지만 적지 않은 인원이 교직 초반기에 교직을 떠나고 있다는 것은 핀란드 교육담당자가 해결해야 할 또 하나의 과제인 것이다.

핀란드에서 학생에 대한 통제나 관리 문제도 교사가 교직을 부정적으로 보는 한 요인이 되고 있다. '핀란드 학교에서의 교사 스트레스 요인에 대한 조사' 결과는 학생을 관리하는 문제(49%), 과업의 내용과 관련된 문제(21%), 학교공동체 관련 문제(20%) 등의 순으로 나타났다(Salo, 1995). 또 다른 연구에서도 학생의 공격 성향이나 일탈로 인해 교사가 스트레스를 받고 있는 것으로 나타났다(Kiviniemi, 2002). 가르치는 일 이외에 신경써야 할 일들이 늘어나고 있다는 것도 교사의 주요 불만 요인이 되고 있다.

최근에는 핀란드에서도 다른 나라에서와 같이 학부모나 학생을 고객이나 소비자로 인식하는 경향이 높아지고 있다. 학부모나 학생은 학교교육의 소비자로서 학교 발전계획이나 교육과정 개발 과정에 참여가 늘어나고 있는데, 이 과정에서 학부모나 학생의 교사에 대한 참견도 늘어나고 있는 편이다(Pyhältöa et al., 2011; Rinne et al., 2002).

한편, 핀란드에서 현직교원 교육은 대체로 교원의 자율에 맡겨져 있다. 그리고 핀란드의 현직교원 교육은 학교에서 이루어지는 것이 아니라 외부기관에서 주로 담당하고 있으며, 장기 교육과정보다는 단기 프로그램 위주이다. 하지만 대체적으로 핀란드에서 현직교원의 전문성 개발을 위한 현직교원 교육 프로그램은 활성화되어 있지 않은 편이다. 핀란드에서 교원의 전문성에 대한 신뢰가 높고, 교사양성과정의 질이 높으며, 헌신적인 교사가 많은 것은 사실이지만, 교사의 전문성과 헌신을 유지하기 위한 현직교원 교육이 비체계화, 비활성화되어 있다는 점은 이들의 고민이기도 하다(Krzywacki et al., 2011).

제21장

교육 불평등 문제

핀란드는 다른 국가에 비해 상당히 평등한 교육체제를 가지고 있다(OECD, 2010). 앞에서 언급한 대로 유아교육부터 대학교육까지 모든 단계의 교육이 무상으로 이루어지고 있고, 국가에서도 국가 교육 운영의 주요 기반을 평등 이념에 두고 있다. 이렇게 평등교육을 구현하고 있음에도 불구하고 교육 불평등 문제는 피해갈 수 없는 해결 과제가 되고 있다. 교육자치제에 따른 지역 간 격차 문제, 고등학교 단계에서의 불평등 문제, 대학 단계에서의 불평등 문제, 역차별 문제, 다문화교육 문제 등이 대표적인 사례라고 할 수 있다.

1. 교육자치에 따른 지역 간 격차 문제

현재 핀란드에서 각 지역의 교육은 그 지역의 지자체에서 맡고 있는데, 소규모 지자체에서는 교육 운영을 위한 재정확보의 어려움을 겪고 있다. 특히 농촌지역의 학교에서는 인구감소에 따른 재정 부족, 학교 통합 및 폐쇄 등의 문제가 발생하여 교육 여건이 점점 더 낙후되고 있다. 핀란드 교육부 차원에서도 이러한 문제를 해결하기 위하여 소규모 지자체 간의 통합과 협력을 위한 다양한 계획을 만들어 노력을 기울이고 있다(Grubb et al., 2005; Finnish Ministry of Education and Culture, 2016). 하지만 독립적인 지자체를 유지하고자 하는 해당 지자체에서는 통합에 대한 강한 저항을 보이고 있는데, 그 이유는 지자체 통합에 따른 정체성 상실을 우려하고 있기 때문이다(Association of Finnish Local and Regional Authorities, 2016). 소규모 지자체들은 지역의 경제 개발과 같은 좀 더 큰 규모의 문제들을 다룰 역량을 가지고 있지 못하다는 점도 문제이다. 핀란드의 분권화 체제가 한편으로는 큰 장점이 되고 있기도 하지만, 다른 한편으로는 이처럼 지역 간 격차 문제를 야기하고 있다.

또한 핀란드의 농촌지역은 학생 수의 감소가 심각한 상황이다. 농촌지역의 소규모 학교는 교사를 구하는 데에도 어려움을 겪고 있으며, 비자격 교사를 고용하기도 한다(Haveri, 2008; Oulasvirta & Turala, 2009). 이러한 문제는 학교 네트워크를 통해 풀어가려고 하지만, 근본적인 해결책은 되지 못하고 있다. 이 문제는 교육만의 문제가 아니라 사회 구조와 맞물려 있기도 하다.

2. 고등학교 단계에서의 불평등 문제

핀란드 교육은 우리나라의 초등학교와 중학교 과정에 해당하는 종합학교 단계와 그 이후 단계로 확연히 구분이 된다. 종합학교 단계는 의무교육 과정으로 평등 및 복지 이념을 바탕으로 하고 있으며, 거의 완벽한 평등교육을 실시하고 있다. 그러나 그 이후 단계는 조금 다른 양상을 보이고 있다.

핀란드에서 학교와 학생 사이의 불평등이 그 어느 나라보다 낮은 것은 분명한 사실이지만, 불평등이 완전히 사라진 것은 아니다. 앞 11장의 [그림 11-1]에서 살펴본 바와 같이 핀란드의 경우 국제 학업성취도 평가에서의 학교 간 격차는 크지 않으나 학교 내에서 학생 간 격차는 상당히 큰 것으로 나타난다. 학생 간 격차는 가정환경이 주요 변인이라고 할 수 있는데, 부모의 교육수준, 소득 수준, 사회-경제적 지위, 지역 환경 등이 그 요인이 되고 있다. 이러한 차이는 상류계층 아이가 상급학교 진학 과정에서 상대적 우위를 점할 수 있는 배경이 되기도 한다(Grubb et al., 2005).

핀란드에서 학생은 종합학교 9학년 말에 인문고등학교, 혹은 직업고등학교로의 진학을 선택해야 한다. 사회적 평판이 좋고 좀 더 좋은 직업을 가질 수 있는 과정이 인문고등학교이고, 보통의 직업을 갖게 되는 과정이 직업고등학교이다. 대체로 상류층 자녀는 인문고등학교로, 서민층 자녀는 직업고등학교로 진학을 하게 되는데, 그에 따라 고등학교 진학 과정에서부터 자연스럽게 계층 간 분화가 나타나게 된다(Grubb et al., 2005: 23-26).

7장에서 살펴본 바와 같이 인문고등학교에 진학할 경우에는 경쟁을 통해 입학 전형이 이루어지는데, 그 이전 단계인 종합학교에서 취득한 점수가 중요한 기준이 된다. 학생의 성적이 가정 배경의 영향을 받고 있는 상황에서 인문고등학교 진학 및 학생 선발 과정에서 학생의 성적이 중요한 전형요소가 되고 있는 것이다. 즉 핀란드의 경우에도 교육에 대한 부모의 열의, 부모의 교육 배경 등이 자녀의 인문고등학교 진학에 영향을 미치는 것으로 나타나고 있다(Asplund & Leijola, 2005). 핀란드에서 인문고등학교에 진학할 수 있는 기회는 평등하게 보장하고 있지만, 학생의 사회·경제적 배경 및 부모의 교육 정도가 학생의 학습 성과 및 진학에 자연스럽게 영향을 미치고 있는 것까지 국가가 관리하기 어려운 부분이기도 하다(Grubb et al., 2005: 23-25). 이와 같이 가정 배경에 따른 격차나 분리의 문제는 심각한 수준은 아니지만 다른 나라에서와 마찬가지로 핀란드의 고등학교 진학 단계에서도 나타나고 있는 현상이자 문제이다(Asplund & Leijola, 2005).

3. 직업고등학교 학생의 중도탈락 및 진로 문제

핀란드에서 인문고등학교 학생의 중도탈락률은 약 3%대이고, 직업고등학교 학생의 중도탈락률은 약 8%대에 이르고 있다(Statistics Finland, 2016). 직업고등학교 학생의 중도탈락률이 인문고등학교 학생의 중도탈락률보다 상당히 높은 편이다. 직업고등학교에서 중도탈락한 학생 중 약 10%는 어떠한 교육이나 훈련기관에 들어가지 않고 무방비 상태로 학교를 떠나고 있는데, 학교를 중도탈락하

탈락하고 노동시장으로 들어간 학생들은 상대적으로 열악한 근무 환경에서 일을 하고 있다(Salmi, 2006; Simola et al., 2002). 한편, 주로 직업고등학교에서 자신이 배우고 싶지 않은 전공으로 들어간 학생이 중도탈락을 하고 있다. 예를 들어 '건강 및 사회복지', '레저 및 스포츠' 등의 전공은 거의 모든 지역에서 경쟁률이 2:1이 넘고 있고, 원하는 전공이 아닌 전공에서 배우는 학생들도 있다. 대체로 직업고등학교에서 준비시키고 있는 직업은 전문직이라기보다는 평범한 직업들로서, 호텔이나 레스토랑 종사자, 화장품 및 미용 종사자, 건강관리 보조원, 간호보조원, 운전수, 건설노동자, 배관공 등이다. 이러한 직업군은 지식기반 사회의 고부가가치 직업과는 거리가 있다. 물론 핀란드 교육부에서는 ICT, 사회서비스, 미디어, 아트 등의 분야까지 직업교육 영역을 넓히고 있으나 아직까지 크게 확대되지 않고 있다.

핀란드에서 직업고등학교를 졸업한 18~19세의 젊은이들은 직업을 구하기가 쉽지 않으며, 자신이 배운 전공과 구한 직업 사이의 전공 불일치율도 상당히 높은 편이다. 2014년도에 직업고등학교를 졸업한 학생의 진로 현황을 보면 취업 50%, 미취업 16%, 진학 12%, 다른 자격을 위한 준비 10%, 기타 12% 등으로 나타났다(Finnish Government, 2016c). 직업고등학교를 졸업한 학생의 실업률은 인문고등학교를 졸업하고 직업을 구한 학생의 실업률보다는 낮았지만, 대학이나 응용과학대학을 졸업한 학생의 실업률 보다는 높았다(Finnish Government, 2016c). 다만, 국가에서 이들 미취업 학생에게 복지서비스 혜택을 주고 있으며, 노동 시장에 들어갈 수 있도록 직업 훈련을 시켜주는 등의 안전장치는 마련해 놓고 있다.

4. 대학 단계에서의 불평등 문제

고등학교 진입단계에서와 마찬가지로, 대학 과정 진입단계에서도 불평등 현상들이 나타난다. 우선 대학이나 응용과학대학에서는 인문고등학교 말에 치르는 대학입학자격시험, 대학별 본고사, 기타 전형에 의해 학생을 선발하는데, 이 과정에서 상당한 경쟁이 이루어진다. 대체로 사회·경제적 지위가 높은 가정의 학생이 이 경쟁에서 우위를 차지하고 대학에 들어갈 가능성이 높다. 상당수의 학생들이 입학시험을 잘 치르기 위해 사교육기관에 등록하여 배우기도 하는데, 이때의 비용은 모두 개인이 부담해야 하기 때문에 가정의 사회·경제적 형편에 따른 영향을 받게 된다. 다시 말해 핀란드에서도 부모가 사회·경제적 지위가 높거나 부모의 교육 수준이 높은 학생들이 상대적으로 일반대학에 진학할 확률이 더 높다(Asplund & Leijola, 2005). 그리고 상대적으로 열악한 계층의 자녀는 응용과학대학에 진학할 가능성이 더 높다(Grubb et al., 2005: 27). 이러한 과정을 거치면서 일반대학을 졸업한 학생이 응용과학대학을 졸업한 학생 보다 전문 직종으로 더 많이 진출하게 되는데(Grubb et al., 2005: 27), 이는 또한 자연스럽게 사회적 분화로 이어지고 있다.

5. 교육복지제도의 기대하지 않은 결과

핀란드의 무상교육체제가 저소득층 학생에게 공부할 수 있는 기회를 제공하기 때문에 도움이 되는 것은 사실이다. 그런데 다른 한편으로 대학이나 응용과학대학에 다니는 학생 대부분이 중산층 이상 가정의 자녀라는 점을 고려해 보면, 이 지원금 제도가 사회적 평등에 기여한다고만 보기 어렵다(Grubb et al., 2005: 28-29). 즉 대학생을 위한 막대한 복지제도에도 불구하고, 일부에서는 평등 효과에 대해 의문을 제기하고 있기도 하다(Asplund & Leijola, 2005).

몇몇 나라에서는 의무교육단계 이후의 교육 기회 확대가 오히려 사회 계층 간의 유동성을 줄이는 것으로 나타났는데, 확대된 교육 기회가 저소득층 자녀보다는 더 나은 여건을 가진 계층의 자녀를 위한 기회가 될 가능성이 높기 때문이다(Chevalier & Conlon, 2003). 고등교육 단계에서의 교육기회 확대 및 지원으로 혜택을 보는 계층은 서민층보다는 상류층이나 중산층일 가능성이 높다는 것이다. 주로 중산층 이상이 혜택을 보게 되면서 정작 서민층은 소외되는 것이다. 핀란드에서도 고등교육기관 미진학자나 중도탈락자의 대부분이 저소득 계층의 자녀라는 점은(Pekkala & Lucas, 2005) 고등교육 기회의 확대가 저소득층보다는 중산층 이상 계층의 자녀에게 더 많은 혜택이 돌아가고 있음을 보여주고 있다.

6. 이민자 증가에 따른 다문화교육 문제

핀란드는 또한 증가한 이민자 자녀의 교육문제를 해결해야 하는 과제를 안고 있다. 핀란드에는 최근 들어 이민자 자녀의 수가 급격하게 증가하고 있다(Sahlberg, 2011). 핀란드 교육당국에서는 기본적으로 이민자들이 자녀 교육을 위해 그들 고유의 문화로부터 벗어나도록 유도하는 것이 아니라, 그들 문화 속에서 함께 성장해 갈 수 있도록 돕고 있다(Finnish National Board of Education, 2016). 그리고 이민자 자녀를 위한 사회복지기관 및 특수교육기관과의 협력도 강화하고 있다. 그럼에도 불구하고 핀란드인 학생과 이민자 자녀 사이의 교육 격차는 점점 더 커지고 있어 이민자 자녀 교육이 중요한 과제가 되고 있다(Hanna-Maija & Minna, 2014).

이민자 자녀가 많은 일부 지역 핀란드 학교에서 내국인 공동화 현상이 나타나고 있기도 하다. 즉 외국인 이민자 자녀가 학교에서 늘어나면서 함께 배우고 있던 핀란드 내국인 학생이 점차 전학을 감으로 인해 내국인 학생은 없고 이민자 자녀만 있는 학급들이 생겨나고 있다는 것이다. 아직은 소수에 불과하지만 최근의 난민 문제 등이 증가하면서 핀란드에도 이민자 자녀가 증가할 것으로 예상되는데, 이들과 핀란드 내국인 학생 간의 조화 및 융합의 문제가 이들의 과제가 되고 있다.

핀란드는 자타가 인정하는 세계 최고의 교육 강국이다. 핀란드에서 종합학교까지의 교육은 그야말로 흠 잡을 데 없을 만큼 다양한 면에서 최고의 교육을 보여 주고 있다. 하지만 종합학교 이후에는 대체로 부모의 사회·경제적 배경에 교육을 통한 계층의 분화 및 고착화 문제를 완전하게 피해가지는 못하고 있음을 알 수 있다.

이것을 잘 알고 있는 핀란드 정부에서는 이러한 격차를 완화하기 위하여 많은 노력을 기울이고 있다. 직업고등학교 학생이 인문고등학교로 전학하거나 인문고등학교 과정을 배우는 것을 제약 없이 허용했으며, 직업고등학교를 마친 학생이 제한 없이 대학이나 응용과학대학에 진학할 수 있도록 하고 있다. 하지만 어디까지나 능력과 실력을 기반으로 하며, 실력을 갖추지 못한 학생은 아무리 기회를 보장해 주어도 그 기회를 누릴 수 없다. 따라서 직업고등학교에서 인문고등학교로 옮겨 가거나, 직업고등학교를 마치고 대학이나 응용과학대학으로 진학하는 학생은 실제로 많지 않은 편이다.

핀란드에서는 누구든지 부모의 배경에 관계없이 대학원 교육까지 무상으로 받을 수 있다. 기본적인 생활비용도 지원해 주고 있다. 따라서 계급이나 계층 차이에 따라 교육혜택이 크게 달라지는 것은 아니다. 그럼에도 불구하고 학생 입장에서 보았을 때 충분한 지원이 이루어지지 않고 있는 편이어서 핀란드 대학생 중 절반 이상이 일을 하면서 대학을 다니고 있으며 앞에서 언급한 대로 그들 중 상당 수는 풀타임으로 일을 하고 있다. 이와 같이 국가의 노력에도 불구하고 사회·경제적 배경이 낮은 가정의 학생은 공부하는 데 있어서 제약을 받고 있는 것이다. 국가가 공평한 기회를 제공하고, 불평등한 요소를 줄이기 위해 노력할 수는 있으나, 근본적으로 각 가정의 배경, 문화, 기본적인 욕구까지 국가가 관리해 주기는 어렵다. 평등의 기회를 제공하기 위하여 아무리 노력한다고 하더라도 한계가 있다는 이야기이다. 이와 같이 핀란드는 세계 최고 수준의 교육을 실시하고 있지만, 시장주의 압력에 갈등하고 있으며, 우수한 교원을 유지시키는 문제, 교육재정 문제 등도 겪고 있고, 교육복지제도에도 불구하고 여전히 나타나고 있는 사회적 격차 문제 역시 이들의 해결 과제가 되고 있다.

제5부

핀란드 교육이 주는 교훈은 무엇인가?

교육의 기반이 다르기 때문에 핀란드 교육을 우리나라에 직접 그대로 적용하는 것은 문제가 있으며, 또한 바람직하지도 않다. 하지만 핀란드 사람이 교육을 다루는 자세나 태도 그리고 철학에 대해서는 우리가 배울 필요가 있다. 사람을 만날 때 사람을 대하는 기본적인 자세와 태도가 필요하듯이 교육을 대할 때에도 교육을 대하는 기본적인 자세와 태도가 필요하다. 그러나 우리는 그동안 교육을 대하는 기본적인 자세와 태도를 생각해 볼 겨를도 없이 지나왔다. 핀란드 교육을 지켜보면서 가장 크게 느낀 점은 교육을 대하는 이들의 태도였다. 이러한 맥락에서 5부에서는 핀란드 교육으로부터 우리가 얻어야 할 교훈 10가지를 정리해 보았다.

제22장

교훈 1: 교사를 소중하게 생각하자

핀란드는 철저히 교사의 전문성을 인정해주고 교사의 자율을 보장해주는 나라이다(Darling-Hammond, 2009; Hargreaves & Shirley, 2009; Sahlberg, 2011). 어느 나라든지 그 나라 교육의 질은 교사의 질을 능가할 수 없다는 말이 있듯이 핀란드 교육 성공의 핵심적인 비결 중의 하나는 역시 교사였다. 교사를 교육의 핵심으로 보고 교사를 존중해 주며 교사를 신뢰하고 믿어주는 것이 교육 성공에 있어 가장 중요하다는 것을 핀란드 교육이 보여 주고 있다.

1. 교사를 획일적으로 대하지 말자

자타가 인정하는 핀란드 교육의 핵심적인 성공 요인은 훌륭한 교사의 질과 교사의 자율성, 그리고 전문성이다(Finnish Ministry of Education and Culture, 2016; OECD, 2015). 교사가 전문성과 자율성을 발휘하는 데 있어, 가장 큰 방해가 되는 요소는 획일과 강요이다(Darling-Hammond, 2009). 교육과정이 획일화되어서는 안 되며, 교사에게 지나친 강요가 있어서도 안 된다. 특히 국가로부터의 강요는 교사의 자율성과 전문성을 위축시키는 결정적 주범이 될 수 있다. 물론 국가의 교육 방향과 지침은 필요하다. 하지만 국가에서는 교육의 방향을 정하고 그 방향과 범위 내에서 교사가 재량껏 교육활동을 수행할 수 있도록 해야 한다.

다른 한편에서, 교사를 신뢰해 줄 만큼 교사의 전문성이 높지도 않고, 자율을 보장해 줄 만큼 자율적인 역량을 갖추고 있지 않기 때문에 국가가 개입해서 교사를 이끌어가야 한다는 생각도 있을 수 있다. 교사 중에는 분명히 전문성과 역량이 부족한 교사도 있지만, 이들 때문에 교사 전체의 수준을 이들에 맞추어 몰아붙이는 것은 안 될 일이다. 단언컨대, 우리나라에서 전문성이 부족하고 자율 역량이 부족한 교사는 많지 않다. 우리나라 다수의 교사는 전문성과 자율 역량을 충분히 갖추고 있다(McKinsey & Company, 2010). 1년 동안 핀란드 교사를 만나고 나서 필자는 우리나라 교사가 핀란드 교사에 비해 결코 그 역량이 뒤처지지 않는다는 것을 확신하게 되었다. 우리나라 교원 정책에서 가장 큰 문제는 이러한 전문성과 자율 역량을 갖춘 대다수의 교사가 전문성과 자율 역량을 마음껏 발휘할 수 있도록 제도적 장치와 장을 마련해 주지 못한다는 데 있다. 오히려 우리나라에서는 교사를 의심하고 관리하거나 통제하려는 경향이 더 강하다. 관리와 통제를 하면, 교사는 마음이 상할 수밖에 없고, 마음이 상한 교사는 교육활동에 대한 의욕을 잃게 된다.

전문성과 자율 역량이 부족한 교사는 분명히 있다. 이들을 끌어올리기 위한 정책이라면 이들에게만 그 정책의 초점이 맞추어져야 한다. 교사 전체를 의심하며 모든 교사를 똑같이 통제하려고 해서는 안 된다. 교사 전체를 통제하려고 하면, 얻는 것보다 잃는 것이 더 많고, 궁극에 가서는 학교를 황폐화시킬 수 있다. 나아가 그나마 남아 있던 교사의 자율 역량과 의지, 자존심마저 훼손시킬 수 있다. 동서고금을 막론하고 교사가 교육활동에 헌신하는 가장 핵심적인 동기는 결코 물질적인 보상이 아니었다. 바로 긍지와 자부심, 교사로서의 자존심 등 내적 동기가 교사 헌신의 핵심 동력이었다(이돈희, 2000). 교사의 자존심을 훼손하는 교육정책은 그 어떤 것도 결코 성공할 수 없다. 한국에서 그동안 훼손된 교사의 자존심이 회복불능상태에 이르기 전에 빨리 돌이켜야 한다. 그런 측면에서 모든 교사를 대상으로 실시하는 각종 평가 등 획일화된 정책은 거두어 들여야 한다.

그러면 교원 관련 정책을 어떻게 해야 할 것인가? 문제가 있는 교사에게만 초점을 맞추자. 열심히 하고 있는 대다수의 교사의 자존심은 살려주고, 지금 하고 있는 교육을 더 열심히 할 수 있도록, 전문성과 자율성을 마음껏 발휘할 수 있도록 더 격려해 주고 지원해 주자. 문제가 있는 교사에 대해서는 핀란드처럼 교장에게 맡기자. 교장이 문제 교사를 선별해 내고 해당 교사가 개선할 수 있도록 교장이 돕게 하자. 교장에게 이 일보다도 더 중요한 일은 없지 않은가? 그래도 성과가 없다면 문제교사를 교육청으로 보내 더 강도 높은 교육을 받게 하자. 그래도 개선이 안 되는 교사는 과감하게 퇴출시켜야 한다. 물론 이들에게 충분한 소명의 기회와 개선할 기회는 당연히 주면서 말이다. 문제 교사를 선별해 내는 데 있어서 교장을 믿지 못하겠다는 우려가 있을 수 있는데, 교장이 자의적으로 자기 마음에 들지 않는 교사를 잘라 내거나 괴롭히기 위하여 문제교사로 지목할 수도 있다. 물론 충분히 있을 수 있는 일이지만 이 역시 같은 방식으로 접근하자. 대다수의 교장은 기본 양심과 상식이 있고, 학교 발전을 위해 마음 쏟고 헌신하는 사람이다. 그리고 그 학교의 교사에 대해서는 그 학교의 교장이 누구보다도 잘 알고 있다. 자의적으로 교사를 평가하는 교장에 대해서는 그에 적절한 교정 장치를 만들면 된다.

그리고 교원평가에 대해 다시 생각하자. 현재 한국에서 교원평가를 추진하고 밀어붙이는 사람은 교원평가가 교원을 줄 세우기 위한 것이 아니라고 이구동성 강변한다. 이들이 내세우는 명분은 교원의 전문성 신장이다(김갑성 외, 2011; 김이경 외, 2006). 그런데 학교현장에서 교원평가를 받고 있는 교원은 이 목표에 얼마나 동의하고 있을까? 과연 교원평가를 통해 자신의 전문성이 향상되었다고 생각하는 교원은 몇 명이나 될까? 그럴듯하게 교원평가의 명분을 내세우고 있지만, 학교현장의 교원은 전혀 그렇게 받아들이고 있지 않는 것이 솔직한 현실이다. "전문성 신장을 위해 교원평가를 받아들이고 참여하는 것이 아니라, 이미 제도화되어 버린 이상 어쩔 수 없으니 그냥 받아들이고, 이왕 할 것이면 창피나 면하기 위하여 혹시 성과급을 준다면 성과급이라도 받기 위하여 교원평가에 참여하는 것이지" 전문성 신장에 도움이 되기 때문에 교원평가에 참여하는 것이 아니다(서근원, 2014: 11-12). 이 얼마나 교묘한 고통이며 고문인가? 이렇게 교원이 마지못해 하는 것들이 한두 가지가 아니다(김상일·김병찬, 2013). 이런 훼손된 마음을 안고 아이를 가르쳐야 하는 것이 우리나라 교원의 현실이다. 이런 상황에서 교직이 활기차고 신나는 일일 수 있을까? 과연 창의적으로 교육활동에 임할 수 있겠는가?

물론 교원평가를 하지 않고, 어떻게 교원을 격려하고 자극할 것인가도 쉬운 문제는 아니다. 하지만 분명한 철학만 세워진다면 그리고 그 철학이 바른 것이라면 방법은 얼마든지 있을 수 있다. 진정으로 교원의 긍지와 자부심을 세워주는 방향으로 추진이 된다면, 더 빠르게 확산될 수 있다. 교원평가를 전혀 하지 않으면서도 세계 최고 수준의 교사의 질을 확보하고 있는 핀란드 사례가 이를 증명해 주고 있다.

이제 교원에 대한 접근 마인드 자체를 바꾸어야 한다. 우선 교원 전체를 획일적으로 통제하려는 생각은 버려야 한다. 다양한 교원의 특성에 따라 다양한 전략을 마련하는 것이 가장 바람직하다. 설령 그렇게까지 하지 못한다 하더라도, 다수의 열심인 교사와 그렇지 않은 교사만이라도 구분하여 접근해야 한다. 교육현장에서 열심히 하는 교사가 어떻게 하면 더 열심히, 더 기쁘게, 더 행복하게 아이를 가르칠 수 있을 것인지에 초점을 두고 접근하자. 현재 교원평가를 비롯하여 각종 평가 준비 및 운영에 쏟아 붓고 있는 교원의 그 시간과 에너지를 교사의 교수-학습 및 생활지도 활동에 조금이라도 더 쏟게 한다면 지금보다는 훨씬 더 좋은 교육이 이루어질 것이며, 교사도 최소한 지금보다 더 행복하고 기쁘게 아이를 가르칠 수 있을 것이다.

2. 교사를 갈등하게 하지 말자

지식기반 사회에서 학교의 역할은 매우 중요하며, 학교에 대한 사회의 기대 또한 크다(송경오, 2014). 학교에 대한 기대와 요구가 커지면서 학교교육에 대한 책무성과 경쟁 요구는 점점 더 강화되고 있다(정동욱, 2014). 책무성 요구와 경쟁은 대체로 시험을 매개로 해서 이루어지고 있으며, 시험에서 좋은 결과를 얻는 것을 목표로 하여 가르치는 것이 한국 학교교육의 목표이자 큰 흐름이 되었다. 이러한 흐름 속에서 교육 현장의 많은 교사는 딜레마에 빠져 있다. 외부 평가에 대비하여 학생의 성적도 높여줘야 하고, 미래 사회에 대비하여 학생의 잠재 역량과 인성도 길러 주어야 한다. 물론 이 두 가지가 이분법적으로 나누어질 수 있는 것도 아니고 교사는 이 둘 모두에 관심을 기울여야 하지만, 한쪽에서 지나친 압박이 가해지면 다른 한쪽은 소홀해질 수밖에 없다.

한국에서 교사는 자신의 철학과 양심, 전문성을 가지고 교육활동을 수행하는 동시에 다양한 형태의 외부 요구와 압박을 받고 있다. 때로는 자신의 양심과 철학에 어긋나더라도 특정 교육활동을 수행해야 하는 경우도 있고, 시험 점수를 높이기 위해 교육적 소신을 포기해야 하는 경우도 있다. 교사로서의 양심 및 철학과 외부의 요구 및 압박 사이에서 갈등하면서 교사의 에너지와 열정은 서서히 소진되고, 또 지쳐가고 있다.

교육은 본질적으로 윤리적이고, 도덕적인 과업이며(이돈희, 1999), 또한 사회적인 과업이다(이홍우, 2008). 학생에게 사회정의, 사회윤리, 사회가치를 가르침으로써 후세대에게 올바른 사회를 이루기 위한 역량을 길러주는 것이 교사의 역할이기도 하다. 학교에서의 성공이 개인적인 성공에 초점이 맞추어지고, 개인 간의 경쟁이 강화되면 될수록 학교의 사회적 역할은 그만큼 붕괴되어 갈 수 있다. 이는 결국 미래 사회 붕괴의 전조이다. 이것을 잘 알고 있는 한국의 교사는 미래 사회에 필요한 교육, 전인교육을 하고 싶지만 학생의 성적을 향상시켜야 한다는 압박으로부터 자유롭지 못한 상황이 계속되고 있다. 이 부분에 있어 핀란드의 교육이 부럽지 않을 수 없다. 최소한 핀란드 교사에게 이러한 딜레마는 없으며, 점수 경쟁에 내몰리지 않고 교사로서의 철학과 소신, 전문성을 가지고 아이를 가르치고 있기 때문이다. 우리 교사들이 시험점수냐 인성교육이냐를 놓고 갈등하지 않도록 국가와 사회가 만들어 주어야 한다.

3. 교사에게 믿고 맡기자

교육 성과의 핵심 기반은 교사이다. 교사가 얼마나 전문성을 가지고, 그 전문성을 발휘하느냐에 교육의 성패가 달려 있는 것이다. 따라서 교사의 전문성을 길러주고 교사가 전문성을 발휘할 수 있는 여건을 만들어주는 것은 교육의 성공을 위해 매우 중요하다. 교사가 전문성을 발휘할 수 있도록 충분한 여건을 갖추고 있는 나라가 바로 핀란드이다. 핀란드에서 국가는 교육의 목표만 설정하고, 교육의 내용과 방법을 어떻게 할 것인지는 철저히 교사에게 맡기고 있다. 그래서 핀란드에서는 국정교과서도 없다. 국가의 간섭을 최소화하고 교육은 전적으로 교사에게 믿고 맡기는 것이다.

교육방법에 있어서 왕도는 없다. 토론식, 탐구식 수업을 강조하지만 이러한 수업 형태가 항상 효과적이라고 할 수는 없다. 강의식 수업도 필요한 경우가 있으며 효과적일 때도 있다. 따라서 특정 교육방법을 강요하거나 특정 교육방법을 확산시키려고 지나치게 집착을 해서는 안 된다. 다시 말해 교사에게 다양한 교육방법을 제시해주되, 어떤 방법으로 교육할지에 대해서는 교사에게 맡겨야 한다. 교사에게 가장 적합한 교육방법을 적용할 수 있도록 맡겨야 하는 것이다. 이러한 면에서 교수방법을 전적으로 교사에게 맡기고 있는 핀란드 학교의 교실 모습은 본받을 점이 있다. 핀란드에서는 특정 교육방법을 강조하지도, 강요하지도 않는다. 한국에는 핀란드 교사가 탐구식, 토론식, 협동학습 수업을 매우 활발하게 하는 것으로 알려져 있는데,[1] 부분적으로는 맞다. 핀란드 학교에는 그러한 수업방법으로 수업을 하는 교사가 많이 있지만, 그렇지 않은 교사도 많다. 필자는 핀란드 교육부나 교육청에서 소개해 주지 않은 일반 보통학교를 자주 방문해 보았다. 그런데 상당히 많은 교실에서 교사 중심의 강의식 수업을 하고 있었다. 오히려 필자가 방문한 학교에서는 강의식 형태의 수업이 더 많았다. 강의식 수업

1 예를 들어 일본인인 후쿠다 세이지(2008)가 저술하고 한국어로 번역된(나성은·공영태 옮김) '핀란드 교육의 성공' 등의 저서에 나타나 있다.

을 하는 교사에게 의견을 물었을 때, 그 수업 시간에는 강의식 방법이 자신에게 가장 효과적인 방법이라고 대답하였다. 스스로 판단하여 해당 학급 학생에게 적합한 교수방법, 그리고 가르치는 내용에 맞는 교수방법을 스스로 정하여 가르치는 것이다. 따라서 핀란드에서는 교육방법론 특강이나 교육방법론 연수 같은 요란한 프로그램들을 찾아보기 어렵다. 대체로 저학년에서는 토론식이나 탐구식 수업을 많이 하고, 고학년이나 고등학교에서는 강의식 수업을 많이 하고 있었다. 다만 한국과의 차이점 중의 하나는 고학년이나 고등학생 과정이라고 할지라도 실험이나 실습 과목을 매우 철저히 수행함으로써 교육과정을 정상적으로 운영하고 있다는 점이었다. 이와 같이 핀란드에서는 학생의 필요나 상황에 맞게 교사가 전문적으로 판단하여 수업을 할 수 있도록 교사에게 믿고 맡기고 있다. 새로운 방법이 나왔다고 교사에게 강요하려고 하지 말고, 교사가 재량껏 책임의식을 가지고 자신의 방법을 찾아나갈 수 있도록 격려하고 지원해 주자. 우리나라의 교사들 또한 믿고 맡기면 충분히 잘 할 수 있다.

4. 사회 전체가 교사를 돕자

필자는 2011년 3월 4일 헬싱키대학을 방문한 일본 방문단 주최의 세미나에 참석한 바 있다. 당일 오전에는 일본과 핀란드의 교사교육을 서로 발표하고 토론하는 시간을 가졌으며, 오후에는 헬싱키 시내에 있는 Economical information office를 방문하였다. 이곳은 말 그대로 핀란드의 경제 정보를 종합적으로 다루는 기관이었다. 일본 교사교육전문가가 이곳을 방문한 이유는 이곳이 핀란드 현직교사의 연수 장소였기 때문이다. 현직교사는 일정 인원이 되면, 언제든지 이곳을 방문하여 나라의 경제 정보에 대한 안내와 소개를 받을 수 있다. 현직교사가 가장 최근의 국가 경제 정보를 얻는 장인 것이다.

이 방문을 통해 핀란드 교사 지원시스템의 한 가지 특징을 보게 되었다. 핀란드 사회 전체가 튼튼한 교육인프라가 되어 교사를 뒷받침 해 주고 있다는 것을 알게 되었다. 핀란드 교사는 필요하다고 판단되면 어느 기관이든지 큰 제약 없이 언제든지 방문할 수 있다. 교사는 학생에게 필요한 것이라면 철저히 조사하여 찾아내고, 사회 어느 기관이든 직접 방문하여 가르칠 것을 얻는다. 즉 핀란드 사회 전체가 실질적인 학생의 교육을 위한 장이 되고 있었으며, 각 기관에서는 이러한 참여에 대해 당연하게 생각하고 있었다.

[사진 22-1] 땀페레시 공공도서관 Meso

도서관과 박물관이 도처에 널려 있는 것이 핀란드 사회의 특징이기도 하다. 박물관과 도서관의 입장 및 이용료는 학생에게는 모두 무료이다. 그리고 핀란드에는 대부분 자신이 사는 지역에서 걸어서 갈 수 있는 위치에 도서관이 있다. 실질적으로 보고 배울 수 있는 다양한 여건을 도처에 마련해 놓고 있는 것이다. 교육을 위한 튼튼한 사회적 기반을 갖추고 교사로 하여금 마음껏 활용하게 하고 있는 나라가 핀란드이다.

교사는 자신이 가지고 있는 지식뿐만 아니라 사회 정보나 사회 자산을 최대한 활용하여 학생을 가르쳐야 한다. 그래야 학생은 풍부한 교육을 통해 자신의 잠재력을 찾고 개발해 나갈 수 있다. 따라서 교사는 필요한 경우에는 언제든지 사회적 자산을 교육을 위해 사용할 수 있어야 하고, 사회적으로도 교사에게 그러한 여건을 마련해 주어야 한다. 교육의 밝은 내일을 원한다면 국가든 국민이든 교사를 소중히 대하고 교사들이 마음껏 교육할 수 있는 여건을 마련해 주어야 한다.

제23장

교훈 2: 교육의 본질을 잃지 말자

교육의 목적은 학생의 잠재력을 개발하고 전인적으로 성장시키는 것이다. 이 목적에 충실할수록 교육다운 교육이 이루어지고, 궁극적으로 교육 성공을 이룰 수 있을 것이다. 어느 경우에도 이러한 교육의 목적보다도 점수나 등수, 결과 등이 앞서서는 안 된다. 교육의 목적을 놓치면 그것은 교육이 아니라 약육강식의 싸움을 가르치는 것일 뿐이다. 이 싸움은 소수의 승자와 다수의 패배자를 만들어내고 만다. 핀란드는 교육의 본래 목적에 충실하면서 모두가 승자인 교육을 만들어 나가고 있다. 핀란드 교육이 우리에게 주는 또 하나의 교훈이 바로 '교육의 본질에 충실하라'는 것이다.

1. 교육의 본래적 목적에 충실하자

학교교육의 가장 중요한 목표는 학생 개개인의 전인적 발달이다. 이러한 교육의 궁극적인 목표는 단순하게 측정 가능한 지식의 범위를 넘어선다. 학교교육은 단순히 평가를 위해서, 등수를 가리기 위해서 있는 것이 아니다. 개인, 가족, 사회, 국가 미래의 총체적 삶을 준비하는 과정이다. 필자는 핀란드에서 학교를 방문할 때마다, 거의 모든 교장과 교사에게 교육자로서의 철학이 무엇인지에 대해 동일하게 질문을 해보았다. 그들의 공통적인 대답은 "학생 미래의 행복한 삶

(happiness in their future life)"이었다. 즉 자신들의 교육 목표는 학생이 미래에 행복하게 살 수 있도록 도와주는 것이라는 응답이었다. 그리고 이들은 진정으로 학생의 행복한 미래의 삶을 위해 필요한 것들을 가르쳐 주고 있었다.

미래의 삶을 준비하기 위해서는 단순한 지식뿐만 아니라 인성과 사회성 등 정의적인 영역에서의 갖춤도 필요하다. 국가, 사회적으로 이러한 정의적인 영역에서 개인이 갖추어야 할 요소를 사회적 자본(social capital)이라고 부른다(Schulz. et al., 2010). 미래 사회에 대비하기 위해서는 바로 이 사회적 자본이 매우 중요하며, 이는 경제적 자본보다 더 중요할 수 있다. 정직, 신뢰, 협동, 공동체 의식 등의 사회적 자본이 약하거나 부족한 사회는 경제적으로 발전하기 어려울 뿐만 아니라 사회 자체가 지탱되기도 어렵고, 사회 구성원이 고통스러운 삶을 살게 될 것이다(Sahlberg, 2011).

우리나라는 이미 세계 1위의 자살률을 보이고 있고, 행복지수 또한 낮다(OECD, 2014). 특단의 조치나 개선이 있지 않는 한 이러한 현상은 앞으로도 지속될 것이다. 획기적인 변화가 있지 않는 한, 앞으로 자살률은 더 늘어날 것이고, 행복감 역시 낮아질 것이다. 또한 한국 사회에는 살인적인 경쟁시스템, 타인에 대한 배려 부족, 부정과 비리의 만연, 성적 문란, 종교계의 타락 등 우리의 미래를 밝게 해줄 요소보다는 어둡게 하는 요소들로 가득하다. 변화하지 않으면, 고통은 지금보다 몇 배로 더 증가할 것이며 점점 비참한 사회가 될 것이다. 수백 명 학생의 안타까운 목숨을 앗아간 세월호 참사는 단지 그 전조일 뿐이다.

정직, 인성, 배려, 인내, 공동체의식 등의 사회적 자본은 프로그램이나 캠프를 통해서 길러지는 것이 아니라 삶 자체를 통해 길러진다. 정직, 인성, 리더십 등의 분야까지 점수를 매겨 줄 세우기를 하려는 우리의 모습은 참으로 한심하기 짝이 없다(최진기, 2009). 교육과 관련하여 점수 매기기와 서열화 말고는 제대로 할 줄 아는 게 없다.

인성은 저절로 길러지는 것이 아니다. 한국교육계에서 가장 간과하고 있는 점이 바로 이 부분이다. 지금과 같은 구조 속에서는 미래는 없다. 점수 경쟁을 시킬 생각만으로 가득한 곳이 한국교육계의 현주소이다. 변하지 않으면 우리의 미래는 지금보다 더 암담해질 수밖에 없다. 설령 OECD의 PISA 평가에서 1등을 계속 한다고 하더라도 이런 사회에서는 미래가 없다. 사회지도층의 부정과 비리는 더 늘어날 것이고, 그들의 이기심은 지금보다 더 심해질 것이다. 그런데 이 문제는 사회지도층만의 문제가 아니다. 중산층이나 서민이라고 해서 예외는 아니다. 중산층이나 서민들 역시 이기적이며 비도덕적인 모습을 쉽지 않게 보여준다. 따라서 이 문제는 특정 계층이나 사람의 문제가 아니라 우리 풍토와 문화의 문제이다. 바르고, 정의롭고, 공정한 사회를 만들어 내지 못한 우리 모두의 문제이다.

인성은 저절로 길러지는 것이 아니라 끊임없는 삶의 경험을 통해서 길러지는 것이다. 우리의 선현들이 인성 함양의 고통과 어려움을 얼마나 많이 토로하였는지 되새겨 보면 알 수 있다(강수봉, 2001; 이홍우, 2008). 인성을 함양시키기 위해서는 시간이 필요하고, 여유가 필요하고, 인내가 필요하다. 인성은 학생이 몸담고 있는 가정, 학교, 사회에서 실제 삶을 통해서 길러지는 것이다. 따라서 가정과 학교와 사회는 우리 아이가 인성을 기를 수 있는 환경을 갖추고 있어야 한다. 인성교육을 위해 과외를 받을 수도 없고, 사교육을 받을 수도 없다. 그야말로 삶 속에서 부딪치며 길러질 수밖에 없는 것이다. 너무나 당연하고 평범한 이야기이지만 이는 매우 중요하다. 우리 모두 점수에서 벗어나 정상적인 삶으로 돌아가야 한다.

핀란드 교육은 이런 면에서 우리에게 의미 있는 시사점을 주고 있다. 핀란드에서 유치원, 종합학교, 고등학교, 대학교 등 어느 교육 단계든지 그들이 공통적으로 지향하고 있는 목표 중의 하나가 '공동체 속에서 남과 어울려 살면서, 남에게 피해를 주지 않고 자신의 권리를 누리는 삶'이다. 그리고 그들은 단지 구호로만 이러한 목표를 내세우는 것이 아니라 구체적인 학교 교육활동과 삶을 통해 가르치고 있다. 이러한 교육 기반으로 인해 정직, 신뢰, 청렴도 등 시민의식 및 사회성 지수가 세계 최고인 나라가 된 것이다(IEA, 2010; TI, 2016). 교육의 본질적 목적에 충실하자는 것이 핀란드가 우리에게 주는 교훈이다.

한국의 학교에서는 학교의 진정한 의미를 상실해 가고 있다(송상호, 2010).

많은 학생에게 학교는 경쟁하는 곳이고, 등수를 매기는 곳이며, 내신 성적을 얻는 곳으로 인식될 뿐 그 이상의 의미가 없다. 진정으로 학교는 무엇을 하는 곳인지, 학교에서 무엇을 배워야 하는지에 대한 인식과 생각을 할 수 있는 기반이 부족한 것이다. 학생과 학부모뿐만 아니라, 교사와 사회적인 인식도 크게 다르지 않다.

한국의 교육을 살리기 위해서는 학교의 본질적 의미부터 다시 회복해야 한다. 그런데 정부는 교사평가, 학교평가, 성취도평가 등 온갖 평가 장치들을 학교에 들이밀고 있고, 교사와 학생은 점수의 노예가 되어 가고 있다. 학생은 이제 모든 것을 시험에 나오느냐, 나오지 않느냐, 점수에 반영되느냐, 안 되느냐만 가지고 판단하고 있다(송상호, 2010; 윤철경 외, 1999). 이와 같은 한국교육 상황에서 학교의 본래 의미를 살려내기 위해서는 지금 우리가 가지고 있는 학교 상(象)부터 바꾸어야 한다. 어떤 좋은 프로그램을 적용시키려 해도 지금의 풍토에서는 시험과 점수에 의해 왜곡될 수밖에 없으며, 학교가 경쟁과 점수 논리로부터 벗어나지 못하는 한 어떠한 교육개혁도 성공할 수 없을 것이다.

학교의 본래적 의미, 아름다운 학교 공동체를 살려내야 한다. 그래야 교육이 살 수 있고, 진정한 의미의 경쟁력을 가질 수 있으며, 가장 효과적인 교육을 할 수 있다. 경쟁과 점수로 내모는 방식은 가장 고비용, 저효율의 방식이다. 교육적인 측면에서 보면 그야말로 가장 하급(下級) 수준의 전략이다.

현재 한국 교육은 중환자 상태이다. 중환자는 일반병실에 들어갈 수 없고, 중환자실에 들어가야 한다. 중환자는 나쁜 공기와 환경으로부터 격리되어 치료받아야 한다. 우리 교육은 현재 중환자와 같은 상태이기 때문에 특별한 보호와 처치가 필요하다. 국가의 특별한 비상조치를 통해서 교사와 학생이 정상적으로 교육할 수 있는 여건을 만들어 주어야 한다. 교사와 학생이 점수와 경쟁에 얽매이는 한 결코 정상적인 교육이 이루어질 수 없다.

우리 사회의 일각에서는 경쟁을 포기하면, 국가가 망하는 것처럼 호들갑을 떨기도 한다(박세일 외, 2010; 이주호 외, 2006). 그러나 교육의 본질을 살린다면 교육은 결코 망하지 않고 오히려 성공할 수 있다. 핀란드의 교육 성공 사례가 이를 증명해 주고 있다. 핀란드는 학생에게 경쟁하도록 하는 것을 오히려 국가가 나서서 막고 있는 나라이다. 어느 학교, 어느 단계에서 시험을 보더라도 개인별 석차나 등수를 산정하지 않게 하고 있으며, 전국단위의 획일화된 시험도 비교육적이라는 이유로 실시하지 않고 있다. 다만 국가 정책적 필요에 의해 표집평가를 실시하고 있을 뿐인데, 이마저도 학교별 석차나 등수 산정은 철저히 금하고 있다. 경쟁을 조장하지 않고 오히려 경계하고 있음에도 불구하고 핀란드는 국제 학업성취도 평가에서 지속적으로 세계 최고 수준의 결과를 보여주고 있다.

우리가 교육을 통해 궁극적으로 달성하고자 하는 것은 무엇인지 곰곰이 생각해 볼 필요가 있다. 국민 모두의 잠재력을 키워 그 잠재력을 꽃 피우도록 해야 하는 것이 아닐까? 국민 모두의 잠재력이 최대한 꽃피게 되면, 그야말로 세계 최고의 국가가 될 것이다. 즉, 모든 국민의 잠재력이 충분히 발현되면, 그 어느 나라도 당해낼 수 없는 막강한 나라가 될 것이다. 능력 있는 아이는 그 아이대로 최대한 잠재력을 꽃 피우게 하고, 능력이 부족한 아이도 자신이 가진 잠재력을 최대한 발휘할 수 있도록 해 주면 된다. 학교는 이 모든 아이를 위해 존재한다. 이러한 맥락에서 각국에서는 '모두를 위한 교육'에 힘을 쏟고 있다(OECD, 2010). 모든 국민의 잠재력을 꽃 피우게 하려면, 모두를 위한 교육을 실시해야 한다. 경쟁과 점수로 얽어매서는 결코 모두의 잠재력을 꽃피게 할 수 없다. 오히려 경쟁과 점수는 학생의 잠재력 발현에 방해가 될 수 있다.

2. 각 단계별 학교 교육목표에 충실하자

모두의 성장을 위해 각 학교 급별 교육의 목표와 의미가 제대로 설정되어야 한다. 국가, 국민, 학부모, 학생 모두 가야 할 길을 제대로 알고 가도록 해야 한다. 현대사회는 물론 미래사회 자체가 예측 불가능한 사회가 될 것이기 때문에 과거처럼 주어진 길에서 열심히만 한다고 해서 성공할 수 있는 시대가 아니다. 좀 더 분명하게 미래를 예측하고, 그에 맞는 길을 스스로 만들어 나가야 한다.

유치원, 초등학교, 중학교, 고등학교의 각 학교급별 교육의 목적과 목표는 무엇인지 이제는 제대로 명확하게 정립해야 한다. 그리고 초등학교 교사는 초등학교 교육목표에 맞게, 중학교 교사는 중학교 교육목표에 맞게, 고등학교 교사는 고등학교 목표에 충실하게 가르쳐야 한다. 그 결과를 가지고 가장 합리적으로, 가장 적은 비용으로 학생을 평가하여 그 다음 단계로 올려 보내면 된다. 입시문제 해결의 출발점도 여기에서 찾아야 한다.

대학교육도 그 본질에 충실하게 이루어져야 한다. 왜 대학 공부를 해야 하는지에 대한 국가적·사회적 공론화가 필요하다. 좋은 직장에 들어가기 위한 목표, 출세하기 위한 목표, 잘 먹고 잘 살기 위한 목표 등 막연하고 맹목적이고 소아적(小兒的)인 목표의식에서 벗어나야 한다. 대학의 정체성에 근거해서 대학의 목표를 보다 분명하게 설정해야 한다. 대학의 목표에 근거해서 대학교육이 필요한 사람이 대학에 진학하도록 해야 한다. 무조건 대학에 입학한 후 진로를 찾아 고민하는 것이 아니라, 분명한 목적의식을 가지고 대학 문을 두드리도록 해야 한다. 이런 면에서 핀란드 교육은 좋은 모델이 되고 있다. 핀란드 역시 대학 입학 경쟁률이 높은 나라이다. 하지만 대부분 학생들이 뚜렷한 목적의식을 가지고 대학에 진학한다. 단적인 예로 핀란드에서 인문고등학교를 졸업하고 바로 대학에 진학하는 비율(약 30%)보다 바로 대학에 진학하지 않는 비율이(약 70%) 더 높다(Statistics Finland, 2016), 대부분 1~2년 정도 탐색과 준비의 과정을 거쳐 대학에 진학하고 있는 것이다. 이러한 경험은 대학 공부가 필요한 사람이 본인의 흥미와 적성에 맞는 전공을 선택하기 위한 성찰의 과정이 된다.

대학교육과 필연적으로 연계되는 것은 직업시장이다. 따라서 우리나라의 직업시장 구조에 대해서도 면밀하게 분석해야 한다. 우리나라 직업시장의 구조에 비춰봤을 때 대학교육 졸업자가 어느 정도 필요하고, 고등학교 졸업자가 어느 정도 필요한지 분석해 내야 한다. 쉽지 않은 일이지만 한국에서 교육을 연구하는 사람들이 당연히 해야 할 몫이 아닌가? 방향이 있어야 교사가 집중하고 전문성을 발휘할 수 있게 된다. 올바른 방향이 있어야 교사가 양심을 걸고 열정을 다 할 수 있다. 그리고 방향이 있어야 교사가 인내하며 학생을 이끌어 갈 수 있다. 너무 기본적인 이야기이지만 학교가 해야 할 일, 교사와 학생이 달려가야 할 길이 무엇인지를 정립하는 일부터 다시 시작해야 한다. 이것이 바로 학교의 본질을 살리는 첫걸음이다.

3. 진정한 배움의 기쁨을 알게 하자

시험, 경쟁, 평가 위주 정책이 효율성 측면에서는 의미가 있을 수 있지만, 가장 큰 해악은 교사와 학생으로부터 진정한 공부의 의미와 즐거움을 빼앗아 간다는 것이다(Darling-Hammond, 2007). 평생학습시대를 맞이하여 인간은 이제 평생학습 능력을 갖춰야 생존할 수 있게 되었다. 평생학습 역량은 국가 발전의 기반이며, 국가 경쟁력의 토대이다. 따라서 국민은 적극적으로 평생학습에 참여해야 한다. 평생학습은 대체로 강제적 학습이라기보다는 자발적 학습의 성격이 강하다. 즉, 배우고자 하는 동기와 성향이 평생학습의 가장 중요한 기반이 되는 것이다. 배우고자 하는 동기와 성향은 수단적인 동기에서 나올 수도 있지만, 진정한 동기는 바로 배움 자체에 대한 의미부여와 배움의 기쁨에 대한 경험에서 나온다. 학창시절에 배움의 즐거움을 경험하고 배움의 의미를 깨닫는 것이 평생학습 시대에 가장 중요한 역량인 것이다.

그런데 시험, 경쟁, 평가 위주의 정책으로 인해 배움을 수단시하고 경쟁으로 인한 상처를 경험하게 되면 배우는 것이 결코 즐거움이 될 수 없다. 시험, 경쟁, 평가 위주의 체제 아래서는 높은 성적과 점수를 위해 교사는 학생을 끊임없이 끌고 가야 하고 학생은 끌려가야 한다. 우리는 끌고 가야 하는 교사의 고충과 끌려가야 하는 학생의 고통을 지금 이 순간에도 너무 많이 목격하고 있다. 점수와 경쟁을 의식하는 순간, 교육은 수단이 되며 그 자체로 목적이 되기 어렵다. 이로 인해 교사나 학생 모두 배우는 과정에 집중하지 못하고 결과에 집착하게 되며, 교사는 학생에게 진정한 배움을 주기보다는 시험에 나오는 것 중심으로 주입식 교육을 하게 된다. 학생의 입장에서는 배우고 깨닫는 것이 중요한 것이 아니라, 시험에 나올 것들을 암기하고 저장해서 시험에서 틀리지 않도록 하는 것이 훨씬 더 중요하다. 교육이 아니라 지식의 거래관계가 형성되는 것이다. 이는 교사와 학생 모두를 메마르게 하고, 배움의 과정에서의 기쁨을 앗아가 버리는 결과를 낳는다. 이러한 상황에서 배운다는 것은 즐거운 것이 아니라 건조하고 따분하며, 고통스럽다. 이러한 경험이 반복될수록, 또 길어질수록 배움의 기쁨은 소멸돼 간다. 학교에서 이러한 경험만 한 학생은 이후 성인이 되었을 때에도 진정한 배움의 기쁨을 모르기 때문에 자발적인 평생학습자가 되기 어렵다.

지금 이 순간에도 우리의 많은 학생은 좋은 대학과 성공을 위해, 즐겁지 않고 기쁘지 않아도, 고통스럽고 힘들어도, 참아내며 인내하고, 공부에 몰두하고 있다. 무엇이 성공이고 왜 성공해야 하는지에 대한 성찰이나 기준도 없이 좋은 대학과 막연한 성공을 좇는다. 기껏 목표라고 이야기하는 것들이 "좋은 직장, 월급을 많이 주는 직장, 안정적인 직장"에 들어가는 정도이다. 단지 이것을 위해 이렇게 기쁨도 없는 공부를 고통도 참아가며 하고 있다. 이것은 우리 사회가 스스로 만들어 놓은 덫이다. 이 덫이 제거되지 않는 한, 살인적인 경쟁은 교묘한 모습과 방법으로 더욱 강화될 것이며, 이로 인하여 교사와 학생의 고통은 더 심해질 것이다. 그리고 분명한 것은 우리는 이 속에서 자란 아이가 이끌어갈 미래 사회에서 살아가야 한다는 것이다.

배움의 기쁨 측면에서, 전국의 모든 학생을 대상으로 하는 국가수준 학업성취도 평가인 일제고사에 대해 다시 생각해야 한다. 시험점수를 높이기 위한 공부는 결코 학생에게 배움의 기쁨을 줄 수 없을 뿐만 아니라 교사의 전문성과 자율성을 훼손하는 또 하나의 장치가 되기도 한다. 표준화된 일제고사를 실시하게 되면 전국의 모든 학교에서 동일한 시험을 본다. 동일한 시험을 보기 때문에 그 시험에 맞추어 동일한 것을 가르치거나, 최소한 비슷한 것을 가르쳐야 한다. 이는 다양화·다원화되고, 창의적인 인재를 길러내는 것이 교육의 지상 과제가 된 이 시대의 흐름에도 역행하는 것이다. 일제고사를 강조하면 할수록 문제풀이 반복학습은 강화될 수밖에 없고, 점수로 환산될 수 없는 교사–학생 관계는 훼손될 수밖에 없다. 결국 기형적인 점수 향상과 교육적 토대 붕괴라는 결과를 낳게

될 것이다. 점수에 매몰되지 않고 기본적인 교육활동에 충실하며, 학생의 잠재력과 자아 존중감을 향상시키기 위하여 전인교육에 충실하고 있는 핀란드 교육이 모든 학생을 대상으로 하는 일제고사가 없음에도 불구하고 세계 최고수준의 교육을 유지하고 있다는 사실을 진지하게 음미해 볼 필요가 있다.

4. 암기한 것이 아닌 이해한 것을 평가하자

대학에 들어가기 위해서 경쟁이 붙고 시험대비 공부를 해야 하는 것은 한국이나 핀란드나 비슷하다. 그런데 공부의 성격이 다르다. 한국에서는 대체로 시험에 대비하기 위하여 암기위주, 문제풀이 위주의 공부를 한다. 그렇다보니 학교나 학원에서도 반복적인 문제풀이 위주로 수업이 진행된다. 그리고 시험 유형이 대부분 객관식이기 때문에 문제를 푸는 능력뿐만 아니라 정답을 고르는 능력도 중요하다. 학생이 스스로 많은 생각을 할 수 있도록 하기보다는 '문제 푸는 기계', '문제 푸는 선수'를 길러내고 있다. 객관식 시험에서는 생각을 많이 하면 할수록 오히려 문제를 푸는 데 비효율적일 수 있다. 그런데 우리나라 학생이 학교에서 보는 시험도 대부분 객관식이다.

핀란드 학생에게는 객관식 시험이 거의 없다. 대학에서 실시하는 본고사뿐만 아니라, 각 고등학교 과정 중 보는 시험 등 거의 대부분이 주관식 형태의 시험이다. 단답형도 있지만 상당수가 서술형 문제이다. 당연히 생각을 해야 풀 수 있는 문제이고, 생각을 많이 한 학생일수록 좋은 답안을 작성할 수 있다. 생각을 많이 하기 위해서는 많은 독서와 다양한 경험이 필요하다. 핀란드 인문고등학교에서 반복적 문제풀이 교육에 치중하는 것이 아니라 독서나 다양한 활동들을 적극 독려하는 것도 학생들로 하여금 깊이 있고 논리적인 생각을 많이 하도록 하기 위함이다.

한국이나 핀란드 모두 대학에 들어가기 위해서는 어려운 시험을 통과해야 하고 또 많은 준비를 해야 한다. 그런데 한쪽에서는 문제풀이 공부에 치중하고 있고, 다른 한쪽에서는 사고력을 길러주는 공부에 치중하고 있다. 핀란드 고등학교에서는 배우는 '과정'을 중시한다. 평가도 과정에 대한 평가를 축적하여 종합평가를 한다. 반면 한국의 고등학교에서는 '결과'가 중요하다. 한국의 고등학교에서 교육 과정 동안에 무엇을 배웠느냐는 별로 중요하지 않다. 수능이나 내신을 몇 등급을 받았고, 결과적으로 어느 대학에 갔느냐가 중요하다. 학생이나 학부모도 온통 여기에 관심이 집중되어 있고, 교사 역시 이러한 경향에서 자유롭지 못하다. 따라서 고등학교에서 무엇을 배우고, 어떤 내용으로 시험을 치르는지에 대한 내용적 타당성 문제에는 큰 관심이 없다. 등수나 등급에 유리한 것이면 어떤 내용이나 어떤 과목도 상관없다. 결국 등수를 가리는 데에 온통 관심이 집중될 수밖에 없고, 등수를 얼마나 공정하고 세밀하게 가려내느냐가 초미의 관심 영역이 되는 것이다. 점수나 등급과 관련 없는 과목이나 교과는 대부분의 학생뿐만 아니라 교사도 과감하게 버리라고 조언하는 것이 우리 학교의 모습이다.

내용보다 등수나 등급에 집착하는 이유는 당연히 등수나 등급이 중요하기 때문이며, 이는 대학이 서열화 되어 있기 때문이다. 대학별 순위나 전공별 순위가 서열화되어 있기 때문에 좀 더 높은 순위의 대학에 들어가기 위해서는 1점이라도 더 받고, 한 등급이라도 더 올려야 한다. 대학의 서열화는 학벌주의 이데올로기의 산물이다. 한국에서는 '좀 더 나은 대학을 나와야 이 사회에서 대접받는다'는 이데올로기가 확고하게 자리 잡고 있기 때문에(김상봉, 2004; 이종각, 2003) 대학의 서열화는 더욱더 견고하게 고착된다. 수단과 방법을 가리지 않고 좀 더 나은 대학, 좀 더 순위가 높은 대학을 나와야 하는 것이다. 무엇을 배웠고, 어떻게 배웠느냐보다 어디를 나왔느냐가 더 중요한 사회인 셈이다.

이런 사회에서 학생이나 학부모가 좀 더 나은 대학, 좀 더 순위가 높은 대학을 선호하는 것은 어찌 보면 너무나 당연하다. 따라서 좋은 대학, 순위 높은 대학에 들어가기 위해서는 점수가 남들보다 1점이라도 더 높아야 하기 때문에, 시험 점수에 민감할 수밖에 없다. 이런 풍토에서는 주관식, 서술형 평가는 싹을 틔울 수가 없다. 논란이 될 수 없는 객관식 시험 문제가 주요 평가 형태가 되고 만다. 학교나 학원에서 반복적인 문제풀이에 몰두하는 것도 현재와 같은 풍토가 낳은 자연스러운 결과이다.

학생, 학부모, 교사는 죄가 없다. 오히려 이들은 희생양일 뿐이다. 주관식, 서술형 형태의 시험을 뿌리 내리지 못하게 하는 이 사회 풍토가 문제이고, 이러한 풍토를 고치지 못하고 있는 국가 및 교육계와 교육전문가의 무능이 문제이다. 이 때문에 교육계의 일부 의식 있는 사람은 주관식, 서술형 평가를 늘려야 한다고 주장하고 있다. 옳은 주장이기는 하지만 안타깝게도 아직은 주관식, 서술형 평가가 자리 잡을 수 있는 풍토가 아니다. 주관식, 서술형 평가가 일부 도입되고 있기는 하지만, 제대로 자리를 잡지 못하고, 사교육 문제 등을 비롯하여 오히려 부작용만 키우고 있다. 그래서 정부가 나서서 대학입시에서의 논술형 평가를 줄이라고 강요하는 넌센스 같은 일이 벌어지기도 한다(교육부, 2014). 제대로 풍토가 갖춰지지 않은 상황에서 주관식, 서술형 평가를 도입할 때 나타날 수 있는 어처구니 없는 모습이다.

5. 책무가 아닌 책임으로 교육하자

현대사회에서 국민의 교육적 욕구와 기대가 높아짐에 따라 국민으로부터 교육을 위임 받은 국가는 교육 운영에 대한 기본적인 책임을 져야 한다(박남기, 2014). 현대사회의 공교육과 학교는 국가라는 매우 강력한 제도의 틀 속에 존재하며 국가의 통제와 관여로부터 결코 자유로울 수 없다.

국가로부터 위임 받은 책무(accountability)와 교육자로서의 기본적인 의무인 책임(responsibility) 사이의 조화와 균형이 필요하다. 단, 둘 사이의 조화를 추구하되, 책임을 책무보다 우선시해야 한다(Hargreaves, 2008: 37). 우선 교육의 본질을 살리고 그 다음에 평가해야 한다. 이를 위해서는 교사가 충분히 철학과 양심과 전문성을 바탕으로 교육활동을 수행할 수 있도록 격려하고 지원해 주어야 한다. 그리고 교사가 자율적 책임감을 느끼고 자각할 수 있는 풍토를 만들어 주어야 한다. 교사가 자부심과 긍지를 가지고 열심히 교육할 수 있는 여건을 갖추어

준 다음에 그 결과를 평가하자는 이야기이다. 이때의 평가 준거는 철저히 교사의 본질적인 교육활동에 근거해서 만들어져야 한다. 그리고 양적 평가보다는 질적 평가를, 서열화 평가보다는 개별화 평가를, 결과 평가와 함께 과정 평가를 해야 한다. 평가의 궁극적인 목적을 학생과 학교를 서열화하는 데에 두는 것이 아니라, 학생과 학교가 자신의 역량을 충분히 발휘하여 최고의 성과를 내도록 하는데 두어야 한다.

그리고 한 가지 명심해야 할 것은 신뢰(respect)가 사라지면, 책임감(responsibility)도 사라진다는 점이다. 교사가 책임감을 가지고 헌신적으로 교육하기를 원한다면 교사를 신뢰해야 한다. 이러한 맥락에서 교사나 학교에 대한 평가의 원칙은 자기평가여야 한다. 모든 학교가, 그리고 모든 교사가 철저히 자기평가를 할 수 있도록 충분한 방법과 기반을 마련해 주어야 한다. 지역의 학교가 모여 자기평가를 할 수 있는 기반을 만든다면 더없이 좋을 것이다. 제대로 된 자기평가 방법과 기준이 있다면, 우리나라 학교와 교사는 결코 거부하지 않을 것이다. 보여주기 위한 평가, 형식적인 평가가 아니라 학생에게 도움이 되는 평가라면 오히려 환영할 것이다.

국가는 국가로서의 책임이 있기 때문에, 국가 수준에서 교육의 질과 수준을 점검하고 평가하는 일을 결코 소홀히 해서는 안 된다. 국가 수준에서 교육의 질과 수준을 점검하는 평가는 표집평가로 하면 된다. 전수 조사가 아닌 표집평가를 하더라도 국가 차원에서 교육정책 수행 및 개선을 위하여 필요한 정보는 거의 다 얻을 수 있다. 이런 면에서 그 어떤 전수평가 없이 표집평가를 통해 훌륭하게 교육을 수행하고 있는 핀란드가 이미 그 모범을 보여 주고 있다. 공기나 물의 질을 알아보기 위하여 모든 공기와 물을 다 조사해 볼 필요는 없지 않은가? 또한 국가는 교육을 쉽게 이끌어가려 해서는 안 된다. 표집평가를 하면 다양한 차원의 결과가 나올 것이며, 그 결과를 가지고 제대로 된 연구를 해야 한다. 지역 간 편차는 왜 생겼는지, 향상도가 느린 지역의 학교는 왜 그러한지, 학교 내에서의 편차는 왜 생겼는지 등에 대해 국가 차원의 연구를 통해 대안을 만들고 각 학교와 교사에게 안내해 주어야 한다. 각 학교와 교사는 국가차원에서 이루어진 좀 더 넓은 거시적인 차원의 연구 결과와 지침을 토대로 자신의 교육활동을 개선하도록 노력해야 한다. 이렇게 진행된다면 교사도 국가에 대해 고마워할 뿐만 아니라 기꺼이 따를 것이다. 교사와 학교를 경쟁시켜 교육의 질을 높여보겠다는 발상은 잘못된 접근이며 시대착오적이다. 교사를 평가하여 책무성을 물으려 하기보다는 교사를 믿고 신뢰하여 교사가 책임을 다 하도록 하는 것이 국가적으로 봐도 훨씬 더 이로울 수 있다. 이렇게 되면 교사는 점수를 위하여 학생을 가르치는 것이 아니라 학생의 진정한 삶과 미래를 위하여 기쁜 마음으로 학생을 가르칠 것이다.

제24장

교훈 3: 교육 철학을 갖자

교육은 가치를 다루는 일이고 인간을 가장 인간답게 만드는 과정이기도 하다. 따라서 교육에는 철학이 필요하다. 철학이 없거나 빈곤하면 교육은 다른 무엇인가를 위한 수단이 되며 방향을 잃게 된다. 그렇게 되면 교육은 가치 있고 행복한 것이 아니라 고통스러운 것이 될 수 있다. 핀란드 교육이 주는 또 하나의 교훈이 바로 분명한 철학을 가지고 교육을 운영해 나간다는 것이다. 한국교육의 시급한 과제 중의 하나가 바로 교육 철학을 정립하는 것이다.

1. 교육철학의 부재를 반성하자

이미 주지하였다시피 핀란드의 헌법, 핀란드 정부, 핀란드 교육부, 핀란드의 국가교육과정 등 핀란드의 모든 공식적인 기관과 정책에서 내세우는 핵심적인 가치는 '평등'이다. 이들은 이 가치를 단지 구호로만 내세우는 것이 아니라, 실질적인 정책의 기준과 삶의 바탕으로 삼고 있다. 그리고 일반 국민의 정서 역시 다르지 않다. 대다수의 핀란드 국민은 평등의 가치를 자신의 사회적 핵심 가치로 보고 있다(Grubb et al., 2005; Sahlberg, 2011).

이들이 평등의 가치를 국가와 사회의 핵심 가치로 정립한 것은 그들의 역사와 문화에 기인한 것이다. 18~19세기에 걸친 700여 년간의 식민지 경험과 독일, 러시아, 스웨덴 등 강대국들의 틈바구니에 끼인 지정학적 위치, 심각한 내전의 경험 등을 거치면서 이들은 자신이 살아남기 위해서는 모든 국민이 함께 해야 한다는 것을 철저히 깨달았다(Simola, 2005; Valijarvi, 2007). 적은 인구의 약소국으로서 모든 국민이 함께 가지 않으면 살아남을 수 없다는 절박함이 이들의 평등의식의 바탕이 된 것이다. 역사와 전통을 중시하는 이들의 정서와 문화에 의해 과거의 정신과 가치는 이들의 현재의 삶에 그대로 녹아들어가 있다. 국가도 국민도 자신의 정서와 가치를 소중하게 여기며 삶의 기반으로 삼고 있는 것이다.

이러한 바탕 위에 이들은 가정 배경이나 사회적 신분에 따른 차별을 하지 않기 위해 이전까지의 차별화된 교육제도를 폐지하고, 1970년대에 '핀란드 국민이면 누구나 같은 학교에서 같은 교육을 받도록' 하는 9년제 종합학교제도를 만들었고, 오늘날까지 견고하게 이어오고 있다. 그리고 학교교육 과정에서 일체의 차별을 폐지하였다. 그 과정에서 경제적 형편에 따른 교육적 불평등을 없애기 위하여 초등교육부터 대학교육까지 무상교육체제를 만들었으며, 특히 교육적 약자를 보호하기 위한 특수교육제도를 강화하여 교육평등을 극대화시키고 있다. 이들의 정서와 철학이 이들의 교육제도와 정서 속에 고스란히 스며들어 있는 것이다.

한국에서의 교육 철학과 가치는 무엇일가? 철학은 삶의 핵심적인 기반인 동시에 삶이 지향하는 방향이요, 목표라고 할 수 있다. 철학이 빈곤하면 삶의 방향이 모호해지고, 본능에 의해 살아갈 수밖에 없다. 우리 한국에서 우리가 함께 지향해야 할 소중한 가치, 교육을 통해 우리가 이루고자 하는 목표는 무엇인가?

한국교육에서는 '경쟁'이라는 이념 말고는 다른 것을 찾아보기가 어렵다. 한국에서 경쟁 이념이 깊이 뿌리 내리게 된 배경 중 하나는 우리 사회에 교육 철학이 부재하기 때문이다. 경쟁은 철학이나 이념이 될 수 없다. 경쟁은 방법이지 결코 목표나 가치가 아니다. 그리고 경쟁은 생존 본능이다. 인간은 누구든지 살아남기 위한 본능, 남보다 더 가지고자 하는 본능이 있는데 이것이 경쟁으로 나타나는 것이다(Robert, 2011). 즉 경쟁은 인간의 본능이기 때문에 조장하거나 북돋워주지 않아도 인간의 삶을 지배하는 한 원리가 된다. 즉 교육에 있어서 인간은 경쟁을 조장해주지 않아도 자연스럽게 경쟁을 하게 되어 있다. 따라서 경쟁을 조장하거나 강요하게 되면, 본능에 의한 삶, 즉 비인간화가 가속화될 수밖에 없다. 인간다운 삶과 인간다운 교육을 위해서는 경쟁은 오히려 통제해야 하는 것이지 조장해야 하는 것이 아니다.

국가는, 교육청은, 학교는 무엇을 위해 교육을 하고 있으며, 무엇을 위해 그렇게 열심히 뛰고 있는가? 부끄럽지만 교육학자인 필자도 우리 교육의 철학과 이념이 무엇인지 잘 모르겠다. 대다수의 교육정책담당자도, 대다수의 교육자들도 잘 모르는 것 같다. 학부모도 학생도 교육을 통해 무엇을 이루고자 하는지에 대해 막연하다. 방향도 없이 달려가고 있다. 하나의 목표를 꼽자면 "남보다 더 앞서가고, 남보다 더 많이 갖기 위하여" 정도이다. 이것은 본능이지 철학이 아니다.

우리는 경쟁을 부추기는 노력을 하기 전에, 교육 철학을 먼저 세워야 한다. 우리는 어디로 가야 하나? 교육을 통해 우리 모두가 도달하고자 하는 목표는 무엇이며, 교육을 통해 우리가 추구해야 할 가치는 무엇인가? 이는 교육을 함에 있어 그 어느 것보다 시급하고 중요한 문제이다. 철학과 비전이 제대로 세워진다면, 그 다음에는 경쟁을 해도 좋다. 왜냐하면 그때에는 본능 경쟁이 아니라, 철학과 비전을 향한 경쟁이 될 것이기 때문이다.

2. 아이의 삶을 위한 교육철학을 갖자

우리 사회에서는 청소년마저도 돈 이외에 다른 가치는 잘 모르는 세상이 되어 가고 있다(김순홍 외, 2007). 과장이 아니다. 우리 청소년에게 "너 왜 공부하니?"라고 물어보면, 거의 대다수의 청소년은 "좋은 대학에 가기 위해서 공부한다"고 대답한다. "왜 좋은 대학 가려고 하니?"라고 한 번 더 물으면 대부분은 "좋은 직장에 취직해서 돈을 많이 벌기 위해"라는 대답에서 크게 벗어나지 않는다. 돈 말고는 제대로 된 꿈이나 희망, 비전이나 철학이 없는 이 아이들이 만들어 갈 미래가 참으로 두렵기까지 하다. 그런데 이들을 이렇게 만든 것은 우리 사회이다. 우리 사회가 돈 이외의 다른 가치들을 가르쳐 주지 못했기 때문에 이 풍토에서 자란 아이도 자연스럽게 배금주의(拜金主義)를 체득해 간다. 안타깝게도 학교 역시 사회의 영향을 받아 돈 이외의 가치, 돈보다 더 소중한 가치들에 대해 아이에게 제대로 가르쳐주지 못하고 있다.

아이들로 하여금 다양한 철학과 다양한 가치관을 갖게 하기 위해서는 교사가 다양한 철학과 가치관을 가지고 있어야 한다. 그리고 그러한 가치와 철학에 대해 교사와 아이가 충분히 나누고 논의하며 삶 속에서 체험해야 한다. 물론 철학과 가치가 학교에서만 길러지는 것은 아니다. 다만 학교는 철학에 대해 좀 더 체계화되고 정련화된 교육이 가능한 장이다. 가치와 철학은 특정 과목을 통해서만 길러지는 것이 아니라 모든 과목, 모든 교육활동 속에서 길러지는 것이다. 따라서 모든 교사가 학생과 함께 미래의 삶, 바람직한 삶, 아름다운 삶에 대해 찾아갈 수 있도록 해 주어야 한다. 우리의 미래를 위해서 말이다.

3. 교육행정가에게 고민의 시간을 주자

한국에서는 교육학자이면서도 교육철학이 빈곤한 사람이 많고, 교육에 관여하는 정치가들 중에서도 교육철학이 빈곤한 사람이 많다. 뿐만 아니라 직접 교육을 다루는 교육행정가 역시 교육철학이 빈곤한 모습을 자주 보여주고 있다. 한국의 학교에는 존경스럽고 훌륭한 학교행정가도 많지만, 오로지 학생의 점수에만 관심을 갖는 학교행정가 또한 적지 않다. 이 부분이 핀란드의 학교행정가와 한국의 학교행정가 간의 두드러진 차이점이다. 핀란드의 학교행정가는 학생의 성적, 다른 학교와 비교한 등수 등에는 관심을 두지 않는다. 이들이 관심을 갖는 것은 학생의 미래 삶과 교육과정 목표 도달 정도이다(Hargreaves et al., 2007; Sahlberg, 2011). 따라서 이들이 학생의 성적을 확인하는 것은 교육과정 목표 도달 정도를 파악하고, 학생을 도와주기 위한 관심의 일환이다. 이들에게는 학생끼리의 비교나 다른 학교와의 비교는 별 의미가 없다.

한국의 일반 학교 교장선생님은 왜 자신의 학교 학생의 성적에 관심이 많을까? 왜 이렇게 교장선생님 스스로 먼저 나서서 학생의 성적 향상을 위한 비교육적인 방법을 동원하고, 심지어 부정과 비리도 마다하지 않는 것일까?[1] 우리나라 교장선생님은 대부분 훌륭한 교육자이다. 그럼에도 이들이 성적에 목을 매는 데에는 이유가 있다. 우선은 자신이 몸담고 있는 학교의 학생 한 명이라도 더 경쟁에서 앞서고 좋은 대학에 들어가 좋은 직장을 갖도록 하고 싶은 제자에 대한 사랑 때문일 것이다. 또 하나의 이유는 상급행정기관과 학부모의 압박으로부터 교장선생님이 결코 자유롭지 못하기 때문이다. 대부분의 교장선생님은 점수 경쟁에서 벗어나 그야말로 전인적인 관점에서 교육다운 교육을 하길 원할 것이다. 그럼에도 교장선생님이 교육적 양심, 교육적 소신을 구현하지 못하고 점점 점수 경쟁으로 내몰리고 있는데, 이는 상급행정기관과 학부모로부터의 압박 또한 적지 않은 영향을 미치기 때문이다. 교육자로서의 양심과 현실 사이에서 고민하는 교장선생님이 적지 않다. 양심적인 교육행정가를 갈등하게 하는 이 교육체제는 분명 바람직하지 않다.

학교 현장에서는 점수 경쟁에서 이기기 위해 점수 비중이 높은 과목들을 중시하고, 점수 비중이 낮은 과목이나 예체능 과목들을 경시하는 경향이 있다. 그리고 학생이 점수를 얻는 데 방해가 되기 때문에, 특별활동이나 학생 자치활동들은 최대한 줄이고 있다(오세희 외, 2010; 정영근, 이근호, 2011; 최만덕, 2009). 물론 모든 학교가 그러한 것은 아니지만, 일반적인 학교에서 쉽게 볼 수 있는 모습이다. 왜 이렇게 학생, 학부모뿐만 아니라, 교사, 교장까지 점수의 노예가 되어 버렸는가?

교육은 그 자체로 한 개인뿐만 아니라, 그 사회와 국가를 위하여 매우 중요한 활동이다. 교육을 잘 받은 개인은 그 자체로 풍성한 삶을 살 수 있고, 교육을

---

1 대학입시에서 본인 학교 학생을 유리하도록 하기 위해 학생생활기록부를 정정, 조작한 서울시내 모고등학교 교장의 경우도 대표적인 사례이다(서울신문, 2011.4.9.).

잘 받은 사람이 많은 국가나 사회는 그 자체로 아름다운 공동체를 이룰 수 있다. 교육의 수단적 가치는 그 다음의 일이다. 그런데 우리 사회에서는 교육의 본질적 가치가 사라지고 오로지 수단적 가치만이 우리 교육을 장악하고 있다. 이러한 흐름 속에서 교장, 교사, 학부모, 학생 모두가 그 점수의 노예가 되어 버린 듯하다. 이러한 상황에서는 교육의 수단적 가치에 충실하게 사는 것이 현실에 적응을 잘 하는 것이다. 따라서 열의가 있는 교장선생님일수록 교육의 수단적 가치에 충실하여 자기 학교 학생이 더 높은 점수를 받아 더 좋은 대학에 들어가도록 하는 일에 혈안이 되는 것이다. 이러한 상황에서 교장선생님이 학교에서 교육 그 자체의 가치를 추구한다는 것은 그야말로 사치스러운 일일 수 있다.

학교에서 교육의 철학을 정립하지 않는 한 교장선생님을 점수의 노예, 성과의 노예로부터 구해낼 방법은 없다. 교장선생님을 이 노예 상태로부터 구해내지 못하면, 학생들은 지금보다도 더 심한 점수 경쟁에 내몰릴 수밖에 없다. 아침에 더 일찍 등교해야 하고, 학교에 더 늦게까지 남아서 공부해야 하며, 시험공부와 관련 없는 학교의 온갖 활동들도 축소되거나 없어져야 한다. 오로지 성적을 높이기 위한 공부에만 더 매달려야 한다. 그리고 교장선생님은 그러한 과정을 더 철저히 안내해줄 수밖에 없을 것이다. 누가 이 점수 경쟁의 고리를 풀어야 하는가? 바로 국가이다. 오로지 국가만이 이 고리를 풀 수 있다. 국가가 나서서 학교 행정가가 교육철학을 가지고 학교를 운영해 나갈 수 있도록 여건을 만들어 주어야 한다. 핀란드 교육이 튼튼한 이유는 국가, 사회적으로 교육의 철학 및 방향을 분명하게 정립했을 뿐만 아니라 교장, 교사를 비롯한 교육담당자들이 명확한 교육철학을 가지고 아이를 가르치고 있기 때문이다. 국가든 개인이든 교육에서 가장 핵심이자 기초는 교육철학이다.

제25장

교훈 4: 교육개혁보다 사회개혁이 먼저이다

교육과 사회는 떼려야 뗄 수 없는 관계에 있다. 교육이 사회에 영향을 미치기도 하지만 사회로부터 받는 영향은 더 크다. 특히 사회가 급속하게 변하는 시기에는 교육에 대한 사회의 영향력은 더욱더 커진다. 그런데 사회의 긍정적인 측면뿐만 아니라 부정적 측면도 교육에 큰 영향을 미친다. 이러한 영향관계를 볼 때 교육의 문제는 교육만의 문제가 아니라 궁극적으로는 사회의 문제이고, 교육문제 해결을 위해서는 교육만의 조치로는 한계가 있으며 사회 변화나 사회개혁이 이루어져야 한다. 핀란드의 경우에도 안정적인 교육의 바탕에는 핀란드의 안정적인 사회가 자리 잡고 있다. 좋은 교육을 이루기 위해서는 좋은 사회가 뒷받침되어야 한다.

1. 교육문제보다 사회문제를 먼저 해결하자

한국의 교사, 학생, 학부모, 교육행정가 등 교육계 종사자들은 각종 교육문제를 해결하기 위하여 다방면으로 애쓰고 있다. 하지만, 교육문제는 이미 교육만의 문제가 아니라 사회문제가 되어 버린 지 오래다(김영화, 1993; 김천기, 2003). 더 나아가 모든 교육문제의 근본 원인을 따지고 보면 대부분 사회문제에서 잉태된 것들이다. 그래서 교육문제는 사회와의 관계에서 독립변수가 아니라 종속변수이다. 교육문제는 교육계의 노력만으로는 결코 해결될 수 없는 문제가 된 것이다.

이러한 상황이지만 교원을 비롯한 교육계 종사자들이 교육의 문제를 해결하기 위하여 그야말로 혼신의 노력을 기울이고 있다. 이들의 노력이야말로 가장 숭고하고, 아름다운 모습이다. 이렇게 한국교육이 유지되고 있는 것은 이들의 노력이 있기 때문일 것이다. 하지만 안타깝게도 시간이 지나면 지날수록 교육은 더 힘들어지고, 교육문제는 해결되지 않고 있으며, 열심히 노력했던 교육계 종사자들마저 지쳐 좌절해 가고 있다. 교육이 종속변수인 상황에서 사회 문제나 모순의 해결 없이 교육계 내에서만의 노력에는 근본적으로 한계가 있기 때문이다.

비록 상황이 이렇다할지라도 우리 교육계에 있는 사람은 서로를 감싸 안고, 서로를 격려하며, 서로 아낌없는 응원과 갈채를 보내 주어야 한다. 우리는 공동의 피해자이기 때문이다. 그리고 교육문제의 근원이 되는 사회문제, 사회 모순에 대해 정확하게 짚어내고, 분명하게 이야기해 주어야 한다.

핀란드는 좋은 교육 제도와 정책을 가지고 교육을 운영해 나가고 있고, 그 결과로 성취도 평가에서 세계 최상위권을 유지하고 있을 뿐만 아니라 교육의 질과 내용 면에서도 좋은 평가를 받고 있다(OECD, 2010b; Schulz et al., 2010). 그런데 이렇게 좋은 핀란드 교육을 한국에 그대로 들여와 한국에서 똑같이 실행한다면 어떻게 될까? 그 결과를 예상하는 것은 그리 어렵지 않다. 사교육의 범람과 과열 경쟁은 오히려 더 성행할 것이며, 한국화되어 버릴 것이다. 미국의 것을 가져와도 미국에서와 같은 효과가 없을 것이고, 핀란드 것을 가져와도 핀란드에서와 같은 효과가 나지 않을 것은 명약관화(明若觀火)하다. 어느 것을 가져와도 한국화 되어 버리기 때문이다.

한국의 교육은 한국의 사회 풍토에서 만들어진 것이다. 오늘날 한국교육의 문제는 고스란히 한국의 사회 문제가 투영되어 나타난 것이다. 따라서 사회의 개선 없이 교육은 결코 개선될 수 없다. 사회개혁 없는 교육개혁은 필연적으로 실패할 수밖에 없는 과정이며, 그것이 지금까지의 한국의 교육개혁의 역사인 셈이다. 지금까지 누구나 공감할 수 있는 성공한 교육개혁이 단 한 번이라도 있었던가?

교육 자체만 놓고 보면, 한국의 교육문제는 그리 큰 문제가 아니라고 생각한다. 하찮아 보이는 교육 제도나 정책일지라도 수많은 사람의 노력과 고민과 헌신을 통해 만들어진 것이다. 하지만 안타깝게도 근본적인 처방이 되지 않는 상황에서는 교육개혁을 위한 노력만 소진될 뿐, 문제는 해결되지 않고 오히려 더 악화되는 결과를 초래할 수 있다. 한국 사회의 모순과 문제는 그대로 놓아둔 채, 교육만을 바꾸려 했기 때문에 그동안의 교육개혁은 결코 성공할 수 없었으며, 누구도 만족하지 못하는 지금과 같은 기형적인 제도와 정책이 난무하게 된 것이다. 따라서 이제는 당당하게 외쳐야 한다. 한국교육에는 문제가 없다고! 다만 한국 사회에 문제가 있을 뿐이라고! 이제 한국교육을 바꾸기 위한 무모한 노력보다는 한국 사회를 바꾸는 데에 집중해야 한다.

핀란드의 국회의원이나 대통령 선거에서에서 교육은 중요한 이슈가 되지 않는다(Sahlberg, 2011). 의원내각제인 핀란드에서는 대통령 선거보다 국회의원 선거가 더 중요한데, 최근 2015년 4월에 치러진 핀란드 국회의원 선거에서도 교육은 이슈화되지 않았다. 핀란드 국민은 각 정당들이 어떤 교육정책이나 이념을 가지고 있는지 잘 모르고 있다고 한다(Lindbald et al., 2002).

선거에서 교육이 핵심 이슈가 되는 우리나라와 달리 핀란드에서는 왜 이슈가 되지 않는 것일까? 이유는 다음의 두 가지 중 하나일 것이다. 하나는 핀란드 국민이 교육에 관심이 없거나, 또 하나는 교육이 잘 되고 있기 때문이다. 핀란드 사람의 정서와 문화를 볼 때, 전자는 결코 아니다. 그러면 답은 교육이 잘되고 있다는 것이다. 교육이 잘되고 있으면, 선거에서 굳이 교육을 정책으로 의제화할 필요가 없다.

핀란드에서는 교육부를 비롯하여 국가교육위원회, 각 교육단체, 교원, 학부모가 협의를 통해 교육을 만들어 간다. 교육전문가, 교육관계자들이 교육을 만들어가고 운영해 나가기 때문에 굳이 정치가들이 나설 이유가 없다. 정치가들은 자신의 핵심적인 본분인 정치만 잘하면 된다. 그리고 정치를 잘하는 것이 교육을 잘할 수 있도록 도와주는 것이다. 정치적으로, 사회적으로 뒷받침만 잘되어 주면 교육자 및 교육관계자들은 전문성과 자율성을 바탕으로 얼마든지 좋은 교육을 할 수 있다는 것을 핀란드는 보여주고 있다.

핀란드에서 교육의 실질적인 운영 권한은 지자체 및 교육담당자에게 넘어가 있기 때문에 중앙이나 중앙의 정치인들이 교육을 좌지우지 할 수 있는 상황도 아니다(Haveri, 2008; Oulasvirta & Turala, 2009). 지역의 주민, 공무원, 교육단체 및 기관, 교원, 학부모, 학생 등 지역공동체에서 합의와 협의를 바탕으로 교육을 운영해 나가기 때문에 국회의원이나 중앙정치인의 입김이나 영향이 작용할 소지가 크지 않다. 국회의원이나 대통령 선거에서 교육이 큰 이슈가 되지 못하는 것도 바로 이런 배경 때문이다.

이제 한국의 교육자들은 외쳐야 한다. "우리가 교육을 제대로 할 테니, 제발 정치인들은 교육에 신경 쓰지 말고, 당신들 본연의 임무인 정치나 바르게 하고, 올바른 사회를 만드는 일에 집중하라"고 엄하게 꾸짖어야 한다. 정치인들이 교육이나 교육자들을 개혁하겠다고 하는 어처구니없는 발상이 더 이상 발붙이지 못하도록 해야 한다.

2. 살인적 삼각 카르텔을 깨자

한국교육의 하부구조는 자본주의, 학벌주의 이데올로기, 강력한 경쟁체제가 삼각 카르텔을 이루고 있다(김상봉, 2004; 김천기, 2003; 이종각, 2003). 한국의 교육은 이 삼각 카르텔의 토대 위에서 이루어지기 때문에 이 영향권으로부터 벗어날 수 없다. 한국의 자본주의사회에서 성공하거나 살아남기 위해서는 학벌을 갖추어야 하는데, 그 과정은 '무한경쟁'이다. 학벌이라는 재화(財貨) 자체가 제한적이고 서열화 되어 있기 때문에 학벌을 갖추기 위한 경쟁은 더욱 치열해질 수밖에 없다. 한국의 학벌경쟁은 빈부에 상관없이, 지위의 높고 낮음에 상관없이 완전경쟁체제를 이루고 있다. 따라서 그만큼 경쟁이 치열해지고, 가족이 가진 모든 것을 동원해서라도 이 경쟁체제에서 성공해야 한다는 사고를 가지고 있다. 이것이 오늘날 우리의 모습이다. 이 경쟁체제에서 살아남아야 하기 때문에, 그리고 앞서 가야 하기 때문에 남을 배려하거나 남을 돌아볼 여유가 없다. 그렇게 경쟁체제에서 살아남은 자들은 자본주의 체제하에서 자본의 이익(많은 월급, 안정적 위치, 높은 지위)을 향유하게 된다. 치열한 경쟁에서 이기고 차지한 것이기 때문에 자신이 누리는 것은 당연하다고 여기며, 이것을 누리지 못하는 자들은 능력이 없거나 게으른 자들로 평가한다. 따라서 내가 가지고 누리게 된 것을 다른 사람에게 나누어 줄 이유는 없다. 다만 연말 불우이웃돕기 성금 등을 내는 정도로 인간으로서의 도리를 다 했다고 여길 뿐이다.

반면 같은 자본주의체제인 핀란드는 한국과 사뭇 다르다. 앞에서도 언급한 바와 같이 핀란드 국민의 정서 속에는 평등주의 이념이 자리 잡고 있다. 핀란드에서는 정치가도, 교육자도, 경제인도 핀란드의 첫 번째 가치를 평등으로 보고 있다(Aho et al., 2006; Hargreaves et al., 2007; Sahlberg, 2011). 핀란드의 헌법에도 평등의 가치를 최고의 가치로 명시하고 있으며, 각 주체들이 내세우는 핵심 이념 역시 평등이다(Grubb et al., 2005). 평등 이념은 기본적으로 약자에게 더 많은 관심을 쏟는다. 약자도 함께 가야 하기 때문이다. 따라서 이들 사회에는 자연스럽게 협동체제가 구축이 된다. 모두 함께 가야 하기 때문에, 약자들을 위해 때로는 부자들이 양보해야 하는데, 부자들의 진정한 배려와 의지가 없으면 이 관계는 형성될 수 없다. 핀란드에서는 대부분의 부자들이 기꺼이 세금도 많이 내고,[1] 약자를 배려한다. 그래서 핀란드에서는 부자들을 질시하거나 비난하지 않으며, 부자들이 누리는 것을 인정해 준다. 왜냐하면 부자들이 자신만을 위해서 살지 않고 자신이 가진 것들을 기꺼이 나누고 공유하기 때문이다. 또한 역설적으로 부자들의 이러한 나눔과 공유는 자신의 부를 안정적으로 유지해 나가는 기반이 되기도 한다(Hargreaves & Shriley, 2009). 즉 부자들이 낸 많은 세금이 약자들을 위해 쓰임으로써 부자와 약자 모두에게 안정적 사회 기반이 되는데, 안정적인 사회는 또한 부자들의 부를 유지하는 중요한 기반이 되기 때문이다. 이러한 측

1 핀란드에서 탈세나 세금 부정은 모든 계층의 모든 국민에게 결코 상상할 수 없는 일이라고 한다(헬싱키 대학교 Jari Lavonen 교수 면담).

면을 비교하여 한국과 핀란드의 교육 하부구조를 각각 그림으로 나타내면 [그림 25－1], [그림 25－2]와 같다.

그림 25-1 한국교육의 하부구조

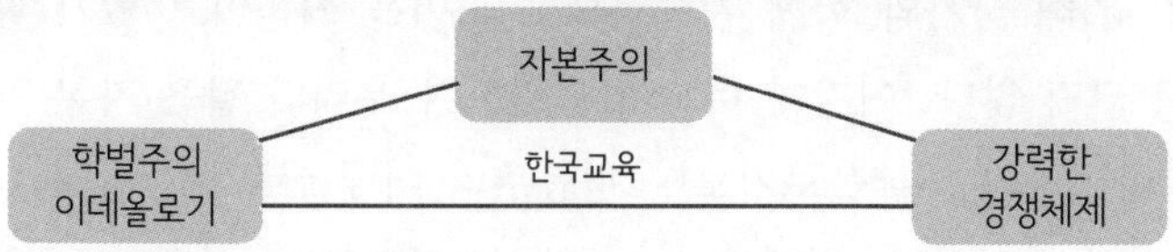

그림 25-2 핀란드 교육의 하부구조

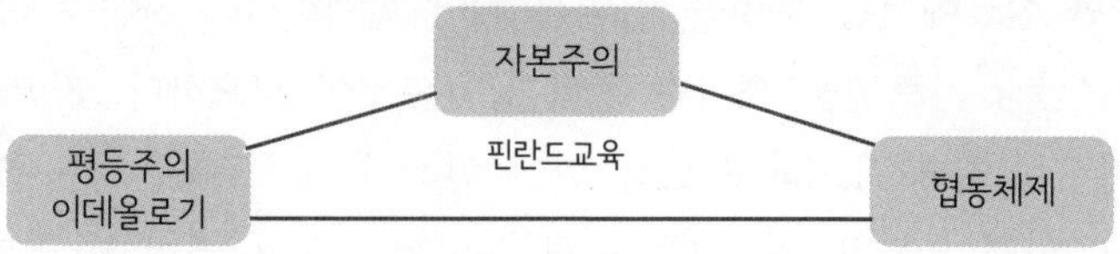

한국의 자본주의 체제에서 학벌은 더욱 강력한 경쟁의 수단이 되기 때문에, 좋은 학벌을 갖추기 위한 경쟁은 더욱 치열해져서 경쟁이 조기화(早期化)되고 전면화된다. 즉, 사교육이 번성할 수밖에 없는 토양이다. 반면 자본주의 체제인 핀란드 역시 빈부격차나 사회격차가 분명히 존재함에도 불구하고 우리와는 반대의 양상으로 전개된다. 핀란드의 사회적 기반은 위의 그림에서처럼 자본주의, 평등주의 이데올로기, 협동체제 등 세 개의 축이 중심이 되고 있다. 핀란드의 자본주의 체제에서 학벌의 영향력이 없는 것은 아니지만, 학벌이 강력한 경쟁력이 되지는 않는다(Grubb et al., 2005; Hargreaves & Shirley, 2009). 학벌보다는 개인적인 자질과 역량에 훨씬 더 관심을 둔다. 특정 학벌을 갖춘 사람에게 더 많은 연봉을 지급하며 대우해주는 것이 아니라, 역량과 능력을 갖추고 노력하는 사람을 더 대우한다. 개인적으로 역량을 갖추고 발전하는 것이 더 중요하기 때문에, 자신의 능력을 가장 잘 키울 수 있는 대학으로 진학을 한다. 따라서 핀란드에서

대학의 이름이나 서열은 그렇게 중요한 것이 아니다. 핀란드 대학은 서열화가 되어 있지 않기 때문에 일류대학을 향한 경쟁 또한 심하지 않다. 자신의 적성과 능력에 맞게 대학을 찾아 가고, 그곳에서 열심히 배우면 된다. 물론 거의 대부분의 핀란드 대학이 상당히 우수한 교육 및 연구 인프라를 갖추고 있고, 교육의 질을 높이기 위해 국가와 함께 지속적으로 노력을 기울이고 있기 때문에 대학 간의 차이도 크지 않다. 여기에 더하여 핀란드가 우리와 같은 자본주의체제이기는 하지만, 학벌주의 이데올로기보다 평등주의 이데올로기가 강하기 때문에 학벌에 따른 경쟁이 약하다. 경쟁보다는 협동을 강조하며, 사회적, 문화적 기반으로서의 교육을 경쟁의 대상이 아니라 함께 만들어 가야 할 소중한 사회적 자산으로 보고 있는 나라가 핀란드이다.

그렇다면 한국에서는 무엇을 어떻게 해야 할까? 결국 자본주의, 학벌주의, 경쟁체제 이 삼각 카르텔을 깨거나 완화시키는 것이 필요하다. 지금과 같은 삼각 카르텔이 견고하게 유지되고 있는 한 살인적인 경쟁교육은 큰 변화 없이 지속될 것이고, 학생이나 국민의 고통 또한 줄어들지 않을 것이다. 더불어 어떠한 교육개혁의 노력도 교육문제를 해결하지 못하는 미봉책에 그칠 것이다.

이 삼각 카르텔을 깨거나 완화시키는 문제는 사회구조 개혁의 문제이고, 사회의식 개혁의 문제이다. 사회구조나 사회의식의 변화 없이는 결코 한국의 교육문제는 해결될 수 없다는 것이다. 사회구조나 사회의식의 개혁은 결국 국가가 해야 할 일이고, 사회가 해야 할 일이며, 정치권에서 해야 할 일이다. 국가나 사회나 정치권은 교육을 바꾸겠다는 만용을 버리고, 어떻게 하면 이 살인적인 삼각 카르텔을 깰 수 있는지, 자본주의체제 속에서 우리 모두 함께 가기 위해서는 어떻게 해야 할 것인지에 대한 방향과 해법을 내 놓아야 한다.

3. 교육의 악순환 고리를 끊고 선순환 고리를 만들자

이미 언급한 바와 같이 한국과 핀란드는 모두 PISA 테스트에서 최고의 성적을 내고 있는 나라인데, 똑같이 높은 성취도를 보이고 있지만 한국은 경쟁교육의 결과이고, 핀란드는 평등교육의 결과이다. 핀란드는 경쟁시스템이 아니어도 교육이 성공할 수 있다는 것을 보여주고 있다. 평등을 기반으로 하고 있는 핀란드에서는 선순환 구조가 형성되어 교육체제가 유지될수록 만족과 보람과 긍지와 행복이 반복적으로 상승작용을 하고 있다. 반면, 경쟁을 기반으로 하는 한국에서는 악순환구조가 형성되어 교육체제가 유지될수록 고통과 불만, 이기심이 반복적으로 증가하고 있다. 한국에서 이러한 악순환 구조를 깨지 않는 한, 지금과 같은 높은 수준의 성적이 유지되거나 상승된다 할지라도, 국민의 정서는 더욱 피폐해져 갈 것이다. 도대체 누구를 위한 교육이고, 무엇을 위한 교육인가? 이상의 맥락에서 핀란드와 한국의 교육을 비교해 보면 [그림 25－3]과 같다.

[그림 25－3]에 나타난 바와 같이 핀란드에서는 인간을 목적 자체로 대하며 평등주의를 바탕으로 교육을 운영한다. 특히 국가적으로 사회적, 교육적 약자에게 많은 관심을 쏟으며 교육을 안정적으로 유지해 나가기 때문에 국민은 국가에 대해 높은 신뢰를 보인다. 이를 바탕으로 높은 성과를 내면서 만족도, 행복도가 높고 모두가 함께 가야 한다는 공동체의식이 강화되는 선순환 구조 속에서 교육을 이끌어 나가고 있는 것이다. 반면 한국에서는 인간을 국가나 사회 발전을 위한 수단으로 보는 인식이 강하고 경쟁 이데올로기가 팽배되어 있다. 사회적·교육적 약자에 대한 배려 장치가 미흡하여 교육에 대한 지속적인 불만이 속출하고 있으며, 이로 인해 교육제도가 자주 바뀌는 현상을 보인다. 또한 국민은 교육에 관한한 국가를 신뢰하지 않으며 교육은 각자 알아서 사생결단으로 해야 하는 무한경쟁의 대상으로 본다. 이로 인해 한국에서 학업성취도 결과는 높게 나오지만 교육으로 인한 피로, 고통의 누적, 공동체의식의 파괴 등 악순환이 이어지고 있다.

교육을 통해 모두가 행복하고 잘 사는 사회를 만들기 위해서는 국가 교육 운영에 있어 선순환 구조를 만들어야 한다. 교육을 운영함에 있어 인간을 수단시하지 않고 그 자체로 존중해 주며 경쟁보다는 협동 체제 속에서 교육받게 하고 교육적, 사회적 약자를 배려해야 한다. 그래야만 국민이 국가 교육에 대해 신

그림 25-3 핀란드 교육과 한국교육의 비교

핀란드 교육		한국교육
(철학) 인간 목적 이데올로기 (인간은 그 자체로 행복해야 함) 평등 이데올로기	(철학)	(철학) 인간 수단 이데올로기 (인간은 국가 발전을 위한 수단) 경쟁, 점수 이데올로기
(여건) 사회적 격차 존재 가정 배경이 학생의 진로, 진학에 영향 고등학교 이후 경쟁체제		(여건) 사회적 격차 존재 가정 배경이 학생의 진로, 진학에 영향 초등학교 때부터 경쟁체제
탈락자, 낙오자, 상대적 약자 - 튼튼한 복지기반	(사회적 안전장치)	탈락자, 낙오자, 상대적 약자 - 복지기반 취약
상대적 약자들의 불만, 저항 완화		상대적 약자들의 불만, 저항 높아짐 - 제도 개선 요구
교육제도 안정 - 교육 본질에 충실		교육제도 자주 바뀜 - 여론과 불만 줄이기 위한 교육개혁 - 혼란과 불만 가중 및 누적
국가를 신뢰하고 따름	(국가에 대한 신뢰)	국가에 대한 신뢰 없음 - 각자 살 길을 찾아야 함 (내 가족, 내 자녀가 중요) - 내 살 길은 내가 찾아야 함 (남을 신경 쓸 겨를이 없음)
사교육 필요 없음 - 남은 경쟁자이면서도 같이 가야 할 대상 - 낙오자들도 함께 가야 함 - 모두 함께 가는 공동체의식 형성		사교육 필수 - 사교육을 해서라도 내 자녀가 잘 돼야 함 - 남은 같이 가야 할 대상이 아닌 경쟁자 - 무한경쟁체제 형성
성과: 높은 성취도 (PISA 등)		성과: 높은 성취도 (PISA 등)
(결과) - 남을 배려하고, 존중 - 함께 가야 한다는 의식 강화 - 행복과 만족		(결과) - 과잉 경쟁, 성적지상주의 - 이기주의, 공동체의식 파괴 - 피로와 불만 누적
선순환 구조		악순환 구조

뢰하게 된다. 교육이 남을 이겨야 하는 고통스럽고 부담스러운 것이 아니라, 남과 함께 할 수 있는 행복한 것이라는 인식의 기반을 만들어가야 한다. 그리고 이러한 노력이 당장 눈앞의 교육을 바꾸기 위한 근시안적 교육개혁보다 훨씬 더 중요하고 시급하다.

제26장

교훈 5: 누구든 독선을 버리자

각 국가에서는 다양한 가치관과 다양한 목적의 기반 위에서 교육을 이끌어 가고 있다. 인간이 다양한 만큼 교육의 가치와 목표도 다양하다. 그리고 인간의 가치와 목표는 모두 소중하다. 국가는 교육을 운영함에 있어 국민의 교육에 대한 다양한 가치와 목표를 최대한 보장하고 구현시켜주어야 한다. 그러기 위해서는 다양한 의견을 모아 함께 교육을 해 나가야 한다. 어느 집단, 어느 세력이든 교육을 독단적으로 끌고 나가서는 안 된다. 독선이 아니라 함께 좋은 교육을 만들어 가는 핀란드 사례는 우리에게 또 다른 교훈을 주고 있다.

1. 오만과 독선을 버리자

한국의 교육문제를 어떻게 다루어 나가야 할까? 이 문제에 대해 어느 누구도 속 시원한 답을 가지고 있지 못하다. 게다가 한국의 교육문제는 너무 골이 깊어 해결할 마땅한 묘책도 없다. 그저 온 마음을 다 해 중지를 모아 신중하고 조심스럽게 접근해 나가야 한다. 그리고 누구든 혼자 이끌어 가려는 오만과 독선을 가져서는 안 된다. 우리나라에서는 왜 진보세력이든 보수세력이든 정권만 잡으면 교육문제를 자신만 주도해 나가려고 하는가? 교육문제는 어느 한 쪽만 주도해 나갈 수 없고, 또 어느 한 쪽만 주도해 나가서도 안 된다. 그만큼 복잡하고 어려운 일이기 때문이다.

교육 정책을 우주선을 발사하는 과정에 비유해 보면, 우주선을 띄우는 데 있어서 선장 혼자서 모든 일을 주도해 나갈 수 있는가? 결코 그럴 수 없다. 우주선을 띄우기 위해서는 선장도 중요하지만, 다양한 분야의 수많은 전문가들이 참여해야 한다. 수없이 많은 실험과 협의를 거쳐 정교하게 만든 후에도 노심초사하며 띄워 보내는 것이 우주선이다. 사실 우리의 교육은 우주선 띄우는 것보다 더 어렵고 복잡한 일이다. 그런데 그것을 정권을 잡았다고, 자기 방식대로 교육을 밀고 나가버리면 결코 성공할 수 없다. 작은 결함 하나에도 우주선이 좌초되는 것처럼 아무리 좋은 교육정책도 치밀하게 준비하지 않으면 결코 성공할 수 없다. 독단적으로 밀어 붙여 지금까지 제대로 성공한 정책이 하나라도 있는지 되돌아 볼 필요가 있다. 우주선을 만들어 띄워 보내는 사람들의 철저함과 노심초사보다 더 철저하게, 더 심사숙고하면서 교육에 접근해야 한다. 우주선을 만들고 띄우기 위해서 해당 프로젝트에 비판적인 학자든 옹호하는 학자든 모두 참여시켜 그 사고율과 오차율을 최소화하기 위해 노력하는 것처럼, 모든 교육주체들을 참여시키고 모든 의견을 모아야 한다. 그래야 교육개혁이라는 거대한 우주선이 도중에 사고 없이 목표 지점에 도달할 수 있다. 진보진영이든, 보수진영이든 상대방을 서로 인정하자. 두 진영 모두 나라의 교육을 망치려고 하는 것이 아니라 교육을 잘 해보겠다는 사람들 아닌가? 어느 진영에서 주도권을 잡든지 독선을 버리고 상대방의 의견에 귀를 기울여 교육개혁이라는 거대한 우주선이 목표 지점에 제대로 도달할 수 있도록 해야 한다.

2. 합의와 협의의 구조를 만들자

핀란드 교육개혁의 역사나 교육 운영 과정을 살펴보면, 철저한 합의를 바탕으로 국가 교육정책을 운영해 왔음을 알 수 있다. 핀란드에서는 지금까지 어떤 교육개혁의 경우에도 특정 세력, 혹은 특정 집단이 독단적으로 밀어 붙인 경우는 없었다(Aho, Pikanen, & Sahlberg, 2006; European commission, 2009; Finnish Ministry of Education and Culture, 2016). 핀란드에서는 크고 작은 거의 모든 교육 개혁들이 관련 주체들의 합의를 바탕으로 추진되어 왔다. 핀란드 역시 오랜 기간 동안 좌우의 대립, 진보와 보수의 대립이 있어 왔던 나라이다. 1917년 독립 이후에는 좌우 대립으로 처절한 내전을 겪기도 하였다. 지금도 정파들이 나누어져 있지만, 이들은 역사적 경험을 통해 아무리 의견이 다른 정파라 하더라도 협의를 해야 한다는 절박한 교훈을 얻어 냈다(Johannesson et al., 2002; Rinne et al., 2002; Simola, 2005).

앞에서 언급한 것처럼 핀란드 국민은 어떤 선거에서도 어느 한 정파만을 몰아서 지지하지 않았다. 핀란드 국민은 선거 때마다 진보와 보수에 적절하게 표를 분산시켜 주었다. 따라서 핀란드에서는 어느 한 정파도 오만하게 독선적으로 상대방을 몰아붙일 수 없는 구도가 만들어져 이어져 오고 있다. 어느 한 정파도 독선적으로 밀어붙이지 못하도록 표를 분산시켜 준 핀란드 국민의 이 절묘한 선택이 '합의 문화'의 바탕이 되고 있다(Aho, Pikanen, & Sahlberg, 2006; Helsinki Sanomat, 2015.4.20.).

핀란드의 정치 구조 역시 권력이 분산되어 균형을 이루고 있다. 대통령은 주로 외교나 국방을 담당하고, 국가 운영은 국회 다수당에서 선출된 수상(prime minister)에 의해 이루어지도록 하여 대통령과 수상의 권력을 적절하게 분산시키고 있다. 수상은 국회의 다수당에서 선출되기는 하지만, 핀란드 국민의 절묘한 선택으로 인해 어느 한 당도 과반을 넘는 다수당이 되지 못하는 상황에서 몇 개의 당이 연합하여 연합정권을 만드는 것이 핀란드 정치의 역사이다. 따라서 수상은 자신의 정파뿐만 아니라 연합정권의 정파들과도 협력해야 하기에 독단적 운영이 근본적으로 어려운 구조이다. 그래서 항상 협의 및 합의과정을 거쳐 일을 처리하는 것이 핀란드 정치의 전통과 문화가 되었다. 핀란드 의회 내에서의 안건 처리도 철저한 합의를 바탕으로 하고 있다. 이러한 합의의 문화와 통치 구조는 정치 분야뿐만 아니라 교육 분야에까지 그대로 이어져 합의의 교육정책을 만들어 내고 있다.

아울러 이러한 합의의 문화는 핀란드 국민의 정서에도 그대로 반영되어 있다. 핀란드 국민은 대체로 '독불장군'을 좋아하지 않는다고 한다(Rinne et al., 2002; Sahlberg, 2011). 혼자 튀려고 하고 혼자 잘난체 하는 사람을 싫어하며, 함께 협력하려는 사람을 좋아하는 것이 핀란드 국민의 정서이다. 학교에서 교장도, 교사도 혼자하려고 하지 않고, 항상 학교 내에 있는 동료 교원뿐만 아니라, 이웃 학교의 교원과도 끊임없이 교류하고 협력하려는 것이 핀란드 학교의 특징이다(Hargreaves et al., 2007). 대학에서도 의사결정을 할 때 교수뿐만 아니라 직원, 학생대표 등 관계자들이 모두 모여 협의를 통해 결정을 하며 일을 추진해 간다. 앞에서 논의한 것처럼 심지어 교수를 임용하는 과정에서도 학생을 정식 심사위원으로 참여시켜, 때로는 학생의 의견이 교수 선발에 결정적인 영향을 미치기도 한다. 이처럼 합의나 협의는 핀란드 사회, 그리고 핀란드 국민의 정서 속에 내재된 DNA와도 같은 것이다.

또 하나는 권력을 대하는 핀란드 국민의 의식이다. 이들에게 권력은 휘두르는 힘이 아니라, 국민이 맡겨준 책임(responsibility)이다(Sahlberg, 2011). 따라서 권력을 쥔 사람도 권력을 휘두르려고 하지 않으며, 책임의 범위 내에서 최선을 다할 뿐이고, 권력을 맡긴 국민도 그가 맡은 책임만큼 인정해줄 뿐이지 권력자를 우상시하거나 권력자를 두려워하지도 않는다. 따라서 이들에게는 대통령도 대통령이라는 직책을 수행하는 평범한 시민 중의 한 사람일 뿐이다. 이런 나라에서 대통령이 권력을 이용하여 독단적, 독선적으로 끌고 나가는 것은 애초부터 상상할 수 없는 일이다(Aho et al., 2006).

현대사회는 다원화사회가 되었으며, 국민의 교육 수준뿐만 아니라 의식 수준 역시 높아졌기 때문에 과거처럼 탁월한 어느 특정 영웅이 사회나 국가를 이끌어 가는 시대는 지났다(Spillane, 2006). 한국의 경우에도 과거의 박정희 대통령이 살아 돌아온다 하더라도 오늘날과 같은 풍토에서는 당시와 같은 통치를 하지 못할 것이다. 이제는 한 사람의 영웅이 이끌어가는 시대가 아니라, 함께 이끌어 가야 하는 시대이다. 아직도 대통령이나 국회의원이 바뀌면 좀 더 나아질 것이라는 기대를 하는 사람이 많은데, 이는 순진한 생각이다. 풍토와 구조가 바뀌지 않은 상태에서 사람만 바뀌어서는 악순환의 반복에서 벗어날 수가 없다. 복잡화되고 다원화된 현대 사회를 이끄는 것은 이제 한 개인의 영웅적 역량의 범위를 벗어나는 문제가 되었다. 현대 사회로 올수록 과거와 같은 영웅적인 인물은 나타나기 어려우며 다들 그만그만한 인물들이 백가쟁명(百家爭鳴)식으로 다투고 있을 뿐이다. 이는 현대 사회에 탁월한 능력을 가진 사람이 없다기보다는, 개인의 역량으로는 해결할 수 없을 정도로 사회가 복잡해졌기 때문이다.

이러한 시대적 흐름과 특징에 따라 합의나 협의의 구조와 문화를 만들어 나가는 것은 어느 나라든 어느 영역에서든 매우 중요하다. 누구를 지도자로 뽑을 것이냐에 대한 관심도 중요하지만 동시에 우리의 정치, 사회, 문화 속에서 어떻게 합의나 협의 문화를 만들어 갈 것이냐 하는 것은 더 중요한 문제이다. 이러한 합의나 협의 문화가 구축되지 않음으로 인해 중앙정치 무대에서 벌어지는 한심스러운 작태가[1] 광역지자체나 기초지자체 차원에서도 동일하게 나타나고 있는 것이 오늘 우리의 모습이다.

한국의 교육 거버넌스와 관련하여 진보와 보수 진영 양측은 협의와 합의의 문화 및 체제를 구축하는 일에 전향적으로 관심을 기울여야 한다. 언제부터인가 우리 한국에서는 진보든 보수든 권력을 잡으면 독식을 하는 체제가 만들어졌다. 상대방의 생각에 귀를 기울이기는커녕 기본적인 배려조차 없이 각각 독단적으로 운영해 온 것이 그동안의 모습이다. 권력을 새롭게 잡은 진영에서는 이전 권력이 자신의 정책과 의견을 반영하지 않았기 때문에, 기존 정책을 악으로 규정하고 모두 바꿔버리려고 한다. 또한 권력을 잡은 쪽에서는 다음에 대한 보장이 없기 때문에, 권력을 쥐고 있는 동안 모두 이루기 위해 조급해 하고 서두르기도 한다. 교육 과업이나 교육 정책의 특성상, 서두르거나 조급해하면 목적한 바를 이룰 수 없으며 왜곡될 가능성이 높다. 정권들마다 교육개혁을 서둘러 왔지만 국민이 피부로 느끼고 있는 교육은 점점 더 악화되고 있는 모습이 이를 증명해

1 지자체나 지자체의회에서도 타협을 통한 협력과 상생보다는 몸싸움, 타협불가, 부정, 비리 등의 모습이 끊이지 않고 나타나고 있다(한국경제, 2016.1.4.).

주고 있다.

이제는 어느 정파가 정권을 잡든지 교육문제에 있어서만큼은 함께 협의해 나갈 수 있는 풍토와 문화를 만들어야 한다. 권력을 잡은 쪽에서 교육 정책을 만들거나 교육개혁을 추진함에 있어 상대편 정파의 사람을 참여시켜야 한다. 형식적인 구색 맞추기가 아니라 실질적인 참여를 보장해야 함은 물론이다. 협의의 여지는 매우 많다고 본다. 왜냐하면 진보와 보수가 추구하는 방법론은 서로 다르지만, 지향하는 목적은 비슷하기 때문이다. 진보든, 보수든 모두 교육을 통해 지향하는 목적은 수월성과 평등성의 실현이다. 다만 둘 중 어느 쪽에 더 비중을 두느냐의 차이일 뿐이다. 진보가 평등성을 추구한다고 해서 수월성을 무시하는 것이 아니며, 보수가 수월성을 추구한다고 해서 또한 평등성을 무시하는 것도 아니다. 두 개의 가치가 최대한 만개하기를 바라는 것이 보수, 진보 진영 모두의 궁극적인 목표일 것이다. 그리고 민주주의의 발전과 국가 발전을 위해 어느 한 가지도 결코 소홀히 해서는 안 된다. 보수가 정권을 잡으면 수월성에 초점을 맞추어 정책을 추진하되 평등성은 진보진영의 참여를 통해 보완하여 구현할 수 있도록 하고, 진보 진영에서 정권을 잡으면 평등성에 초점을 맞추어 정책을 추진하면서 보수진영의 참여를 통해 수월성을 보완해 간다면 어느 진영이 정권을 잡더라도 두 가치 모두 구현되고 발전해갈 수 있을 것이다.

핀란드의 사례는 우리도 그렇게 할 수 있다는 가능성을 보여 주고 있다. 핀란드에서도 러시아 식민 통치에서 독립한 이후 극심한 좌우의 대립이 있었지만, 교육에 있어서만큼은 좌우가 협의하고 합의하여 정책을 만들어 추진하였고, 그 결과 오늘날 수월성과 평등성 향상을 동시에 달성하며 세계 최고 수준의 교육을 만들어낸 것이다.

3. 교육은 깨지기 쉽다는 것을 명심하자

교육문제는 항상 너무 중요하고 시급하기 때문에 당장의 해결책과 처치에 관심이 가는 것은 당연하다. 하지만 냉정해져야 한다. 교육정책은 성급히 다루거나 서두르면, 문제를 해결하기는커녕 오히려 문제를 더 어렵게 만들 수 있다. 인내심을 가지고 차근차근 접근하되, 제대로 접근하자. 그것이 가장 최선의 방법이다. 그리고 국민도 기다려줘야 한다. 문제가 생겼다고 정부에 당장 해결책을 내 놓으라고 윽박지르거나 강요해서는 안 된다. 그러면 십중팔구 문제는 풀리지 않고 더 어렵게 된다.

교육은 깨지기 쉬운 것이고, 매우 복잡한 것이어서 신중하고 조심스럽게 다루지 않으면 안 된다. 어디서 어떻게 일이 어긋나고 터져 나올지 모르는 것이 교육이다. 교육은 진보와 보수가 두 손을 맞잡고 함께 조심스럽게 꾸려나가야 할 대상이다. 만약 어느 한쪽이라도 힘을 강하게 주면, 떨어뜨려 깨질 수 있는 것이 교육이다. 따라서 반드시 교육에 관한 한 보수와 진보가 손을 맞잡아야 한다. 그리고 그렇게 하기 전이라도 보수든 진보든 어떠한 경우에도 교육을 자기들 방식대로 함부로 다루려는 유혹과 욕심을 버려야 한다.

제27장

교훈 6: 누더기 교육개혁을 하지 말고 큰 틀을 바꾸자

우리는 교육개혁의 홍수 속에 살고 있다. 현대 사회에 들어 거의 모든 정권마다 교육개혁을 핵심 정책 목표로 삼고 단행해 온 것이 우리의 역사이다. 지금도 교육개혁은 중요 과제이며, 다음 정권에서도 교육개혁은 핵심 이슈가 될 것이다. 더 나은 교육을 위해 교육개혁은 반드시 필요하다. 하지만 교육개혁은 신중해야 한다. 철저한 계획과 준비가 되어 있지 않은 상태에서의 교육개혁은 결코 성공할 수 없을 뿐만 아니라 학생과 국민에게 더 큰 고통을 안겨줄 수 있다. 핀란드는 신중하고 철저하게 계획을 세워 교육개혁을 해 나가 성공하는 모습을 보여준 대표적인 사례이다.

1. 누더기는 이제 그만, 새 옷을 준비하자

한국에서 일어나고 있는 교육개혁은 '누더기 교육개혁'이라고 할 수 있다. 누더기 교육개혁은 두 가지 양상으로 나타난다. 하나는 교육개혁 과정 중 너무 많이 뜯었다 붙였다를 반복했다는 의미이다. 또 다른 하나는 지금 하고 있는, 혹은 계획 중인 교육개혁이 누더기를 덧대는 꼴에 불과하다는 점이다. 즉 근본적인 변화가 없는 상태에서 교육개혁을 하면 할수록 교육은 누더기가 될 수밖에 없다.

이 비유가 결코 과하지 않은 이유는 한국에서의 교육개혁이 성공한 적이 없기 때문이다. 교육개혁을 한다고 해도 혼란이나 고통은 더 가중되어 왔다. 좋은 제도, 좋은 정책이라고 하여 여기를 뜯어 고치면 저기서 문제가 터지고, 저기를 뜯어 고치면 여기서 문제가 터지는 모습도 전형적인 누더기 교육개혁의 모습이다. 따라서 이 상태에서는 아무리 바람직하고 이상적인 교육제도나 정책을 만들어내도 성공할 수 없다. 오히려 교육개혁을 하면 할수록 교사와 학생, 국민의 고통과 혼란만 가중된다.

그러면 어떻게 해야 할 것인가? 더 이상 누더기를 덧대지 말자, 고통스럽고 힘들더라도 당분간 이 모습, 이대로 머물러 보자. 그렇게 하는 것이 교육개혁을 한다고 누더기를 여기저기 덧대는 것보다 훨씬 고통이 적을 것이다. 그리고 숨 고르기를 하자. 여유를 가지고 생각을 하자. 그리고 성찰의 시간을 갖자. 도대체 우리는 누구이고, 우리는 어디를 향해 가고 있는지에 대해 제대로 생각해 보자.

우리 교육은 누더기 상태가 너무 심해 더 이상 수선할 수 없는 상태가 되었다. 이제 누더기를 벗고 새 옷을 입어야 한다. 새 옷을 만들 동안에는 벌거벗고 살 수 없으니, 그냥 누더기 옷을 당분간 입고 있자. 다만 새 옷을 만들 때까지는 더 이상 누더기를 덧대지 말고 불편해도 그대로 살자.

'되는 것도 없고 안 되는 것도 없는 모습'이 현재의 교육개혁 모습이다. 교육개혁 후 얼마 지나지 않아 또 바꿔야 하는 이 지겨운 반복을 얼마나 더 경험해야 하는가? 예컨대, 교원평가 제도를 만들어 교원평가를 한다고 교육이 달라지는가? 좋은 교원평가제도일수록 지금의 상황에는 맞지 않다. 왜냐하면 좋은 평가제도를 뒷받침할 만한 기반이 갖추어져 있지 않기 때문이다. 교원평가는 교원승진제도, 교원보수제도, 교원연수제도, 교원임용제도, 교원인사제도, 교육자치제도 등과 긴밀하게 연계되어 있기 때문에 이러한 제도들과의 연계 없는 실행은 한계가 있을 수밖에 없다.

교육에 관한 제대로 된 새 옷을 만들자. 이 새 옷은 위와 아래, 소매 끝단에서 바짓단 끝단까지 전체적으로 소화와 균형을 이루도록 치밀하게 제대로 만들어야 한다. 이것은 옷 만드는 데 있어서 기본이다. 어느 재단사도 삐뚤어진 옷을 만들려 하지 않을 것이다. 웬만한 실력의 재단사라면 제대로 균형 잡힌 옷을 거뜬히 만들 수 있다. 우리 국민의 역량이면 충분히 좋은 교육의 옷을 만들 수 있다. 이 옷은 어느 한 사람이 입을 옷이 아니라, 우리 국민 모두가 함께 입을 옷이다. 재단사가 옷 입을 사람만을 생각하며 옷을 만들 듯이, 우리의 새 교육을 만드는 사람도 오로지 우리 국민만을 생각하며 옷을 만들어야 한다. 옷을 만들면서 소맷단만 좋은 옷감으로 덧붙인다고 해서 좋은 옷이 되는 것이 아니다. 그럴 경우 옷은 여전히 누더기이고 소맷단 옷감의 가치만 떨어뜨릴 뿐이다. 전체의 균형과 조화를 생각하면서 지금 시대에 가장 잘 어울리는 우리에게 맞는 '교육의 옷'을 만들어 내야 한다. 지금 우리가 입고 있는 옷은 너무 너덜너덜해져서 이제는 벗을 때가 되었다. 그리고 새 옷을 만들어야 한다. 그리고 그때까지 기다려야 한다.

2. 너무 잦은 교육개혁을 하지 말자

세계화 추세에 맞게 개혁을 하되, 우리의 형편에 맞게 속도를 조절하면서 개혁을 해야 한다. 핀란드의 인구는 우리나라의 1/10 밖에 안 되지만, 핀란드 교육개혁에서 전국을 한꺼번에 바꾸는 개혁은 존재하지 않았다. 형편과 상황에 맞게 적용하고 개혁해 나가는 것이 핀란드 교육 개혁의 특징이다. 핀란드에서 이루어졌던 가장 큰 교육개혁 중의 하나가 1970년대에 이루어진 종합학교 개혁이었는데, 지역에 따라서는 아직까지도 종합학교가 아닌 이전 행태의 학교도 존재한다.

교육개혁의 상시화는 교육개혁에 대한 긴장감을 약화시켜, 교육개혁의 동력을 잃게 하는 요인이 될 수 있다. 모든 교육개혁은 상당한 의지와 추동력을 필요로 하는데, 추동력이 없으면 어떠한 교육개혁도 성공하기 어렵다. 그런데 교육개혁이 상시화 되면 교육개혁에 대한 대응도 일상화되어 버린다. 즉 구성원이 개혁의 취지에 적극 동의하여 참여하는 것이 아니라, 참여하는 시늉만 낼 수 있다. 또 바뀔 것이기 때문에 모든 것을 걸고 적극 참여할 필요가 없는 것이다. 교육을 개혁하는 일은 매우 복잡하면서도 많은 시간을 필요로 한다. 핀란드에서도 종합학교 개혁을 위해 40년 동안이나 준비기간을 거쳤다(Aho et al., 2006). 교육개혁을 자주 하지 말되 한 번 할 때 제대로 준비해 철저한 개혁을 해야 한다.

3. 교육의 판을 바꾸어가자

현재 한국교육에서 문제가 없는 곳은 어디인가? 유치원에 근무하는 분들을 만나보면 우리나라 유치원 교육에 문제가 많고, 초·중등학교 교원을 만나보면 초·중등교육에 문제투성이며, 대학교 교원을 만나보아도 어떻게 이렇게 버텨내는지 용하다 싶을 정도로 온통 문제로 얽혀있다. 공교육뿐만 아니라 사교육은 사교육대로 문제이고, 학부모는 학부모대로 불만이다. 교육 분야에서 문제가 아닌 곳이 없다. 이런 상황이니 학부모나 학생뿐만 아니라 교육을 담당하는 교원마저도 굉장히 고통스럽고 힘들다.

특정한 하나의 제도나 특정 부분만 바꿔서는 안 된다. 우리 교육계의 문제는 어느 하나만을 바꿔서 해결할 수 있는 수준을 이미 넘어서 버렸다. 전체적인 교육의 큰 틀을 바꿔야 한다. 뱃머리를 돌려야 한다. 배의 방향을 제대로 돌려놓지 않는 한 무수한 노력은 허사가 될 수밖에 없다. 이런 상황에서는 오히려 전진할수록 고통과 피로감만 누적될 뿐이며, 배는 난파될 수도 있다. 교육의 큰 판을 제대로 만들고 바꾸어 나가면, 교육개혁을 자주 하지 않아도 된다.

4. 중장기계획을 지속적으로 세워 나가자

핀란드 교육 정책에 있어 중요한 특징 중의 하나는 국가차원에서 지속적인 중·장기계획을 수립해 간다는 것이다. 이 일을 맡은 기관은 핀란드 교육부와 핀란드 국가교육위원회이다. 이들은 대략 10년 주기의 국가교육과정을 만들어 나갈 뿐만 아니라 5년, 10년, 20년 등의 기간을 설정하여 미래 국가교육의 방향을 지속적으로 설계해 가고 있다. 전체적인 교육 방향은 물론이고 교원, 직업교육, 대학교육 등 각 분야별로 미래 교육 계획을 세워 나가고 있다(Finnish National Board of Education, 2016).

핀란드 각 지자체나 학교에서는 국가에서 마련해 준 교육계획에 따라 준비하고 대비해 나간다. 개별 지방지차단체나 학교에서는 미래의 비전을 세울 만한 역량도 부족하지만, 현재 맡겨진 과업에 집중해야 할 책임이 크기 때문에 미래를 설계할 여력이 없다. 따라서 국가 차원에서 큰 방향을 만들어 주고, 각 지자체나 학교에서는 그 방향에 따라 열심히 뛰는 것이 핀란드 교육의 모습이다(Haveri, 2008; Oulasvirta & Turala, 2009). 이는 참으로 바람직한 모습이다.

언제부터인지 한국에서는 미래 교육에 대한 설계와 방향 제시가 잘 보이지 않는다. 도대체 5년 후, 10년 후, 20년 후에 우리 교육은 어떤 모습이고 어느 방향으로 가야 하는지에 대해 어느 누구도 잘 모르고 또 제대로 제시해 주지도 못하고 있다. 국가가 교육을 어떤 방향으로 이끌고 갈 지에 대해 제시하는 비전도 잘 보이지 않는다. 그래서 대다수 교육자들은 막연한 상태에서, 그리고 때로는 불안한 상태에서 현재 주어진 교육을 담당하고 있을 뿐이다.

교육은 미래지향적인 활동이기 때문에 장기적인 계획과 전략, 그리고 비전이 매우 중요하다. 교육활동 자체가 본질적으로 지금 당장이 아니라 멀리 내다보며 수행해야 하는 활동이다. 이러한 교육을 잘 이끌어 가는 것은 국가의 핵심적인 책무이다. 국가는 우리의 현실과 미래에 대한 깊이 있는 성찰과 연구를 통해 실질적인 우리의 미래, 교육의 미래를 계획하고 설계해야 한다. 우리의 교사가 그리고 우리의 학부모와 학생이 믿고 따를 수 있는 미래 교육 계획을 세워 그들이 뛰어야 할 방향을 분명하게 제시해 주어야 한다. 최소한 학부모나 교원이 국가 교육의 미래를 걱정하지 않도록 말이다.

급변하는 시대에 미래를 설계하고 계획한다는 것은 쉬운 일이 아니다. 국가에서는 국가의 역량을 총동원하고 국가의 인재들을 활용하여, 우리교육의 미래를 설계해 내야 한다. 진정으로 국민이 받아들일 수 있고, 진정으로 국민이 따를 수 있는 로드맵이 필요하다. 핀란드 교육이 현재보다 미래가 더 기대되는 이유는 국가가 주체가 되어 철저히 미래 교육을 준비해 가고 있기 때문이다.

제28장

교훈 7: 살인적인 경쟁의 사슬을 끊자

핀란드 교육이 주는 또 하나의 교훈은 경쟁을 하지 않고도 우수한 교육을 이룰 수 있다는 점이다. '경쟁'은 많은 장점에도 불구하고, 교육의 본질을 구현하기 어렵게 할 뿐만 아니라 많은 부작용과 문제를 야기하기 때문에 신중하게 접근해야 한다. 한국에서도 교육에 대해 차분하게 다시 생각하면서, 살인적인 경쟁의 사슬을 걷어내는 작업부터 시작해야 한다.

1. 국민을 무한경쟁으로 내몰지 말자

한국의 교육 풍토를 보면, 중·고등학생은 대학에 목을 매고, 대학생은 취직에 목을 맨다. 따라서 좋은 대학에 입학하고, 또 좋은 곳에 취직을 해야 하는 것이 지상과제이다. 이러한 목적하에 대부분의 학생은 '경쟁에서 이기기 위한 공부'에 전념해야 한다. 삶이 무엇이고, 왜 사는지에 대한 생각은 경쟁에 일체 도움이 되지 않는 것이기 때문에 사치스러운 것이고 관심을 가질 여유도 없다.

우리는 우리의 교육문제를 우리의 이론이나 논리를 가지고 제대로 읽어 내지 못하며, 진단이나 처방도 제대로 하지 못하고 있다. 이것이 누적되다보니 이제는 혼란스럽고 뒤죽박죽이 되어 버렸다. 이렇게 얽혀버린 실타래를 어디서부터 풀어야 할지 아무도 모르는 상황이 된 것이다. 상황이 이렇다 보니 국민들은 오직 자기 살 길에만 관심을 가질 수밖에 없다. 국가도, 학교도, 내 삶을 보장해 주지 않는 혼란스러운 상황에서 내 살 길은 내가 찾을 수밖에 없다. 이 과정에서는 공동체나 사회보다 내가 우선이다. 나, 혹은 내 자식이 살고 봐야 하고, 내 자식이 안정된 자리, 좋은 자리를 꿰차야 한다. 약자에 대한 배려, 사회나 국가의 미래에 대한 고민도 내가 살고 난 다음의 문제이다.

그런데 현재 한국에서 이보다 더 심각한 문제는 이러한 상황에 대한 대책이 없고, 대책을 찾기 위한 노력이 별로 안 보인다는 점이다. 오히려 지금의 이 약육강식의 살벌한 경쟁체제를 더 강화해야 한다는 목소리만 드높아 보인다(박세일 외, 2010). 국제경쟁력 확보라는 명분으로 더 심하게 몰아치는 기세이다(이군현 외, 2007; 조동성, 문휘창, 2006). 이러한 살인적인 경쟁체제에서 벗어날 능력도 의지도 없는 것이 지금 한국교육계의 모습이다. 학교에서 학생은 고통스럽고 불안하다. 대학생도 마찬가지이다. 학부모 역시 고통스러우며, 부모로서의 기본적인 책임의식까지 더해져 자식을 위한 헌신과 희생에 끝없이 내몰리고 있다. 이로 인해 학부모, 학생, 교사의 고통과 좌절감은 커져만 가고 있다. 어제보다 오늘이, 오늘보다 내일이 더 나아질 것이라는 기대는 이미 사라진 지 오래다.

한국에서 청소년 자살 원인 1위가 경쟁에 따른 학업스트레스였다.[1] 경쟁에 매몰되어 더 중요한 가치들을 놓침으로 인해 나타나는 한 모습이다. 국민을 경쟁으로 내몰지 않고 협동해서 함께 하는 교육을 만들어 가고 있는 핀란드에서 국민들은 교육으로 인해 고통스러워하는 것이 아니라 교육으로 인해 행복해 한다. 경쟁이 아니어도 교육을 잘 할 수 있고 행복할 수 있다는 것을 핀란드가 보여주고 있는 것이다.

1 즉 우리나라 청소년 자살의 거의 80%가 학업스트레스로 인한 것이었다.
(통계청 e-나라지표: http://kostat.go.kr, 2016.7.15).

2. 아이들을 들러리 인생으로 만들지 말자

언제까지 우리 아이들에게 들러리 인생을 살게 할 것인가? 우리나라 대부분의 아이들은 중학교 졸업 후 가고 싶어 하는 고등학교에 진학하지 못하며, 또한 고등학교를 졸업한 후에도 원하는 대학에 가지 못한다. 그리고 우리나라 대부분의 청년들 또한 적성을 고려한 적합한 직장에 들어가지 못한다. 따라서 대부분은 학창시절 자체가 실패의 역사이고, 들러리 인생이다. 자신의 적성과 목표가 무엇인지 제대로 모르는 상태에서 대학 졸업 때까지 떠밀려간다. 다만 남들이 좋다고 하는, 남들이 가고 싶어 하는, 남들이 바라는 것을 자신도 바라면서 휩쓸려 가고 있다. 결국은 앞선 사람에게 좋은 자리는 빼앗기고, 실패자로 혹은 들러리로 학창시절을 마친 채, 사회로 튕겨져 나온다. 이러한 상황이기 때문에 대학을 졸업할 때까지도 자신이 이 사회의 어디로 가야 하는지조차 모르고 있다. 그나마 직장이라도 잡으면 다행인 세상이 되었다.

언제까지 이렇게 우리의 아이들에게 도박 같은 인생을 살게 할 것인가? 아이들이 그 자체로 소중하다면, 그 자체로 행복하게 해 주어야 한다. 행복을 경험한 아이가 행복한 사회를 만들 수 있다. 길도 제대로 만들어주지 못하면서, 보장도 안 해주면서, 책임을 져주지도 않으면서, 왜 이렇게 아이들을 몰아세우는가? 왜 이렇게 아이들의 행복을 저당잡고 도박을 하는가? 이것은 국가, 기성세대, 교육전문가가 저지르는 죄악이다. 죄악의 결과는 언젠가 우리에게 되돌려질 것이다.

3. 전 국가적인 경쟁체제에서 벗어나자

한국인은 남보다 앞서가야 한다는 의식이 유달리 강하다(이종각, 2014; 오욱환, 2000). 이 사회에서 살아남고 앞서가기 위해서는 남을 이겨야 하고, 남을 밟고 올라서야 한다. 사회도 그렇지만 교육 분야도 마찬가지이다. 대부분의 학생은 성적을 올리기 위해, 혹은 등수를 높이기 위해 공부한다. 남보다 앞서는 것,

남을 누르고 앞선 등수를 차지하는 것, 그래서 좋은 대학을 가고, 좋은 직장에 들어가는 것이 너무나 자연스러운 목표가 되었다.

성적이 1등인 학생은 1등을 놓치지 않기 위해 공부해야 하고, 2등은 1등을 차지하기 위해 공부해야 하며, 꼴등은 꼴등에서 벗어나기 위해 공부해야 한다. 그야말로 무한 경쟁체제가 자연스럽게 형성되어 있다. 한국의 특정 지역에서 일어나는 현상이 아니라 온 나라가 무한경쟁 속에 있다. 유치원부터 대학까지 모든 단계에 걸쳐 경쟁 이념이 중심 논리로 자리 잡고 있다. 무한경쟁체제이기 때문에, 공부에 끝도 없고 만족도 없다. 학교에서 아무리 많이 가르쳐 주고 배워도, 경쟁에서 앞서가기 위해서는 사교육에 뛰어들어야만 한다. 내가 부족해서 하는 사교육이 아니라 경쟁에서 앞서가기 위한 사교육이다. 경쟁에서 앞서가기 위해서 사교육을 통한 선수(先受) 학습을 해야 한다. 경쟁에서 이겨야 하기 때문에 교육비 투자에도 한계가 없다. 가용할 수 있는 자원은 모두 털어서 자녀 사교육비에 밀어 넣는다. 밀어 넣을 돈이 부족하면, 엄마가 파출부라도 해야 한다.[2] 이런 나라에서 학업성취도 평가 결과가 좋지 않다면 오히려 더 이상한 일 아니겠는가? 국가의 입장에서 보면 이렇게 자연스럽게 형성된 무한경쟁체제를 개선할 필요는 없을 것이다. 오히려 이런 무한경쟁체제를 가끔씩 자극만 해주면 국민은 더 긴장해서 더 열심히 경쟁할 것이고, 당연히 학업성취도 순위는 세계 최상위로 견고하게 유지될 것이다.

경쟁은 인간의 본능이다. 가장 하급의 사회가 본능에 의해 움직여지는 사회이다. 전형적으로 짐승들의 세계가 본능에 의해 움직여지는 세계 아닌가? 이러한 본능적인 사회는 본능적으로 남을 눌러 이겼을 때 얻게 되는 전리품, 희열과 기쁨 이외에는 별 다른 삶의 의미가 없는 사회이다. 이런 사회에서는 삶의 의미와 보람, 기쁨과 행복은 부차적인 것이 된다. 경쟁에서 이기는 것이 거의 유일한 기쁨이기 때문에 이기는 자는 행복하고 기쁠 수 있지만, 패배하는 자는 좌절과 낙담뿐이다. 그런데 문제는 경쟁체제는 본질적으로 소수의 승리자와 다수의 패

2 여성신문(2011.3.18.) 등 여러 언론에서 지속적으로 보도하고 있는 내용이다.

배자를 만들어 낸다는 것이다. 경쟁체제의 조직 속에서는 항상 소수의 기쁨을 누리는 자와 다수의 낙담에 빠져 있는 자로 구성이 된다. 대부분의 교실에서 1등하는 학생을 제외한 나머지 학생 모두가 패배자의 심정으로 앉아 있는 모습이 이를 증명해 주고 있다.

이 경쟁은 쉼이 없다. 밤낮도 없고, 방학도 없다. 기계처럼 쉬지 않고 돌아야 한다. 대부분의 아이들은 기계 같은 삶을 묵묵히 이겨내며 공부에 임한다. 기계가 되지 않기 위해 발버둥치는 아이, 도저히 견딜 수 없는 적지 않은 아이가 학교로부터 도태된다.[3] 인간다운 인간이 아니라 기계 같은 인간이 이끌어 갈 이 사회의 황망함과 피폐함을 생각해 보았는가? 이 얼마나 끔찍한 일인가?

지금과 같은 상태가 지속된다면 우리의 미래는 참담하다. 점점 참담한 상황으로 성큼성큼 다가가고 있는 것 같다. 이 거대한 물결을 돌려놓을 희망이나 가능성은 보이지 않는다. 사회적 대각성이 필요하고, 사회적 대결단이 필요하다. 참담함으로 휩쓸려 들어가도록 그냥 내버려둘 수만은 없지 않은가?

4. 경쟁의 방향과 내용을 다시 생각하자

경쟁－평가중심의 교육정책이 강화되면 될수록 학생을 가르치는 교사의 관심과 노력 역시 경쟁 및 평가 위주로 경도될 수밖에 없다. 교육활동 자체는 수량화되거나, 평가되거나, 비교될 수 없는 영역들이 훨씬 더 많다. 경쟁과 평가중심 정책으로 강하게 압박하면, 교사는 그쪽 방향으로 쏠릴 수밖에 없다. 왜냐하면 거기에 교사의 실질적 생존권이 달려 있기 때문이다. 교사의 관심과 노력이 한쪽으로 쏠리게 되면, 다른 한쪽은 자연히 소홀해진다. 시간이 흐르면서 이러한 현상이 반복되면 평가받는 영역 말고 정작 중요한 영역에 대해서는 무감각해

3 2015년 통계에 의하면 고등학교의 경우, 한 해에 학업을 중단한 학생이 일반고등학교 15,338명, 특성화고등학교 6,639명, 특목고등학교 855명으로 모두 22,832명에 이른 것으로 나타났다(한국교육개발원 교육통계서비스: http://kess.kedi.re.kr/index, 2016.7.30.)

진다.

경쟁－평가 정책이 지속되면 경쟁에 대해 부정적이고 소극적이었던 교사도 동참할 수밖에 없게 되고, 경쟁대열에 적응을 해나가게 되며, 때로는 적극적 참여자가 된다. 결국 성적 향상을 위해 물불 가리지 않는 상황이 만들어진다. 그만큼 경쟁－평가 체제는 사람을 움직이게 하는 마력을 갖는다. 이러한 상황은 교육자로서의 기본적 윤리마저 무감각하게 만든다.[4] 평가를 둘러싼 교사의 각종 잡음과 부정행위들이 그 증거이다(김경윤 외, 2012; 신은정, 김왕준, 2012; 조대훈, 2011).

교사와 학생 사이의 관계는 인격적인 관계여야 한다. 전문성과 학생에 대한 사랑을 가진 교사, 그리고 교사에 대한 존중과 존경의 마음을 가진 학생이 되어야 제대로 가르치고 배울 수 있다. 그런데 경쟁－평가중심의 정책은 교육의 본질을 훼손할 수 있다. 점수 중심의 경쟁 정책이 고착되면, 교사의 최우선 임무는 오직 학생의 점수를 높여주는 것이고, 학생의 입장에서는 점수와 관련 없는 교사의 가르침은 큰 의미가 없다.

한국 사회에서의 무한경쟁체제가 오늘의 한국교육을 있게 했다는 것은 부인할 수 없다. 땅도 좁고 자원도 없는 나라에서 오직 사람만 가지고 세계와 어깨를 나란히 하는 나라가 되었다는 것은 대단히 자랑스러운 일이다. 교육을 매개로 한 무한경쟁체제가 우리나라 발전의 원동력이 되었으며, 이러한 경쟁체제 속에서 경쟁력을 기른 한국 사람들이 세계에 나가서도 당당하게 경쟁에서 앞서가고 있는 것이다(박세일 외, 2010).

하지만 그에 따른 그늘이 너무 짙다. 그 그늘이 너무 짙어 그늘 아래서 썩어 무너지기 직전에 와 있다. 누구를 위한 경쟁이고, 무엇을 위한 경쟁인가? 경쟁을 하면 할수록 왜 행복한 삶과는 거리가 멀어지는가? 도대체 어디까지 경쟁해야 하는가? 죽는 날까지 경쟁하면서 살아야 하는가? 차분히 되돌아보자. 경쟁

4 모 공립중학교에서 교감이 담당교사에게 특정 학생의 성적을 조작, 올려주라는 지시를 해 말썽을 일으킨 것도 그 한 사례이다(한겨레, 2016.7.15.).

을 하지 말자는 것이 아니다. 경쟁을 하되 경쟁의 방향과 내용에 대해 검토해 보고, 경쟁의 속도와 강도에 대해 되돌아보자. 그리고 이것이 나와 우리 모두를 행복으로 이끄는 길인지 생각해 보자. 혹 경쟁의 방향과 내용이, 경쟁의 강도가 우리 모두를 행복하게 하는 것과는 거리가 있다면, 경쟁의 방향과 내용도 바르게 잡고 경쟁의 강도도 조절하자. 다행히도 핀란드가 먼저 그 길을 가고 있고, 그 결과를 우리에게 보여주고 있다.

제29장

교훈 8: 한국교육 스스로의 방식으로 일어나자

한 나라의 교육은 그 나라의 역사, 전통, 문화, 사회, 풍토 등 거의 모든 것의 기반 위에서 형성된다. 그리고 그 나라의 풍토와 기반에 맞는 교육이 그 나라에 가장 적합한 교육이다. 교육이 잘 안 될 때 다른 나라의 좋은 교육을 가져다가 이식하고 싶은 유혹이 생기기도 하지만 그러면 대부분 실패한다. 자신의 풍토에 맞는 교육을 만들어 내야 성공할 수 있다. 핀란드가 그 예이다.

1. 스스로에 대해 깊이 있게 이해하자

우리나라에 교육문제가 넘쳐나는데도 불구하고 아이러니하게 우리의 교육 현실에 나타나는 각종 문제에 대한 제대로 된 깊이 있는 연구는 빈약한 편이다. 우리 교육 현상에 대한 심층적인 접근도 찾아보기 어렵다. 학벌 위주의 사회가 문제라고 하지만, 도대체 그것이 왜 문제이고 그 문제의 심층적인 구조와 맥락이 무엇인지를 제대로 밝히고 있는 연구도 찾아보기가 어렵다. 또한 학벌 위주의 사회 풍조가 어떻게 교육에 영향을 미치는지에 대한 깊이 있는 연구 역시 많지 않다. 근심과 걱정은 넘쳐나는데 제대로 된 연구가 없는 것이 현재 우리의 모습이다.

또 다른 아이러니는 한국교육에 대해서는 심층적으로 연구하지 않으면서, 미국 교육에 대해서는 심층적으로 연구한 우리나라 학자의 논문이 상당수 발견

된다는 점이다. 단적인 예로 미국에서 교원성과급제도가 교원의 수행에 어떤 영향을 미치고 있는지에 대한 연구가 꽤 있고, 미국 차터스쿨의 성과와 효과에 관한 연구도 넘쳐난다. 하지만 우리가 새로 도입한 자율형사립고, 입학사정관제, 교장공모제, 자유학기제 등 우리의 현실에 직접적으로 영향을 미치고 있는 교육제도에 대해서는 정책연구를 제외하고는 제대로 된 연구가 매우 부족한 실정이다. 그러면서 새로운 교육제도에 문제가 생기면 으레 그러려니 하고 또 바꿀 생각을 한다. 그 사이에 국가 교육에 대한 국민의 신뢰는 점점 낮아지고, 국민의 고통과 신음은 커져만 간다.

우리나라 교육 정책이나 제도에 대한 연구가 없는 것은 아니다. 찾아보면 적지 않게 발견된다. 하지만 대부분 정책 연구이다. 정책 연구는 특징이 있다. 대체로 연구기간이 길지 않아 시간에 쫓긴다는 점이다. 게다가 정책 연구 자체는 방향이 어느 정도 정해져 있는 연구이다. 냉철하게 현상을 탐구하고 대안을 탐색하는 것이 아니라, 정부의 정책 방향을 정당화시키고 합리화시키기 위한 논리를 개발하거나 증거자료를 찾는 것이 대부분 정책 연구의 특징이다. 실제로 연구 주제 자체에 이미 방향이 나와 있고, 어떤 정책연구는 연구자에게 아예 정책 정당화 논리를 개발해 달라고 주문하기도 한다. 물론 이런 정책 연구도 분명히 필요가 있다. 연구를 기반으로 해서 정책을 입안하고 추진한다는 것은 당연하고 필요한 것이기 때문이다.

하지만 한국에서 교육분야 연구가 이 수준에서 더 이상 나아가지 못하고 있다는 데에 문제가 있다. 교육의 본질과 현상에 대해 깊이 있게 따지는 그야말로 제대로 된 '심층적인 연구'가 필요하다. 정책을 정당화시키기 위한 연구가 아니라 연구자의 양심과 전문성을 바탕으로 교육 현상을 깊이 있게 탐구하는 연구가 필요한 것이다. 그런데 한국에서는 이러한 연구는 별로 보이지 않으면서 교육에 문제가 있으니 교육을 개선해야 한다는 외침만이 넘쳐나고 있다.

주장만 있고 논리와 철학이 빈곤한 교육담론 풍토, 제대로 된 깊이 있는 연구가 부족한 풍토, 이런 풍토를 개선하지 않는다면 한국교육의 미래는 없다. 외국교육에 대한 연구에 대해 개방적일 필요가 있지만, 우리교육 현상을 심층적으로 깊이 있게 탐구하는 연구가 훨씬 더 중요하고 필요하다. 물론, 정책연구도 해야 한다. 하지만, 우리 교육 자체를 제대로 이해하기 위한 심층적 연구에 더 많은 관심과 노력을 기울여야 한다. 스스로의 교육에 대한 심층적인 연구, 그리고 이러한 연구를 바탕으로 한 정책 수립은 단지 핀란드만의 모습이 아니라 정상적으로 교육을 운영하고 있는 대부분의 나라에서는 너무도 자연스러운 모습이다(Hargreaves et al., 2007; Shalberg, 2011).

2. 교육에 대한 종합적인 통제력을 갖추자

아쉽게도 한국 사회는 교육에 대한 스스로의 통제 능력을 상실해 가고 있다. 전체적이고 종합적으로 한국의 교육에 대해 제대로 보지도 못하고 있으며, 당연히 제대로 된 교육계획이나 대책도 나오지 못하고 있다. 유치원은 유치원대로, 초등학교는 초등학교대로, 중·고등학교는 중·고등학교대로, 전문계 학교는 전문계 학교대로, 대학은 대학대로 각각 분절되어 있는 상황이다. 이 전체 교육과정이 제대로 통합, 연계되지 못하고 있다. 그리고 각 교육 주체들은 자신의 상황만을 생각하며 교육을 운영해 나가고 있다. 전체는 보지 않고 자신의 단계만 보는 것이다. 예를 들어, 대학은 자신의 대학에 좀 더 이익이 되는 방향만 생각하고, 대학교육의 기반이 되는 고등학교 교육이 어떻게 파행으로 치닫고 황폐화되어 가는지에 대해서는 조금도 신경 쓰지 않고 있다. 고등학교 교육이 황폐화되어 가더라도 자기 대학에 조금이라도 이익이 되는 일이면 무엇이든지 감행할 수 있다는 것이 우리나라 대학의 솔직한 모습이다. 특목고, 자사고 등도 마찬가지이다. 일반고등학교 교육이 황폐화되어 가는 것은 결코 이들에게 관심의 대상이 되지 않는다. 일반고등학교 교육이 황폐화되어 가더라도 좋은 학생만 자기 학교로 뽑아오면 된다.

국제경쟁력이라는 명분으로 이들의 이러한 횡포와 이기주의를 묵인하는 것이, 아니 이들의 횡포와 이기주의를 더욱 조장하는 것이 우리 사회와 정부의 모습이다. 전체적인 조정 능력을 상실한 상황이기 때문에 전체 교육이 시스템적으로 움직이지 못하고, 힘의 논리와 정치 논리에 의해 움직여지고 있다. 이런 상황에서 각 구성원은 두렵고 불안하기 때문에 남 생각할 여유가 없으며 필사적으로 본인이 살 궁리에 전전긍긍하게 된다. 따라서 우리 교육의 내일이 어떻게 전개될 것인지, 우리 교육의 미래 모습이 어떨지에 대해 종합적으로 생각할 겨를도 없으며, 제대로 된 장기계획도 세우지 못하고 있다. 마치 거대한 배가 망망대해에서 엔진고장으로 표류해 가며 난파를 앞두고 있는 모습과 같다. 그렇다고 국가가 교육에 손을 놓고 방치하고 있는 것도 아니다. 엄청나게 예산을 쏟아 붓고 있으며, 무언가를 하기에 여념이 없다. 하지만 국가의 교육개혁으로 교육이 나아질 것이라고 믿는 국민은 많지 않다. '저러다가 말겠지, 저러다가 흐지부지 되겠지, 저런다고 되나?' 더 나아가 '왜 고통스럽고 힘들게 하는 거야?' 라고 생각하는 국민이 결코 적지 않다는 것을 우리는 잘 알고 있다.

국가는 각 분야에서 각개 전투하도록 방치하지 말고 전체적인 틀과 방향을 잡아 주어야 한다. 이 일은 국가만이 할 수 있다. 각 분야가 조화를 이루면서 각자 뛰어야 할 방향을 국가가 제시해 주어야 한다. 그래서 각 분야에서 열심히 뛰는 것이 그 분야뿐만 아니라 전체에게 유익이 되고 도움이 되도록 해야 한다. 종합적인 관리 능력을 국가가 가져야 한다는 것이다. 이러한 체제가 만들어진다면 특목고등학교가 열심히 뛰는 것이 일반고등학교에도 이득이 되고 도움이 되도록 만들 수 있다. 지금처럼 국가의 교육에 대한 종합적인 관리 능력 및 체제가 붕괴되어 있는 상황에서는 특목고등학교가 열심히 뛰는 것이 일반고등학교에는 해(害)가 되고 또 열심히 뛰기도 어렵다. 핀란드에서는 중앙정부와 지자체들이 지속적으로 서로 협의하면서 교육에 대한 국가 관리 체제를 만들고 유지하고 있다. 각 분야에서 열심히 뛰게 하되 전체에게 도움이 되도록 하는 방향으로 만들어 가기 위해 국가가 지속적으로 노력하고 있다. 미세한 톱니바퀴가 맞물려 작동하는 시계처럼, 국가의 교육도 각 분야의 교육들이 매우 밀접하게 연결되어 있다. 밀접한 연결고리들이 복원되고 이들이 종합적으로 기능할 수 있도록 하는 국가의 노력이 절실한 상황이다.

3. 미국 일변도에서 벗어나자

이제 우리 교육문제의 해답을 찾기 위해 다른 나라에서 헤매지 말자. 아무리 돌아다녀 보아도 결코 외국에는 우리 교육의 답이 없다. 외부에는 귀를 열어 놓고 눈을 크게 뜨고 예의 주시하되, 우리의 사고는 우리에게 집중하자. 우리는 누구인가? 우리가 생각하는 우리의 소중한 가치는 무엇인가? 우리는 무엇을 원하는가? 우리는 어떻게 살아 왔는가? 우리의 전통과 문화는 무엇이며, 우리 삶의 방식의 특징은 무엇인가? 이 질문들에 대한 답을 스스로 찾아내고 밝혀내자. 그것을 바탕으로 우리에게 가장 적합한 교육의 목표도 만들고 우리 교육의 내용, 방법, 운영 방식도 만들어 나가자. 너무 단순하고 멀어 보여도 이 길만이 유일하고 확실한 길이다.

우리는 지금까지 누가 강요하지 않았음에도 불구하고 미국 교육이 최고이자 최선인 줄 알고 살아 왔다는 점을 부인하기는 어려울 것이다.[1] 역설적으로 미국의 오바마 대통령이 한국의 교육을 보라고 입에 침이 마르도록 외치고 있음에도 불구하고, 미국이 어떻게 하느냐가 우리의 주요 관심사이다. 미국의 교육개혁 방향대로 우리도 따라가야 한다는 암묵적인 믿음이 있다. 일본, 영국, 독일, 프랑스, 캐나다, 호주 등과 같은 나라의 교육도 찾아보고 있기는 하지만 어디까지나 보조적 관심 대상일 뿐이었다. 항상 미국이 어떻게 하고 있는지가 주 관심사였고, 미국의 교육학이론이 한국의 교육학계에서도 주류이론이 되고 있다.

한국의 교육학계에서 주요 대학에서 연구를 하고 있거나 주요 교육활동 및

---

1 최근 들어, 미국 오바마 대통령이 한국교육을 본받고, 한국의 교육열을 배워야 한다는 이야기를 자주 한다. 그런데 이야기를 듣는 대부분의 한국인은 사실 좀 당황스럽다. 그 속마음에는 오바마 대통령이 한국교육을 제대로 알고나 한 이야기인가라는 의문이 먼저 들고, 지금 이 한국교육 속에서 이렇게 고통스러운데 도대체 무엇을 우리한테 배우겠다는 것인지 좀 어리둥절해진다. 오바마 대통령이 알고 이야기했든, 모르고 이야기했든, 그리고 오바마 대통령이 아무리 한국교육을 강조해도, 우리의 교육제도와 무엇보다도 우리의 의식 속에 이미 미국 교육은 우리의 모델로 깊이 자리잡고 있다. 교육에 관한 이야기도 미국에 관한 이야기가 바탕이 되어야 하며, 논문을 써도 미국 학자의 연구가 중심 기반이 된다. 이미 우리 속에 미국의 교육은 마치 우리의 일부인 것처럼 자리잡고 있다.

관련 역할을 하고 있는 사람 중 상당수는 미국에서 학위를 받고 온 사람이다. 교육학계 및 교육계에서 이들의 영향력은 막강하다. 유럽 교육학자들을 만나면서 알게 된 사실은 미국박사 출신이 교육학계를 장악하고 있는 나라는 미국을 제외하면 오로지 대한민국밖에 없다는 것이었다. 유럽 어느 나라도 미국박사 출신이 다수를 차지하거나 교육학계를 장악하고 있는 나라는 없다. 핀란드도 교육학 분야의 교수 대부분은 핀란드에서 박사학위를 받은 사람, 즉 핀란드의 교육을 연구한 사람들이다. 우리와 지리적으로 가까운 나라인 일본이나 중국도 본국에서 박사학위를 받은 사람이 그 나라 교육학계의 중심에 있다. 대한민국만이 미국박사 출신이 교육학계의 주류를 차지하고 있는 유일한 나라인 것이다.

이러한 결과로 자연스럽게 우리의 의식 속에는 교육에 관한 한 미국 교육이 붙박이로 자리하고 있다고 할 수 있다. 일부에서는 미국이 아니면 답이 없는 것처럼 인식하고 있기도 하다. 결과적으로 미국에 지나치게 안테나를 세우고 있기 때문에 우리의 교육과 문제를 제대로 보지 못하는 것일 수 있다. 미국은 우리의 답이 될 수 없다. 우리 교육은 우리의 논리로 풀어가야 한다.

4. 핀란드에 대한 환상을 버리자

핀란드는 좋은 교육을 하고 있는 나라임에는 분명하지만, 핀란드 역시 나름대로의 문제 속에서 신중하고 조심스럽게 교육을 이끌어 가고 있다. 핀란드는 철저히 자신의 전통과 문화의 토대 위에서 오늘의 교육을 구축했다. 따라서 핀란드 교육 방식이 그들에게는 적합할 수 있으나, 다른 나라에는 적합하지 않을 가능성이 매우 높다. 핀란드 교육의 토대는 막연한 이상추구에 있는 것이 아니라 매우 냉철하게 현실에 토대를 두고 있다. 한 예로 흔히 핀란드는 평가나 시험이 없는 나라로 알려져 있는데 실상은 다르다. 핀란드 학교에서는 평가나 시험을 없애 아이가 편안하고 자유롭게 공부하고 있는 것처럼 비춰지고 있는데, 그것은 겉모습이고 실제로는 평가나 시험이 많다. 다만 이들은 평가나 시험을 교육적으로 활용하고 있을 뿐이다. 핀란드 학교에서 등수를 매기거나 전국 단위의 표준화된 평가 등을 하지 않는다는 점에서는 평가나 시험이 없다고 볼 수 있다. 하지만 학생의 입장에서 보면, 시험이 없는 것이 아니라 오히려 시험을 매우 자주 본다. 그런데 이 시험은 학년, 학교 혹은 전국 단위로 등수를 매기기 위해서 보는 시험이 아니라, 학생 개인의 성취도 향상을 위하여 교사가 개별적으로 평가하는 시험이다. 핀란드에서 교사는 자신이 가르치는 학생이 국가에서 정한 교육 목표에 도달하도록 하기 위해 잦은 평가를 한다. 그리고 시험은 반 아이, 그리고 그 학교의 아이와 비교하기 위한 평가가 아니라 교육 목표와 관련된 학생의 성취 정도를 확인하기 위한 평가이다. 따라서 교사는 학생으로 하여금 교육과정에서 정한 목표에 도달하도록 하고, 학생의 도달 정도를 확인하기 위하여, 그리고 교육 목표 도달 과정에서의 어려움이 무엇인지를 찾기 위하여 다양한 방식으로 평가를 한다. 평가 횟수로 따지면 핀란드 학교에서의 평가 횟수가 한국 학교에서의 평가 횟수보다 결코 적지 않다.[2]

다만, 한국에서는 학생들이 시험 때문에 상당한 스트레스를 받고 있지만, 핀란드 학생들에게 시험으로 인한 스트레스는 많지 않다. 한국에서 학생에게 시험으로 인한 스트레스가 큰 이유는 시험 결과가 비교의 대상이 되고, 비교 결과에 따라 대우를 받기 때문이다. 청소년기는 예민한 사춘기를 겪는 시기로서, 남과의 비교에 특히 민감하며, 자신이 낮게 평가되는 것에 대해서 매우 예민하다(강금주, 2014). 그런데 시험 결과는 이 두 가지를 모두 자극한다. 현재 한국의 학교에서는 시험과 관련하여 남과의 비교를 우선시 하고, 배운 내용에 대한 확인은 그 다음의 문제가 되어 버렸다. 대부분의 경우, 시험을 보면 그것으로 끝이지 시험 결과를 바탕으로 한 후속 교육활동은 거의 이루어지지 않는 것이 우리의 실정이다. 내용을 잘 모르는 아이는 시험이 끝나도 여전히 모른 채로 넘어간다.

2 핀란드에서 종합학교 8학년(중2)을 1년 동안 다닌 필자 아들의 말에 의하면, 한국에서는 대체로 중간고사와 기말고사, 즉 한 학기에 두 번 정도 시험을 보았지만, 핀란드에서 학교를 다니면서는 학생이 배운 내용을 교사가 확인을 하기 위해 단원이 끝날 때마다 시험을 보고, 뿐만 아니라 수시로 시험을 보기 때문에 실질적인 시험의 횟수는 한국에서보다 더 많았다고 한다.

'시험' 그 자체만으로도 스트레스가 전혀 없을 수는 없다. 하지만, 그 결과를 두고 남과 비교하거나, 질책하지는 않는다면, 학생은 자신을 발전시키기 위한 시험이라는 인식을 하게 될 것이고, 이때 발생되는 스트레스는 긍정적인 스트레스가 될 것이다. 시험이 나를 좀 더 발전시키기 위한 것, 교육 목표에 도달하기 위한 것, 나를 점검하고 나의 문제점을 확인하기 위한 것이라면 어린 나이의 학생이라 할지라도 긍정적으로 받아들일 것이다. 이럴 경우에는 시험으로 인한 스트레스는 덜 하며, 시험을 잘 보기 위하여 커닝을 할 필요도 없고, 시험을 잘 보기 위하여 벼락치기로 공부할 필요도 없다. 평소의 내 실력을 있는 그대로만 보여 주면 된다. 교사는 시험을 통해 학생의 평소 실력을 정확하게 확인만 하면 된다. 그리고 등급화가 목적이 아니기 때문에 시험 결과는 상대적 비교를 위해 활용되는 것이 아니라 후속 교육을 위한 자료로 활용된다. 시험의 목적이 분명하다 보니 학생을 좀 더 잘 파악하기 위해서 오히려 더 자주 시험을 볼 수도 있다. 이것이 핀란드 방식이다.

한편으로 한국과 같은 시험 제도에서 교사는 더 편할 수 있다. 중간고사와 기말고사 때에만 시험 문제를 내면 되기 때문이다. 그리고 한국에서는 시험 결과를 학생의 등수를 매기고 등급을 매기는 일 이외에는 거의 활용하지 않는다. 즉 교사는 시험 결과에 대해, 자신이 가르친 반이나 학생의 등수에 따른 약간의 우월감이나 자괴감을 경험하는 것 이외에는 특별한 후속 작업은 없다. 물론 내신으로 활용을 하지만, 이것은 교사의 교육적 판단에 따른 것이 아니라 입시제도에 따른 절차적 과정일 뿐이다. 즉, 한국에서는 시험 문제를 내고, 채점을 할 때 약간의 수고만 하면 끝이다. 핀란드 교사는 시험을 보고나서 더 바쁘고 일이 많다. 시험 결과를 바탕으로 학생을 어떻게 가르쳐야 할지를 고민하고 대안을 만들어야 하기 때문이다.

모두를 편안하게 해주면서, 모두를 만족시켜주는 교육은 존재하지 않는다. 핀란드 교육도 마찬가지이다. 핀란드 교육이 가장 바람직하거나 가장 이상적이라고 할 수도 없다. 다만 이들은 교육의 본질에 충실하면서 자신의 교육철학을 바탕으로 교육을 이끌어가기 위해 노력하고 있을 뿐이다.

여러 가지 측면에서 핀란드 교육이 장점이 있는 것은 사실이고, 매우 우수한 교육 시스템을 갖추고 있다는 것도 사실이다. 따라서 미국, 독일 등 기존의 교육선진국에서도 핀란드 교육에 관심을 가지고 배우려 하고 있다. 하지만 정확하게 이야기하면 핀란드 교육의 장점은 초등학교, 중학교 단계인 종합학교 과정에서 주로 나타난다. 미국이나 독일에서 배우려 하는 것도 이 종합학교 과정이다. 고등학교나 대학 교육에 대해서는 미국이나 독일 역시 나름대로의 장점을 가지고 있기 때문에 자신의 방식을 지켜 나가고 있으며, 핀란드 체제에 대해서는 참고하는 정도라고 한다(Hargreaves et al., 2007).

우리도 핀란드 교육에 대해서 차분하게 그리고 냉철하게 볼 필요가 있다. 핀란드에서 평등교육 이념의 철저한 적용은 종합학교까지이다. 종합학교 이후에는 차별을 제도화시켜 버렸다. 인문고등학교와 직업고등학교로 나누고, 일반대학과 응용과학대학으로 나누어 놓은 것이다. 적성과 관심에 따른 경로이지만, 이 두 학교 체제를 통해 자연스러운 계층 분화가 일어난다. 대체로 상위계층의 자녀는 인문고등학교와 일반대학으로 하위계층의 자녀는 직업고등학교와 응용과학대학으로 진학한다. 하지만 이것에 대해 대체로 차별이라고 인식하거나 저항하지는 않는다. 국가의 복지제도가 뒷받침 해 주고 있기 때문이다.

이와 같이 핀란드는 자신에게 맞는 교육을 끊임없이 고민하고 만들어서 시행하고 있다. 모든 나라에 적용될 수 있는 좋은 교육이 아니라 자신에게 적합한 교육을 만들어 운영하고 있는 것이다. 자신에게 적합한 운영방식을 찾고 만들어 내서 성공한 나라가 핀란드이다. 따라서 핀란드 교육이 아무리 좋아 보여도 그들에게 좋은 것이지 우리 한국에도 좋은 것은 아니다. 핀란드 교육을 한국에 성급하게 도입하려고 해서는 안 된다. 핀란드의 좋은 교육을 도입하여 우리도 그와 같은 교육을 만들어 보겠다는 환상에서 벗어나야 한다. 핀란드 교육으로부터 진정 우리가 얻어야 하는 가장 큰 교훈은 '남의 것을 따라하지 말고 자신에 대한 철저한 이해를 바탕으로 자신에게 맞는 교육을 만들어 시행하라'는 것이다.

제30장

교훈 9: 국가가 다 끌고 가려고 하지 말자

한국 정부와 교육담당자가 검증도 되지 않은 교육정책을 너무 쉽게 도입하는 것을 보면 국민, 교사, 학생, 학부모를 너무 쉽게 생각하는 것이 아닌가 하는 의구심이 든다. 국가가 국민을 너무 쉽게 교육 실험의 대상으로 삼아서도 안 되고, 더군다나 국가가 교육을 독점하려고 해서도 안 된다.

1. 한국교육지도자의 문제를 직시하자

핀란드에서 1년 동안 거주하면서 핀란드 교육을 보고 감탄도 많이 했지만, 이제는 평정심을 가지고 제자리로 돌아왔다. 핀란드 교육을 보고 있노라면, 의도치 않게 자꾸 한국교육과 비교를 하게 된다. 필자가 보기에 가장 큰 차이점 중의 하나는 핀란드의 경우 국민은 평범하지만 지도자는 위대하고 지혜로운 반면, 한국은 국민은 위대한데 지도자의 역량이 떨어진다는 것이다. 핀란드 학교에 가서 핀란드 선생님을 만나보면 볼수록, 우리나라 학교 현장의 선생님보다 더 우수하다는 생각은 조금도 들지 않았다. 그리고 핀란드 학교에서 이루어지는 교사의 많은 교육방법과 교육적 시도는 이미 우리나라 학교현장에서도 많은 선생님에 의해 시도되고 있는 것이었다. 어쩌면 필자가 보기에는 우리나라 선생님이 훨씬 더 명철하고 우수한 것 같다.

다만 핀란드에서는 우수한 선생님이 자신의 역량을 최대한 발휘할 수 있도록 여건을 만들어 준 데 비해, 한국에서는 우수한 자질을 가진 선생님이 그 우수한 자질을 발휘할 수 있도록 여건을 만들어 주지 못하고 있다는 데에 결정적인 차이가 있다. 한국에는 오히려 우수한 선생님의 자질 발휘를 가로막거나 좌절시키는 제도와 정책이 너무 많다(김경윤 외, 2012; 서근원, 2014; 성기선, 2009). 교사가 자신의 역량을 최대한 발휘할 수 있도록 구조와 여건을 만들어 주는 일은 교사의 일이라기보다는 교육지도자의 몫이다. 핀란드 정부와 교육지도자는 이러한 여건을 마련해 주고 있음에 비해, 한국의 정부와 교육지도자는 이 일을 못해주고 있는 것이다.

따라서 한국의 교육개혁과 관련된 싸움의 전선(戰線)은 달라져야 한다. 교사와 학생, 학부모를 닦달하고 경쟁시키는 싸움은 매우 잘못된 전선이다. 한국에서 교사, 학생, 학부모는 그 어느 주체들보다도 잘 해왔다. 한국교육의 성과는 오로지 열악한 환경에서도 최선을 다해 노력해준 교사, 학생, 학부모의 덕이다. 이들은 최선을 다 하고 인내하며 지금까지 잘 따라와 주었지만, 인내에는 항상 한계가 있기 마련이다. 그리고 교사, 학생, 학부모를 지금보다 더 닦달한다고 해서 이제 한국교육이 더 나아질 가능성은 높지 않다.

앞으로 한국교육을 제대로 일으켜 세우기 위해서는 교육부, 교육청, 정치권, 교육학자 등을 닦달해야 한다. 이들은 국가 교육을 이끌어가는 지도자로서 엄청난 잘못을 해왔다고 할 수 있으며, 지금도 잘 못하고 있다. 국민의 합의를 바탕으로 제대로 된 교육정책 하나 만들어 내지 못했으며, 제대로 된 교육철학 하나 정립하지 못했고, 국민이 마음으로 받아들일 수 있는 제대로 된 국가의 교육비전 하나 제시하지 못하고 있다. 교육부나 정치지도자가 자화자찬하면서 내세우는 모호하고 추상적인 비전 말고, 국민이 가슴으로 받아들일 수 있는 제대로 된 교육비전이 없다는 이야기이다. 그동안 한국에서 수많은 교육 정책과 제도를 만들어 왔지만, 한 번 만들어 놓고 해마다 뜯어 고치는 데 여념이 없었다. 이러한 정책이 반복되면서, 학부모나 학생은 국가 교육정책을 더 이상 신뢰하지 않게 되었다. 국가 교육정책을 믿지 못하니 스스로 살 길을 찾아 사교육에 기댈 수밖에 없게 된 것이다. 사교육은 인간의 이기적인 욕망의 구현물이기는 하지만, 동시에 한국 상황에서 살기 위한 합리적인 선택의 결과이며, 잘못된 국가 교육정책이 낳은 치명적인 산물이기도 하다.

더 이상 교사, 학생, 학부모를 몰아붙여서는 안 된다. 교사, 학생, 학부모는 가만히 두어도 스스로 잘 한다. 정치권, 교육부, 교육청, 교육학자를 채근해야 한다. "당신들 똑바로 하라고, 제대로 된 교육정책을 만들어 내라고, 그리고 우리 교육이 나아가야 할 방향과 철학을 제대로 만들어 내라"고 말이다. 이는 이들에게 주는 부담이 아니라, 이들이 당연히 해야 할 책무이다. 검증도 안 되고, 확실한 보장도 없는 교육정책을 함부로 만들어 시행하는 것, 권력만 믿고 어쭙잖은 자신의 생각을 함부로 교육정책화 하여 밀어 붙이는 정치가나 교육담당자들, 이들이 얼마나 무서운 죄를 저지르고 있는지 알기나 하는 것인가?

교육정책을 만드는 일은 너무도 어렵고 힘든 일이다. 파급될 영향력을 생각한다면 함부로 만들 수 없는 무서운 것이기도 하다. 따라서 교육정책은 함부로 만들어서는 안 된다. 천 가지, 만 가지를 고려해야 한다. 또 천 번, 만 번 생각해야 한다. 권력을 가졌다고 자신이 선호하는 방향으로만 교육정책을 만들어서는 안 된다. 우리 풍토를 고려하여, 우리에게 맞는 제대로 된 교육정책을 만들어야 한다. 국민도 조급해 해서는 안 된다. 시간이 필요하면 기다려 주어야 한다. 국민이 조급해 하거나 서두르면, 정책담당자들은 정책을 급조하거나 설익은 정책을 만들어 낸다. 그러면 그 고통은 또다시 국민의 몫이 된다.

국민은 제대로 된 교육정책이 아니기에 믿지 못하고 신뢰하지 못하는 것일 뿐이다. 우리 국민은 제대로 된 교육정책이라면 기꺼이 따를 용의가 있다. 만약에 국가가 제대로 된 교육정책을 만들어 낸다면, 우리 국민은 기다릴 수 있을 만큼 성숙하고 현명하다. 다시 한 번 분명히 하자. 한국 교육개혁의 관건은 교사, 학생, 학부모에게 달려 있는 것이 아니라 교육정책가와 교육지도자에게 달려 있다. 따라서 한국에서는 교육개혁의 대상도 교사, 학생, 학부모가 되어서는 안 된다. 국가의 교육정책담당자와 교육지도자에 대한 개혁이 한국 교육개혁의 핵심이다. 교육정책담당자와 교육지도자에 대한 개혁이 이루어지지 않는다면,

한국교육의 미래를 기대하기는 어려울 것이다.

2. 국가는 국가의 역할에 충실하자

핀란드는 상당한 자율을 누리는 지방자치제도를 가지고 있음과 동시에, 법률이나 규정은 전국적으로 상당히 통일된 체제를 가지고 있다. 국가 교육과정이 대표적인 예인데, 핀란드는 매우 철저한 교육자치제를 운영하고 있으며, 지자체에서 세금 징수권까지 가지고 있어 각 지방에서 교육 재정, 인사, 교육과정 운영 등에서 상당한 자율을 누리고 있다. 그런데 교육과정은 국가 교육과정을 토대로 각 지자체에서 자체 교육과정을 만들어 운영하고 있다. 교육과정 운영의 자율권을 누리면서 기본목표나 방향은 국가의 지침을 따르고 있는 것이다. 국가차원에서는 충분한 연구와 협의를 거쳐 국가 교육이 나아가야 할 방향과 목표, 원칙과 기준 등을 정하고, 각 지자체에서는 국가에서 정한 목표와 방향에 따라 자율적으로 재량껏 교육활동을 수행하면서 국가에서 정한 목표에 도달하기 위해 노력한다. 중앙정부와 지방자치단체가 절묘하게 조화를 이루고 있는 것이다.

핀란드에서는 교사도 이러한 국가 교육과정의 목표를 충분히 인지하고 인식하면서 자신의 교육활동에 반영하고 있다. 지자체나 교사가 자율을 누리고 있지만, 그 교육의 방향은 동일한 곳을 지향하고 있는 것이다. 교사도 자신의 학생을 평가할 때 국가에서 정해준 교육과정의 목표를 준거삼아 학생을 평가하고 있다. 학생이 목표에 얼마나 도달했는지, 목표에 도달하는 데 어려움은 없었는지, 그리고 목표에 도달하도록 어떻게 도와주어야 하는지 등이 평가와 관련하여 교사가 갖는 주된 관심사이다. 이렇게 교사가 자유롭게 재량권을 마음껏 누릴 수 있는 이유 중의 하나는 국가가 정해준 교육과정의 목표와 방향이 바르고 분명하기 때문이다. 핀란드뿐만 아니라 우리나라에서도 국가의 핵심적인 역할 중 하나는 국가 교육의 방향과 목표를 분명하게 정립하여 제시해 주는 것이다. 이러한 목표와 방향을 정하기 위해서는 충분한 연구와 논의, 협의를 거쳐야 한다. 그리고 국가가 할 일은 국가가 하고 지자체에 넘겨줄 것은 과감하게 넘겨주고 간섭하지 말아야 한다. 그래서 각 지역의 특성, 전문성, 자율을 바탕으로 자신의 교육을 마음껏 수행할 수 있도록 해 주어야 한다.

3. 중앙과 지방을 제대로 분권화 하자

한국과 핀란드 교육행정의 가장 큰 차이점 중의 하나는 분권화이다. 한국에서 교육자치제도가 도입된 지 30여 년이 지났지만 여전히 중앙집권형 교육체제를 크게 벗어나지 못하고 있다. 더욱이 중앙정부에서 재정권과 평가권을 가지고 있으면서 이를 지방에 대한 통제수단으로 삼고 있다(김경회 외, 2011; 김 용, 2014; 홍정선, 2013). 따라서 우리나라는 아직 진정한 의미의 교육자치제를 시행하고 있는 나라라고 할 수 없다. 반면 핀란드는 거의 완벽한 교육자치제를 운영하고 있다. 인사, 재정, 교육과정 등에 있어 각 지자체는 거의 완전한 자율을 누리고 있다. 물론 중앙정부에서 재정을 지원해 주고 있지만, 이 재정지원을 빌미로 통제를 가하지는 않는다. 그리고 지자체 역시 교육재정의 43% 정도를 스스로 충당하여 상당한 재정자율권을 갖고 있기도 하다(Association of Finnish Local and Regional Authorities, 2016). 아이러니한 것은 핀란드는 한국 인구의 거의 1/10 정도 밖에 되지 않는데도 300여 개의 지방자치단체로 이루어져 풀뿌리 지방교육자치를 하고 있는 반면, 인구가 핀란드보다 10배가 넘는 한국에서는 여전히 실질적인 중앙집권형 교육체제를 취하고 있다는 점이다. 핀란드에서는 각 학교의 교육을 각 지역에서 책임지고 담당하고 있는 반면, 한국에서는 온 나라의 교육을 중앙정부, 교육부가 책임지고 이끌어 가려고 하고 있다. 시·도교육감이 있기는 하지만, 시·도교육감은 교육부 통제하의 자율을 가질 뿐, 온전한 의미의 자율권을 행사하지는 못하고 있다. 한국에서는 교육부가 인구 5천만 전체의 교육을 이끌어 가고 있는 셈이다.

교육은 속성 상 매우 섬세한 활동이며 개별적인 활동이어서, 세세한 관심과 지원 및 관리가 필요하다. 교육적인 측면에서 교육활동을 제대로 관리하기 위해서는 관리규모가 작을수록 좋다. 관리 규모가 크면 클수록 관리상의 허점이 생기고, 세심한 지원과 배려를 할 수 없다. 그만큼 교육활동에 대해 제대로 도와줄 수 없다는 것이다. 더군다나 관리 규모가 일정 규모 이상이 되면 교육주체의 교육활동 자체가 너무 다양하고, 상황과 여건도 다양하기 때문에 교육정책이나 제도의 현장 적합도가 떨어져 정책적 실효성을 거두기 어렵다. 더군다나 중앙정부나 교육부에서는 국가의 행정적 필요에 의해 교육정책을 밀어 붙이기 때문에 정책구현은 되지만, 각 학교나 현장에서는 위에서 내려오는 정책에 대해 진정성을 가지고 대응하기 힘들다. 현장에서는 책임이나 징벌을 면할 정도의 형식적 대응을 하게 되는 것이다(김경윤 외, 2012; 김상일, 김병찬, 2013; 조대훈, 2011).

교육활동은 중앙집권적 접근으로는 관리나 지원이 제대로 이루어질 수 없는 속성을 가지고 있다. 산업화, 근대화 시기에는 같은 일을 수행하는 대규모 인력이 필요했기 때문에 대규모 인력 충원을 위한 획일적인 교육체제가 더 적합했을 수도 있다. 하지만 창의적인 인력을 필요로 하는 현대사회, 즉 탈근대사회에서 교육의 획일적인 체제는 맞지 않다. 교육에서 획일적인 접근은 그 자체에 대한 저항도 적지 않게 일어나고, 무엇보다도 국가의 교육 정책이나 프로그램이 전국의 학교를 대상으로 동일하게 적용되기는 어렵다는 데 근본적인 문제가 있다. 도시지역에 맞는 교육 정책이 농촌지역에서는 맞지 않을 수 있고, 대규모학교에는 필요한 정책이지만, 소규모학교에는 필요하지 않는 정책도 있을 수 있다. 같은 규모의 학교라도 학생이나 교원의 특성에 따라 정책 적용이 달라져야 한다. 특히 현대와 같이 창의성, 다양성이 중시되는 사회에서는 더욱더 다양한 학교 운영이 요구된다. 더 이상 국가에 의한 획일적인 통제는 가능하지도 않고 적합하지도 않다.

현대 사회에서 교육 정책은 지역적 특성에 맞게, 지역의 형편이나 상황을 반영하여 운영되어야 한다. 말 그대로 실질적인 교육자치가 필요한 것이다. 대부분의 주요 국가는 실질적인 교육자치를 실시하고 있다. 우리와 같은 형식적인 자치는 허용하면서, 실질적인 통제 권한은 중앙정부가 가지는 교육자치가 아니다. 국가 교육의 근간이 되는 아주 기본적인 것만을 제외하고, 실질적인 교육운영 권한을 지방에 맡기고 있다. 국가의 지원을 받기는 하지만 실질적인 재정권도 지자체에서 갖고, 국가 수준의 평가에 대해서도 지자체가 선택권을 가질 수 있도록 하는 핀란드처럼 말이다. 물론 교육 결과나 성과에 대해서는 해당 지역의 교육담당자가 책임을 져야 한다. 즉 국가는 교육의 목적과 목표를 세우는 일을 하고 실질적인 운영은 각 지자체에 맡기면 된다. 그래서 각 지자체들로 하여금 할 일을 하게 하고, 목표를 이루는 데 있어 지자체들이 어려워하는 부분만 도와주면 된다. 이렇게 된다면 국가의 입장에서도 오히려 더 쉽게 국가의 교육목표를 달성할 수 있을 것이다.

우리나라에서는 광역단위 교육자치제를 하고 있는데, 광역단위 교육자치제도 문제이다. 즉 현행 광역 시·도 중심의 교육자치제도는 국가 차원에서 보면 지방분권체제이지만 시·도 차원에서 보면 그 자체로 하나의 강력한 중앙집권체제가 될 수 있다. 예를 들어, 경기도 같은 경우 핀란드와 비교하여 인구가 핀란드 전체 인구의 2배에 이른다. 그런데 경기도 인구의 절반 밖에 안 되는 핀란드에서는 약 300여 개의 교육자치기관들이 설치되어 그야말로 다양한 교육자치가 이루어지고 있는 반면, 경기도의 경우는 교육감 한 사람이 경기도 교육 전체를 관장하고 있다. 핀란드와 비교하면 경기도는 매우 강력한 중앙집권적 교육체제를 운영하고 있는 것이다. 교육자치단위의 규모가 너무 크면, 교육기관의 수장이 해당 지역의 모든 교육을 제대로 관리하는 것이 거의 불가능하다. 단순한 관리나 통제는 가능하겠지만, 교육적인 세심한 배려와 관심을 갖기에는 너무 범위가 넓다. 따라서 광역자치단체 내에서도 다시 분권화해야 한다. 그래서 최소한의 지역교육청 단위에서 그 지역의 교육을 책임지도록 해야 한다. 그래야 학생과 학교를 제대로 돌볼 수 있다. 교원을, 그리고 학교를 어떻게 도울 지에 대해서도 지역교육청 차원에서 책임 있게 추진해야만이 실질적인 효과를 거둘 수 있다. 교육행정의 목표가 진정으로 학교와 교원을 도와주는 데 있다면, 그 단위는 소규모화 할수록 좋다.

핀란드는 2000년대 OECD의 PISA 국제비교평가 이전까지는 교육 분야에서 사실 크게 두각을 나타낸 나라가 아니었다. 당시까지 핀란드는 교육과 관련해서도 평범한 국가 중의 하나였다. 그런데 2000년 OECD의 PISA 평가에서 두각을 나타낸 이래 학업성취도 면에서 세계 최상위권을 유지하고 있다. 그렇다면 핀란드에서 2000년대 이후와 그 이전 사이에 무슨 변화가 있었던 것일까? 핀란드에서는 전통적인 중앙집중적 교육체제가 상당히 오랜 기간 동안 지속되어 오다가, 1990년대 교육분권화 정책을 추진하였다. 2000년대 이후 핀란드 교육 성공에 중요한 영향을 미친 요인 중의 하나가 바로 교육분권화 정책이다(Hargreaves & Shrily, 2009; Hirvi, 1996; Sahlberg, 2011). 핀란드 교육은 1990년대 분권화 정책을 통해 그 이전까지의 중앙집권적 관리·감독 체제에서 교원의 자율과 전문성을 바탕으로 하는 교육자치 체제로 바뀌게 되었다. 관리·감독시대에는 타율적이고 소극적이었던 교원이 자율성·전문성 시대에는 능동적이고 적극적인 자세로 변화되었다. 결과적으로 교육의 핵심 주체인 교원의 긍지와 자부심, 아울러 책임의식이 높아졌는데, 이것이 바로 핀란드 교육 성공의 핵심 기반 중의 하나가 된 것이다(Simola, 2005). 교육의 특성과 시대적 흐름을 고려해 볼 때 중앙집권적, 획일적 교육체제는 적합하지 않다. 따라서 이제 우리도 중앙과 지방 간의 제대로 된 관계 정립을 통해 실질적인 교육자치를 실시해야 한다.

제31장

교훈 10: 교육학자의 책임의식이 필요하다

교육문제의 본질을 정확하게 읽어내고 이론을 만들어 내는 역할은 교육학자의 몫이다. 교육학자가 그 나라 교육을 제대로 분석하고 연구를 해내야 그 나라에 맞는 해결방안이 나올 수 있다. 그런데 안타깝게도 한국의 교육문제 해결에 있어 교육학자의 역할은 잘 보이지 않는다.

1. 교육학자는 교육의제 발굴을 주도하자

교육 연구는 교육정책보다 한발 앞서가야 한다. 정책을 만들거나 결정하기 이전에 객관적이고 전문적인 연구가 깊이 있게 이루어져야 한다. 이러한 연구를 바탕으로 교육정책 결정자가 정책을 입안해야 한다. 진보 정권이든 보수 정권이든 정치적으로 정책 결정을 이미 해놓고, 정당화 수단으로 연구를 이용하는 기존의 습성을 버려야 한다.

제대로 된 연구를 바탕으로 정책을 결정할 수 있는 풍토가 만들어지기 위해서는 관련 연구가 넘쳐나야 한다. 교육학자의 책임과 역할은 바로 여기에 있다. 정책결정자의 뒤치다꺼리를 하는 역할이 아니라 정책결정자의 머리 역할을 하는 것이 교육 연구자의 사명이다. 역설적으로 이것은 교육정책 결정자의 바람이기도 하다. 즉 교육정책 결정자도 교육정책의 복잡성과 파급력을 알기에 신중하고 제대로 된 교육정책을 만들어 내려고 애쓴다. 그런데 문제는 이들이 기반으로 삼을 만한 제대로 된 우리 연구나 이론이 많지 않다는 점이다. 제대로 된 연구만 있으면, 정책결정자도 기꺼이 그 연구를 바탕으로 해서 정책 결정을 할 것이다. 제대로 된 연구가 부족하니 정책결정자들도 정치적 방향에 휩쓸릴 수밖에 없는 것이다.

교육 의제 발굴은 교육학자가 주도해야 한다. 그런데 현재의 모습을 보면, 교육의 의제 발굴 및 제시는 정치권에서 하고 교육학자는 그 뒤를 뒤좇아 가는 모양새다. 정치권은 정치를 전문으로 하는 곳이지 교육을 전문으로 하는 곳이 아니다. 따라서 이들의 교육 의제 제시는 필요 영역이면서도 한계가 있다. 교육 의제는 당연히 교육을 전문적으로 연구하는 교육학자가 주도적으로 만들어 나가야 한다. 진정 우리 교육의 문제가 무엇인지, 그리고 어떤 방향으로 나아가야 하는지에 대해 교육학자보다 더 전문적으로 더 정확하게 답을 줄 수 있는 주체는 없다. 교육학자가 국가의 교육 의제를 제대로 발굴하거나 개발하지 못하면 우리 교육은 중심을 잃고 정치에 휩쓸릴 수밖에 없다. 진정한 교육전문가가 아닌 어설픈 전문가가 교육을 좌지우지하려고 하면, 제대로 된 교육은 불가능하다. 교육개혁이나 교육의 발전을 위해서는 교육학자, 시민사회단체 등 모두의 협력과 노력이 필요하다. 하지만 교육학자의 역할과 시민사회단체의 역할은 다르다. 그리고 당연히 달라야 한다. 각자 해야 할 역할을 제대로 해줄 때 명확한 대안도 나올 수 있고, 진정한 교육의 변화와 발전도 이룰 수 있다. 깊은 성찰과 연구를 통해 교육의제를 발굴하는 일은 교육학자가 해 주어야 할 가장 중요한 임무인 것이다.

핀란드 교육 성공의 핵심 요인 중의 하나가 바로 교육학자가 핀란드 교육의 의제발굴을 주도하고 방향을 제시해 주고 있다는 점이다(Sahlberg, 2009). 핀란드 교육학자는 '국가교육위원회'를 주축으로 수많은 연구를 통해 핀란드 교육의 방향을 제시해 주었으며, 지금도 든든하게 그 역할을 담당하고 있다(Grubb et al., 2005; Finnish National Board of Education, 2016). 어느 나라든 교육학자가 국가 교육에 있어 앞서 나가야지 끌려가서는 안 된다. 우리나라도 교육학자가 이제 뒤치다꺼리 하는 차원에서 벗어나 진정성, 사명감, 책임감을 가지고 우리 교육의 현재와 미래를 위한 제대로 된 교육의제를 발굴하고 제시해 주어야 한다.

2. 교육학자의 책임의식이 절실하다

한국교육은 곪을 대로 곪아 있고, 상처받을 대로 상처 받은 상태이다. 정부가 무슨 교육정책이라도 하나 내놓으면, 부작용이 적지 않아 그 정책의 본래 취지를 무색하게 만들어 버린다. 상황이 이렇다보니 정부에서도 자꾸 또 다른 새로운 것으로 바꾸려고 한다. 이전 것들이 제대로 정착되기를 기다릴 여유도 없다. 이는 교육 시스템 자체가 이미 고장이 나 있다는 것을 의미한다. 자꾸 고쳐 쓰려고 하지만, 고쳐 쓸 수 없을 정도로 이미 망가진 상태이기 때문에 고치면 고칠수록 문제는 더 커진다.

이런 상황에서 교육담당자들이 엄청나게 많은 노력을 기울이고 있지만, 문제는 해결되지 않고 상황은 점점 더 악화되어 가고 있다. 문제는 보이는데 해결책이 보이지 않는 것이다. 교육학자는 교육 문제를 제대로 진단하는 전문가이다. 교육학자 중 우리나라 교육문제에 대해 논하지 않은 사람이 없고, 우리나라 교육문제를 파헤치지 않은 사람이 없다. 무슨 문제만 터졌다하면 교육학자가 무엇이 문제였는지를 조목조목 짚어 준다. 하지만 그들의 역할은 여기까지이다. 누구하나 제대로 된 해결책을 제시하지 못하고 있다. 이 복잡한 상황에서 실질적으로 어떻게 문제를 해결해 나가야 하는지에 대한 해결책이 필요하지만, 거의 내놓지 못하고 있다. 제대로 된 교육정책은 깊은 연구와 성찰, 치열한 논쟁과 논의를 통해서 나올 수 있다. 학자로서 응당 해야 할 이 고통스러운 과정은 생략한 채 이론 몇 개와 몇몇 연구 결과를 가지고 단기간에 쉽게 해결책과 방향을 만들어 제시해 온 것이 그동안의 모습은 아니었는지 반문해 볼 필요가 있다. 제대로 된 해결책이 아니면, 어느 누구도 신뢰하지 않을 것이며, 그 방법으로 문제를 풀어가려고도 하지 않을 것이다.

교육전문가라고 하는 교육학자가 그 역할을 올바로 해주지 못하고 있으니 교사, 학부모, 시민단체 등이 도저히 참을 수 없어 나서고 있는 것이 지금 우리의 모습 아닌가? 가끔 교육운동하는 교사, 학부모, 시민단체 등의 사람을 만나면 가슴 저미도록 눈물이 난다.[1] 이들은 모두 생업을 가지고 있으면서도 도저히 한국의 교육 현실에 견딜 수 없어 자발적으로 나선 사람이다. 생업에 종사하는 것도 쉽지 않은데, 여기에 더하여 교육을 바꿔 보겠다고 자발적으로 자기 돈을 들여가며 참여하고 있는 것이다. 이 얼마나 눈물겹도록 숭고한 일인가? 교육전문가, 교육을 다루고 연구하는 일이 본업인 교육학자는 어디서 무엇을 하고 있는가?

상황이 이러함에도 불구하고 교육학자라고 하는 사람은 좋은 자리도 차지하고, 강연도 다니면서 잘 살고 있는 것 같다. 그러다가 교육문제가 터지면 달려들어 문제가 무엇인지 조목조목 짚어주고, 추상적이고 뜬구름 잡는 듯한 해결책을 제시하며 으스댄다. 심지어 필자를 포함하여 교육학자들이 죽어가는 대한민국의 교육에 기생하고 있는 것이 아닌가 하는 착각이 들 정도이다.

우리나라 사람은 누구나 모이기만 하면 교육이야기를 할 수 있을 정도로 교육에 관해 잘 알고 있고 관심이 많다. 그리고 교육문제에 대한 이야기가 나오면 끝이 없다. 굳이 교육전문가의 입을 빌지 않더라도 교육문제에 대해서는 줄줄 꿰고 있다. 그런데 교육문제는 어느 하나의 해결책으로 일거에 해결될 만큼 간단하지가 않다. 매우 복잡하게 얽혀 있어서 문제를 풀어내는 일은 결코 쉽지 않다. 일단 그 복잡한 실타래를 제대로 보아야 하고, 제대로 보았다고 하더라도 엉켜버린 실을 한 올 한 올 풀어내기까지의 신중함, 인내, 고통, 전문성이 필요하다. 교육문제의 핵심을 짚어내고 복잡한 교육문제의 실타래를 풀어 나가는 데 있어 핵심적인 역할을 해야 할 사람은 바로 교육학자이다. 교육학자가 문제를 파헤치는 데에 그치면 '하이에나'라고 비판받을 받을 수밖에 없다. 교육학자는 문제를 파헤치는 데에 그치지 말고 제대로 된 대안과 방향을 만들어 내고 제시

---

1 필자가 핀란드에 있을 때, 한 교원단체의 방문을 영접한 일이 있다. 약 40여 명으로 구성된 방문단은 한국의 교사들이었고, 모두 상당한 자비를 들여 핀란드에 왔다. 그들의 열정과 열심에 감동이 되면서도, 국가가 해주지 못하니 교사가 나서서 살 길을 찾을 수밖에 없다는 생각이 들어 가슴 한켠이 미어졌다.

할 수 있어야 한다. 교육학자들의 책임의식이 필요하다.

3. 우리의 메타연구가 필요하다

필자가 주변에서 본 한국의 교육학자는 매우 부지런하고 성실한 사람들이다. 우리나라 교육학자치고 바쁘지 않은 사람은 없는 것 같다. 교육학 교수들이 바쁜 이유는 대체로 크게 세 가지인데, 하나는 교육활동에 매진하기 때문이고, 다른 하나는 연구 활동에 전념하기 때문이며, 또 다른 하나는 국가기관을 비롯한 많은 연구기관의 프로젝트에 참여하기 때문이다. 이런 바쁜 와중에도 교육학 교수들은 논문도 많이 쓰고 있어 교육학 관련 학회지에 논문이 넘쳐나고 있다. 그야말로 풍년이다.

하지만 한 가지 아쉬운 것은 그 많은 양에도 불구하고 교육학 논문이 논문을 위한 논문, 업적 쌓기용 논문에서 크게 벗어나지 못하고 있다는 점이다. 그렇기에 교육학 논문이 엄청나게 쏟아져 나오지만, 산발적으로 흩어져버리고 만다. 연구논문이 잘 분석되고 집약되어 한국의 교육을 개선하고 발전시키는 데 제대로 활용되지 못하고 있는 것이다.

교육학 교수들이 연구를 하는 유형은 크게 두 가지인데, 하나는 개인연구가이고 다른 하나는 정책연구가이다. 개인연구는 개인적으로 관심 있는 주제를 잡아 연구하는 것이다. 정책연구는 교육부나 국가기관으로부터 의뢰를 받아 수행하는 연구가다. 이러한 정책연구는 연구비를 지원받기는 하지만 대체로 시간적 제약 속에서 연구가 진행되며, 정해진 방향을 크게 벗어날 수 없다. 물론 정책연구를 통해서도 좋은 연구가 나올 수 있지만, 대체로 연구다운 연구는 개인연구를 통해 나온다.

교육학자의 개인연구는 대부분 학회지를 통해 발표되는데, 연구업적으로 인정도 받고 승진도 하는 등 유용하게 사용된다. 하지만 교육학자의 연구 논문에 대한 활용은 대체로 여기까지이다. 수많은 개인연구가 제대로 종합, 정리, 응용되지 못하고 있다. 즉 그 어디에서도 제대로 활용하지 못하고 있는 것이다. 국가에서도 제대로 활용하지 못하고 있고, 교육청이나 교육기관에서도 제대로 활용하지 못하고 있다. 그러면서 정책을 만들기 위해 별도의 정책연구를 수행하고 있다. 연구자 본인들 역시 자신의 논문을 잘 되돌아보지 않으며, 그야말로 업적쌓기용 논문이라는 자조가 널리 퍼져있다. 이러다보니 개인적으로 신진학자 때 쓴 논문이나 중견학자가 되어 쓴 논문에 별 차이가 없고(신현석, 2010), 학계에서도 신참학자가 쓴 논문이나 오랜 경륜을 쌓은 학자가 쓴 논문이 잘 구별되지 않는다.

이러한 맥락에서 우리나라의 교육학계에 메타연구가 시급히 활성화되어야 한다. 우리가 도대체 무슨 연구를 하고 있는지 알아야 한다. 단순한 제목이나 주제를 나열하여 분석하는 메타연구가 아닌 제대로 된 메타연구가 필요하다. 도대체 우리는 무엇을 연구하고 있으며, 우리의 연구결과들이 어떠한지를 학계 차원에서 폭넓게 정리하는 작업을 지속적으로 해나가야 한다. 그래서 한국의 교육 연구가 정리되고 축적되어야 한다. 정리와 축적을 통해 '연구 분야 지도'가 만들어져야 한다. 후속 연구자는 그 지도 위에서 자신이 개척해 나갈 연구 분야를 찾아내고 또 새로운 길을 만들어 가야 한다. 실천가들이 이 지도에서 자신이 담당하고 있는 영역과 관련된 필요한 것을 찾아낼 수 있도록 해 주어야 한다. 교육 분야 연구 결과가 국가 교육정책에 핵심적인 기반으로 활용되고, 아울러 각 학교마다 각 교실마다 선생님 교육활동의 토대가 되도록 해야 한다. 연구를 위한 연구가 아니라 우리의 교육적 필요를 채울 수 있는 연구가 되어야 한다.

제32장

결론: 우리 교육에 대한 넓고 깊은 성찰을 위하여

핀란드 교육이 아무리 성공했다고 하더라도 핀란드의 독특한 교육체제나 교육 방법을 다른 나라에 그대로 적용할 수는 없다. 특정한 나라의 교육에 관한 정보는 교육을 보는 관점을 넓혀주고 스스로를 더 잘 이해하게 해 준다는 점에서 의미가 있지만(Novoa & Yariv－Mashal, 2003), 다른 나라의 교육제도나 방법을 직접적으로 적용하는 데에는 한계가 있다. 따라서 국제비교 차원에서 특정 나라의 교육 결과나 방법에만 주목하는 것보다는, 그 결과나 방법이 나오게 된 배경 및 성공 과정에 초점을 맞출 필요가 있다(Goldstein, 2004).

이 책에서 논의한 교훈들은 우리 교육의 방향에 대한 논의이기 때문에 구체적인 방법론에 대해서는 후속적으로 좀 더 치밀한 연구와 협의를 통해 개발될 필요가 있다. 그와는 별도로 우리 한국교육의 가장 큰 문제는 방법론에 있지 않고 그 철학과 방향성에 있다는 점도 주목해야 한다. 한국교육계는 교육의 방향, 궁극적으로 교육의 목적에 대한 논의와 정립이 매우 취약하다. 왜 교육을 해야 하는지에 대한 진정성을 가진 우리의 담론이 없다. 방향과 목적이 모호한 상태에서 방법론만 무성한 것이 우리의 교육계의 현실이다. 이러한 상태에서는 어떠한 교육개혁이나 교육정책도 제대로 자리 잡기 어렵고 혼란만 가중될 뿐이다. 교육의 목적과 방향, 철학이 분명하다면, 교육 방법론은 크게 문제가 되지 않는다. 핀란드 교육이 강한 이유는 그들의 방법론에 있는 것이 아니고, 교육을 대하는 그들의 철학과 자세에 있다는 것이 이를 증명해 주고 있다.

핀란드 교육은 한국교육의 이상이나 유토피아가 아니다. 다만 핀란드는 우리보다 좀 더 좋은 교육을 하고 있을 뿐이다. 이들은 다른 나라에서는 구현하기 어려운 이들만의 교육을 하고 있으며, 또한 그 성과를 거두고 있다. 핀란드 교육이라고 해서 완전무결한 것이 아니다. 핀란드 교육담당자 역시 자신의 교육에 대해 자랑스러워하면서도 동시에 많은 염려를 하고 있는 것이 사실이다.

교육은 자신의 풍토에서 자신이 처한 환경과의 상호작용을 통한 적응 과정이라고 할 수 있다. 적응을 잘 하면 그 나라 교육은 발전할 수 있고, 적응을 잘 못하면 쇠퇴하게 된다. 따라서 우리는 우리의 풍토, 기반, 정서 등 처한 환경에 대한 보다 정확한 이해와 분석이 필요하다. 이를 바탕으로 우리에게 적합한 우리의 교육을 만들어 내어야 한다.

엄청난 태풍에도 불구하고 뽑히지 않고 버텨낸 나무는 뿌리가 깊고 자연환경에 잘 적응한 나무들이다. 국가의 교육도 마찬가지이다. 세계화의 흐름 속에서 국가의 교육을 튼튼하게 유지하기 위해서는 우리의 땅에 튼튼하게 뿌리박은 교육을 이루어야 하고, 주변의 환경을 잘 활용해야 한다. 이것이 바로 핀란드 교육이 우리에게 주는 핵심적인 교훈이다. 핀란드는 세계화의 흐름과 단절되지 않으면서도 그 흐름에 휩쓸리지 않고, 적절하게 적응하여 자신의 풍토에 깊이 뿌리박은 튼튼한 교육을 지켜온 나라이다. 그리고 그 결과가 성과로 나타난 것이다. 우리도 우리의 풍토, 정서, 문화, 가치, 철학에 맞는 튼튼한 교육을 가꾸어야 한다. 우리의 토대 구축이 미흡한 상태에서의 외국 사례의 도입은 귤화위지(橘化爲枳)의 길을 면할 수 없다.

핀란드 교육의 성공은 자연스러운 결과물이 아니라 그들의 의지와 노력으로 만들어 낸 것이다. 그리고 핀란드 교육 성공을 보기 위해서는 핀란드의 전반적인 국민 정서를 유심히 살펴볼 필요가 있다. 핀란드는 '나만을 위해', '우리 가족만을 위해서'가 아니라, '우리 사회를 위해' '우리 국가를 위해서'와 같은 공동체 의식이 비교적 강한 나라이다. 그들은 모두가 성공할 수 있는 교육에 대한 열망과 열의가 컸다. 물론 그 누구도 개인적인 욕망을 무시하고 오로지 공동체 목표만을 위해 살 수는 없다. 개인적인 목표 추구와 아울러 공동체의 큰 목표를 함께 추구하는 정신이 어느 정도인가가 국가나, 사회의 건전성을 좌우한다고 볼 수 있다. 바로 이 함께 하고자 하는 '공동체의식'이 핀란드 교육의 핵심요인이면서 성공요인 중의 하나였다.

교육을 통해 성공하고자 하는 의지와 노력은 국가적으로나 개인적으로나 한국 국민을 능가하는 나라는 없을 것 같다. 그러나 함께 가고자 하는 공동체의식이 약한 상태에서 개인적인 욕심과 의지가 강하면, 교육의 장이 약육강식의 무한 경쟁체제로 만들어져 서로 힘들 뿐이다. 우리 모두 함께 살기 위해서는 국가 사회적으로 경쟁만을 부추길 것이 아니라 함께 살고, 함께 나아가고자 하는 국가 교육 비전을 세워야 한다.

핀란드 사람들은 교육을 해야 하는 비교적 분명한 목적을 가지고 있다. 그런데 이들에게 있어 교육의 목적은 대부분이 수단적 동기가 아니라 복지적 동기였다(이돈희, 2010). 즉 교육을 통해 돈을 많이 벌고 좋은 직업과 직장을 얻는 것이 목적이 아니라, 행복한 삶이나 자신의 자아를 실현하는 삶을 사는 것이 그들의 교육 목적이었다. 이러한 철학과 정서가 그들 속에 깊이 내면화되어 있고, 교육 정책과 제도로 나타나고 있다. 이들에게 교육은 그 자체로 수단이 아니라 목적이다. 교육의 목적을 상실하고 교육을 수단시 하는 우리의 모습과는 다른 모습이다.

수단으로서의 교육이 아니라 진정한 복지적 동기로서의 교육을 되살리기 위한 의식 전환이 필요하다. 우리가 교육을 하면서 고통스러운 것은 치열하게 경쟁을 하기 때문이 아니라 그 경쟁의 의미를 찾지 못하기 때문이다. 도구적 가치 외에는 의미가 별로 없는 것을 위해 모든 것을 바쳐 노력하고 경주하는 것만큼 허망한 것은 없다. 우리 모두 그 허망함을 목도하고 있다. 우리가 교육을 하면 할수록 힘든 이유는 교육방법이나 제도가 잘못되었기 때문이 아니라 철학이나 방향이 없기 때문이다.

핀란드 교육은 우리로 하여금 교육의 본질에 대해 생각해 보게 하는 좋은 사례가 되고 있다. 핀란드는 기본적인 교육 상식이 통하는 나라이다. 핀란드 교육의 가장 핵심적인 특징 중의 하나는 교육의 본질을 놓치지 않고 교육의 본질에 충실하려고 한다는 점이다. 최소한 인간다운 삶을 추구하려는 사람들의 자연스러운 교육 모습이 핀란드 교육이다.

핀란드 교육은 우리에게 우리가 이 길 밖에 없다고 맹신하며 쫓아가고 있는 경쟁과 평가 중심의 신자유주의 교육 정책 이외에도 다른 길이 있다는 것을 보여 주고 있다. 이 길 밖에 없어 쫓아갈 수밖에 없다고 생각했었는데, 다른 길이 있다는 것, 그 다른 길도 성공할 수 있다는 것을 알게 해 주었다.

핀란드 교육에 대한 성찰을 통해 교육에 대한 우리 사고의 폭이 좀 더 넓어졌으면 좋겠다. 신자유주의 기반 교육정책을 절대시하지 않고 객관화해서 볼 수 있는 안목도 생겼으면 좋겠다. 신자유주의 교육정책, 핀란드식 교육정책, 또 다른 방식의 교육접근을 다양하게 탐색해서 우리에게 가장 적합한 우리 교육을 만들어 가야 한다. 이제 우리는 더 큰 논의를 해야 한다. 우리는 왜 교육을 하고, 무엇을 향해 달려 나아가야 하는지, 그리고 우리에게 적합한 교육은 어떤 교육인지 등에 대해 근본부터 다시 생각하는 대논의(great debate)가 이루어져야 한다. 우리가 교육을 하면서 지금과 같은 고통을 계속 안고 가야 하는지, 아니면 이 고통에서 벗어나 제대로 된 교육을 할 수 있을 것인지는 이러한 대논의를 통해 우리 교육의 길을 찾아낼 수 있느냐의 여부에 달려있다.

찾아보기

ㅅ

ㅇ

참고문헌

강금주(2014). 사춘기 대화법 – 아이가 사춘기가 되면 하지 말아야 할 말 해야 할 말. 서울: 북클라우드.

강수봉(2001). 유교 도덕교육론: 인격과 덕성함양의 교육적 전통. 서울: 원미사.

교육부(2014). 대학입시 간소화 방안. 서울: 교육부.

김갑성 외(2011). 2012년 교원능력개발평가 모형개발 연구(CR2011–61). 서울: 한국교육개발원.

김경윤·구소현·이은숙·이충란(2012). 교원성과급제에 대한 초등학교교사의 대처방식: 근거이론 연구. 교육학연구, 50(1), 161–192.

김경회·김연천·하연섭·박수정(2011). 교육행정권한의 재배분과 법령정비연구, 교육과학기술부 기술부 정책연구보고서.

김병찬(2012). 핀란드 교육자치제도의 특징 및 시사점. 교육행정학연구, 30(3), 95–124.

김병찬(2012b). 핀란드 교장교육 프로그램의 특징과 시사점 : 위바스킬라대학교 교장교육 프로그램 사례를 중심으로. 교육문제연구, 제45집, 141–174.

김병찬(2013). 핀란드의 교사양성교육 프로그램의 특성. 비교교육연구, 23(1), 45–79.

김상봉(2004). 학벌사회. 서울: 한길사.

김상일·김병찬(2013). 교원능력개발평가 과정에서 초등학교 교사의 대응에 관한 사례 연구. 교육행정학연구, 31(2), 173–202.

김순흥 외(2007). 한국 청소년의 가치관. 서울: 한국사회조사연구소.

김영화(1993). 한국의 교육불평등. 서울: 교육과학사.

김용(2014). 국가의 지방교육행정기관에 대한 감독관련 법률 국제비교, 한국교육법학회 2014 비교법국제학술대회 자료집, 1–15.

김이경·김도기·김순남·김은영·김희순·백선희·정은미(2006). 교원평가 시범학교 운영 결과 분석 연구. 한국교육개발원연구보고서 CR2006–63.

김종영(2015). 지배받는 지배자. 서울: 돌베개.

김천기(2003). 교육의 사회학적 이해. 서울: 학지사.

로버트 H. 프랭크(저), 안세민(역)(2012). 경쟁의 종말 승자독식사회 그 후 미래의 경제 질서를 말한다. 서울: 웅진지식하우스.

박남기(2014). 교육책무성 시스템 도입의 배경과 맥락. 김병찬 외. 한국 교육책무성 탐구. 파주: 교육과학사. 91-152.

박상인(2016). 삼성전자가 몰락해도 한국이 사는 길. 서울: 미래를 소유한 사람.

박세일·서정화·박정수·홍후조·김태완·김성열·권대봉·천세영·성태제(2010). 대한민국 교육정책: 과거·현재·미래: 5·31 교육개혁 평가 및 미래 교육비전·전략. 서울: 한국교육개발원.

서근원(2014). 교원정책의 패러독스와 극복. 교원교육소식 제71호. 한국교원교육학회. 11-15.

성기선(2009). 국가수준 학업성취도 평가체제의 쟁점과 대안에 대한 토론. 한국교육정치학회 제26차학술대회 자료집. 47-58.

송경오(2014). 초·중등교육 책무성 정책 분석. 김병찬 외. 한국 교육책무성 탐구. 파주: 교육과학사. 153-202.

송상호(2010). 학교시대는 끝났다: 학교 붕괴 시대의 새로운 충격 보고서. 서울: 신인문사,

신은정·김왕준(2012). 국가수준 학업성취도평가가 초등학교 학급경영에 미치는 영향. 교육문화연구, 18(1), 55-82.

신현석(2010). 한 교육행정학자의 생태학적 고민. 한국교육행정학회소식지 뉴스레터 105호. 14-18.

오세희·김훈호·장덕호·정성수(2010). 학교자율화 정책이 학교현장에 미치는 영향 연구. 한국교원교육연구, 27(4). pp. 1-25.

오욱환(2000). 한국사회의 교육열 - 기원과 심화. 서울: 교육과학사.

유경훈·김병찬(2015). 교사가 경험하는 갈등 양상과 원인에 관한 질적 사례 연구: 1급 정교사 자격연수에 참여한 중등 과학교사를 중심으로. 교육행정학연구, 33(3), 483-512

윤철경·이인규·박창남(1999). 학교붕괴 실태 및 대책 연구. 서울: 교육부.

이군현 외(2007). 교육선진화를 꿈꾸며. 서울: 학지사.

이돈희(1999). 교육정의론. 서울: 교육과학사.

이돈희(2000). 21세기의 교사상과 교직. 한국교사교육, 17(1), 1-18. 한국교원교육학회.

이종각(2003). 교육열 올바로 보기 - 그 정체는 무엇이며 어떻게 다루어야 하나? - 서울: 원미사.

이종각(2014). 부모 학부모 교육열에 대한 새로운 생각 새로운 정책. 서울: 원미사.

이주호(2005). 교육경쟁력 강화를 위한 여건조성 방안. 서울: 한국경제연구원.

이주호·홍성창·박혜경(2006). 평준화를 넘어 다양화로: 실천적 한국교육정책론. 서울: 학지사.

이홍우(2008). 교육의 목적과 난점. 서울: 교육과학사.

전요섭·황미선(2007). 생활 속의 심리효과 사람을 가장 잘 이해할 수 있는 안내서. 서울: 좋은나무.

정동욱(2014). 초·중등교육 책무성 정책 사례의 논리와 성과 분석: 학력향상중점학교 정책을 중심으로. 김병찬 외. 한국 교육책무성 탐구. 파주: 교육과학사. pp. 253－308.

정영근·이근호(2011). 교육과정 자율화 정책 수용에 대한 교사의 인식 고찰. 교육과정연구, 29(3). pp. 93－119.

정영식 외(2010). 한국의 인구정책 동향과 전망. 한국보건사회연구원.

조대훈(2011). 고부담 시험 시대의 사회과교육: 학교책무성의 신화, 학력, 그리고 교사 전문성의 관계. 사회과교육, 50(2). 23－40.

조동성·문휘창(2006). 국가경쟁력－이론과 실제. 서울: 한국경제신문사.

최만덕(2009). 학교자율화 추진방안에 대한 교원 인식 분석. 교육행정학연구, 27(4). pp. 109－138.

최상덕·차성현·류성창·조봉래·장수명·서남수(2012). 미래 한국교육의 발전 방향과 전략 : 2013－2017년 핵심교육정책과제를 중심으로. 한국교육개발원.

최진기(2009). 입학사정관 전략 매뉴얼. 서울: 써네스트.

한국사회조사연구소(2005). 한국 청소년의 삶과 의식구조2005. 서울: 한국사회조사연구소.

한숭희(2010). 평생학습사회연구. 파주: 교육과학사.

홍정선(2013). 신지방자치법 제2판, 서울: 박영사.

한국교육개발원(2013). 2013 지방교육재정 종합보고서.

후쿠다세이지(2008). 나성은·공영태(역). 핀란드 교육의 성공. 서울: 북스힐.

Academy of Finland(2009). Academy of Finland in brief. Academy of Finland.

Aho, E., Pikanen, K., & Sahlberg, P.(2006). *Policy development and reform principles of basic and secondary education in Finland since 1968.* World bank, Educationl working paper series 2. Washington, DC.

Aino, U. & Anneli, N.(2015). Identifying the problems that Finnish and Estonian teachers encounter in preschool. *European Early Childhood Education Research Journal*, 23(4), 423－433.

Airi M. H., Leena K. H., & Hannu K. S.(2015). A five－year follow－up on the role of educational support in preventing dropout from upper secondary education in Finland. *Journal of Learning Disabilities*, 48(4), 408－421.

Anon(2001), Nordic school barometer–attitude toward school year 2000. Kopenhagen: Nordisk Ministerrad.

Asplund, R. & Leijola, L.(2005). Education and wage inequality in Finland: A review of the empirical evidence. In R. Asplund & E. Barth(Eds). *Education and inequality in Europe*. Helsinki: ETLA B206.

Association of Finnish Local and Regional Authorities(2016). *Local Finland*. Author.

Brookings Institution(2016). Analysis on Program for the International Assessment of Adult competencies. Washington, D.C: Author.

Castells, M. & Himanen, P.(2002). *The Finnish model of the information society*. Oxford: Oxford University Press.

Centres for economic development, transport and environment(2016). *Centres for Economic Development, Transport and the Environment at Your Service in Finland*. Author.

Chevalier, A. & Conlon, G.(2003). Does it pay to attend a prestigious university? London: Center for the Economics of Education.

CIA(2015). CIA World Factbook 2015, Author.

City of Tampere(2016). Client fee bulletin children's daycare. Author.

Crowther, F., Kaagan, S., Ferguson, M., & Hann, L.(2002). *Developing teacher leaders: How teacher leadership enhances school success*. Corwin Press, Thousand Oaks.

Derring, A., Brundrett, M., Slavikova, L., Karabec, S., Murden, B., & Nicolaidou, M.(2005). Educational leadership development in Finland, the Netherlands and France: an initial comparative report. *Management in Education*, 19(5). 34–37.

Darling–Hammond, L.(2009). Standards, accountability, and school reform. In C. E. Sleeter(Ed.). *Facing accountability in education* (78–111). New York and London: Teachers College Press, Columbia University.

Darling–Hammond, L.(2009). Steady work: How Finland is building a strong teaching and learning system. L. Darling–Hammond(ed). *The flat world and education: How America's commitment our future*. New York: Teachers College Press. 15–25.

Erkko, A. & Ari, V.(2015). From Authority figure to emotion worker: Attitudes towards school discipline in Finnish schoolteachers' Journals from the 1950s to the

1980s. *Culture and Society*, 23(4), 555–574.

European commission(2009). *Organization of the education system in Finland* 2009–2010. European commission report.

Finnish Education Evaluation Center(2016). National Plan for Education Evaluations 2016–2019. Author.

Finnish Government(2016). Government's Foreign and Security Policy Report. Helsinki: Author.

Finnish Government(2016b). This is Finland. Helsinki: Author.

Finnish Government(2016c). *Statistics in Finland*. Helsinki: Author.

Finnish Higher Education Evaluation Council(2008). Finnish Higher Education Evaluation Council : Plan of action 2008–2009. Finnish Higher Education Evaluation Council.

Finnish Ministry of Education and Culture(2010). Finnish Education. Helsinki: Author.

Finnish Ministry of Education and Culture(2013). Finnish Education in a Nutshell. Helsinki: Author.

Finnish Ministry of Education and Culture(2014). Finnish teacher education. Helsinki: Author.

Finnish Ministry of Education and Culture(2016). Finnish Education in a Nutshell. Helsinki: Author.

Finnish Ministry of Education and Culture(2016b). *Finland: Early childhood education and care*. Helsinki: Author.

Finnish National Board of Education(2004). National core curriculum for upper secondary schools 2003. Author.

Finnish National Board of Education(2005). National core curriculum for basic education 2004. Author.

Finnish National Board of Education(2011). National core curricula and qualification requirements for vocational education and training. Author.

Finnish National Board of Education(2015). Education in Finland. Author.

Finnish National Board of Education(2016). Education in Finland. Author.

Finnish National Board of Education(2016b), National Core Curriculum for Basic Education 2014. Helsinki: Author.

Finnish National Board of Education(2016c), National Core Curriculum for General

Upper Secondary Schools 2015. Helsinki: Author.

Forbes(2010.7.14). world happiest countries. Author.

Gayer, G.(2003). The selection process and continuing education of school principals in the city of Helsinki, Finland. In L. E. Watson (Ed). *Selecting and developing heads of schools: Twenty－three European perspectives*. Sheffield: European form on educational administration.

Goldstein, A.(2004). Education for all: The globalization of learning target. *Comparative Education*, 40(1), 7－14.

Grubb, N., Marit Jahr, H., Neumuller, J., & Field, S.(2005). Equity in education ; Thematic review. OECD country note: Finland.

Hanna－Maija, S. & Minna, K.(2014). Experiences of Finnish teachers working with immigrant students. *European Journal of Special Needs Education*, 29(2), 167－183.

Hargreaves, A., Halasz, G. & Pont, B.(2007). School leadership for systemic improvement in Finland : A case study report for the OECD activity improving school leadership. OECD study report.

Hargreaves, A. & Shriley, D.(2009). *The Fourth Way: The inspiring future of educational change*. Thousand Oaks: Corwin.

Helsinki Sanomat(2002.6.21). The silent revolt of teachers. D5.

Helsinki Sanomat(2011.3.27). The ranking of Matriculation test result in Finland. Helsinki: Author.

Helsinki times(2011.3.24). Exhausted teachers are strangers to themselves. 8 side.

Hilson, M(2008). *The Nordic model: Scandinavia since 1945*. London: Reaction Books Ltd.

Haveri, A.(2008). Evaluation of change in local goverance: The rhetorical wall and the politics of images. *Evaluation*, 14(2), 141－155.

Hirvi, V.(1996). Changing pace of education. Education policy of the 1990s in Finland. Helsinki: Otava.

Honore, C.(2004). *In praise of slowness: How a worldwide movement is challenging the cult of speed*. New York: HarperCollins.

Houtsonen, J., Czaplicka, M., Lindbald, S., Sohlberg, P., & Sugrue, C.(2010). Welfare stste restructuring in education and its national refractions. *Current Sociology*,

58(4). 597－622.

IEA(International Association for the Evaluation of Educational Achievement)(2010). ICCS 2009 International Report: Civic knowledge, attitudes, and engagement among lowersecondary school students in 38 countries. Amsterdam : The Netherlands

IMD(International Institute for Management Development)(2005), World Competitiveness Yearbook. Switzerland: Author.

IMD(International Institute for Management Development)(2015), *World Competitiveness Yearbook*. Switzerland: Author.

IMF(2015). GDP per capita, current prices. Author.

Jaakko, K. & Anna, A.(2016). Internationalisation as marketisation? Tuition fees for international students in Finland. *Research in Comparative and International Education*, 11(1), 98－114.

Jakku－Sihvonen, R. & Niemi, H.(2006). *Research－based teacher education in Finland: Reflections by Finnish teacher educators*. Turku: Finnish Educational Research Association.

Jetsonen, S., Johansson, E., Nuikkinen, K., & Sahlberg, P.(2011). *The best school in the world: Seven Finnish examples from the 21st century*. Helsinki: Art－Print Oy.

Johannesson, I. A., Lindblad, S., & Simola, H.(2002). An inevitable progress? educational restructuring in Finland, Iceland and Sweden at the turn of the millennium. *Scandinavian Journal of Educational Research*, 46(3). 325－339.

Juha T. H., Kari, U., & Esa－Matti, J.(2015). Neoliberalism, curriculum development and manifestations of creativity. *Improving Schools*, 18(3), 250－262.

Kansanen, P., Tirri, K., Meri, M., Krokfors, L., Husu, J., & Jyrhama, R.(2000). Teachers' pedagogical thinking: Theoretical landscapes, practical challenges. *American University Studies* xiv 47. New York: Peter Lang Publishing.

Kantola, A.(2002). The market discipline and the manager power. Tampere: Pallas.[Finnish]

Kivinen, O., Rinne, R., Javinen, M., Koivisto, J., & Laakso, T.(1995). *The regulation systems of education in Eurpoe*. Helsinki: Opetushallituksen julkaisuja.

Kiviniemi, K.(2002). The reality of teaching work as a challenge to teacher training. Report No.14. Helsinki: Opetushallitus.

Krzywacki, H., Maaranen, K., & Lavonen, J.(2011). Confronting the educational challenges of the future: Finnish teacher education promoting teachers' pedagogical thinking. Unpublished article. Department of teacher education, University of Helsinki.

Lavonen, J., Jauhiainen, J., Koponen, I. T. & Kurki－suonio K.(2004). Effect of a long－term in－service training program on teachers' beliefs about the role of experiments in physics education. *International Journal of Science Education*, 26(3). 309－328.

Lindbald, S., Johannesson, I.A., & Simola, H.(2002). Education governance in transition: an introduction. *Scandinavian Journal of Educational Research*, 46, 237－245.

Lortie, D. C.(1975). School teacher : *A sociological study*. Chicago: The University of Chicago Press.

Markku, J.(2011). Different strategies, different outcomes? The history and trends of the inclusive and special education in Alberta (Canada) and in Finland. *Scandinavian Journal of Educational Research*, 55(5), 489－502.

Matriculation Examination Board(2008). Finnish matriculation examination 2007. Helsinki: Author.

McKinsey & Company(2010). *Closing the talent gap: Attracting and retaining top－third graduates to careers in teaching*. Author.

Ministry of Education(2004). Development plan for education and research 2003－2008. Helsinki: Author.

Ministry of Education(2008). Finland PISA06: Analyses reflections explanations. Helsinki: Author.

Ministry of Social Affairs and Health(2003). *Government resolution: Concerning the national policy definition on early childhood education and care*. Helsinki: Author.

National Board of Education(1999). *A framework for evaluating educational outcomes in Finland*. Helsinki: Author.

National Board of Education(2005). Summary of four national assessments of Mathematics learning in the 9th grade of basic education, 1998－2004. Helsinki: Author.

National Board of Education(2014). 국가교육위원회 안내 책자. Helsinki: Author.

Newsweek(2010.8.17). The world's best countries. Retrived from http://www.newsweek.com/feature/2010/the-world-s-best-countries.html.

Novoa, A. & Yariv-Mashal, T.(2003). Comparative research in education: Amode of governance or a historical journey. *Comparative Education*, 39(4), 423-439.

Numminen, U. & Kasurinrn, H.(2003). *Evaluation of educational guidance and counselling in Finland.*(available in English on www.edu.fi)

Nyyssola, K.(2005). *Schooling for tomorrow: Analysing and understanding the demand for schooling.* Country report Finland. National Board of Education.

OECD(2001). Knowledge and skills for life: First results from PISA 2000. Paris: Author.

OECD(2004). Learning for tomorrow's world. First results from PISA 2003. Paris: Author.

OECD(2004b). *Career guidance and public policy: Bridgung the gap.* Paris: Author.

OECD(2007). *PISA2006. Science competencies for tomorrow's world*(Vol. 1). Paris: Author.

OECD(2010). Strong performers and successful reformers in education. Lessons from PISA for the United States. Paris: Author.

OECD(2010b). Education at a glance, Education indicators. Paris: Author.

OECD(2011). Education at a glance, 2011. Paris: Author.

OECD(2013). OECD statistical profiles. Paris: Author.

OECD(2013b). PISA 2012 results report. Paris: Author.

OECD(2014). OECD Health Data 2014. Paris: Author.

OECD(2014b). OECD Teachers salary – Comparative tables. Paris: Author.

OECD(2014c). Government at a Glance 2014. Paris: Author.

OECD(2015). Government at a Glance 2015. Paris: Author.

OECD(2015b), Education at a Glance, 2015. Paris: Author.

OECD(2016). OECD Stat. Revenue Statistics – Comparative tables. Paris: Author.

OECD(2016b). PISA 2012 results in focus. Paris: Author.

Opetushallitus(1999). The criteria for graduating evaluation in the basic education. The criteria of the mark 'good'(8) in the common teaching subjects. Helsinki: Author.[Finnish]

Oulasvirta, A. & Turala, M.(2009). Financial autonomy and consistency of central government policy towards local governments. *International Review of Administrative Sciences*, 75(2). 311–332.

Pekkala, S. & Lucas, R.E.B.(2005). *On the importance of Finnishing school: Half a century of inter–generational economic mobility in Finland.* VATT discussion paper 359. Helsinki: Government Institute for Economic Research.

Pyhältöa, K., Pietarinenb, J. & Salmela–Aroc, K.(2011). Teacher–working–environment fit as a framework for burnout experienced by Finnish teachers. Teaching and Teacher Education, 27(7), 1101–1110.

Pyhalto, K., Pietarinen, J., & Soini, T.(2012). Do comprehensive school teachers perceive themselves as active professional agents in school reforms?. *Journal of Educational Change*, 13(1). 95–116.

Raty, H., Snellman, L., Kontio, M., & Kahkonen, H.(1997). Teachers and reforms of the comprehensive school. *The Finnish Journal of Education Kasvatus*, 28(5), 429–438.

Regional State Administrative Agencies(2016). Regional State Administration in Finland. Author.

Riikka, H., Anna–Maija, P., Eija, P., Marja–Kristiina, L., & Jari, N.(2015). Identifying Finnish children's impulsivity trajectories from kindergarten to grade 4: Associations with academic and socioemotional development. *Early Education and Development*, 26(5), 30.

Rinne, R.(1988). From educator of the people to professional of teaching: The path of the Finnish primary school teacher. *The Finnish Journal of Education Kasvatus*, 19, 430–444.

Rinne, R.(2000). The globalisation of education: Finnish education on the doorstep of the new EU millennium. *Educational Review*, 52(2). 131–142.

Rinne, R., Kivirauma, J., & Hirvenoja, P.(2001). Nordic educational policy under siege: Finnish educational politicians tell their stories. In S, Lindbald & T, Popkewitz S.(Eds). *Listening to education actors on governance and social integration and exclusion*. Uppsala: University of Uppsala, 103–132.

Rinne, R., Kivirauma, J., & Simola, H.(2002). Shoots of revisionist education policy or just slow readjustment? The Finnish case of educational reconstruction. *Journal of Educational Policy*, 17(6). 643–658.

Robert, F.(2011). *The Darwin economy liberty, competition, and the common good.* Princeton University Press.

Sahlberg, P.(2007). Education policies for raising student learning: The Finnish approach. *Journal of Education Policy*, 22(2), 173–197.

Sahlberg, P.(2008). Rethinking accountability in a knowledge society. *Journal of Educational Change*, 11(1). 45–61.

Sahlberg, P.(2009). Ideas, innovation and investment in school improvement. In Suortama, M., Laaksola, H., & Valijarvi, J.(Eds.). *Teacher's year 2009–2010.* Jyvaskyla: PS–kustannus. 13–56.

Sahlberg, P.(2011). *Finnish lessons: What can the world learn from educational change in Finland? Series on school reform.* New York: Teachers College Press.

Sahlberg, P.(2015). Finnish lessons 2.0(2nd ed.): *What can the world learn from educational change in Finland? Series on school reform.* New York: Teachers College Press.

Salmi, M.(2006). Parental choice and the passion for equality in Finland. In Ellingsaeter, A. L. & Leira, A.(Eds.). *Politicing parenthood in Scandinavia: Gender relations in welfare states.* The Policy Press. 145–170.

Salo, K.(1995). Teacher–stress processes: how can they be explained? *Scandinavian Journal of Educational Research*, 39, 205–222.

Santavirta, N., Aittola, E., Niskanen, P., Pasanen, I., Tuominen, K., & Solovieva, S.(2001). A report of work environment, satisfaction and stress of comprehensive and upper secondary school teachers. Helsinki: Helsingin yliopisto.

Sarromaa, H. R. & Marjatta, T.(2011). Can special education make a difference? Exploring the differences of special educational systems between Finland and Norway in relation to the PISA results. Scandinavian Journal of Disability Research, 13(4), 271–281.

Schleicher, A.(2006). *The economics of knowledge: Why education is key for Europe's success.* Brussels: The Lisbon Council.

Schulz, W., Ainley, J., Fraillon, J., Kerr, D., & Losito, B.(2010). *ICCS 2009 International Report: Civic knowledge, attitudes, and engagement among lower secondary school students in 38 countries.* Amsterdam, The Netherlands :

International Association for the Evaluation of Educational Achievement.

Seppanen, P.(2003). Pattern of "public school markets" in the Finnish comprehensive school from a comparative perspective. *Journal of Educational Policy*, 18(5). 513-531.

Simola, H.(1998). Consrtucting a school-free pedagogy: Decontextualization of Finnish state educational discourse. *Journal of curriculum studies*, 30(3). 339-356.

Simola, H.(2005). The Finnish miracle of PISA: Historical and sociological remarks on teaching and teacher education. *Comparative Education*, 41(4). 455-470.

Simola, H. & Hakala, K.(2001). School professional talk about educational change-interviews with Finnish school level actors on educational governance and social inclusion/exclusion, In S, Lindbald & T, Popkewitz S.(Eds). Listening to education actors on governance and social integration and exclusion. Uppsala: University of Uppsala, 103-132.

Simola, H., Rinne, R., & Kivirauma, J.(2002). Abdication of the education state or just shifting responsibilities? The appearance of a new system of reason in constructing educational governance and social exclusion/inclusion in Finland. *Scandinavian Journal of Educational Research*, 46(3), 237-246.

Spillane, J.(2006). *Distributed leadership*. San Francisco: Jossey Bass.

Syrjalainen, E.(2002). Shouldn't teachers be allowed to teach by now? The paradox of school development and teacher burn-out. Tampereen yliopiston opettajan-koulutuslaitoksen julkaisuja A 25. Tampereen yliopistopaino.[Finnish]

Tikkanen, T.(2003). Helsinki wants to keep its teachers. *Opettaja*, 3, 10-13.[Finnish]

Transparency International(2016). Corruption Perceptions Index 2015. Author.

Valijarvi, J.(2007). Finland has built Europe's most admired education system by focusing on "outcomes", giving schools autonomy, and by supporting teachers. Presented paper at European Business Forum 2007. 1-3.

Webb, R., Vulliamy, G., Hamalainen, S., Sarja, A., Kimonen, E., & Nevalainen, R.(2004). Pressures, rewards and teacher retention: A comparative study of primary teaching in England and Finland. *Scandinavian Journal of Educational Research*, 48(2). 169-188.

WEF(2014). Global Competitiveness report. Author.

Weston, M.(2011). *Rethinking the state−local relationship: K−12 education.* Public Policy Institute of California.

Whitty, G., Power, S., & Halpin, D.(1998). *Devolution and choice in education: The school, stste, and the market.* Buckingham: Open University Press.

World bank(2014). Population Density. Author.

핀란드 법령자료

General Upper Secondary Schools Act, 629/1998, Section 7(1).

General Upper Secondary Schools Act, 629/1998, Section 17(1).

General Upper Secondary Schools Act, 810/1998, Section 9(1).

신문자료

서울신문(2011.4.9.) 사설

여성신문(2011.3.18.) 12면

한겨레(2016.7.15) 3면, 10면

한국경제(2016.1.4.) 34면

저자약력

전북 임실 產(1966)
서울대학교 윤리교육과 졸업(1991)
서울대학교 대학원 교육학과 교육행정전공 석사(1995)
서울대학교 대학원 교육학과 교육행정전공 박사(2002)
남서울중학교 및 서울시내 중등교사(1991-2002)
중등교원 임용고사 출제위원(2006)
대통령자문교육혁신위원회 비상임전문위원(2007)
한국교원교육학회 학술위원장(2013)
한국교육행정학회 학술위원장(2016)
경희대학교 교육대학원 부원장(2014-2015)
경희대학교 교육대학원 교수(2004-현재)

왜 핀란드 교육인가

초판발행 2017년 1월 15일
중판발행 2018년 8월 25일

지은이 김병찬
펴낸이 안상준

편 집 전채린
기획/마케팅 강상희
표지디자인 조아라
제 작 우인도·고철민

펴낸곳 ㈜ 피와이메이트
서울특별시 마포구 월드컵북로 400, 5층 2호(상암동, 문화콘텐츠센터)
등록 2014. 2. 12. 제2014-000009호
전 화 02)733-6771
f a x 02)736-4818
e-mail pys@pybook.co.kr
homepage www.pybook.co.kr
ISBN 979-11-87010-52-4 93370

정 가 20,000원

박영스토리는 박영사와 함께하는 브랜드입니다.